Wilfried Huchzermeyer

Das große illustrierte Yoga Lexikon

Asanas – Biografien – Geschichte
Sanskrit – Quellentexte – Hinduismus

edition sawitri

Karlsruhe

Cover-Foto: Vajrasana, Diamantsitz, mit Atmañjali-Mudra (S. 400)
Backcover-Foto: Vasishthasana

Wichtiger Hinweis

Asanas und andere Yoga-Praktiken werden im vorliegenden Lexikon zu Zwecken der Information beschrieben und dargestellt, sollten jedoch grundsätzlich nur unter fachkundiger Anleitung geübt werden.

Copyright

Bildnachweis

Siehe Seite 416, unten

Geschützte Namen und Warenzeichen

Verlag W. Huchzermeyer
Lessingstraße 64
76135 Karlsruhe
sawitri@t-online.de

1. Aufl. 2022

ISBN 978-3-931172-41-1

Druck: Sowa Sp. z o.o., Piaseczno

INHALT

VORWORT

Das vorliegende erweiterte und illustrierte Lexikon knüpft an das gut eingeführte Yoga-Lexikon an, dessen Text vollständig integriert wurde. Hinzu kommen zahlreiche Illustrationen zu den Āsanas und anderen Themen. Es wurden vor allem relativ leichte bis mittelschwere Āsanas abgebildet, die besser bekannt sind und häufig geübt werden, während extrem akrobatische Stellungen nur in einigen wenigen Fällen illustriert wurden, um die Vielfalt des Spektrums aufzuzeigen.

Hinzu kommen auch einige neue Inhalte, insbesondere zusätzliche Artikel über wichtige Yoga-Quellentexte. Ferner wurden auch aktuelle Forschungsresultate berücksichtigt, wie sie etwa in dem Titel *Roots of Yoga* von James Mallinson und Mark Singleton publiziert worden sind.[1] Im Anhang erscheint u.a. ein ausführlich dokumentierter Artikel über die Frühgeschichte des Yoga.

Ansonsten wurde das Konzept des Yoga-Lexikons fortgeführt, die moderne ebenso wie die alte indische Spiritualität (und Religion) „unter einem Dach“ zu vereinen. Dabei werden im Bereich des Hinduismus auch einige gesellschaftliche und historische Themen angesprochen, die über die Yoga-Thematik hinausgehen, aber von allgemeinem Interesse sein dürften und zum Teil für das Studium von Texten wie z.B. der Veden oder der Bhagavadgītā relevant sind. In diesem Zusammenhang sollte erwähnt werden, dass ein moderner Yoga auch losgelöst von der indischen Tradition praktiziert werden kann, was z.B. bei einzelnen Varianten des Power Yoga weitgehend der Fall ist.

Bei den Biografien international bekannter Yogis und Persönlichkeiten des Hinduismus wurde darauf verzichtet, auf persönliche Kontroversen einzugehen, in welche einige von ihnen verwickelt wurden. Um diese Thematik fair und gerecht abzuhandeln, wären oft lange Ausführungen oder gar eigene Recherchen erforderlich, wie sie an dieser Stelle nicht möglich sind. Ziel der Biografien ist es, einen kurzen Überblick über das Leben und Wirken der Personen zu bieten; Details stehen Interessenten heute auf vielfältigen Internetseiten zur Verfügung.

Die Erwähnung von Namen erfolgt aufgrund eines bestimmten Bekanntheitsgrades in der Yoga-Welt, und es wurden vor allem indische

---

1 Siehe auch Lexikon-Artikel „Hatha-Yoga-Projekt“.

Yoginis und Yogis aufgenommen. Dagegen wurden westliche Yoga-LehrerInnen nur erwähnt, falls sie einen besonderen Stil geschaffen haben. Andernfalls wäre die Zahl der Einträge sehr hoch, weil es heute viele bekannte Persönlichkeiten in der aktuellen Yoga-Szene gibt, wobei es schwer fallen würde, eine Auswahl zu treffen.

Auch in anderer Hinsicht wurde die bewährte Systematik des Yoga-Lexikons übernommen. So wurde in den einzelnen Artikeln auf Querverweise mithilfe von Pfeilen, wie sie sich oft in Nachschlagewerken finden, verzichtet, weil sie den Lesefluss stören. Tatsächlich sind sie hier auch überflüssig, denn alle Stichwörter sind gut vernetzt, und wenn in einem Beitrag ein neues Sanskrit-Wort auftaucht, so wird es in der Regel auch als separater Eintrag zu finden sein. Zudem wird am Ende eines Beitrags oft auf weitere relevante Artikel hingewiesen oder bisweilen auch im Artikel ein wichtiges Stichwort kursiv gedruckt, wenn es gesondert nachgeschlagen werden sollte.

Hinsichtlich der Bedeutung von Sanskrit-Wörtern ist zu beachten, dass Sanskrit immer noch eine lebendige Sprache ist und dass sich einige Wörter in der Bedeutung weiterentwickeln, wie dies auch in der Vergangenheit der Fall war. So werden in diesem Lexikon z.B. auch die aktuellen Bedeutungen von „Yoga" oder „Hatha-Yoga" genannt. *haṭha* bedeutete früher Kraft, Gewalt, und diese Übersetzung erscheint in den herkömmlichen Sanskrit-Wörterbüchern. In Glossaren von modernen Yoga-Titeln finden wir dagegen für *haṭha* häufig Übersetzungen wie „Kraft, Willenskraft, Stärke, Energie, Ausdauer" etc. Hier hat sich ganz offensichtlich ein Bedeutungswandel ergeben, dem im vorliegenden Nachschlagewerk Rechnung getragen wird, indem bei einigen Wörtern nicht nur die traditionelle, sondern zusätzlich auch die moderne Bedeutung genannt wird.

Wilfried Huchzermeyer

Einleitung

1. Die Schreibweise von Sanskrit-Wörtern

Jeder Autor eines Nachschlagewerkes mit Sanskrit-Wörtern muss zunächst deren Schreibweise bestimmen. Bei den Sanskrit-Schriftzeichen gibt es keinen Unterschied zwischen großen und kleinen Zeichen, daher müsste man eigentlich alle Wörter einheitlich klein schreiben wie krishna, yoga, cakra, mantra. Aber es hat sich im Deutschen (teils auch im Englischen) eingebürgert, nicht nur die Eigennamen, Götternamen, Literaturtitel etc. groß zu schreiben, sondern auch alle gängigen Begriffe wie eben Yoga oder Mantra. Aus Gründen der Einheitlichkeit werden deshalb im Lexikon alle Sanskrit-Wörter am Anfang mit Großbuchstaben geschrieben, außer wenn es sich um die Wiedergabe von Original-Sanskrit-Zitaten handelt wie etwa den Text eines Mantras.
Aber auch abgesehen von dieser Frage gibt es zum Teil mehrere Optionen für die Schreibweise. Das Wort Shiva zum Beispiel erscheint in deutschen Büchern in vierfacher Version: Shiva, die englische Schreibweise; Schiwa, die eingedeutschte Version; Śiva, mit „diakritischem" Zeichen; und Siva, ohne dieses Zeichen, wie z.B. auch in „Sivananda".

2. Die diakritischen Zeichen

Die diakritischen Zeichen haben im Sanskrit eine wichtige Funktion, wie leicht anhand des Wortes *kali* demonstriert werden kann. Mit kurzen Vokalen bedeutet es „Streit", „Zwist", mit langen Vokalen, *kālī,* ist es der Name der bekannten Göttin, der Gemahlin Shivas. Ähnlich ist t nicht gleich ṭ oder ṣ nicht gleich ś.
Da es aber für die meisten Leser ziemlich ungewohnt sein dürfte, ständig Wörter wie Kṛṣṇa oder Viṣṇu zu lesen, wurde im vorliegenden Buch die folgende Lösung gewählt: Alle Wörter, außer Eigennamen, erscheinen grundsätzlich mit den Längenzeichen, z.B. Prāna. Falls das Wort noch zusätzlich ein diakritisches Zeichen enthält, wird dies zu Beginn des Eintrags in eckigen Klammern vermerkt: [prāṇa]. Dadurch wird es jenen Lesern, die in eigenen Büchern oder Artikeln durchweg diakriti-

sche Zeichen verwenden, ermöglicht, die betreffenden Wörter exakt nachzuschlagen und richtig zu schreiben.
Eigennamen werden in den Texten so wiedergegeben, wie sie allgemein in der spirituellen Literatur erscheinen, z.B. Sivananda oder Yogananda, aber in eckigen Klammern erscheinen wiederum die diakritischen Zeichen als Aussprachehilfe, [śivānanda].
Bei den Āsanas wurde auf die eckigen Klammern verzichtet, weil alle Āsanas am Ende des jeweiligen Eintrags in Wort-für-Wort-Übersetzung wiedergegeben werden und dabei dann die diakritischen Zeichen erscheinen. Zudem können die entsprechenden Schreibweisen auch in der „Āsana-Tabelle" im Anhang nachgeschlagen werden.

3. Die Transkription

Da die Umschrift der indischen Devanāgarī-Schrift zuerst von Engländern erarbeitet wurde, folgt die Logik der Transkription jener der englischen Sprache. Deswegen lesen wir so oft Shiva oder Krishna statt Schiwa oder Krischna. Und niemand schreibt Tschakra für Cakra bzw. Chakra, obwohl dies aus deutscher Sicht logisch wäre. Hier ist übrigens „Cakra" die bessere Schreibweise, aus indo-logischer Sicht, aber das ist eine komplizierte Materie für alle, die sich nicht eingehend mit der Devanāgarī-Schrift beschäftigt haben.
Im vorliegenden Buch wurden die Schreibweisen Shiva, Upanishad, Vishnu, Shakti etc. übernommen, weil sie auch in der deutschen Yoga-Literatur am häufigsten verwendet werden. Aber in einigen Fällen wird die alternative, eingedeutschte Schreibweise hinzugefügt, wenn sie auch gebräuchlich ist, z. B. Arjuna, Ardschuna.

4. Das Genus

Sanskrit-Hauptwörter können drei verschiedene Geschlechter haben, Maskulinum, Neutrum oder Femininum. Dies wurde jeweils durch kursives *m, n, f* bezeichnet und hat auch seinen praktischen Nutzen. Wer sich z.B. die Frage stellt, ob man besser der oder das Yoga sagt, kann es nachschlagen und findet dann Yoga *m*, also der Yoga. In einigen seltenen Fällen kann ein Wort sowohl *m* als auch *n* sein, z.B. Āshrama, daher der oder das Ashram, wobei die erstere Version im Deutschen wohl etwas gebräuchlicher ist. Wenn das betreffende Wort sowohl als Adjektiv als auch als Hauptwort auftritt, steht dort z.B. *adj oder m.*

5. Lautgesetze

Insbesondere die Āsana-Namen setzen sich oft aus vielen einzelnen Wortelementen zusammen, es handelt sich um sogenannte Komposita. Wir schreiben in diesem Wörterbuch alle Namen in einem Wort, so wie im Original, doch bei sehr langen Komposita werden die einzelnen Elemente noch einmal mit Bindestrich aufgeschlüsselt, um das Lesen und Verstehen zu erleichtern, zum Beispiel Adhomukhashvanāsana, adho-mukha-shvan-āsana. In der Yoga-Literatur finden sich oft auch Schreibweisen wie Adho Mukha Svanasana etc., indem aus Gründen der Übersichtlichkeit und Lesbarkeit die Bestandteile des Kompositums auseinandergezogen werden.
Wenn die einzelnen Wortelemente im Kompositum zusammengesetzt werden, tritt oft ein bestimmtes Lautgesetz in Kraft. So wird Koṇa-āsana zu Koṇāsana oder Baka-āsana zu Bakāsana. Das Gesetz lautet: Gleichartige Vokale verschmelzen in ihre Länge. Wenn also ein kurzes oder langes a auf ein kurzes oder langes a trifft, wird daraus immer ā.
In relativ seltenen Fällen treten auch andere Lautgesetze in Kraft, so wird z.B. Marīci-āsana zu Marīcyāsana oder adhaḥ-mukha zu adho-mukha. Bei den Upanishaden findet sich in der Literatur oft statt Īsha-Upanishad oder Kena-Upanishad etc. die Schreibweise Ishopanishad, Kenopanishad. Hier kommt ein Lautgesetz zur Anwendung, nach dem ein auslautendes a mit anlautendem u zu o verschmilzt.

6. Die Aussprache

Die genaue Aussprache der Laute zu lernen ist eine Wissenschaft für sich. Im folgenden werden zwei Stufen angeboten. Die erste Stufe ist für diejenigen Anwender, die ein Wort einigermaßen richtig aussprechen möchten, ohne die Feinheiten zu beachten. Wer auch letztere meistern möchte, um etwa beim Mantra-Chanten dem Original noch näher zu kommen, kann sich auch an der zweiten Stufe versuchen. Hier wird es letztlich hilfreich sein, mit einer Mantra-CD zu arbeiten, um die Originalklänge aufzunehmen.

Aussprache I

Beachten Sie bei der Aussprache grundsätzlich die langen und kurzen Vokale, dadurch ergibt sich auch fast automatisch die richtige Betonung, z.B. Bhagavad'gītā, Rā'māyana, Yoga'sūtra. Das e und o sind lang wie in Deva bzw. Govinda. Die Vokale a, i, u sind kurz oder lang wie im Deutschen, das für die Aussprache ohnehin eine viel bessere Ausgangsposition bietet als etwa Englisch oder Französisch.
Wie schon erwähnt ist c als tsch zu sprechen, also citta wie tschitta. Das j kennen wir am besten aus Mahārāja, welches bekanntlich Mahārādscha ausgesprochen wird, so auch Rāja-Yoga, Rādscha-Yoga. Ein wenig schwierig ist jña wie in Vijñāna. Dies kann als Vidschnyāna gesprochen werden, aber Vidnyāna oder Vignyāna sind ebenso gebräuchlich und weniger zungenbrecherisch. Diese dreifache Option gilt für alle Wörter mit jñ.
Sh entspricht deutsch sch, das s wird immer scharf ausgesprochen wie in Song oder Sun. Gelegentlich hört man die Aussprache ā'*z*āna (falsch) für 'āsana (richtig). Die Betonung sollte auf der ersten Silbe liegen und das s scharf gesprochen werden.
Das r ist ein gerolltes Zungen-r ähnlich wie etwa im Spanischen. Wer dies hinbekommt, sollte es so aussprechen, ansonsten aber die deutsche Version benutzen (wie es übrigens auch viele deutsche Indologen tun).
Bleibt abschließend noch das *v*, das wie deutsch w gesprochen wird, weshalb wir manchmal auch die Schreibweise Wischnu für Vishnu finden.

Aussprache II

Die Konsonanten werden, wenn kein *h* folgt, ohne Hauch ausgesprochen, so wie ein Franzose das P in Paris ausspricht. Im Deutschen sprechen wir eigentlich, aus der Sicht des Sanskrit, Pharis. Man kann dies feststellen, indem man beim Sprechen ein dünnes Blatt Papier vor den Mund hält. Bei dem nicht-aspirierten Laut sollte es sich nicht oder wenig bewegen.

Im Sanskrit gibt es nun für die Konsonanten jeweils den Laut mit und ohne Hauch, z.B. ka, kha oder ta, tha. Dementsprechend sind etwa die Wörter *karma* oder *kuṇḍalinī* mit einem k ohne Hauch auszusprechen, was Inder meist automatisch richtig sprechen, während es für uns Übung erfordert. Letzteres gilt auch für *bh* oder *dh,* zumal am Anfang eines Wortes wie in Bhārata. Hier folgt direkt hinter dem B noch ein Hauchlaut, etwas leichter fällt es in Mahā-bhārata. Ähnlich klingt auch Rādhā etwas anders als Rādā, wie man es im Deutschen aussprechen würde.

Bei den Konsonanten t, d, n gibt es jeweils eine dentale und eine retroflexe Version. Das dentale t, th, d, dh, n wird ausgesprochen, indem die Zunge vorne an die Zähne geführt wird. Beim retroflexen ṭ, ṭh, ḍ, ḍh, ṇ wird die Zunge nach hinten an den Gaumen gebogen.

Den Nasallaut ṅ wie in *aṅga* sprechen wir im Deutschen automatisch richtig, d.h. wie in „lange". Das ṁ wie in *haṁsa* wird leicht nasaliert ausgesprochen. Wir finden den ungefähren Laut, indem wir französisch Orléans sprechen, dann nur die letzte Silbe nehmen, *ans,* und diese zu *hansa* ergänzen.

Der Unterschied zwischen dem palatalen ś und dem retroflexen ṣ ist so fein, dass er in der Praxis wohl nur von Indern nachvollzogen werden kann: im ersteren Falle ist die Zungenspitze gesenkt, im zweiten nach oben zurückgebogen. Wir sprechen beides wie *sch.*

A

A der erste Buchstabe des Sanskrit-Alphabets. Bedeutet oft als Vorsilbe am Anfang eines Wortes „nicht" oder „un" wie z.B. a-dharma, nicht-dharma. Vor Vokalen wird es zu *an*: an-ātman, Nicht-Selbst.
Vergl. A-nomalie, Un-wissenheit.

Ābhāsa *m* Schein, Erscheinung; eine irrtümliche Vorstellung, falscher Anschein.

Abhāva *m* Nicht-Sein, Nicht-Existenz (*a-bhāva*); Abwesenheit.
Siehe auch *Asat.*

Abhāva-Yoga *m* „Yoga des Nicht-Seins", in einigen Purānas erwähnt als Weg, bei dem über das eigene Wesen oder die Welt als Leere kontempliert wird.

Abhaya *n* Furchtlosigkeit. Die Bedeutung der Freiheit von Furcht wird in vielen Yoga-Texten hervorgehoben.

Abhayamudrā *f* Handgeste der Freiheit von Furcht und Gefahr (abhaya), d.h. der Sicherheit und des Schutzes. Eine Geste mit der erhobenen, offenen rechten Hand, die dem Empfänger des Segenswunsches zugewandt wird.

Abheda *m* Nicht-Zweiheit. Abheda-Jñāna ist das Wissen vom Einssein aller Dinge.
Siehe auch *Bheda, Bhedābheda-vāda.*

Abhidhāna *n* Name, Titel; Vokabular, Wörterbuch.

Abhimāna *m* persönlicher, egoistischer Stolz; verletzter Stolz; Hochmut; ein Hindernis auf dem Weg des Yoga.

Abhimanyu *m* der Sohn von Arjuna und Subhadrā. Er heiratete Uttarā, und ihr Sohn Parikshit folgte König Yudhishthira auf dem Thron in Hastināpura nach.
Siehe auch *Mahābhārata.*

Abhinavagupta *m* ein bedeutender Philosoph des *Kaschmir-Shivaismus* (ca. 950-1020).

Abhinivesha [abhiniveśa] *m* Hingabe, Liebe. Zuneigung.
Im Yogasūtra 2.9 Lebensdrang, Anklammern ans Leben, d.h. einer der fünf Kleshas oder Leidursachen. V.S. Apte interpretiert diesen Begriff in seinem Sanskrit-Englisch-Wörterbuch als „eine Art von Unwissenheit, die Furcht vor dem Tod

hervorruft; ein instinktives Festhalten am weltlichen Leben und körperlichen Freuden und die Furcht, dass man von ihnen allen durch den Tod abgeschnitten wird."
Andere Interpreten sprechen von einem Urdrang zum Leben an sich.

Abhisheka [abhiṣeka] *m* das Benetzen oder Besprühen mit geweihtem Wasser. Eine Taufzeremonie bei der Initiation insbesondere im Tantrismus.

Abhyanga [abhyaṅga] *m* Salbung, Massage.

Ābhyantara-Vritti [vṛtti] *f* wörtl. innere Bewegung, Funktion; eine Übung mit tiefer und lang anhaltender Einatmung.

Abhyāsa *m* beständige Praxis. Im Yoga die regelmäßige Durchführung von Übungen.
Siehe auch *Vairāgya,* Abs. 2

Acala *adj und m* unbeweglich, fest; Berg.

Ācamana *n* Nippen, Schlürfen. Das Schlürfen von Wasser aus der Handfläche vor einem Ritual, vor Mahlzeiten etc. zwecks symbolischer Reinigung.

Ācāra *m* Verhalten, rechtes Benehmen; auch Methode oder Weg, wie z.B. in *Dakshinācāra.*

Ācārya, Āchārya *m* Lehrer, Gelehrter. Im Yoga ein spiritueller Lehrer, dem besondere Verehrung entgegengebracht wird, da er den Weg zur Erkenntnis weist.

Accha *adj* rein, klar, ohne Schatten. Im Hindī bedeutet das Wort „gut, o.k."

Acintya *adj* undenkbar, unvorstellbar. Das Brahman, das unendliche Absolute, ist für unser mentales Denken unerfassbar.

Acintya-Bhedābheda-Tattva *n* das Prinzip von der unvorstellbaren Verschiedenheit und Nichtverschiedenheit, bezieht sich auf die gleichzeitige Verschiedenheit und Einheit von Materie und Geist.
Eine von *Caitanya* begründete philosophische Tradition des Vedānta.

Acit nicht-*Cit*, d.h. unbewusst.
Siehe auch *Cit.*

Acro Yoga *m* eine Variante des Partner-Yoga mit akrobatischen Elementen, enwickelt von den Amerikanern Jason Nemer und Jenny Sauer-Klein. Neben Āsanas und dem akrobatischen Ansatz kommen als dritte Komponente Elemente aus der Thai-Massage hinzu mit Dehnungen und Streckungen, die den Muskelapparat entspannen.

Acyuta *adj und m* „nicht gefallen", fest, unveränderlich. Name Krishnas in der Bhagavadgītā: Er bleibt stets im Einklang mit seiner göttlichen Natur und fällt nicht von ihr ab.

Adbhuta *adj* wunderbar, übernatürlich.

Ādhāra *m* Halter, Behältnis; Basis. Regionen im Körper, auf die der Yogī sich energetisch konzentriert (bis zu 16 werden genannt, von denen einige mit den Cakras identisch sind). Auch eine Bezeichnung für das menschliche psychophysische System als Basis des Yogas.

Adharma *m* Nicht-Dharma, das Fehlen von Recht und Redlichkeit. In der Bhagavadgītā 4.7 erklärt Krishna: „Immer wenn Dharma verfällt und Adharma wächst, manifestiere ich mich."
Siehe auch *Dharma*.

Adhibhautika *adj* elementar, materiell.

Adhibhūta *adj und n* das Materielle, Physische, Gewordene.

Adhidaiva *adj und n* das Kosmische, Göttliche; die höchste Gottheit.

Adhikāra *m* Fähigkeit, Autorität. Die Befähigung eines Aspiranten für einen Yoga-Pfad, indem die richtigen Voraussetzungen wie Aufrichtigkeit, Stetigkeit etc. gegeben sind.

Adhikārī, Adhikārin *m* jemand, der Adhikāra hat.

Adhishthāna [adhiṣṭhāna] *n* Basis, Grundlage, Stütze; zugrundeliegende Wahrheit; Wohnsitz, Residenz.

Adho-mukha „mit dem Gesicht nach unten", ein Wortelement in Āsana-Bezeichnungen.

Adhomukhashvanāsana, adho-mukha-shvan-āsana *n* die Haltung des Hundes, dessen Gesicht nach unten zeigt; Hundestreckung.
adhaḥ – unten; mukha – Gesicht; śvan – Hund; āsana – Haltung. Nach einem Lautgesetz wird adhaḥ zu adho.

Adhomukhavrikshāsana, adho-mukha-vrikshāsana *n* die Baumhaltung mit Gesicht nach unten; Handstand.
adhaḥ – unten; mukha – Gesicht; vṛkṣa – Baum; āsana – Haltung. Nach einem Lautgesetz wird adhaḥ zu adho.

Adhvara *m* Opfer, besonders das Soma-Opfer.

Adhvaryu *m* einer der Hauptpriester beim vedischen Opfer, der Sprüche aus dem Yajurveda vorträgt.

Adhyāropa *m* in Shankaras Philosophie die fälschliche Überdeckung der Wirklichkeit mit einer irrtümlichen Vorstellung, indem man zum Beispiel in der Dunkelheit ein herumliegendes Tau für eine Schlange hält. In gleichem oder ähnlichem Sinn werden auch die Begriffe Adhyāsa und Vikshepa verwandt.

Adhyāsa *m* siehe *Adhyāropa.*

Adhyātma-Yoga *m* Yoga zur Verwirklichung des höchsten Selbstes, u.a. erwähnt in der Katha-Upanishad 1.2.12. adhi-ātma bedeutet: was sich auf das Selbst bezieht.

Ādhyātmika *adj* auf das höchste Selbst, Ātman, bezogen; spirituell.

Adhyayana *n* Lesen, Studieren, besonders der vedischen Texte.

Ādi *m* Anfang, Ursprung. In vielen Komposita bedeutet es „erster, erste", z.B. Ādikavi, der erste Dichter, ein Epithet *Vālmīkis*, oder Ādiguru, der erste oder ursprüngliche Guru, d.h. die Gottheit, welche als Begründerin einer religiösen Sekte gilt.

Ādinātha *m* der ursprüngliche Herr, ein Beiname Shivas.

Ādīshvara [ādīśvara] *m* der ursprüngliche Herr, ein Beiname Shivas.

Aditi *adj und f* unendlich, grenzenlos. Höchste Natur, unendliches Bewusstsein. Im Veda Mutter der Götter, der Ādityas.
Siehe auch *Deva* (letzter Abs.).

Āditya *m* Sonne, Sonnengott. Die Ādityas sind die Söhne von Aditi.

Advaita-Vedānta *m* philosophisches System, dessen bekanntester Vertreter Shankara ist. a-dvaita bedeutet Nicht-Zweiheit, Nicht-Dualität. So handelt es sich um einen monistischen Vedānta, der letztlich Gott, Welt und Seele als eins und identisch sieht. Die Welt der Dualität mit ihren vielfältigen Erscheinungen wird zwar nicht an sich geleugnet, aber als irrealer Schein (Māyā) einer ichbezogenen Wahrnehmung analysiert.
Um diese Diskrepanz zwischen aktualler Sinneswahrnehmung und höchster Erkenntnis zu bewältigen, differenziert Shankara im Umgang mit dem Phänomen „Welt" zwischen einer relativen und einer absoluten Ebene. Auf der relativen Ebene der Unwissenheit erfährt der Mensch die Vielheit der Namen und Formen und auch einen persönlichen Gott (Īshvara), während er auf der höheren Ebene der Erleuchtung

das eigenschaftslose transzendente Brahman realisiert. Dies ist letztlich nicht mehr ein Vorgang der Erkenntnis, sondern ein völliges Aufgehen im Unendlichen, wobei die Welt vergänglicher Erscheinungen ebenso wie der persönliche Gott aufgehoben werden.
Eine moderne Advaita-Bewegung, von Außenstehenden auch „Neo-Advaita“ genannt, geht auf *H.W.L. Poonja* zurück, dessen Schülerinnen und Schüler eine „Satsang-Bewegung“ begründeten. Im Neo-Advaita werden traditionelle Elemente indischer Spiritualität mit Ansätzen westlicher Psychologie verbunden.
Siehe auch *Vishishtādvaita.*

Advāsana *n* entspannte Bauchlage. (Wort-Herkunft ungeklärt.)

Advaya-Tāraka-Upanishad [upaniṣad] *f* die Upanishad „des nichtdualen Erlösers“, womit das transzendente Bewusstsein gemeint ist, welches sich in vielfältigen Lichterscheinungen offenbart. Eine Yoga-Upanishad, welche den *Tāraka-Yoga* darlegt.

Ādyashakti [ādyaśakti] *f* die uranfängliche (ādya) Kraft (shakti) des Universums; das göttliche Bewusstsein, das alles durchdringt und erfüllt.

Affen [Skrt. Vānara, Kapi] gelten den Hindus als heilige Tiere, weil sie dereinst – unter Führung des *Hanumān* – Rāma halfen, seine von Rāvana entführte Frau Sītā zurückzugewinnen.
Siehe auch *Rāmāyana.*

Āgama *m* Herkunft, Tradition, Zeugnis. Bezeichnet allgemein heilige Schriften und speziell tantrische Texte in der Tradition Shivas. In der Yoga-Philosophie Erkenntnis auf der Grundlage von authentischer Bezeugung durch eine vertrauenswürdige Autorität.

Āgāmi-Karma *n* künftiges Karma, das durch Handlungen in der Gegenwart ausgelöst wird.
Siehe auch *Karma.*

Agastya *m* Name eines berühmten Sehers im alten Indien, der mehrere Hymnen des Rigveda verfasst hat. Er gilt als Ahnherr der südindischen dravidischen Kultur, insbesondere der Tamil-Sprache und –Literatur. Im Rāmāyana erscheint der Weise als väterlicher Freund und Ratgeber Rāmas.

Aghora *adj* „nicht-furchtbar“, ein euphemistisches Epithet Shivas. Auch Bezeichnung für Anbeter Shivas und Durgās.

Agni *m* Feuer, Gott des Feuers. Im Rigveda ist Agni eine der wichtigsten Gottheiten, zahlreiche Hymnen

sind ihm gewidmet. Er ist flammenhaarig, sein Antlitz voller Licht, und er wird mit ein bis drei Gesichtern dargestellt.
Als Mittler trägt er die Opfer der Menschen zu den Göttern. Er wird auch „der Unsterbliche in Sterblichen" genannt und ist den Menschen ein Schirmherr und Helfer.
Er wird u.a. beschrieben als Agni Jātavedas, der Kenner aller Geburten; Agni Pāvaka, der Reinigende; Agni Tvashtā, der Schöpfende oder Gestaltende; Agni Vaishvānara, der Universelle, Allgegenwärtige.

Agnihotra *n* Ritus des Feueropfers, das viele Hindus täglich darbringen in Form von Milch, Öl und Grütze, welche morgens und abends in das Feuer gegeben werden.
Im tieferen Sinne steht das äußere Opfer symbolisch für eine innere Hinwendung zum Göttlichen.
Derjenige, der das Agnihotra ausführt, heißt Agnihotrin.

Agni-Purāna [purāṇa] *n* eines der 18 Mahāpurānas, wurde von Agni dem Seher Vasishtha mitgeteilt. Hauptanliegen des Textes ist die Verherrlichung Shivas, doch werden auch zahllose andere Themen abgehandelt.

Agnivesha [agniveśa] *m* Name eines vedischen Rishis, der als Autorität in der Heilkunde galt.

Ahalyā *f* die Frau des Rishis Gautama. Einst wurde sie von Indra verführt, der die Form des Gautama annahm und sie dadurch täuschte. Während der Rishi seine Frau verfluchte und in einen Fels verwandelte, verwünschte sie, nachdem Rāma sie aus ihrem Zustand befreit hatte, den Gott Indra, so dass er eine abstoßende Hautkrankheit bekam.
Ahalyā steht im Hinduismus für die überaus treue Ehefrau, die trotz falscher Anschuldigung des Ehebruchs zu ihrem Ehemann hält.

Agni-Sāra-Dhautī *f* Reinigung (dhautī) mittels (sāra) Feuer (agni), auch Vahni-Sāra-Dhautī genannt. Eine Reinigungstechnik, bei der der Nabel wiederholt gegen die Wirbelsäule gedrückt wird. Diese Praktik, beschrieben in der Gheranda-Samhitā, soll das Verdauungsfeuer anfachen und Magenkrankheiten heilen.

Agni-Yoga (1) *m* ein Yoga der Erweckung der Kundalinī, begründet von Russell Paul Schofield.

Agni-Yoga (2) *m* eine spirituelle Lehre, die in der ersten Hälte des 20. Jhs. von dem russischen Maler Nicholas Roerich und seiner Frau Helena übermittelt wurde. Sie soll auf okkultem Wege empfangen worden sein von Meister Morya, dem Guru Helena P. Blavatskys, der Gründerin der Theosophischen Gesellschaft.
Agni-Yoga sieht Agni, das „Feuer", als eine wertvolle und starke trans-

formative Energie, welche von großer Bedeutung ist im kommenden Neuen Zeitalter der Menschheit. Diese Energie manifestiere sich sowohl im physischen als auch im subtilphysischen Bereich und soll geläutert werden, um einen konstruktiven Umgang mit den evolutionären kosmischen Kräften zu gewährleisten.
Die Anhänger des Agni-Yoga glauben, dass künftig eine Bruderschaft von Mahātmās oder Adepten aus Shambhāla, einem mystischen Ort im Himālaya, die Menschheit regieren werde.

Aham bedeutet im Sanskrit „ich" und meint in der Regel das persönliche, begrenzte Selbst, kann jedoch auch das unendliche spirituelle Selbst, Ātman, bezeichnen.

aham brahmāsmi „ich bin Brahman" (ahaṁ brahma asmi). Einer der bekanntesten großen Lehrsprüche (Mahāvākya) der vedischen Tradition: Im Zustand der Erleuchtung erfährt das persönliche Ich sein Einssein mit dem höchsten Absoluten.

Ahamkāra *m* [ahaṁkāra] der „Ich-Macher", das persönliche Ichbewusstsein. In der Sānkhya-Philosophie ein Teil des Antahkarana, des inneren Organs, das aus Buddhi, Ahamkāra und Manas besteht und die Grundlage aller geistigen Vorgänge ist.
Während Manas die Informationen der Erscheinungswelt aufnimmt und ordnet, schafft Ahamkara den individuellen Bezugspunkt für deren Verarbeitung: Es existiert dadurch ein persönliches Ich, das „anders ist als die anderen", und auf dieser Basis des Separat-Seins entsteht erst die Vielheit der Wahrnehmungen, Wünsche, Willensakte.
Buddhi wiederum, als höchstes Element in dieser Dreiergruppe – und überhaupt in der *Prakriti* – besitzt die Intelligenz und die Fähigkeit, zu Erkenntnissen zu gelangen.

Āhāra *m* Nahrung, Ernährung.
Siehe auch *Ernährung*.

Ahimsā [ahiṁsā] *f* Gewaltlosigkeit, das Nicht-Verletzen in Gedanke, Wort und Tat. Eine der fünf ethischen Leitlinien der ersten Stufe des Rāja-Yoga.
Das Prinzip der Ahimsā wurde weltweit durch Mahatma Gandhi bekannt, der es zu einer Grundlage des indischen Freiheitskampfes machte.
Ursprünglich wurde Ahimsā jedoch von den Jainas und Buddhisten entwickelt, bevor es später auch im Hinduismus Einzug hielt.

Āhlāda *m* Freude, Glückseligkeit.

Āhlādinīshakti [śakti] *f* die göttliche Kraft, welche Glückseligkeit bringt; ein Name Rādhās.

Aikya *n* Einheit, Einssein, Vereinigung, Identität (mit dem Höchsten). Ein Zustand jenseits des Kreislaufs von Geburt und Tod.

Airāvata *m* Indras Reittier, ein weißer Elefant mit vier Stoßzähnen; gilt auch als Urahn der Elefantengattung. Er trat beim Quirlen des *Milchozeans* hervor.

Aishvara-Yoga [aiśvara] *m* in der Bhagavadgītā die Einheit des *Herrn* mit allem Dasein, dem er als höchstes Wesen (Īshvara) vorsteht.

Aishvarya [aiśvarya] *n* Herrschaft, Macht. Bezeichnet auch übernatürliche Kräfte eines Yogīs, die ihm eine Meisterschaft in seiner Beziehung zum Kosmos verleihen.

Aitareya-Upanishad [upaniṣad] *f* eine der älteren Upanishaden, erläutert den Ursprung der Welten aus dem Alleinigen Ātman, die Loslösung vom Kreislauf der Geburten und das Wesen des höchsten Selbstes.
Aitareya ist der Name einer Tradition, die auf den Rigveda zurückgeht.

Aiyanār [Tamil] in den Dörfern Tamil Nadus die legendäre Gestalt eines Nachtwächters, der auf einem Pferd Patrouille reitet und böse Geister verscheucht.

Aja *adj* ungeboren, nicht geboren (a-ja).

Ajapa-Mantra *m* die unwillkürliche Äußerung eines Mantras. So wird nach der Lehre des Hatha-Yoga mit jedem Atemzug der Laut *ham-sa* geäußert, was zu einem kontinuierlichen Mantra *ham-sa-ham-sa* mit der Bedeutung „ich bin Er" und „Er bin ich" wird.
aham – ich; saḥ – er; saḥ aham wird nach einer Lautregel zu *so'ham.*

Ajātashatru [ajātaśatru] *adj oder m* keine Feinde (shatru) habend; keine ebenbürtigen Gegner habend. Name Indras, Shivas und Yudhishthiras.

Ājñā-Cakra *n* eines der sieben feinstofflichen Energiezentren im menschlichen System. Es liegt an der Nasenwurzel zwischen den Augenbrauen und wird visualisiert als weißer oder grauer Lotus mit zwei Blütenblättern. Darauf findet sich ein nach unten weisendes Dreieck als Symbol der Yonī, mit einem Linga darin. Die Keimsilbe ist OM, die Gottheiten sind Vishnu und Hākinī, das Tattva oder Grund-Element ist der Geist, Manas.
Diesem *Cakra* zugeordnet sind die Funktionen von Gedanke, Wille und Vision. *ājñā* bedeutet Weisung, An-

ordnung, daher nennt man es auch „Guru-Cakra“, weil der Schüler hier die inneren Weisungen des Gurus empfängt.

Ajñāna *n* Unwissenheit, identisch mit Avidyā. Das Nichtwissen, das zur Identifizierung mit dem Vergänglichen und Sterblichen führt und der wahren Erkenntnis, Jñāna, entgegensteht.

Akāma *adj* wunschlos, bedürfnislos. Eine Eigenschaft des Yogīs, der im höheren Selbst lebt und dort alle Erfüllung findet.

Akarman *n* das Nichttun, Tatenlosigkeit. In der Bhagavadgītā (3.8-9) wird ausgeführt, dass ein als Opfer dargebrachtes Handeln segensreicher sei als Inaktivität.

Ākarnadhanurāsana, ākarna-dhanur-āsana *n* die Haltung des bis zum Ohr gespannten Bogens. Pfeil und Bogen.
ā-karṇa – bis zum Ohr (der Ausdruck wird beim Bogenschießen gebraucht, wenn der Pfeil bis ans Ohr heran gespannt wird); dhanuḥ – Bogen; āsana - Haltung. Nach einem Lautgesetz wird dhanuḥ zu dhanur.

Ākāsha [ākāśa] *m* Raum, Äther. In älteren Texten der unendliche Raum als Bild für das höchste Selbst. Später eines der fünf Elemente des manifestierten Kosmos. Es ist das feinstofflichste Element und erfüllt das ganze Universum als subtiler Träger von Leben und Klang.
Siehe auch *Bhūta.*

Ākāsha-Chronik in der Esoterik Bezeichnung für die Computer-Festplatte des Universums, auf der alle vergangenen Ereignisse detailliert gespeichert seien, welche von medial begabten Personen eingesehen werden können.

Ākāshagamana *n* das „Himmelsgehen“ oder Reisen im Äther. Eine übernatürliche Fähigkeit (Siddhi) des Yogīs, von der u.a. mehrfach in Paramahansa Yoganandas *Autobiographie eines Yogi* berichtet wird.
Auch in der alten indischen Tradition gibt es Zeugnisse. So heißt es in Mahābhārata 12.314.26, dass eines Tages Shuka, der Sohn des Mahābhārata-Autors Vyāsa, eine Reise zu König Janaka antrat. Daraufhin ermahnt ihn sein Vater, er möge „auf natürliche Weise“ reisen, nicht mittels yogischer Kräfte. Aber am Ende der Episode reist Shuka dann doch „auf dem ätherischen Wege“ vom Hof des Königs in die Berge des Himālaya, wo sein Vater einige Schüler unterrichtet. Dieser sieht seinen Sohn heranschweben „wie ein leuchtendes Feuer, ähnlich der

Sonne, nicht Bäume oder Felsen berührend." Siehe auch *Laghiman.*

Akhanda-Kīrtana [akhaṇḍa] *n* das ununterbrochene Chanten von Gottesliedern. Siehe auch *Kīrtana.*

Akrūra *m* Name eines Onkels von Krishna, der auch sein Berater war.

Akshamālā [akṣamālā] *f* Perlenkette, Rosenkranz. Dieser besteht meist aus fünfzig Perlen, welche für die Schriftzeichen des Sanskrit-Alphabets stehen. Aksha bedeutet getrocknetes Samenkorn. Die Akshamālā ist das Attribut einiger Götter und kann auch aus getrockneten Beeren oder Schädeln bestehen.

Akshara [akṣara] *adj und n* unvergänglich, unzerstörbar. Das Wort bedeutet auch allgemein „Silbe" und speziell die Ursilbe Om.

Akūpāra *m* Name einer mythischen Schildkröte, welche die Erde trägt.

Akushala [akuśala] *adj* Unheil bringend (a-kuśala).

Alakā *f* Name des Wohnsitzes von Kubera hoch im Himālaya, wo auch Shiva residiert.

Alakanandā *f* Name eines Quellflusses des *Ganges*, der im Himālaya entspringt. Der Name bedeutet wörtlich „die Haarlocken-Erfreuende" (alaka-nandā), weil der Strom durch Shivas Haarlocken zur Erde floss.

Ālamba *m* Stütze, Halt. Ein Wortelement in Āsana-Bezeichnungen.

Alambushā-Nādī [alambuṣā-nāḍī] *f* einer der feinstofflichen Nervenkanäle (*Nādī*), durch welche die Lebenskraft im Körper fließt. Er endet im Mund.

Ālasya *n* Trägheit, Faulheit. In vielen Texten als Hindernis auf dem Weg genannt.

Ālaya *m* Stätte, Wohnung.

Alfassa, Mira siehe *Mutter, Die.*

Alignment [engl., Aussprache wie *line*] Ausrichtung. Die innere, körperliche oder energetische Ausrichtung bei der Durchführung von Āsanas.

Alinga [aliṅga] *adj oder n* das, was keine Kennzeichen hat, was undifferenziert ist. Auch eine Bezeichnung für die *Prakriti* im nicht-manifestierten Zustand.

Allahābād bekannter Pilgerort am Ganges, siehe *Prayāga.*

Alvars [ālvārs, Tamil, „in Meditation versunken"] zwölf südindische Dichter und Bhaktas, die zwischen dem 6. und 9. Jh. als glühende Anbeter Vishnus viele inspirierte Hymnen in der Tamil-Sprache verfassten. Diese wurden von Nāthamuni im Nalayira-Prabandha zusammengestellt. S.a. *Andal, Nammalvar.*

Ama *adj und m* unreif, unverdaulich; Leid, Krankheit. Im Āyurveda Bezeichnung für Schlackenstoffe, die durch unverdauliche Nahrung verursacht werden.

Amala *adj* rein, fehlerlos.

Amanaskatā *f* ein Zustand der Erleuchtung, in dem das Denken transzendiert wird. (a-manaska-tā, Nicht-Intellekt-heit)

Amarāvatī *f* die Wohnstätte der Unsterblichen (*amara*); Indras himmlischer Wohnsitz, liegt der Legende nach nahe dem Berg Meru.

Ambā *f* Mutter, Shakti, die göttliche Mutter.

Ambikā *f* Mutter, gute Frau. Name Pārvatīs, der Gattin Shivas.

Amma

Amma, Mata Amritanandamayi [ammā, mātā amṛtānandamayī] wörtl. „Mutter“, „die glückselige Mutter“. Bedeutende indische Heilige und Bhakti-Yoginī.
Amma wurde 1953 in Kerala als Kind mittelloser Fischer geboren und musste in ihrer Kindheit und Jugend schwere Lebensumstände ertragen, da sie aufgrund ihrer sehr dunklen Hautfarbe von ihrer Familie schlecht behandelt wurde. Doch schon früh hatte sie mystische Erfahrungen, sang devotionale Lieder, die ihr niemand beigebracht hatte, und fühlte die Nähe zum Göttlichen.
Sie zeigte großes Mitgefühl gegenüber den meist schlechtgestellten Menschen in ihrer Umgebung und half ihnen, wo immer es möglich war. Mit 17 Jahren erreichte sie einen Zustand tiefer Gottverwirklichung und sah hinfort die Welt als Manifestation des allerfüllenden Einen.
Im Anschluss an eine Phase intensiver spiritueller Übungen erfuhr sie die Vision der göttlichen Mutter und wurde eins mit ihr. Nachdem sie Monate in diesem glückseligen Zustand verbracht hatte, sagte eine innere Stimme ihr, sie solle diese Freude mit den Menschen teilen, was sie seitdem tat.
In ihrer Begegnung mit Menschen verkörpert Amma auf lebendige Weise Bhakti-Yoga und vermittelt ihnen sehr unmittelbar die Erfahrung göttlicher Liebe, indem sie

alle Anwesenden herzlich umarmt. Manchmal sind es Tausende, in Europa, manchmal Zehntausende, in Indien, die bei Treffen in riesigen Hallen so ihren persönlichen Kontakt erfahren.
Während der Treffen finden auch Bhajans statt, von denen Amma einige persönlich komponiert hat, und ihr Chanten wird als ergreifendes Ereignis geschildert. Sie empfiehlt das Chanten von Bhajans, da es in unserer geräuschüberfluteten Zeit der leichteste Weg sei, um den Geist auf Gott zu konzentrieren. Aber auch Meditation wird in ihren Zentren praktiziert, ferner empfiehlt sie Sevā, selbstlose Arbeit für andere Menschen, und gibt auch ständig ein Beispiel, indem sie sich persönlich an allen möglichen Arbeiten für die Gemeinschaft beteiligt. Zudem betont sie auch den Wert von Japa, der Wiederholung des Mantras, welche den Geist natürlich sammelt und vor unerwünschten Eindringlingen schützt.
Doch das Hauptmotiv ihres Wirkens ist die Liebe: „Die Liebe ist die Grundlage für unser Leben. So wie unser Körper Nahrung braucht, benötigt die Seele Liebe, um sich zu entwickeln."

Āmnāya *m* heilige Tradition, heilige Texte. Auch Bezeichnung für die Gesamtheit des Veda.

Amrita [amṛta] *adj und n* unsterblich; Unsterblichkeit; Nektar der Unsterblichkeit. Die Hatha-Pradīpikā berichtet von einem solchen „Nektar", den der fortgeschrittene Yogī in den feinstofflichen Zentren erfährt, was zu einer Kräftigung des Körpers, Freiheit von Krankheit und sogar Unsterblichkeit führen könne.

Amrita-Bindu-Upanishad [amṛta-bindu-upaniṣad] *f* eine der Yoga-Upanishaden, enthält nur 22 Verse und lehrt einen Yoga der Entsagung sowie Japa der heiligen Silbe OM. Amrita-Bindu ist der „unsterbliche *Bindu*."

Amrita-Nāda-Upanishad [amṛta-nāda-upaniṣad] *f* eine der Yoga-Upanishaden, erläutert einen sechsgliedrigen (shadaṅga) Yoga, der auf die Shvetāshvatara-Upanishad zurückgeht. Amrita-Nāda ist der ewige Klang.

Amritasiddhi [amṛtasiddhi] *f*, „Erlangung der Unsterblichkeit", Titel eines Quellentextes aus dem späten 11. Jh., welcher als die erste systematische Abhandlung des Hatha-Yoga gilt, obwohl diese Bezeichnung hier noch nicht existiert.
Āsanas spielen in diesem frühen Text jedoch keine große Rolle, es werden nur einige Sitzhaltungen erwähnt. Im Mittelpunkt steht eine Abhandlung über den *Bindu*, eine Flüssigkeit, die von der Schädelbasis, dem „Mond", abwärts tropfe und von einer „Sonne", gelegen im Bauchraum, verbrannt werde. Durch

bestimmte Techniken wie Atemübungen gelinge es jedoch, den Bindu, das Lebenselixier, wieder aufwärts zu lenken und so die Unsterblichkeit des Körpers oder übernatürliche Fähigkeiten sowie Befreiung vom Kreislauf der Wiedergeburten zu erlangen

Bei den geschilderten Yoga-Techniken geht es vor allem um *Mahāmudrā*, das „große Siegel", *Mahābandha*, den „großen Verschluss", und *Mahāvedha*, den großen „Durchstecher". Bei deren regelmäßiger Übung erlange der Yogī Kontrolle über Körper, Geist und Sprache sowie über die Kraft des Todes.

Der Text wurde in einem tantrisch-buddhistischen Umfeld ursprünglich auf Sanskrit und Tibetisch verfasst und auf der Grundlage von zwölf Manuskripten im Jahr 2021 erstmals in einer kritischen Ausgabe veröffentlicht. Siehe auch *Bindu.*

Amshāvatāra [aṁśāvatāra] *m* Teilinkarnation (amśa-avatāra) einer göttlichen Persönlichkeit, wobei diese nur für einen begrenzten Zeitraum bestimmte Aspekte ihres Wesens manifestiert. S.a. *Pūrnāvatāra.*

Anāhata-Cakra

Anāhata-Cakra *n* wörtl. *Cakra* des nicht-angeschlagenen [Tones], trägt auch andere Bezeichnungen wie *Hritpadma,* Herz-Lotus. Es wird oft bildlich dargestellt als Hexagramm in einem Kreis mit zwölf Blütenblättern.

Die Keimsilbe ist *yam*, das Tiersymbol die Gazelle, die Farbe goldrosa, das Tattva oder Grundelement Wind, Atem (Vāyu). Die Gottheiten sind Īsha, d.h. Shiva, und Rākinī.

Der Yogī hört bei der Konzentration auf dieses Herz-Cakra den nicht extern hervorgerufenen, selbstexistenten göttlichen Klang Om, der auch Anāhata-Dhvani genannt wird.

Ānanda *m oder n* Freude, Seligkeit, die göttliche Glückseligkeit. Im Gegensatz zu Bhoga, dem Genuss der Sinne, ist Ānanda die höchste Seligkeit, die aus sich selbst existiert und nicht durch äußere Objekte bedingt ist. Ānanda ist eine der Grundeigenschaften des Brahman, das auch als Sat-Cit-Ānanda beschrieben wird, d.h. Sein-Bewusstsein-Freude.

In einigen Texten wird zwischen verschiedenen Formen von Ānanda-Erfahrung differenziert, insbesondere im Kaschmir-Shivaismus, der sieben Ebenen kennt.

Das Wort Ānanda wird bei Mönchen in der Tradition Shankaras am Ende eines Namens verwendet, z.B. Vivekānanda, Freude durch Viveka (Unterscheidungskraft), oder Śivānanda, Seligkeit durch Shiva.

Ānandamaya-Kosha [kośa] *m* eine der fünf Hüllen (*Kosha*), die das höchste Selbst umgeben, wobei die vorliegende (ānanda-maya – aus Glückseligkeit bestehend) die letzte und subtilste ist.

Ananda Moyi Ma, Sri Ma Anandamayi [śrī mā ānandamayī] die „glückselige Mutter", eine der bedeutendsten Heiligen und Yoginīs des 20. Jhs.
Sri Ma wurde am 30. April 1896 in einem kleinen Dorf im heutigen Bangladesh geboren. Ihr Vater war ein Vaishnava, der meisterhaft devotionale Lieder vortragen konnte. Im Einklang mit den Gebräuchen jener Zeit wurde Sri Ma bereits mit dreizehn Jahren verheiratet und zog zunächst in die Familie ihres Gatten, während er selbst in einer anderen Stadt lebte und arbeitete. Mit Gleichmut trug sie ihr Schicksal und leistete in seiner Abwesenheit die schwere Hausarbeit, die ihr auferlegt wurde. Schon damals gelang es ihr, durch aufrichtige Zuwendung und natürliches Mitfühlen das Herz fremder Menschen zu gewinnen.
Im Alter von 18 Jahren zog sie zu ihrem Gatten, der intuitiv ihre spirituelle Bestimmung spürte und zölibatär mit ihr lebte. Eines Tages, beim morgendlichen Bad, empfing sie durch eine innere Stimme (Kheyal) die Weisung, eine Sādhanā, Yoga-Praxis, zu beginnen. Als sie am Abend den Namen Krishnas zu chanten begann, versank sie sogleich in eine innere Welt der Freude. Obgleich sie nichts von Yoga und Āsanas wusste, nahm sie spontan einige Stellungen ein. Auch als sie auf Wunsch ihres Gatten Bholanath, dessen Familie nicht der vishnuitischen Tradition angehörte, das Mantra wechselte und nun Shivas Namen chantete, blieb die Wirkung dieselbe und sie verbrachte oftmals viele Stunden in stiller Glückseligkeit.
Dieser Zeitabschnitt einer von innen her geführten Sādhanā dauerte etwa sechs Jahre. Spätere Gespräche, die sie mit Yogīs und Gelehrten über diese Phase führte, zeigten, dass sie während dieser Zeit ein höchst umfangreiches und detailliertes spirituelles Wissen erworben hatte, wie es sonst nur wenigen Experten der Sanskrit-Yoga-Literatur zugänglich ist.
Es war nun offensichtlich, dass sie bereits eine bedeutende spirituelle Verwirklichung besaß, und alsbald

erhielt ihr Gatte auf eigenen Wunsch eine Einweihung von ihr. Auch in anderen Kreisen sprach sich ihre große Ausstrahlung herum und es trafen Besucher in großer Zahl ein.
Während der Kīrtans wurde immer wieder beobachtet, wie Sri Ma in Ekstase geriet, wobei sich ihre Augen schlossen und sie völlig selbstvergessen im Rhythmus der Musik hin und her schwankte. Oft lag sie danach Stunden im Samādhi und erhob sich erst wieder, wenn Bholanath sie zurück ins Wachbewusstsein rief.
Sie war im Jahr 1924 mit ihm nach Dhaka gezogen, doch verließen sie die Stadt 1932 und unternahmen viele Reisen. Im Laufe der Zeit ergaben sich Kontakte auch zu prominenten Indern wie der Nehru-Familie, die ihre Nähe und spirituelle Inspiration suchten. In vielen Städten bildeten sich Zentren von Anhängern, die gemeinsam Kīrtan durchführten.
Auch nach Bholanaths Erkrankung und Tod im Jahr 1938 setzte sie ihre Reisetätigkeit fort und nahm zahlreiche Einladungen zu religiösen Veranstaltungen an. Meist aß sie nur wenig, fastete häufig für lange Zeiträume oder nahm nur jeden zweiten Tag etwas zu sich. Wenn sie gesundheitliche Probleme hatte, wollte sie diesen nicht viel Beachtung schenken. Tatsächlich war die Ursache vor allem, dass die Begegnungen mit der schnell wachsenden Zahl von Anhängern sie viel Kraft kosteten.
Vor ihrem Lebensende führte sie noch ein großes vedisches Opfer durch, das unter ihrer Obhut bis ins kleinste Detail nach den traditionellen Vorschriften ablief und für die Teilnehmer zu einem bedeutenden spirituellen Ereignis wurde. Danach zog sie sich mehr und mehr zurück und wollte, als sie erkrankte, keine Gebete für ihre Heilung mehr entgegennehmen. „Dieser Körper hat keine Krankheit, er wird ins Nicht-Manifeste zurückgerufen", erklärte sie ihren Anhängern. Am 27. August 1982 verließ sie ihren Körper.

Ananda Villages spirituelle Gemeinschaften, die von Paramahansa Yoganandas Schüler Swami Kriyananda gegründet wurden, um Yoganandas Lehren gemeinsam und auch im Alltag zu praktizieren. Insgesamt über 700 Bewohner leben in mehreren Gemeinschaften in den USA wie auch in der Nähe von Assisi in Mittelitalien. Es war Yoganandas Vision, dass überall auf der Erde solche spirituellen Gruppen gegründet würden, um der Menschheit zu zeigen, wie ein einfaches, inspiriertes Leben zu wahrem Glück führen kann.

Ananga [anaṅga] *m* körperlos; ein Beiname *Kāmas*, den Shiva zu Asche verbrannte.

Ananta *adj und m* ohne Ende (ananta), unendlich. Name der kosmischen Schlange *Shesha*, auf der Vishnu ruht; bezeichnet auch Vishnu selbst.

Anantāsana *n* Ananta-Haltung. Ananta (s.o.); āsana – Haltung.

Anantashayana [anantaśayana] *m* derjenige, der auf der Schlange Ananta ruht, d.h. Vishnu.

Anasūyā, Anusūyā *f* die Gattin des Rishi Atri und die Mutter von Durvāsā. Sie war bekannt für ihre aufrichtige Hingabe und Tugendhaftigkeit und verfügte über übernatürliche Kräfte.

Anātman *m* das Nicht-Selbst (anātman), d.h. alles, was als verschieden vom höchsten Selbst erfahren wird.

Anavasthitatva *n* Unstetigkeit beim Üben (an-avasthita-tva – Nichtbeständig-keit).

Anda [aṇḍa] *n* Ei. Auch Bezeichnung für das kosmische Ur-Ei, aus dem nach alten Mythen die Schöpfung hervorging.

Andal [āndāl] südindische Dichterin und Anbeterin Vishnus im 9. Jh., sie war die einzige Frau unter den *Alvars.*

Andhaka *m* Name eines Asuras der Dunkelheit (von *andhaka,* blind), welcher einst Pārvatī zu entführen versuchte, jedoch von Shiva getötet wurde.

Anga [aṅga] *n* Glied, Teil, Körper; Stufe eines Übungsweges.

Angiras [aṅgiras] *m* Name eines vedischen Rishis, Autor der Hymnen des 9. Mandala sowie von Abhandlungen über Recht und Astronomie.

Angula [aṅgula] *m* Finger; die Maßeinheit ein Finger breit.

Angushthāsana *n* die Daumenbreite-Haltung, Schwebesitz.
anguṣṭha – Daumen, Daumenbreite (über dem Boden); āsana - Haltung.

Animan [aṇiman] *m* Winzigkeit, Feinheit. Eine der übernatürlichen Kräfte (Siddhi), die der Yogī erwerben kann, d.h. die Fähigkeit, sich unendlich klein zu machen.

Aniruddha *m* der Sohn Pradyumnas, der wiederum ein Sohn Krishnas und Rukminīs war. Sein Name bedeutet wörtlich „unwiderstanden, ungehindert".
Einst verliebte sich Ushā, die Tochter des Asura-Königs Bāna in Ani-

ruddha und brachte ihn durch ihre okkulten Kräfte in ihre Gemächer. Als der König ihn aber durch seine Wächter gefangensetzen wollte, wehrte er sich und besiegte sie mit seiner eisernen Keule. Daraufhin machte Bāna von seinen Zauberkräften Gebrauch und hielt Aniruddha fest, bis schließlich Krishna, Balarāma und Pradyumna ihn befreiten.
Aufgrund einer Intervention Shivas wurde Bānas Leben jedoch verschont. Aniruddha und Ushā heirateten und begaben sich in die Heimat Aniruddhas, nach Dvāraka.

Anirvacanīya *adj* unsagbar, nicht mit Worten auszudrücken.

Añjali-Mudrā *f* Zusammenlegen der Hände auf Herzhöhe, um zu grüßen bzw. Ehrerbietung zu erweisen. Auch im modernen Hinduismus weit verbreitet.

Añjaneya *m* ein Name Hanumāns, abgeleitet vom Namen seiner Mutter, Añjanā.

Āñjaneyāsana *n* die Āñjaneya-Haltung; Halbmond; Mond. Āñjaneya – Eigenname, Name Hanumāns; āsana – Haltung.

Ankusha [aṅkuśa] *m od n* Elefantenstachel; auch ein (glückverheißendes) Attribut Indras, Ganeshas und anderer Gottheiten.

Annamaya-Kosha [kośa] *m* die gröbste der fünf Hüllen, die das höchste Selbst umgeben, „aus Nahrung bestehend" (anna-maya), d.h. der physische Körper.
Siehe auch *Kosha*.

Annapūrnā [annapūrṇā] *f* wörtl. diejenige, die voller Nahrung (anna) ist, d.h. die „Mutter der Fülle", ein Name der Göttin Durgā oder Pārvatī. Sie wird mit einem Reistopf in den Händen dargestellt.

Antahkarana [antaḥ-karaṇa] *n* das „innere Instrument", bezeichnet im Sānkhya das geistige Organ des Menschen, bestehend aus Buddhi, Ahamkāra und Manas.

Antakāla *m* die Zeit (kāla) des Endes (anta), die Todesstunde. Krishna erklärt in der Bhagavadgītā 8.5.: „Und wer in der Stunde des Todes, beim Verlassen des Körpers, an Mich allein denkt, der gelangt ohne Zweifel zu meinem Wesen."

Antaka *m* ein Name des Todesgottes Yama, wörtl. der „Beender".

Antarakumbhaka *m oder n* das

Anhalten des Atems (*kumbhaka*) nach voller Einatmung (antara bedeutet innen, innerlich).

Antarāla *n* kleine Vorhalle zum Allerheiligsten eines Tempels.

Antaranga *n* der innere (antar) Teil (aṅga), bezeichnet im Yogasūtra die letzten drei der acht Stufen des Yoga.
Siehe auch *Bahiranga* und *Ashtānga-Yoga.*

Antarātman *m* das innere Selbst, der höchste Geist, der im Menschen wohnt.

Antarāya *m* ein Hindernis auf dem Weg des Yoga, wie z.B. Trägheit, Zerstreuung oder Begierde etc.

Antariksha [antarikṣa] *n* der „Zwischen-Raum", d.h. der Bereich zwischen Erde und Himmel, die Sphäre der Gandharvas und Apsaras.

Antaryāmin *m* der innere Lenker, das Göttliche als innewohnende Gegenwart im Menschen.

Anugītā *f* ein Abschnitt im 14. Buch des Mahābhārata (14.16-51), mit Unterweisungen Krishnas für Arjuna. Dabei werden Themen wie die spirituelle Befreiung, Seelenwanderung, die Gunas u.a. erörtert.

Anugraha *m* Gunst, göttliche Gnade, die dem aufrichtigen Yogī und Sucher zuteil wird.

Anukramani [anukramaṇī] *f* Tabelle, Liste. Textgattung, die für die vedischen Hymnen das erste Wort jeder Hymne, die Anzahl der Verse, den Namen und die Familie der Rishis sowie die Metren und Gottheiten benennt.

Anuloma-Prānāyāma [prāṇāyāma] *m* eine Atemübung, bei der durch beide Nasenlöcher eingeatmet und wechselweise durch je ein Nasenloch ausgeatmet wird.
Anuloma bedeutet „mit dem Strom, natürlich".

Anumāna *n* in der Philosophie eine Schlussfolgerung aufgrund bestimmter Voraussetzungen.

Anurāga *m* Liebe, Hingabe.

Anushthāna [anuṣṭhāna] *n* Ausführung, Praxis. Die systematische Durchführung religiöser Praktiken über einen längeren Zeitraum.

Anushtubh [anuṣṭubh] *f* Name eines Versmaßes, das 4 x 8 Silben enthält.

Anusara Yoga *m* Yoga-Stil, der 1997 von dem Amerikaner John Friend begründet wurde. Das Wort *anusāra* bedeutet im Sanskrit „Folgen, Nachfolgen" oder „natürlicher Zustand" und wird hier frei übersetzt als „following one's heart",

dem eigenen Herzen folgen, oder „flowing with grace“, mit der Gnade fließen. Ziel ist eine freudige Yogapraxis, die den Schülern hilft, „im Einklang mit dem Körper die innere Schönheit zu erleben.“
Fünf generelle Prinzipien der Ausrichtung (alignment) sollen den Übenden helfen, zu ihrer immanenten idealen Körperhaltung zurückzufinden und den Energiefluss im Körper zu verbessern. Aber nicht die Perfektion bei der Ausführung von Āsanas steht im Mittelpunkt, sondern die natürliche Freude, mit der sie ausgeführt und als Teil der persönlichen Entwicklung erlebt werden
John Friend verfügte über langjährige Erfahrung als Iyengar-Yoga-Lehrer und studierte intensiv das Tantra, bevor er sein eigenes System entwickelte, in das Elemente des Tantra einflossen. Yoga bedeutet für ihn, das Göttliche, das in allen Menschen präsent ist, zu erkennen und zu erwecken.
Meditieren, Chanten und das Studium heiliger Schriften sind Teil des umfangreichen Programms, das auch therapeutische Anwendungen beinhaltet.

Ānvīkshikī [ānvīkṣikī] *f* Logik, Philosophie, Metaphysik. Mit ihrer Hilfe wird die Erkenntnis dessen, was wahres Selbst und Nicht-Selbst ist, erarbeitet.

Āpah [āpaḥ] *f* (Plural von *ap*) Wasser. Eines der fünf Elemente, die die physische Natur konstituieren. Die anderen sind Erde, Feuer, Wind, Äther.
Siehe auch *Pañcabhūta.*

Apāna *m* wörtl. Herab-Atem oder -Energie (apa-āna). Einer der fünf Ströme des Prāna, wird im unteren Bereich des Körpers lokalisiert und reguliert Ausatmung und Ausscheidung.

Apānāsana *n* die Apāna-Haltung; Dehnung des unteren Rückens; Kniee zur Brust.
apāna – Apāna (s.o.); āsana - Haltung.

Aparā Prakriti [prakṛti] *f* die niedere Natur, die Welt des Stofflichen. Siehe auch *Prakriti.*

Apara-Vidyā *f* das niedere Wissen, die relative, indirekte Erkenntnis, die durch den Intellekt und die Sinne erlangt wird. Dagegen ist Para-Vidyā die direkte, absolute Erkenntnis des Brahman.

Aparigraha *m* Nicht-Ergreifen, Besitzlosigkeit, Freiheit von Habgier. Eine der fünf ethischen Leitlinien in der ersten Stufe des Rāja-Yoga. Siehe auch *Yama.*

Aparnā [aparṇā] die „Blattlose“, ein Name der Tochter Himavats. Einmal ging sie in eine so intensive innere Versenkung, dass sie nicht einmal ein Blatt zu sich nahm. Sie ist identisch mit Shivas Gattin Umā.

Āpastamba, Āpastambha *m* Name eines Rishis, der eine bedeutende vedische Schule begründete, in der unter anderem das Āpastambashrautasūtra entstand, ein Handbuch der Rituale.

Apavāda *m* in der Philosophie die Zurückweisung oder Widerlegung einer falschen Meinung.

Apavarga *m* spirituelle Befreiung, ein Synonym für Begriffe wie Moksha oder Kaivalya. Von apa-vṛj – abbiegen, verlassen (weltliche Geburten).

Appār [wörtl. Vater, Tamil] Name des südindischen Heiligen Tirunavukarasar, der im 7. Jh. lebte und einer der bedeutendsten *Nayanmars* war. Er verfasste zahlreiche an Shiva gerichtete Lieder und Gedichte.
Es wird berichtet, dass Appar zunächst Jaina war und dann zum Shivaiten konvertierte, nachdem er in einem Shiva-Tempel die wundersame Genesung von einer schweren Krankheit erfuhr. Er bekehrte später viele andere Menschen zum Shivaismus, so auch den jainistischen Pallava-Herrscher Mahendra, der ihn einmal gefangen setzen und schwer misshandeln ließ. Doch als der Heilige anschließend wie unversehrt Shiva lobpries, war Mahendra so beeindruckt, dass er an Stelle des Jaina-Klosters in der Hauptstadt einen Shiva-Tempel errichtete.

Apsarā *f* himmlische Nymphe, Wesen von überirdischer Schönheit. Apsarās treten bisweilen als Verführerinnen von Yogīs auf, wenn diese durch überehrgeizige Askese sich selbst oder die Welt aus dem Lot zu bringen drohen, oder wenn es deren Bestimmng ist, zum Vater eines Kindes zu werden.
Die Apsaras leben in Indras Himmel und sind die Gefährtinnen der Gandharvas.

Āptakāma *m* ein Mensch, dem alle Wünsche (kāma) erfüllt sind und der daher spirituell befreit ist, weil er kein Begehren mehr hat.

Apunya [apuṇya] *adj und n* unrein. Fehler, Verfehlung, Nicht-Punya.

Ārambhāvasthā *f* der Zustand (avasthā) des Anfangs (ārambha). Das erste von vier Stadien in der Entwicklung eines Yogīs, gemäß der Hatha-Pradīpikā verbunden mit dem Hören von mystischen Klängen und dem Durchtrennen des *Brahma-Granthi*.
Andere Quellen nennen als Merkmale dieses Stadiums das Rezitieren von Om oder die Reinigung der Nādīs. Siehe auch *Avasthā*.

Āranyaka [āraṇyaka] *n* (Abhandlung) „den Wald betreffend“. Gattung vedischer Schriften, die sich an die Brāhmanas anschließen und für die Lektüre von Einsiedlern im Wald (*aranya*) bestimmt sind.

Āratī *f* abendliche Anbetung mit Blumen, Räucherstäbchen und einer Kampferflamme, welche kreisförmig um ein Götterbild geschwenkt wird. Dabei hat der Kampher eine symbolische Bedeutung: so wie er ohne Rückstände verbrennt, verzehrt die Flamme von Gottes Liebe das menschliche Ego.

Arcanā *f* Verehrung des Göttlichen durch verschiedene Rituale.

Architektur die Wissenschaft von der Baukunst existiert in Indien bereits seit alter Zeit unter den Namen Sthāpatya-Veda, Vāstu-Jñāna und Vāstu-Vidyā und zählt zu den Upavedas oder sekundären Vedas. Offenbart wurde sie nach alter Lehre den Menschen von Vishvakarman, dem göttlichen Ur-Architekten.
Dieses Wissen wurde von zahllosen Baumeister- und Handwerker-Generationen zunächst mündlich überliefert, bevor es ab ca. dem 4. Jh. auch schriftlich fixiert wurde.
Die Texte beschäftigen sich mit allen äußeren ebenso wie den esoterischen Aspekten insbesondere des Tempelbaus. So geht es nicht nur um das rechte Material und die rechte Farbe für den jeweiligen Bau, sondern auch um die Kunst der optimalen Anordnung von Räumen, wobei dem Feng-Shui verwandte Überlegungen eine Rolle spielen. Auch das fachkundig durchgeführte Ritual der Einweihung unter Berücksichtigung astrologischer Konstellationen ist von Bedeutung.
Während nordindische Tempel in der Regel nur eine begrenzte Größe aufweisen, wurden in Südindien teils riesige großflächige Anlagen errichtet. Siehe auch *Kunst*.

Ardha halb, halbe, halber etc., ein Wortelement in Āsana-Bezeichnungen.

Ardhacandrāsana *n*, Halbmond-Haltung.
ardha – halb; candra – Mond; āsana – Haltung.

Ardhamandalāsana *n*, Halbkreis-Haltung. ardha – halb; maṇḍala – Kreis; āsana – Haltung.

Ardhamatsyendrāsana *n* die halbe Matsyendra-Haltung, der halbe Drehsitz, wird in vielen verschiedenen

Ausführungen geübt.
ardha – halb; matsyendra – Name eines Yoga-Meisters (*Matsyendra*); āsana – Haltung.

Ardhanārīshvara *m* der Gott Shiva als androgynes Wesen in halb männlicher und halb weiblicher Form, wodurch die transzendente Einheit von Shiva und Shakti symbolisiert wird.
ardha – halb; nārī - Frau; īśvara – Herr.

Ardhanāvāsana *n*, die halbe Bootshaltung.
ardha – halb; nāva – Boot; āsana – Haltung.

Ardhapadmāsana *n* die halbe Lotos-Haltung, halber Lotossitz.
ardha – halb; padma – Lotos; āsana – Haltung.
Siehe Abb. unter *Sitz-Haltungen.*

„Arische Einwanderung“ siehe *Indoarische Migration.*

Arishta [ariṣṭa] *n* Vorzeichen, Omen. Aufgrund der Vernetzung von Mikro- und Makrokosmos können bestimmte äußere Ereignisse als spirituell relevant gedeutet werden. So wurde z.B. von vielen Beobachtern ein ungewöhnlicher Lichtschweif am Himmel gesichtet, als Ramana Maharshi seinen Körper verließ.

Ārjava *n* Aufrichtigkeit, wird u.a. in der Bhagavadgītā als positive Eigenschaft des Yoga-Aspiranten genannt.

Arjuna, Ardschuna *m* im Mahābhārata einer der fünf Pāndava-Brüder und mächtiger Kämpfer. In der Bhagavadgītā, die Teil des Mahābhārata ist, tritt er als Schüler und Gesprächspartner Krishnas auf und empfängt von ihm dessen spirituelle Lehren in einem Augenblick großer persönlicher Niedergeschlagenheit. „arjuna“ bedeutet weiß, hell, rein. Siehe auch *Pāndu.*

Ārogya *n* Gesundheit. Im Hatha-Yoga kann dieser Begriff im Sinne einer Befähigung für bestimmte Praktiken wie z.B. Atemregulierung erweitert werden.

Ārohanāsana *n* die Hebestellung.
ārohaṇa – Anheben (der gestreckten Beine); āsana – Haltung.

Artha *m* Ding, Objekt; Reichtum, Wohlstand, Besitz; Ziel, Zweck. Das Wort bezeichnet auch speziell eines der vier Ziele menschlichen Strebens (Purushārtha), d.h. das Erwerben materiellen Wohlstands in der ersten Lebensstufe.

Arthashāstra [arthaśāstra] *n* Ab-

handlung über den (politischen) Nutzen, Lehrbuch der Staatskunst, gemäß der Überlieferung verfasst von Kautilya, auch Cānakya genannt. Allerdings vermutet die Forschung, dass es sich tatsächlich um eine Kompilation handelt, an der mehrere Autoren beteiligt sind.
Inhaltlich geht es in 15 Abschnitten um alle Fragen der Staatskunst und Regierung, die Ausbildung des Herrschers und seine Pflichten.

Aruna [aruṇa] *m* vedischer Gott der Morgenröte; Morgenröte; Kutscher der Sonne, Sūrya.

Arunāchala [aruṇācala] *m* ein heiliger Berg im südindischen Tamil Nadu, der nach örtlicher Legende älter als der Himālaya sein soll. Bekannt wurde der kleine Berg durch Ramana Maharshi, der viele Jahre in dessen Höhlen meditierte und später seinen Ashram in der Nähe begründete. An seinem Fuß befindet sich auch der riesige Arunāchaleshvara-Tempel.
Die wörtliche Bedeutung ist rötlicher (aruṇa) Berg (acala). aruṇa bedeutet auch Sonne, Morgenröte.

Arunāchaleshvara-Tempel siehe *Tiruvannāmalai.*

Arundhatī *f* die Frau des Sehers Vasishtha, sie gilt den Hindus als ideale Ehefrau.

Ārya *adj und m* das Wort bedeutet in seiner Grundbedeutung „edel“ und wurde in der vedischen Zeit für aufrichtige spirituelle Sucher verwandt, während unaufrichtige oder nicht fähige „anārya“ waren. Es stand auch allgemein für Menschen, die aufstreben, sich um etwas bemühen.
Das Wort erhielt erst auf der Grundlage von Interpretationen einiger westlicher Gelehrter die Bedeutung „Arier“ im Sinne eines überlegenen Volkes.
Siehe auch *Indoarische Migration.*

Aryaman *m* Name eines Āditya, einer vedischen Gottheit, die oft zusammen mit Mitra und Varuna angerufen wird. Aryaman steht für die Kraft des Opfers, die nach Wahrheit strebende Aktion.

Ārya Samāj *m* arische oder edle Gesellschaft. Eine Vereinigung, die 1875 von Svami Dayananda Sarasvati gegründet wurde, um die alte und ursprüngliche vedische Tradition neu zu beleben und zu bekräftigen. Teil der Arbeit der Gesellschaft war es, der Konvertierung von Hindus in andere Religionen entgegenzuwirken und diese, wenn möglich, rückgängig zu machen.
Die Zuwendung auch zu den Angehörigen niederer Kasten und Kastenlosen fand keine Akzeptanz in höheren Gesellschaftsschichten, so dass die Bewegung in Indien nur begrenzte Wirkung entfalten konnte. Der Ārya Samāj fand zum Teil auch

im Ausland unter Bürgern indischer Abstammung Anklang und unterhält heute weltweit zahlreiche Zentren, welche vor allem soziale und philanthropische Aktivitäten koordinieren.
Siehe auch *Dayananda Sarasvati, Svami.*

Asamprajñāta-Samādhi [asaṁprajñāta] *m* die zweite und höchste Stufe des Samādhi. Bei der ersten (*samprajñāta* – bewusst) wird der Geist des Meditierenden eins mit dem Gegenstand der Konzentration, aber es existiert beim Individuum noch das Bewusstsein eines Objekts.
Beim *asamprajñāta* (nicht-bewusst, überbewusst) wird auch diese Vorstellung eines Objektes gelöscht. Wenn man lange in diesem absoluten Zustand verharrt, werden die Samskāras, die unterbewussten Wünsche, Impressionen etc. aufgelöst, die bei der ersten Stufe zwar unter Kontrolle sind, aber noch weiter im Keim bestehen bleiben. So bewirkt dieser Samādhi die Loslösung von allen Karma-Ketten und führt zur spirituellen Befreiung.
Er wird auch Nirbīja-Samādhi genannt („ohne Keim"), im Vedānta Nirvikalpa-Samādhi („ohne Differenzierung" von Subjekt und Objekt).

Āsana *n* Sitz; Matte; Körperhaltung. Die Grundbedeutung leitet sich ab von der Wurzel *ās*, sitzen. Ursprünglich bezeichnete das Wort die besondere Fläche, auf welcher der Yoga-Übende sitzt. Texte wie die Bhagavadgītā (6.11) führen detailliert aus, wie dieser Untergrund beschaffen sein soll, d.h. nicht zu hoch oder zu tief, sauber und in ruhiger Umgebung. Auch die Art des Sitzes, aus heiligem Gras, Tuch oder Tierfell, wird ausführlich beschrieben.
Die Bedeutung „Yoga-Haltung" ist die bekannteste. In der Bhagavadgītā 6.13 und im Yogasūtra 2.46 wird das Thema „Körperhaltung" (während der Meditation) nur sehr kurz angesprochen, aber Schriften wie die Hathapradīpikā oder Gheranda-Samhitā stellen zahlreiche Āsanas im Detail vor.
Einige Texte sagen, Shiva habe ursprünglich 840 000 Haltungen dargelegt, die individuell den verschiedensten Arten von Lebewesen gerecht werden. Aber für den praktischen Gebrauch werden, je nach Quelle, 32 oder auch 84 gängige Āsanas genannt. Aktuelle Yoga-Titel stellen zum Teil weit über 100 vor. Die historisch ältesten Abbildungen von Āsanas wurden auf den Siegeln der Indus Kultur gefunden (siehe auch im Anhang, *Die Frühgeschichte des Yoga*).
Der ursprüngliche Zweck der Haltungen war, den Körper während langer Meditationen zu stabilisieren, wobei z.B. empfohlen wird, Rücken, Hals und Kopf möglichst in gerader Linie zu halten. Ferner

sollten Āsanas generell auch die Gesundheit des Übenden stärken. Die so erworbenen Erfahrungen legten die Grundlage für erfolgreiche therapeutische Anwendungen in unserer Zeit.
In Yoga-Schulen werden Āsanas in zahlreichen Übungsstilen unterrichtet. So können die einzelnen Stellungen z.B. eher langsam und meditativ oder zügig, fließend und kraftvoll durchgeführt werden.
Viele Variationen sind auch bei der Anzahl von Āsanas in einer Übungseinheit möglich, ebenso bei der Zusammenstellung von bestimmten Sequenzen, indem die einzelnen Stellungen so aufeinanderfolgen, dass eine optimale Wirkung erzielt wird. Dabei können Sequenzen auch individuell erstellt werden, um den Voraussetzungen und Erfordernissen des Einzelnen zu entsprechen.
Einige Schulen verwenden Hilfsmittel wie Blöcke und Seile und legen großen Wert auf die präzise Durchführung der Āsanas, wobei die Lehrenden persönlich eingreifen und korrigieren. Andere sagen nur die Übungen an und heben mehr den Aspekt der inneren Erfahrung hervor.
So kann auch grundsätzlich die Zielrichtung des Unterrichts variieren, indem die Āsanas in der einen Schule primär als Teil einer spirituellen Praxis verstanden werden, während eine andere vor allem Zwecke wie Fitness und Therapie verfolgt.
Ein wichtiger Aspekt der Āsanas ist ihr Einfluss auf den feinstofflichen Körper, d.h. die Nādīs und die Cakras, deren Energieströme gezielt gelenkt werden. Eine entsprechende Übungspraxis ist in der Regel nicht Teil des populären Yoga-Unterrichts, wird aber von einigen Yoga-Zentren als Teil ihres Programms angeboten.
Einige bekannte Übungsstile sind *Anusara-Yoga, Ashtānga-Vinyāsa-Yoga, Iyengar-Yoga, Pilates-Yoga, Sivananda-Yoga, Viniyoga, Yesudian-Yoga.*
Siehe auch *Hatha-Yoga.*

Asat *n* das Nicht-Sein (a-sat). Bezeichnet den unbeschreiblichen und unerkennbaren Urgrund des Seins, aber auch das Un-Wirkliche, welches nicht echtes Sein ist.
Ein bekanntes Gebet in den Upanishaden, beginnt mit den Worten: *asato mā sad gamaya* – vom Nichtsein führe mich zum Sein.
In der Schöpfungshymne in Rigveda 10.129.1-2 heißt es: „Seiendes war nicht, noch Nichtsein. Nicht Erde oder Luftraum oder Himmelsgewölbe... Ewig waltete das Ureine ohne Atem, und außer Ihm war nichts im weiten Kosmos."
Siehe auch *Sat.*

Āshādha [āṣāḍha] *m* Name des vierten Monats im Hindu-*Kalender* (Juni/Juli).

Āshaya [āśaya] *m* Ruhestätte, Sitz, Platz, Behältnis. In der Yoga-Philosophie die Ansammlung von Früchten früherer Handlungen, auch Karma-Āshaya („Handlungsdepot") genannt. Diese reifen in den unterbewussten Schichten des Menschen und beeinflussen seine Geburt, Lebensdauer und Lebenserfahrung.
Siehe auch *Samskāra.*

Ashoka (1) [aśoka] *m od adj* wörtl. "ohne Sorge", a-shoka. Name eines stets grünen heiligen Baumes (Saraca indica). Dessen rote Blüten dienen, zu Girlanden gebunden, der Verehrung des Liebesgottes. Der Rinde des Baumes werden im Āyurveda Heilwirkungen zugeschrieben.

Ashoka (2) [aśoka] *m* Name eines berühmten Königs, der im 3. Jh. v.Chr. in Nordindien lebte (272 – ca. 231). Eine tiefe innere Krise nach einem blutigen Feldzug bewirkte seinen Übertritt zum Buddhismus, dessen Verbreitung er nach Kräften förderte.

Āshrama (1) [āśrama] *m oder n* Einsiedelei; Mönchszelle; religiöses oder spirituelles Zentrum, Ashram. Von der Wurzel *śram*, sich anstrengen, denn dies ist ein Ort, wo sich Schüler unter Anweisung eines Lehrers um Fortschritt bemühen. In Indien tragen viele große Yoga-Zentren diese Bezeichnung.

Āshrama (2) [āśrama] *m* in den vedischen Schriften Bezeichnung für die vier klassischen Lebensstadien des Menschen: Brahmacarya, die Zeit des Lernens als Schüler; Grihastha, das Stadium des Familienvaters und Haushälters, der seine entsprechenden Pflichten erfüllt; Vānaprastha, die spirituelle Suche in der Einsamkeit; und Samnyāsa, Entsagung aller gesellschaftlichen Bindungen und ausschließliches Streben nach Moksha, spiritueller Befreiung.

Ashtādhyāyī [aṣṭādhyāyī] *f* die bekannte Sanskrit-Grammatik des *Pānini*, wörtl. „Jene, welche acht Kapitel hat". Pānini vermochte es, die zahlreichen, teils komplizierten Regeln der Sanskrit-Grammatik in äußerst knappe Formeln zu fassen, wofür er sich eine eigene Kürzel-Sprache schuf.

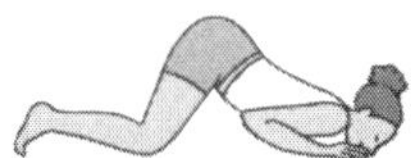

Ashtāngāsana, Ashtānga Namaskāra *m*, die achtgliedrige Stellung, der achtgliedrige Gruß. Füße, Knie, Hände, Brust und Kinn berühren den Boden. Eine Stellung im *Sūrya Namaskār.*
aṣṭa – acht; aṅga – Glied; āsana – Haltung; namaskāra – Gruß.

Ashtānga-Yoga [aṣṭāṅgayoga] *m* der Yoga der acht (aṣṭa) Glieder

(aṅga). Der aus acht Stufen bestehende Yoga-Weg des Patañjali: *Yama, Niyama, Āsana, Prāṇāyāma, Pratyāhāra, Dhāraṇā, Dhyāna, Samādhi.*
Siehe ausführliche Erläuterungen unter diesen Sanskrit-Begriffen und eine zusammenfassende Darstellung unter *Rāja-Yoga.*

Ashtānga-(Vinyāsa-)Yoga *m* Bezeichnung für ein Körperarbeitssystem, das insbesondere K. Pattabhi Jois, ein Schüler von Krishnamacharya, im südindischen Mysore etwickelt hat. Das Übungssystem besteht aus sechs Serien von Āsanas, die jeweils einem bestimmten Muster folgen, indem die energetische Intensität ständig zunimmt, einen Höhepunkt erreicht, dann wieder abflacht und in tiefer Entspannung endet.
Die einzelnen Āsanas sind durch Bewegungselemente mit synchronisierter Atmung verbunden (Vinyāsa heißt „Bewegung, Stellung; Verbinden") und werden dynamisch durchgeführt, wobei auf eine korrekte, gesundheitsfördernde Ausrichtung der Gelenke Wert gelegt wird.
Die Übungen erzeugen eine große innere Hitze, die die Muskeln geschmeidig werden lässt und das Nervensystem reinigt, während die Körperzellen reichlich Sauerstoff und Energie erhalten. So soll der Körper stark und flexibel werden und der Geist ruhig und konzentriert. Als sehr wichtig wird die bewusste Wahrnehmung des Atems während der Übungsfolgen bezeichnet.

Ashtāvakra [aṣṭāvakra] *m* Name eines bekannten Weisen, der ein Lehrer Patañjalis war. Aufgrund eines Fluches seines Vaters trug er acht (aṣṭā) körperliche Missbildungen (vakra), von denen er jedoch später durch den Segen seines Vaters wieder befreit wurde. Aṣṭāvakra lehrte einen reinen Jñāna-Yoga oder Weg der Erkenntnis.

Ashtāvakrāsana *n* die Ashtāvakra-Haltung.
aṣṭāvakra – Eigenname (s.o.); āsana – Haltung.

Ashva [aśva] *m* Pferd. Als Ur-Pferd gilt in der indischen Mythologie Uccaihshravas, welches beim Quirlen des *Milchozeans* hervortrat. Indra eignete sich dieses göttliche, weiße Pferd an und stutzte ihm seine Flügel, damit es auf Erden bliebe.
In den Purānas heißt es, Vishnu werde am Ende des Kali Yuga auf einem weißen Schimmel reitend erscheinen und ein neues Zeitalter des Lichts und der Wahrheit einläuten.
Schon im Rig-Veda finden Pferde Erwähnung, und die Brihadāranyaka-Upanishad eröffnet mit einem imposanten Bild, in welchem der ganze Kosmos in Gestalt eines ge-

waltigen Opferrosses visualisiert wird.
In der epischen Literatur spielt das Pferd eine wichtige Rolle als Streitross.
Siehe auch *Ashvamedha-Yajña.*

Ashvamedha-Yajña [aśvamedha] *m* Pferde-Opfer, ein sehr umfassendes vedisches Ritual, das von Königen zur Erlangung von Nachkommen oder in Verbindung mit der Erweiterung des Reiches durchgeführt wurde.
Ein besonders edler Hengst wurde auserwählt und lief dann ein Jahr frei herum, begleitet von einem Wächter des Königs. Dabei fiel dem König jedes Land zu, welches das Pferd betrat, sofern der lokale Herrscher nicht Widerstand leistete. Am Ende wurde das Pferd im Verlaufe einer großen öffentlichen Zeremonie geopfert.

Ashvasamcalanāsana ashva-samcalanāsana *n* die Reiter-Haltung.
aśva – Pferd; saṁcalana - Bewegen; āsana – Haltung.

Ashvattha [aśvattha] *m* der heilige Feigenbaum (Ficus religiosa), auch Pipal oder Bodhi genannt. In der Bhagavadgītā 15.1 wird das Bild des unvergänglichen Ashvattha-Baumes gebraucht, dessen Wurzeln oben (im Himmel) sind, während seine Zweige sich nach unten in die Erde erstrecken.
Dieser Baum gilt als Weisheitsbaum. Wer ihm zu Füßen meditiert, soll – wie dereinst der Buddha – zur Erleuchtung gelangen.

Ashvatthāman [aśvatthāman] *m* im Mahābhārata der Sohn Dronas, einer der Generäle der Kauravas. Er gehörte auf deren Seite zu den drei einzigen Überlebenden der großen Schlacht und soll der Legende nach unsterblich sein.

Āshvina [āśvina] *m* Name des siebten Monats im Hindu-*Kalender* (Sept.-Okt.).

Ashvins [Skrt. aśvinau] *m* ein vedisches Götterpaar, Zwillingssöhne der Sonne, die als Ärzte, Heiler und Erlöser auftreten.
Sie erscheinen am Morgen auf einem von Pferden gezogenen Wagen am Himmel und lenken ihn zur Erde, wo sie die Menschen vor Unheil bewahren und sie zur Erleuchtung führen.

Ashvinī-Mudrā *f* [aśvinī] eine Praktik, bei der wiederholt die Schließmuskeln des Anus zusammengezogen werden. Die Übung soll kräftigend wirken und helfen, die Kundalinī, die verborgene Schlangenkraft, zu erwecken.
Ashvinī ist der Name einer Nym-

phe, der Gemahlin der Sonne, die sich einst in Form einer Stute verbarg.

Askese siehe *Tapas.*

Asmitā *f* Ich-heit (asmi-tā), das Ichgefühl. Die Wahrnehmung seiner selbst als gesondertes Wesen. Im Yogasūtra einer der fünf Kleshas oder Leidursachen.

Asteya *n* das Nicht-Stehlen. Eine der fünf ethischen Leitlinien der ersten Stufe im Rāja-Yoga.
Mit „Stehlen" (steya) ist nicht nur das Entwenden im rechtlichen Sinn gemeint, sondern auch allgemein das Begehren von Dingen, die anderen gehören.
Siehe auch *Yama.*

Āstika *adj oder m* jemand, der gläubig ist oder an die Existenz Gottes glaubt. Von *asti*, er, sie, es ist oder existiert.

Āstikya *n* Glauben, Vertrauen. Glauben an die Realität der Welt (im Gegensatz zum *Māyāvāda*) und der Allgegenwart des Göttlichen in ihr.

Astra *n* Waffe, Pfeil, Schwert, Geschoss. Oft auch Waffen, die im Kampf zwischen Göttern und Asuras verwendet wurden und aufgrund okkulter Kraft besondere Wirkung entfalten konnten.

Astralreisen siehe *Ākāshagamana.*

Astrologie siehe *Jyotisha.*

Asura *m* ungöttliches Wesen, Dämon, Titan. Ursprünglich hatte dieses Wort genau die entgegengesetzte Bedeutung und steht im Veda (mit Ausnahme einiger weniger Hymnen) und im Avesta der Parsen (Ahura) für das höchste göttliche Wesen. Die spätere negative Bedeutung entstand vermutlich aus der – eigentlich falschen – etymologischen Deutung a-sura, un-göttlich.
Der Kampf zwischen Göttern (Devas) und Asuras ist ein häufig wiederkehrendes Motiv in den indischen heiligen Schriften. Die Asuras, die ursprünglich Kräfte des Göttlichen waren, sich jedoch in einer frühen Phase der Schöpfung wie gefallene Engel vom Einen abwandten, verfügen über gewaltige Kräfte und bringen die Götter oft in große Bedrängnis.
Die Bhagavadgīta widmet das ganze 16. Kapitel dem „Yoga der Unterscheidung zwischen dem Göttlichen und Asurischen".

Atem siehe *Prāna.*

Atharvaveda *m* der vierte Veda, benannt nach dem Feuerpriester Atharvan, dem ältesten Sohn Brahmās; der Text enthält im wesentlichen seine magischen Zaubersprüche, aber auch bereits einige Gedanken und Ansätze, die zu späteren

Yoga-Praktiken hinführen.
Inhaltlich geht es u.a. auch um Sühnezeremonien oder Fluchsprüche sowie Hochzeits- und Begräbnisgesänge. Ferner enthält der Text als wohl ältestes Dokument der frühen indischen Medizin Formeln gegen Krankheiten.
Siehe auch *Veda.*

Ātmabodha *m* Selbst-Erkenntnis, auch Name eines Werkes *Shankaras.*

Ātman *m* das unvergängliche Selbst, die Seele. Der Gedanke eines unsterblichen transzendenten Selbstes wird bereits in den ältesten Upanishaden ausgesprochen und ist von großer Bedeutung für den Vedānta und Yoga. So schreibt Shankara in seinem Werk Vivekacūdāmani: „Der spirituelle Sucher... widmet sich der Übung der Kontemplation und meditiert über den Ātman in sich selbst als dem Ātman in allen Wesen. So löscht er vollständig das Gefühl der Trennung aus... und identifiziert sich mit dem Brahman."
In der Taittirīya-Upanishad wird ausgeführt, dass das höchste Selbst von fünf Hüllen umgeben sei, die sich – ausgehend vom Grobstofflichen – immer mehr verfeinern (siehe *Kosha*).
Viele Texte erklären, dass es unmöglich sei, das Selbst verbal zu erfassen und zu beschreiben, es enthülle sich in seiner Realität nur in der ureigenen Erfahrung des Selbstes durch das Selbst.
Das Wort Ātman trägt im Sanskrit nicht notwendigerweise die bekannte spirituelle Bedeutung, sondern kann in anderen Zusammenhängen auch das gewöhnliche menschliche Selbst bezeichnen oder reflexiv für „sich" stehen.
Manchmal wird auch die Schreibweise „Ātmā" gebraucht, d.h. der Nominativ Singular des Wortes, während Ātman der Stamm ist (vergl. Yogī, Yogin). In Komposita, zusammengesetzten Wörtern, erscheint unter Umständen auch „Ātma".

Ātmajñāna *n* die Selbst-Erkenntnis, das Wissen vom Ātman.

Ātmanivedana *n* vollständige Hingabe an das Selbst, sich dem Göttlichen anvertrauen.

Ātmasākshātkāra [ātma-sākṣātkāra] *m* die direkte, intuitive Wahrnehmung des Selbstes durch das Selbst.

Atri *m* Name eines bedeutenden Rishis, der mehrere vedische Hymnen verfasste, gerichtet u.a. an Agni, Indra und die Ashvins. Die Atris sind eine Familie vedischer Weiser, denen das 5. Mandala des Rig-Veda zugeschrieben wird.

AUM siehe *OM.*

Aurobindo, Sri [śrī] indischer Freiheitskämpfer, Yogī, Dichter und Philosoph (1872-1950), Schöpfer des integralen Yoga. „Aurobindo" ist abgeleitet von Sanskrit Aravinda, Lotus.

Sri Aurobindo wurde am 15. August 1872 in Kalkutta geboren, doch schickte sein europäisch orientierter Vater ihn schon im Alter von sieben Jahren nach England, wo er eine klassisch-humanistische Ausbildung erhielt. Als er mit 21 Jahren nach Indien zurückkehrte, hatte er bei seiner Ankunft in Bombay eine überwältigende Erfahrung unsagbaren Friedens.

Er vertiefte nun seine Kenntnisse der indischen Kultur und Geschichte und lernte Sanskrit, die Sprache der heiligen Schriften Indiens. Doch sein Augenmerk galt zunächst vor allem der indischen Widerstandsbewegung, zu deren geistigem Führer er bald wurde. Er wollte Freiheit und Unabhängigkeit für sein Land und schrieb zahlreiche inspirierte Artikel in mehreren Zeitschriften.

Parallel zu diesen politischen Aktivitäten entwickelte sich auch sein Interesse am Yoga. Im Jahr 1904 begann er mit Prānāyāma-Übungen und fühlte ständig eine Art elektrische Kraft um seinen Kopf, woran sich viele kleinere spirituelle Erfahrungen anschlossen.

Der große Durchbruch ereignete sich im Jahr 1908, als er den vedantischen Yogī Vishnu Bhaskar Lele traf. Dieser wies ihn an: „Setze dich hin, beobachte, und du wirst sehen, dass deine Gedanken von außen in dich eintreten. Bevor sie eintreten, wirf sie zurück." Sri Aurobindo folgte dieser Anweisung und erreichte innerhalb von drei Tagen die Erfahrung ewiger Stille. Es war das raumlose, unbegrenzte Brahman, das Nirvāna, auf desen Hintergrund die Welt wie ein Film erscheint, der vorüberzieht. Es war die Erfahrung der Māyā, der Unwirklichkeit der Welt, die für Sri Aurobindo nur ein Durchgang sein sollte.

Indessen verunsicherten die Aktivitäten der Freiheitskämpfer die britische Kolonialregierung, und so wurde Sri Aurobindo 1908 nach einem Anschlag mit vielen anderen führenden Persönlichkeiten verhaftet. Während der einjährigen Untersuchungshaft im Gefängnis von Alipur hatte er weitere spirituelle Erfahrungen. Wenn er vor seiner Zelle auf und ab ging, spürte er, wie die Kraft des Göttlichen ihn erfüllte: „Ich schaute auf das Gefängnis... und die hohen Mauern kerkerten mich nicht mehr ein, es war Krishna, der mich umgab..."

Zu dieser Zeit erschien ihm auch in einer Vision Swami Vivekananda und erklärte ihm zwei Wochen lang höhere Bewusstseinsebenen, einen wichtigen Bereich spiritueller Erfahrung, über den er zu Lebzeiten nie gesprochen hatte.

Ein angesehener indischer Anwalt verteidigte Sri Aurobindo im Prozess und erreichte schließlich mit einem brillanten Plädoyer seinen Freispruch von der Anklage der Verschwörung gegen die britische Krone.

Im Jahr 1910 erhielt Sri Aurobindo eine innere Weisung, sich von der politischen Arbeit zu lösen und nach Puducherry (Pondicherry) zu fahren, einer französischen Kolonie südlich von Chennai (Madras) an der Ostküste Indiens. Dort widmete er sich nun intensiver innerer Arbeit und entwickelte seinen ganzheitlichen Integralyoga.

1914 kam es zu einer ersten Begegnung mit Mira *Alfassa*, die bereits einen langen spirituellen Weg mit vielen Erfahrungen hinter sich hatte. 1920 reiste sie endgültig nach Puducherry und blieb dort bis an ihr Lebensende als Sri Aurobindos spirituelle Mitarbeiterin, „die Mutter". Unter ihrer Leitung bildete sich allmählich der Sri Aurobindo Ashram heran, indem immer mehr Wahrheitssucher aus Indien und aus dem Westen nach Puducherry kamen.

Im November 1926 hatte Sri Aurobindo eine wichtige Erfahrung, die er als „Herabkunft Krishnas ins Physische" deutete. Es war eine entscheidende Vorstufe für sein eigentliches Ziel, die Herabkunft (descent) des *Supramentalen* (supermind), eines weltdynamischen Wahrheitsbewusstseins, das nach seiner Schau bereits von einzelnen vedischen Rishis realisiert worden war, jedoch nur individuell und nicht kollektiv für die Menschheit als generell etablierte Bewusstseinsstufe.

Während des Ersten Weltkriegs veröffentlichte Sri Aurobindo in einer langen Artikelreihe zahlreiche Schriften, welche zu seinen Hauptwerken wurden, darunter auch *Das göttliche Leben, Die Synthese des Yoga* und *Essays über die Gita.* Später kamen die *Briefe über den Yoga* als wichtige Informationsquelle hinzu.

In seinem Werk *Das göttliche Leben* entwirft Sri Aurobindo in einer grandiosen Vision das Bild einer progressiven Evolution mit ungeahnten künftigen Möglichkeiten, aber auch teils schwierigen Phasen. Den einzelnen Kapiteln vorangestellt sind kurze Zitate insbesondere aus den Veden und Upanishaden, die aufzeigen, dass die Seher alter Zeit bestimmte Gedanken und Erkenntnisse bereits im Keim angesprochen hatten.

Die Synthese des Yoga und die *Briefe* zeigen den integralen Yoga-Weg auf, der es sich zum Ziel setzt, das irdische Leben nicht zurückzuweisen, es nicht nur als Durchgang zur spirituellen Befreiung zu betrachten, sondern vielmehr ganzheitlich zu akzeptieren und zu transformieren, indem es schrittweise vom Licht der Wahrheit erfüllt und zu einer freudigen Teilnahme an Schöpfung und Evolution geführt wird.

Hauptelemente aus der indischen Tradition sind die drei Wege, die in der Bhagavadgītā aufgezeigt werden: Der Pfad der Werke, der Erkenntnis und der Liebe. Techniken und Erkenntnisse aus anderen Systemen und Weisheitslehren können ebenfalls mit Gewinn integriert werden, wenn dies dem persönlichen Entwicklungsgang entspricht. Dies gilt insbesondere für Japa, die Wiederholung eines Mantras, welches die Mutter in der letzten Phase ihres Lebens intensiv praktizierte und in dem betreffenden Stadium ihrer Sādhanā für unverzichtbar hielt.

Ein zusätzliches Element im Integralyoga ist die schon erwähnte „Herabkunft des Supramentalen", eines globalen, gnostischen Wahrheitsbewusstseins, das alle Teilung, z.B. auch jene der Religionen, in einem grenzenlosen Einheitsempfinden aufhebt. Die Dualität und Gegenüberstellung von Geist (Spirit) und Materie soll auf dieser Ebene endgültig überwunden werden: Materie ist Geist-Stoff.

Der Mensch kann dieses Bewusstsein nicht durch sein Ego anstreben, sondern sich nur durch allmähliche Aufgabe oder Umpolung des Egos und die Sehnsucht der innersten Seele ihm öffnen, es hereinlassen. Voraussetzung dafür ist eine gründliche Vorbereitung des Wesens, eine geduldige Sādhanā, so dass die mentale, vitale und physische Natur unter den Einfluss des Lichts kommt und allmählich transformiert wird. Hilfreich bei dieser Arbeit sind innere Haltungen wie Aufrichtigkeit, Hingabe an das Göttliche und Gleichmut.

Das Streben nach ganzheitlicher Entwicklung bleibt nicht auf den Einzelnen beschränkt. Es kann zu spirituell orientierten Gemeinschaften führen, die kollektiv auf das Ziel der Transformation hinarbeiten. Im politischen Bereich wäre das Ziel eine auf Einheit und Harmonie ausgerichtete Weltgemeinschaft, die im wesentlichen von Kräften des Lichts regiert wird, was gewiss eine ferne Vision ist.

Als Sri Aurobindo am 5. Dezember 1950 die (physische) Erde verließ, war sein Körper 111 Stunden in ein supramentales Licht gehüllt, das jede Zersetzung verhinderte und von vielen Anhängern gesehen werden konnte. Sri Aurobindo hatte beschlossen, wegen starker Widerstände im Erdbewusstsein von der subtilphysischen Ebene weiterzuarbeiten, während die Mutter den Yoga der Transformation im Körper fortsetzen würde.

Das bedeutendste literarische Werk Sri Aurobindos ist neben dem Titel

Das göttliche Leben sein spirituelles Epos *Savitri*, eine mantrische Dichtung in englischer Sprache, die den Sucher auf einer langen Reise durch das Universum führt, durch seine sichtbaren und unsichtbaren Welten, seine Evolutionsgeschichte, seine spirituellen Gipfel und tiefen Abgründe. Der gesamte Text – fast 24.000 Zeilen in Blankvers – liegt auch in drei deutschen Übertragungen vor.
Siehe auch *Mutter, Die; Auroville, Evolution* (Abs. 2-3) und *Seele* (Abs. 3).

Nächtliche Feier am Matrimandir in Auroville

Auroville eine internationale Gemeinschaft, die im Jahr 1968 von der Mutter (Mira Alfassa) in Südostindien nahe der Stadt Puducherry (Pondicherry) und dem Sri Aurobindo Ashram gegründet wurde, um ein kollektives Experiment für den Fortschritt der Menschheit zu unternehmen.
Ziel des Projektes ist es, durch das gleichberechtigte Zusammenleben von Menschen aller Nationen ein urbanes Modell menschlicher Einheit und gelebter Völkerverständigung zu schaffen, wobei jeder einzelne die Möglichkeit für ein freies spirituelles Wachstum haben soll.
Die Arbeit der Aurovillianer führte zu vielfältigen interkulturellen, architektonischen, ökologischen und sozialen Ansätzen. Dabei hat sich auch das äußere Bild der Region geändert: Ein ursprünglich völlig ausgedörrtes Gebiet wurde in eine grüne Oase mit über 1,5 Millionen Bäumen und Büschen verwandelt, und es wurden zahlreiche Häuser, Gärten, Sportstätten, Betriebe und Schulen errichtet. Die Unesco hat ihre Mitgliedsstaaten in mehreren Resolutionen zur Förderung des Projekts eingeladen.
Das spirituelle Zentrum Aurovilles ist das Matrimandir, „die Seele Aurovilles“ in Form einer sphärischen (oben und unten leicht abgeflachten) Kugel, errichtet auf einem Grundgerüst von vier Pfeilern. Im Inneren findet sich ein großer Meditationssaal mit einem großen, in Deutschland gefertigten Kristall im Zentrum.

Avadhūta *m* ein Asket, der jede Bindung an weltliche Dinge abgeschüttelt hat (ava-dhūta) und sich mit extremer Entsagung ganz seinen spirituellen Praktiken widmet. Der bereits vollkommene Avadhūta wird auch Paramahamsa genannt, der noch unvollkommene Parivrāj, Wanderer.
Siehe auch *Tapas*.

Avadhūtagītā *f* ein Werk des späten Vedānta, das den Lebensstil des entrückten Asketen beschreibt, der sich ganz von der Welt gelöst hat.

Āvarana [āvaraṇa] *n* Verbergen, Verhüllen, Verschleiern; Schleier der Unwissenheit.

Avasthā *f* Zustand, Bewusstseinszustand. Dieser Begriff wird zum einen gebraucht, um den Status des Yoga-Aspiranten auf seinem Weg zu beschreiben, zum anderen (in der Tradition des Vedānta), um vier grundlegende Bewusstseinszustände des Menschen zu bezeichnen, d.h. Wachen, Träumen, Schlafen und den „Vierten", reines Bewusstsein. Diese werden ausführlich in der Māndūkya-Upanishad erläutert.
Siehe auch *Ārambhāvasthā, Ghatāvasthā, Paricayāvasthā, Nishpattyavasthā,* sowie *Jāgrat, Svapna, Sushupti, Turīya.*

Avatāra *m* Herabkunft, Avatār (von der Wurzel ava-tṛ, herabkommen). Bezeichnet die Inkarnation des Göttlichen auf Erden, die jenseits aller karmischen Zwänge erfolgt mit dem Ziel, die Menschheit in ihrer Evolution und spirituellen Entwicklung voranzubringen. So sagt Krishna in Vers 4.7 der Bhagavadgītā: „Immer wenn Dharma verfällt und Adharma zunimmt, manifestiere ich mich."
Die Purānas beschreiben die zehn Inkarnationen Vishnus, zu denen neben Krishna auch Rāma, Buddha und Kalki gehören – letzterer soll am Ende des Kali Yuga, des dunklen Zeitalters, auf einem weißen Schimmel reitend erscheinen und für die Menschheit ein neues Zeitalter des Lichts einläuten.
Auch viele Yogīs der Vergangenheit und Gegenwart wurden von ihren Anhängern als Avatār bezeichnet.
Siehe auch *Amshāvatāra, Pūrnāvatāra.*

Avidyā *f* Nicht-Wissen (a-vidyā), Nichterkenntnis. Im spirituellen Kontext die Unfähigkeit, zwischen dem vergänglichen Unwirklichen und der unvergänglichen Realität zu unterscheiden. Yogasūtra II, 3-4 erklärt, dass Avidyā als erster der fünf Kleshas oder Leidfaktoren ursächlich für die anderen vier sei. In Sūtra 5 heißt es: „Unwissenheit ist es, wenn man das Nicht-Ewige, Unreine, Schmerzliche und das Nicht-Selbst für das Ewige, Reine, Freudvolle und das (wahre) Selbst hält."

Avyakta *adj und n* nicht-offenbar (a-vyakta), unmanifestiert. Bezeichnet im Sānkhya die Urnatur, Prakriti, in ihrem noch unentfalteten Zustand.

ayam ātmā brahmā „dieser Ātman ist Brahman", ein großer Lehrsatz (Mahāvākya) der Upanishaden.

Ayodhyā *f* im Epos Rāmāyana die

Hauptstadt im Reich des Königs Rāma; eine der sieben heiligen *Städte* des Hinduismus. Wörtlich „die Unbezwingbare".

Āyurveda *m* die Wissenschaft vom Leben (oder: vom langen Leben), āyur-veda. Der älteste überlieferte Text, die Caraka-Samhitā, geht wahrscheinlich auf das 2. Jh. zurück und ist ein bemerkenswertes Zeugnis des Genius der altindischen Medizinwissenschaft, die gleichzeitig auch eine Lebenslehre war. Ein spiritueller Kontext wird hergestellt, indem es in der Einleitung heißt, dass Freiheit von Krankheit die Basis für die Verwirklichung der vier Lebensziele des Menschen (Purushārtha) sei, deren höchstes Moksha ist, spirituelle Befreiung.

Der Āyurveda basiert auf dem System der drei *Doshas*, d.h. Humore oder Körpertemperamente. Wenn sie aus dem Gleichgewicht geraten, entstehen gesundheitliche Störungen und Erkrankungen.

Die Therapien des Āyurveda beinhalten Anwendungen wie Massage, Ölguss, Wasserbad und pflanzliche Heilmittel, welche einzelne Doshas stärken und das Gleichgewicht wieder herstellen sollen. Doch gleichzeitig wird der Patient auch ermutigt, eine gesunde geistige Grundhaltung in Form von Gleichmut und Frohsinn zu kultivieren, da negative Gemütszustände die körperliche Gesundheit in Mitleidenschaft ziehen können.

Traditionell bestand eine enge Verbindung zwischen Āyurveda und Yoga. Aktuell widmen einige Buchtitel sich der Frage, wie die Erkenntnisse des Āyurveda eingesetzt werden können, um z.B. Āsanas optimal auf die individuelle Konstitution des Übenden abzustimmen.

B

Babaji [bābājī] Von Hindī bābā, Vater, Großvater, mit der Silbe jī, die Liebe und Respekt ausdrückt. Das Wort bezeichnet allgemein Yogīs und Asketen, steht aber insbesondere für den Mahāvatār Babaji, der erstmals 1946 von Paramahansa Yogananda in seiner *Autobiographie eines Yogī* als Meister und Urheber des Kriyā-Yoga vorgestellt wurde. Als weitere wichtige Quelle gilt Marshall Govindans Buch *Babaji, Kriya Yoga und die 18 Siddhas,* das sich auf Berichte des südindischen Yogīs S.A.A. Ramaiah beruft.

Die Berichte besagen, dass Babaji im Jahr 203 in einem südindischen Dorf geboren wurde. Im Alter von fünf Jahren wurde er von einem reisenden Händler entführt, nach Kalkutta gebracht und dort verkauft. Sein Besitzer ließ ihn jedoch frei, woraufhin der Junge sich Wanderasketen anschloss und viel spirituelles Wissen erwarb.

Mit elf Jahren unternahm er eine Pilgerfahrt nach Sri Lanka, wo er Schüler des hoch angesehenen südindischen Yogīs Boganāthar wurde, der ihn in einige fortgeschrittene Meditationstechniken und andere Praktiken einwies.

Nachdem Babaji diese gemeistert hatte und verschiedene Arten von Samādhi erfuhr, sandte Boganāthar ihn zu dem berühmten Yogī und Weisen Agastyar, der ihm die streng gehüteten Geheimnisse des Kriyā-Yoga vermittelte, einer subtil transformierenden Atemtechnik. Danach trug er ihm auf, nach Badrināth zu gehen, einen Ort hoch im Himālaya, nicht weit von der Grenze zu Tibet. Dort erfuhr Babaji den *Soruba-Samādhi* und erhielt einen neuen, verwandelten Körper, der jenseits von Alter und Tod ist.

Eine Reihe von Yogīs des 20. Jhs. haben glaubhaft über Begegnungen mit Babaji berichtet, der mit seiner Schwester Mataji und einigen wenigen Siddha-Yogīs in seinem kleinen Berghöhlen-Ashram bei Badrināth weilen soll, jedoch nur dann für Besucher auffindbar oder sichtbar wird, wenn er selbst dies wünscht und zulässt.

In mehreren Quellen wird übereinstimmend berichtet, dass er Lahiri Mahasaya, den Guru von Yoganandas Guru Sri Yukteswar, in den Kriyā-Yoga einweihte, ebenso auch den berühmten Yogī und Philosophen Shankara und den Dichter Kabir. Als Abbildung existiert eine Zeichnung, erstellt nach Angaben Yoganandas, der Babaji mehrmals begegnet ist. Dieser besitzt die Fähigkeit, sich auch außerhalb des Himālaya an einem beliebigen Ort in einem physischen Körper zu manifestieren.

Gemäß Yogananda soll Babaji noch sehr lange Zeit in seinem unsterblichen jugendlichen Körper verbleiben und die Evolution der Menschheit befördern.

Siehe auch *Yogananda, Kriyā-Yoga, Soruba-Samādhi.*

Babaji (Bhole Baba, Haidakhan Babaji) [bābājī] erschien im Jahr 1970 als Jüngling in einer Höhle des Berges Kailāsh im Himālaya und lebte bis 1984 in dem Dorf Haidakhān in Nordindien. Nach persönlicher Aussage war er der Mahavatar Babaji (über den Yogananda in seiner „Autobiographie eines Yogi" berichtet hatte) und wurde von seinen eigenen Anhängern als dieser verehrt.

Berichten zufolge kannte er viele heilige Schriften Indiens auf Sanskrit und Hindī auswendig und nahm kaum Nahrung zu sich, außer selten einmal etwas Prasād, geweihte Nahrung. In seinem Ashram in Haidakhan fanden sich Menschen aus aller Welt ein. Er wirkte nicht primär durch Vorträge, sondern unterwies seine Schüler vor allem im persönlichen Gespräch im alltäglichen Leben oder durch innere Botschaften.

Babaji trat für ein einfaches Leben ohne Luxus ein und erklärte, anderen in Liebe zu dienen, sei die beste Möglichkeit, negatives Karma abzutragen. Ferner empfahl er die Mantra-Praxis, insbesondere das Mantra *om namaḥ śivāya* (Verehrung sei dem Shiva), das möglichst ohne Unterlass wiederholt werden solle.

Am 14. Februar 1984 verließ Babaji seinen Körper, nachdem er dies bereits zu Beginn seines Wirkens einigen wenigen Schülern vorab angekündigt hatte.

Bādarāyana [bādarāyaṇa] *m* Autor (4. Jh. v. Chr.) der Brahmasūtras, einer Aphorismensammlung der Vedānta-Philosophie, auch Vedānta-Sūtras genannt.

Badarinātha [Sanskrit], siehe

Baddha gebunden, geschlossen. Ein Wortelement in Āsana-Bezeichnungen.

Baddhakonāsana *n* geschlossene Winkelhaltung; der Schmetterling. Identisch mit *Bhadrāsana*, auch Schustersitz genannt.
Abb.: Die Fußsohlen liegen seitlich aneinander oder gegenüber. Wird auch liegend geübt und heißt dann *Supta Baddhakonāsana* (siehe Abb. dort).
Diese Sitzhaltung wird auch „Schustersitz" genannt, weil indische Schuster sie bei der Arbeit oft einnehmen.
baddha – gebunden, geschlossen; koṇa – Winkel; āsana – Haltung.

Baddhakonārdhacakrāsana, baddha-konārdha-cakrāsana *n* die Schulterbrücke mit angewinkelten Beinen; „gebundene Winkel-Halb-Kreis-Haltung".
baddha – gebunden; koṇa – Winkel; ardha – Halb-; cakra – Kreis; āsana – Haltung.

Baddhapadmāsana *n* gebundene Lotushaltung.
baddha – gebunden; padma – Lotus; āsana – Haltung.
Siehe Abb. unter *Bernard, Theos Casmir.*

Badrināth [Hindī], **Badarinātha** [Sanskrit] *m* bedeutende Pilgerstätte hoch im Himālaya, dem Vishnu geweiht. *badari-nātha* bedeutet wörtl. „Herr des Badari-Baumes".

Bahiranga *n* der äußere Teil (bahiraṅga), bezeichnet im Yogasūtra die ersten fünf der acht Stufen des Yoga. Siehe auch *Antaranga* und *Ashtānga-Yoga.*

Bahr al-hayat, „Der Ozean des Lebens", eine Foliantensammlung zur Āsana-Praxis in persischer Sprache, die im späten 16. Jh. entstanden ist. Dabei handelt es sich um das älteste überlieferte Manuskript, in dem Āsanas grafisch dargestellt werden. In Auftrag gegeben wurde die Arbeit vom Moghul-Prinzen Salim in Allahābād, der später unter dem Namen Jahangir bekannt wurde.
Salim und seine Mitarbeiter konnten sich auf ein älteres Manuskript stützen, das vom Sufi Muhammad Ghawth Gwalior verfasst worden war, um seine Schüler in Hatha-Yoga-Praktiken zu unterrichten, die im Einklang mit den Zielen spiritueller Transformation der Sufis standen.

Dargestellt werden im Bahr al-hayat 25 Stellungen, die aus früheren Sanskrit-Texten noch nicht bekannt waren, und zwar insbesondere Sitzpositionen, aber auch komplexere Āsanas. Man geht davon aus, dass Ghawth wie auch Salim Kontakt mit lebenden Yogīs gehabt haben müssen, die ihnen die betreffenden Āsanas vorführten. Tatsächlich war Allahābād (siehe unter *Prayāg*) ein wichtiger Pilgerort und Treffpunkt insbesondere von Nātha-Yogīs.

Bāhyakumbhaka *m oder n* das Anhalten des Atems (*kumbhaka*) nach voller Ausatmung (bāhya, wörtl. „äußerlich").

Bakāsana *n* Kranich-Haltung.
baka – Kranich; āsana – Haltung

Bālakrishna [bālakṛṣṇa] *m* das „Krishna-Kind", d.h. Krishna in seinem Aspekt als fröhlich spielendes Kind in Vrindāvan.

Balarāma *m* Krishnas älterer Bruder, der siebte Sohn von Devakī bzw. von Rohinī, in deren Schoß er auf wundersame Weise transferiert wurde, um ihn vor dem Zugriff des Despoten Kamsa zu schützen.

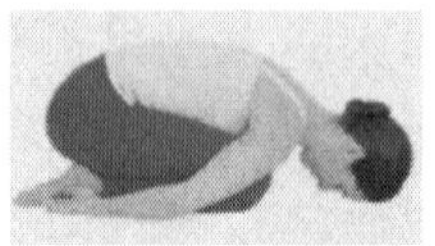

Bālāsana *n* die Kind-Haltung.
bāla – Kind; āsana – Haltung.

Bali (1) *m* Gabe, Opfergabe, insbesondere in Form von Korn oder Reis für die Hausgötter.

Bali (2) *m* Name eines mächtigen Daitya oder Dämonen, der von Vishnu bezwungen wurde. (Siehe *Vāmana*.)

Bandha *m* Bindung, Verbindung, Kontraktion. Im Hatha-Yoga Bezeichnung für eine bewusst herbeigeführte Muskelkontraktion, um Energien an einem bestimmten Punkt im Körper zu konzentrieren. Siehe *Jālandhara-Bandha, Mahā-Bandha, Mūla-Bandha, Uddīyāna-Bandha.*
Das Wort *bandha* ist verwandt mit dt. Band, binden und bedeutet auch die Gebundenheit an Unwissenheit (Avidyā) und den Kreislauf der Geburten.

Banyān [Hindī], Nyagrodha *m* [Sanskrit] der indische Feigenbaum, Ficus Indica, ein den Hindus heiliger Baum. *nyagrodha* bedeutet „herabwachsend", weil von den Ästen Sprosse zu Boden wachsen und von dort neue Stämme bilden.
Siehe auch *Vriksha.*

Baum, Bäume siehe *Vriksha.*

Bernard im Baddha-Padmāsana

Bernard, Theos Casimir ein bedeutender Yoga-Pionier in den USA (1908-1947), der als einer der ersten Amerikaner auch weit fortgeschrittene Hatha-Yoga-Praktiken meisterte, worüber er eine Dissertation an der Columbia University schrieb, die 1944 auch als Buch erschien.
Bernard starb 1947 während einer Forschungsreise in Tibet, als er und seine Träger von einem Stamm überfallen wurden.

Bestattung [Skrt. Pretakarma u.a. Begriffe] Im Hinduismus ist die Feuer-Bestattung üblich, Ausnahmen werden bei bedeutenden Yogīs gemacht.
Die Leiche wird vor der Bestattung frisch gekleidet und, insbesondere in Südindien, vielfältig mit Blumengirlanden geschmückt. Die Verbrennungsstätten liegen häufig in der Nähe eines Flusses, besonders bekannt sind jene am Ganges.
Die Leiche wird in Verbindung mit besonderen Ritualen verbrannt, wobei in der Regel der älteste Sohn oder ein anderer sehr nahestehender Verwandter das Feuer entzündet.
Auch nach der Bestattung werden weiterhin Riten wie Waschungen und Mantra-Rezitationen von den Teilnehmern durchgeführt.
Die Überbleibsel der Verbrennung werden nach ein oder zwei Tagen in einer Urne gesammelt und in einen Fluss gegeben oder auch in der Erde vergraben.
Im letzten Stadium werden Riten durchgeführt, die sicherstellen sollen, dass die dahingegangene Seele in der jenseitigen Welt ihren rechten Platz unter den Ahnen findet und nicht zu einem Geisterwesen wird.
Der Grundgedanke hinter der Feuerbestattung ist die Vorstellung, dass eine Seele sich nur dann in einem neuen Körper inkarnieren kann, wenn der alte völlig aufgelöst ist. Für große Yogīs gelten jedoch eigene Gesetzmäßigkeiten, ihr Körper wird als zu geheiligt angesehen, um verbrannt zu werden. Er bereichert die Erde, so wie die Relikte eines Heiligen einem Schrein besonderen Wert verleihen.

Bewusstsein nach der Yoga-Philosophie existiert Bewusstsein unabhängig vom menschlichen Gehirn, es ist eine ureigene Eigenschaft des höchsten Selbstes, dessen unendliches Bewusstsein die Grund-

lage des begrenzten menschlichen ist.
Siehe auch *Purusha, Cit.*

Bhadrapadā *f* Name des sechsten Monats im Hindu-*Kalender* (August/September).

Bhadrāsana *n* segensreiche Haltung, Bezeichnung für eine Sitzpositon; Schmetterling. Identisch mit *Baddhakonāsana* (siehe Abb. dort).
bhadra – gut, schön, glückverheißend; āsana – Haltung.

Bhadragorakshāsana, bhadra-gorakshāsana *n*, die segensreiche Goraksha-Haltung.
bhadra – gut, schön, glückverheißend; Gorakṣa – Name eines Hatha-Yoga-Meisters; āsana - Haltung

Bhaga *m* gutes Glück, Wohlergehen; Würde, Glanz; Liebe.
Name eines Āditya, einer vedischen Sonnengottheit, die Wohlstand schenkt und Liebe und Ehe schützt.

Bhagavadgītā [dt. Bhagavadgita, Bhagavad Gita] *f* Gesang des Herrn, Gesang des Erhabenen. Die bekannteste aller indischen heiligen Schriften, erscheint als Episode in dem Epos Mahābhārata (6.23-40) und umfasst 18 Kapitel mit insgesamt 701 Versen. Ihre Entstehungszeit wird etwa im 5. – 2. Jh. v. Chr. datiert.
Die Gītā, wie der Text oft auch kurz genannt wird, gibt einen Dialog zwischen Krishna und Arjuna wieder, kurz bevor eine große Schlacht zwischen zwei verfeindeten Familien beginnt, deren Problematik eine tiefe Krise in Arjuna auslöst. In langen Vorträgen ermutigt Krishna Arjuna, um des Dharma willen für eine gerechte Sache zu kämpfen, und erläutert dann, teils ohne Bezug auf die ursprüngliche Thematik, ausführlich verschiedene Yoga-Wege, vor allem den dreifachen Pfad von Karma-, Jñāna- und Bhakti-Yoga, d.h. den Yoga der Werke, der Erkenntnis und Liebe. Diese werden als Einheit gesehen und verschmelzen zu einer Synthese, aber dennoch wird von Kommentatoren gern der eine oder andere Aspekt, z.B. Bhakti, als besonders bedeutsam hervorgehoben.
Ein Höhepunkt in der Gītā ist im 11. Kapitel Arjunas Vision von Vishnu-Krishna als Allgott, in dessen Leib die ganze Welt mit ihren Göttern und Wesen vereinigt ist. Diese Erfahrung ist so überwältigend wie „das Licht von tausend Sonnen“ und Arjuna kann sie kaum ertragen.

In ihrem philosophischen Weltbild integriert die Gītā eine Reihe von Grundgedanken der traditionellen vedischen Philosophie. Neben Ātman und Brahman begegnen wir auch einem „Purushottama“, der als höchstes göttliches Wesen den Lauf der Welt letztlich lenkt.
Einige der meistzitierten Verse aus der Gītā sind die folgenden: „Du hast ein Recht auf Werke, nicht jedoch auf deren Früchte.“ „Aus dem Yoga heraus tue deine Werke, ohne Anhaftung.“ „Wer mich überall sieht und alles in Mir, dem gehe ich nicht verloren, noch geht er mir verloren.“
Viele bekannte indische Yogīs haben ihren Schülern die Lektüre der Gītā empfohlen. Auch bei einigen westlichen Dichtern und Denkern fand der Text Anklang, und er wurde in zahllosen Übersetzungen veröffentlicht.
bhagavadgītā ist ein Kompositum aus bhagavat, der Erhabene, Göttliche, und gītā, Gesang. Aufgrund einer Lautregel wird bhagavat zu bhagavad.
Siehe auch *Mahābhārata.*

Bhagavān s.u. *Bhagavat.*

Bhagavat *adj und m* der Erhabene, Göttliche, Selige. Von bhaga-vat: derjenige, der „bhaga“ hat, d.h. Würde, Schönheit, Wohlergehen, Majestät. Das Wort ist in dieser Form der Stamm, der Nominativ ist bhagavān. Letzteres wird manchmal Namen von großen Yogīs als Ehrentitel vorangestellt.

Bhāgavata-Purāna [purāṇa] *n* Name eines heiligen Textes, der auch Shrīmadbhagavatam genannt wird. Es ist das Purāna der Anhänger des Herrn (Bhāgavata), der Vishnuiten, für die Bhakti oder Gottesliebe das prägende Element ihres spirituellen Weges ist.
Der Text entstand wahrscheinlich im 10. Jh. und hatte einen großen Einfluss auf das religiöse Leben in Indien. 18 000 Verse von großer sprachlicher Schönheit beschreiben die Inkarnationen Vishnus auf Erden. Das zehnte von zwölf Büchern widmet sich ausführlich der Schilderung der vielfältigen Begegnungen von Krishna und den Gopīs, den Hirtenmädchen von Vrindāvan, die ihn voller Liebe verehren, aber auch den Schmerz vorübergehender Trennung erfahren.

Bhagīratha *m* legendärer König von Ayodhyā, dessen intensive Askese-Übungen zum Herabfluss des *Ganges* führten.

Bhāgīrathī *f* der Fluss *Ganges*, benannt nach Bhagīratha.

Bhairavāsana *n* die Bhairava-Haltung.
bhairava – Name Shivas, wörtl. der Furchteinflößende; āsana – Haltung.

Bhajan (Hindī), **Bhajana** (Sanskrit)

n Anbetung Gottes (in der Regel Krishnas) verbunden mit Gesang und Musik, wobei zumeist Trommeln und Zimbeln verwendet werden. Stark verankert in der indischen Tradition, sind die Bhajans für die Beteiligten oft ein tiefes emotionales Erlebnis.

Bhakta *m* Anbeter Gottes, jemand der Bhakti übt.

Bhakti *f* Liebe, Verehrung, Anbetung; bezieht sich insbesondere auf tiefe Gottesliebe, wie sie von den Vishnuiten praktiziert wurde. Zum Teil werden verschiedene Formen und Intensitäten der Bhakti unterschieden, wie etwa Guru-Bhakti, die Liebe und Hingabe zum spirituellen Lehrer und Meister, oder Para-Bhakti, die höchste Liebe zu Gott, in der nichts außer Ihm existiert. Die Bhagavadgītā ebenso wie das Bhāgavata-Purāna sind wichtige Quellentexte für ein Studium der vielfältigen Bedeutung und Praxis von Bhakti.
Siehe auch *Bhakti-Yoga.*

Bhaktivedanta Swami, Shrila Prabhupada [bhaktivedānta svāmī, śrīla prabhupāda] Gründer der ISCON, International Society for Krishna Consciousness, initiierte in den 1960er Jahren eine Renaissance des Vishnuismus besonders in Amerika und Europa.
Shrila Prabhupada (1896-1977) kam 1965 in die USA und fand dort innerhalb kurzer Zeit viele Anhänger. Bald darauf zogen auch in Europa junge Menschen in indischer Kleidung durch die Städte und chanteten das *Hare-Krishna-Mantra.*
Shrila Prabhupada gründete 100 Zentren und schrieb 60 Bücher, in denen er die vishnuitischen Sanskrit-Texte in Wort-für-Wort-Übersetzung und mit ausführlichen Kommentaren zugänglich machte, insbesondere das Bhāgavatapurāna in einer Ausgabe von 15 Bänden. Er lehrte eine sehr intensive Form von Bhakti-Yoga.

Bhakti-Yoga *m* der Yoga der Liebe und Hingabe. In der Bhagavadgītā Teil des dreifachen Weges der Werke, der Erkenntnis und Liebe. Das gesamte 12. Kapitel ist dem Bhakti-Yoga gewidmet und bezeichnet den Anbeter, der seine Gedanken beständig und voller Glauben auf Krishna richtet, als herausragenden Yogī.
Das Bhāgavata-Purāna 3.29.14 beschreibt den weit fortgeschrittenen Bhakti-Yoga eines Anbeters, der sogar dem Wunsch entsagt, in

Vishnus göttliche Welt einzugehen, da es sein einziges Verlangen ist, als Gottes Werkzeug nach seinem Willen zu wirken.
In der Praxis sind *Bhajan* und *Kīrtan* wirksame Mittel der Inspiration, welche helfen, den Bhakti-Yoga innerlich auch in den Alltag hineinzutragen, indem alle Werke mit Liebe getan werden.
Siehe auch *Bhakti, Bhāva, Caitanya.*

Bharadvājāsana *n* die Bharadvāja-Haltung.
bharadvāja – Name eines vedischen Weisen; āsana – Haltung.

Bharata *m* Name eines Königs und Heiligen im alten Indien. Seine Nachkommen hießen Bhāratas, wonach das Epos Mahābhārata benannt wurde, und ebenso auch Indien, das heute den Namen Bhārata (Sanskrit) oder Bhārat (Hindī) trägt.
„Bharata" ist auch der Name eines Halbbruders von Rāma.

Bharata-Nātyam *n* [bharatanāṭyam, Skrt.], **Bharat-Nātya** [Hindī] „Bharatas Tanz", einer der klassischen indischen Tanzstile, dessen Regeln von dem indischen Dramaturgen Bharata entwickelt wurden. Ursprünglich in Südindien ein Tempeltanz, der von *Devadāsīs* aufgeführt wurde, wird er in der Gegenwart in der Regel als Solotanz präsentiert. Man unterscheidet zwischen Nritta, dem rein rhythmischen Tanz, bei dem die Bewegungen dem Rhythmus und Rāga der Musik folgen, sowie dem Nritya, bei dem durch Körperhaltung und Mimik die Texte eines Liedes interpretiert werden, dessen Motive der Religion und Mythologie entnommen sind.
Siehe auch *Tanz.*

Bharata-Nātyashāstra, Bhāratīya-Nātyashāstra [nāṭyaśāstra] *n* Bharatas Lehrbuch über den Tanz, eine enzyklopädische Abhandlung über Drama, Tanz und Musik, die einige Jahrhunderte n.Chr. entstanden sein dürfte. In diesem Werk, bei dem es sich zum Teil um eine Kompilation bereits existierender Texte handelt, wird erstmals versucht, eine grundlegende Theorie verschiedener Aspekte der Dramaturgie zu begründen.
Siehe auch *Tanz.*

Bhartrihari [bhartṛhari] *m* Name eines bekannten Dichters (7. Jh.). Er verfasste u.a. 300 ethische, religiöse und politische Leitsätze.

Bhāshā [bhāṣā] *f* Rede, Sprache.

Bhastrikā *f* Blasebalg, wie er in einer Schmiede benutzt wird. Im Hatha-Yoga eine bestimmte Technik, bei der der Atem langsam durch die Nasenlöcher eingezogen und wieder ausgestoßen wird, was die Erweckung der Kundalinī herbeiführen soll.

Bhāva *m* Sein, Zustand, Wesen, Gefühl. Abgeleitet von der Wurzel *bhū*, sein, werden, kann das Wort vielfältige Bedeutungen annehmen. Im Bhakti-Yoga bezeichnet es fünf grundlegende innere Einstellungen, die der Anbeter gegenüber dem Göttlichen haben kann: 1. *shānta*, ein friedvolles Gefühl der Nähe, ohne dass die Beziehung schon feste Formen hat; 2. *dāsya*, die Einstellung des Dieners gegenüber dem Herrn und eines Kindes zu seinen Eltern; 3. *sākhya*, die Einstellung von Freund zu Freund; 4. *vātsalya*, die liebevolle Einstellung der Eltern gegenüber ihrem Kind; 5. *mādhurya*, die Einstellung zwischen zwei Liebenden.

Bhavabhūti *m* Name eines bekannten Dichters (8. Jh.), der einige bedeutende Sanskrit-Dramen verfasste.

Bhāvanā *f* Meditation, Kultivierung, Entwicklung.
Siehe auch *Dhyāna*.

Bhavishya-Purāna [bhaviṣyapurāṇa] *n* Name eines Purāna, in dessen Urversion Brahmā künftige Ereignisse (bhaviṣya) vorausgesagt haben soll. Der aktuelle Text ist ein Handbuch religiöser Riten und Observanzen.

Bhaya *n* Furcht, Angst, gilt als Hindernis im Yoga. Die Existenz dieses Problems wird in vielen Yoga-Texten angesprochen.

Bheda *m* Teilung, Verschiedenheit, ein Charakteristikum der Erscheinungswelt.

Bhedābheda-Vāda *m* die Lehre von der Verschiedenheit und Nicht-Verschiedenheit, bzw. Dualität und Nicht-Dualität (*bheda-a-bheda*). Eine synonyme Bezeichnung für *Dvaitādvaita-Vedānta*.

Bhekāsana *n* Frosch-Haltung.
bheka – Frosch; āsana – Haltung.

Bhikshā [bhikṣā] *f* das Betteln eines Mönches, Bettelgang; Gabe, Geschenk.

Bhikshu [bhikṣu] *m* Bettelmönch, Wandermönch.

Bhīma, Bhīmasena *m* der zweite der Pāndava-Brüder, Kuntīs Sohn, gezeugt vom Windgott Vāyu. Bhīma („der Furchterregende") war bekannt für seine enormen Körperkräfte, aber auch seine impulsive, leicht aufbrausende Natur.

Bhīshma [bhīṣma] *m* Sohn Shāntanus und der Flussgöttin Gangā, eine wichtige Persönlichkeit im Mahābhārata. Als Urgroßonkel in gleicher Weise verwandt mit den Pāndavas und Kauravas, unterrichtete er diese in ihrer Jugend und war allseits hochgeschätzt aufgrund seiner Weisheit und Liebe.
In der Schlacht kämpfte er auf Seiten der Kauravas, da er an deren Königshof lebte. Als er von zahllosen Pfeilen getroffen zu Boden ging, konnte er seinen Tod noch 58 Tage hinauszögern, bis eine astrologisch günstige Konstellation eintrat, um seinen Körper aufzugeben.

Bhoga *m* der sinnliche Genuss, bezeichnet auch generell den Status weltlicher Erfahrungen vor Erlangung der spirituellen Befreiung.

Bhoktā *m* der „Genießer", das höchste Selbst als Erfahrender all dessen, was geschieht.

Bhrāmarī *f* Biene; im Hatha-Yoga der „Bienenton-Atem": Beim Einatmen erzeugt man den Ton einer Hummel, beim Ausatmen (nach einer Pause) den einer Biene.

Bhrigu [bhṛgu] *m* Name eines großen vedischen Sehers, Astrologen und Heiligen. Er ist Autor der Bhrigu-Samhitā, eines sehr umfangreichen und detaillierten astrologischen Werkes.

Bhū *f* Erde, Welt; Basis, Grundlage.

Bhūdevī, Bhūmidevī *f* die Erdgöttin.

Bhujangāsana *n* die Schlangenhaltung, Kobra; wird oft auch mit stärker erhobenem oder zurückgebeugtem Oberkörper geübt.
bhujaṅga – Schlange; āsana – Haltung.

Bhujangashayana [bhujaṅgaśayana] *adj oder m* auf der Schlange (Ananta) ruhend; ein Name Vishnus.

Bhujangendrāsana *n* die Haltung des Schlangenkönigs.
bhujaṅgendra – Schlangenkönig (bhujaṅga-indra); āsana – Haltung.

Bhujanginī-Mudrā [bhujaṅginī] *f* die Schlangen-Mudrā. Das Gesicht wird leicht vorgestreckt und dann durch die Kehle Luft eingezogen. Diese Übung soll Verdauungskrankheiten heilen.

Bhujapīdāsana *n* die Arm-Druck-Haltung.

bhuja – Arm; pīḍā - Druck; āsana – Haltung.

Bhujāsana *n* die Arm-Haltung
bhuja – Arm; āsana – Haltung.

Bhukti *f* Genießen, irdischer Genuss. Im Linken Tantra ist Bhukti-Mukti Befreiung durch Genuss (gegenüber dem herkömmlichen Weg der Befreiung durch Entsagung, Sannyāsa).
Siehe auch *Vāma-Mārga.*

Bhūloka *m* die irdische Welt oder Ebene. Siehe *Loka.*

Bhūman *m* Fülle, Reichtum; auch das Ewige und Unveränderliche.

Bhūmi *f* Erde, Grund, Boden. Bezeichnet das Element Erde ebenso wie den Boden, auf dem Übungen durchgeführt werden, ferner auch eine Ebene oder Stufe, die in der Yoga-Praxis erreicht wird.

Bhūnamanāsana *n* Erdgruß.
bhū - Erde; namana – Verbeugung, Gruß; āsana – Haltung.

Bhūnāmāsana *n* Haltung zur Erde.
bhūnāma – Erde; āsana – Haltung.

Bhūta *m* abgeleitet von der Wurzel *bhū,* sein, werden, bedeutet dieses Wort Geschöpf, Wesen (auch böser Geist), oder bezeichnet die fünf Elemente der materiellen Welt, d.h. Erde, Wasser, Feuer, Luft, Äther – Prithivī, Āpah, Agni, Vāyu, Ākāsha.

Bhūta-Nātha *m* Herr der Wesen oder Geister.

Bhūta-Shuddhi [śuddhi] *f* „Reinigung der Elemente", wird als Synonym für Kundalinī-Yoga gebraucht. Dem zugrunde liegt die Vorstellung, dass die Kundalinī bei ihrem Aufstieg die fünf Elemente (siehe *Bhūta*) auflöst, was eine Läuterung und Transformation des Körpers zur Folge habe.

Bhuvaneshvara [bhuvaneśvara] *m* Herr der Welt, ein Beiname Shivas.

Bhuvaneshvarī [bhuvaneśvarī] *f* die Herrin der Welt, ein Name verschiedener Göttinnen.

Bhuvarloka *m* Name der Zwischenwelt zwischen Erde und Himmel. Siehe *Loka.*

Bidālāsana *n* Katzen-Haltung.
biḍāla - Katze; āsana – Haltung.
Siehe Abb. *Mārjāryāsana.*

Bīja *n* Same, Keim; die „Keimursache" eines Leids.
Siehe auch *Bīja-Mantra.*

Bīja-Mantra *m oder n* Keimsilbe, Mantra mit nur einer Silbe, wie z.B. *yam* oder *ham,* die als Klangsymbol für eine bestimmte Gottheit oder einen Aspekt des Göttlichen steht. Den Cakras ist jeweils ein Bīja-

Mantra zugeordnet, so etwa die Silbe *Om* dem Ājñā-Cakra.
Tantrische Yogis empfingen diese Silben in ihrer inneren Schau und vertrauten sie bei der Initiation ihren Schülern an.

Bikram Choudhury [tschaudhuri] bekannter Yoga-Lehrer (geb. 1946) und Begründer eines nach ihm benannten Hatha-Yoga-Stils, der eine Sequenz von 26 Āsanas sowie 2 Atemübungen umfasst. Die Übungen werden in Räumen durchgeführt, die bis auf 40 Grad aufgeheizt werden, was die Geschmeidigkeit des Körpers erhöhen soll.
Bikram ließ sich seine spezielle Āsana-*Sequenz* (nicht die Stellungen als solche) in den USA patentieren, was zu Kritik bei amerikanischen Yoga-Gemeinschaften geführt hat.

Bilva *m* der Holzapfelbaum, Name einer Pflanze, die Heilkräfte besitzt und bei der rituellen Verehrung Shivas eingesetzt wird.

Bindu *m* Tropfen; Punkt; der Punkt in dem Halbkreis über dem Om (in Devanāgarī-Schrift). Der Punkt steht auch als Symbol für das nichtmanfestierte Universum, alle Linien und Formen können aus ihm hervorgehen.
Im Tantra und Hatha-Yoga bedeutet Bindu oft „Samen“, dessen Verlust es zu vermeiden gilt durch Stabilisierung von Geist und Lebenskraft oder auch durch bestimmte Mudrās. „Bindu“ hat in diesem Zusammenhang noch einen tieferen esoterischen Aspekt und bezeichnet feinstoffliche Essenzen im psychophysischen System. So wird von einem männlichen „weißen“ und einem weiblichen „roten“ Bindu gesprochen, die in der Kopfregion bzw. im Schoß lokalisiert sind und deren Vereinigung nur sehr schwer zu verwirklichen sei, dann aber zur höchsten Befreiung führe, wie es in der Goraksha-Paddhati heißt.
In der Hatha-Pradīpikā wird ausgeführt, dass die Vereinigung der beiden Bindus in der Vergöttlichung des Körpers resultiere.

Bodhi *m* der heilige Feigenbaum, Weisheitsbaum (siehe *Ashvattha*). Im Buddhismus steht der Begriff *bodhi* für das Erwachen, die Erkenntnis.

Bodhisattva *m* einer, dessen Wesen (sattva) Erkenntnis (bodhi) ist. Im Buddhismus ein Mensch, der nur noch eine Stufe (d.h. eine Geburt)

vom Status eines höchsten Buddha und der Erlangung des Nirvāna entfernt ist.

Brahmā *m* der Schöpfergott, vereint mit Vishnu und Shiva in der bekannten Trinität des Hinduismus, in der er jedoch nur eine untergeordnete Rolle spielt und bildlich nie im Zentrum dargestellt wurde. Auch gibt es gegenwärtig in Indien nur noch zwei Tempel, die ihm direkt gewidmet sind.

Einer Legende nach wurde er aus einem goldenen Ei geboren und schuf dann die Erde. Nach einem anderen, späteren Mythos ging er aus einem Lotus hervor, der Vishnus Nabel entspross.

Brahmā wird meist mit vier Gesichtern und Armen abgebildet, welche die vier Veden oder vier Yugas, Zeitalter, symbolisieren können. Sein Traggefährt ist die Wildgans, Hamsa.

Nicht zu verwechseln mit *Brahman* (Neutrum).

Brahmacārī *m* jemand, der Brahmacarya übt bzw. sich in diesem Lebensstadium befindet.

Brahmacari, Dhirendra ein indischer Yogī (1924-1994), der als Ratgeber und Vertrauter Indira Gandhis bekannt wurde. In den Jahren 1982-83 leitete er eine TV-Sendung mit populärem Yoga-Pogramm im staatlichen indischen Fernsehen.

Nach Indira Gandhis Ermordung im Jahr 1994 verlor er jedoch an Bedeutung und wurde aufgrund von verschiedenen geschäftlichen Aktivitäten zunehmend zu einer umstrittenen Persönlichkeit. Dhirendra Brahmacari starb 1994 beim Absturz seines Privatflugzeugs.

Brahmacarya *n* wörtl. das Wandeln (carya) im Brahman; bedeutet Enthaltsamkeit, Keuschheit, Ehelosigkeit, und ist im Rāja-Yoga eine der fünf ethischen Leitlinien der ersten Stufe (*Yama*).

Zweck der Enthaltsamkeit ist es, kostbare feinstoffliche Energien, die hinter der sexuellen Kraft stehen, für spirituelle Zwecke zu sublimieren und damit auch eine höhere Form der Freude, Ānanda, zu ermöglichen. Die diesbezüglichen strikten Anweisungen in einigen heiligen Schriften waren zumeist für Mönche, Einsiedler oder Menschen bestimmt, die sehr intensiv Yoga übten.

Der Begriff Brahmacarya wird zum

Teil, insbesondere von westlichen Yoga-Lehrenden, allgemeiner und liberaler interpretiert, etwa als „reiner Lebenswandel", als bewusster und verantwortungsvoller Umgang mit den eigenen Energien, die nicht wahllos zur Erfüllung der Wünsche verbraucht werden sollten.
Diese innere Einstellung könne letztlich auch zu einer vertieften Partnerschaft führen. Tatsächlich haben viele bekannte indische Yogīs der Neuzeit nicht zölibatär, sondern in Ehe gelebt.
Brahmacārya steht ebenfalls für die erste von vier Lebensstufen oder Āshramas. Es ist die Zeit der Schülerschaft, wo weltliches und religiöses Wissen aufgenommen und die erste Grundlage für ein späteres spirituelles Leben gelegt wird.

Brahmacaryāsana *n* die Enthaltsamkeitshaltung.
brahmacarya – Enthaltsamkeit; āsana – Haltung.

Brahmadvāra *n* der „Eingang (dvāra) zum Absoluten", liegt an der Basis der Wirbelsäule und ist Ausgangspunkt des feinstofflichen Kanals Sushumnā. Dieser Eingang ist zunächst blockiert und kann durch die Techniken des Hatha-Yoga geöffnet werden. Er wird auch Brahma-Granthi (s.u.) genannt.

Brahma-Granthi *m* der „brahmische Knoten". Der unterste *Granthi* im menschlichen Körper, der den Fluss des Prāna, der Lebenskraft, in der Sushumnā, dem zentralen feinstofflichen Energiekanal, blockiert.

Brahmaloka *m* die himmlische Wohnstätte Brahmās, eine Region jenseits der Wiedergeburt, auch Satyaloka genannt.
Siehe auch *Loka.*

Brahmamuhūrta *m* „die Stunde Brahmans". Die Zeit der Morgendämmerung, wenn nach der Lehre der Yogīs die Zeit für die Meditation am günstigsten ist.
Es wird die Zeit von 3-4 oder auch 3-6 Uhr genannt.

Brahman *n* abgeleitet von der Wurzel *bṛh*, wachsen, sich weiten, bedeutet Brahman im Vedānta das Weite, Unendliche, Absolute. Es ist das höchste Wesen, das über und hinter allen Dingen steht, auch den Göttern; der universelle Geist, zugleich Ursache des Weltalls und alles erfüllend.
Im Veda bedeutet Brahman jedoch das heilige, inspirierte Wort, Mantra.
Die Mundaka-Upanishad II.1.2 erklärt zum unendlichen Brahman: „Selbstleuchtend ist jenes Wesen und formlos. Er wohnt in allem und außerhalb von allem, er ist ungeboren, rein, größer als das Größte, ohne Atem und Denken."
Ein bekannter Erkenntnisspruch der Chāndogya-Upanishad (II. 14.1) lautet: *sarvam khalvidam brahma –*

„wahrlich, alles ist Brahman“: Diese ganze Schöpfung mit ihren unzähligen Manifestationen und ihrem endlosen Werden ist das höchste göttliche Wesen. Es ist „das Eine ohne ein Zweites“, *ekam advitīyam*, aber nur schwer können Worte es überhaupt erfassen oder beschreiben, weshalb die Seher bisweilen nur wiederholen, *neti, neti:* es ist nicht dies, nicht jenes, es ist unsagbar und unfassbar.

Brāhmana (1) [brāhmaṇa] *n* alte vedische Texte, die eine Anleitung zum praktischen Gebrauch der Verse und Sprüche in den Samhitās enthalten, zudem auch viele weitere Erklärungen und Erläuterungen zu rituellen Opfern etc.

Brāhmana (2) [brāhmaṇa] *m* ein Brahmane, Veda-Gelehrter; Angehöriger des Standes der Priester und Gelehrten.

Brahmana (3) oft in Verbindung mit *Langhana* genannt in der Bedeutung stärkend, kräftigend, Einatmung. Siehe *Brimhana.*

Brahmanādī *f* der Kanal (nāḍī) zum Brahman; ein feinstofflicher Kanal in dem Energiekanal Sushumnā, worin die Kundalinī, die verborgene Schlangenkraft, aufsteigt.

Brahmanaspati [brahmaṇaspati] *m* der Herr und Schöpfer des göttlichen Wortes (Brahman); ein Name *Brihaspatis.*

Brahmānda [brahmāṇḍa] *n* das Ei Brahmās, aus dem alles geworden ist, die Welt, das Universum.

Brahmāndapurāna [brahmāṇḍapurāṇa] *n* eines der 18 Purānas, enthält einen Bericht über das *Brahmānda* und die künftigen Weltzeitalter, Kalpas.

Brahmane siehe *Brāhmana (2).*

Brahmanirvāna [nirvāṇa] *n* das völlige Aufgehen und Erlöschen im Brahman. Eine transzendente Realisation, die der Teilhabe am Irdischen ein Ende setzt.

Brahmapurāna, Brāhmapurāna [brahmapurāṇa] *n* eines der 18 Purānas, auch Ādipurāna genannt. Es wurde von Brahmā dem Daksha offenbart und enthält viele vishnuitische Elemente der Krishna-Verehrung.

Brahmaputra *m* der Sohn (putra) eines Brahmanen; ein Sohn Brahmās (wie z.B. Sanatkumāra). Name eines Flusses, der in Tibet entspringt und in das bengalische Meer mündet.

Brahmarandhra *n und m* eine feinstoffliche Öffnung (randhra) zum Brahman: der Scheitelpunkt des Kopfes, durch den das Bewusstsein im Verlaufe bestimmter Yoga-

Praktiken zu höheren Ebenen aufsteigen kann.
Siehe auch *Kundalinī.*

Brahmarshi [brahmarṣi] *m* ein großer Seher oder Weiser. Ein Rishi, der fest im Brahman ruht.

Brahmasākshātkāra [brahmasākṣātkāra] *m* die direkte Offenbarung (sākshātkāra) oder Erfahrung des Brahman.

brahmāsmi, *aham brahmāsmi.*

Brahmasūtra *n* Aphorismensammlung der Vedānta-Philosophie, von Bādarāyana oder Vyāsa; auch bekannt als Vedāntasūtra. Der bekannteste Kommentar ist Shankaras Brahmasūtrabhāshya.

Brahmavādin *m* ein Lehrer des vedischen Wissens, ein Seher oder Weiser.

Brahma-Vaivartapurāna [brahmavaivartapurāṇa] *n* eines der jüngsten der 18 Purānas, enthält Gebete und Anrufungen an Krishna und einen Bericht seiner Liebschaften mit Rādhā und den Gopīs.

Brahmavid *m* jemand, der das Brahman kennt.

Brahmavidyā *f* das Wissen von Brahman; Selbstverwirklichung.

Brahma-Vidyā-Upanishad [upaniṣad] *f* eine Yoga-Upanishad in 111 Versen, die Themen wie Nāda-Yoga, Kundalinī-Shakti und Hamsa-Yoga abhandelt.

Brahmavihāra *m* Verweilen (vihāra) im Brahman. Bezeichnet eine Meditation, bei der Gedanken der Güte, des Mitgefühls, der Freude und des Gleichmuts unterschiedslos auf alle Wesen gerichtet werden.

Brahmo Samāj *m* „Gesellschaft der Brahmos“, eine Reformbewegung im Hinduismus, die 1828 von Ram Mohan Roy in Kalkutta gegründet wurde und Verbreitung in Bengalen und anderen Provinzen fand.
Ziel der Bewegung war es, das Leben der Hindus grundlegend zu verändern. Die Praxis der Witwenverbrennung wurde ebenso zurückgewiesen wie Opferrituale und das Errichten und Verehren von Götterbildern und Statuen. Anstelle der vielen Götter der Veden, deren Tradition nicht anerkannt wurde, sollte die Verehrung des einen Gottes treten, der im Geist verehrt wird und Gebete erhören kann, sich aber nicht in menschlicher Form inkarniert.
In den 1860er und 1870er Jahren kam es zu Differenzen unter den Brahmos, welche zu einem Schisma innerhalb der Gemeinde führten. So entstanden der Ādi Brahmo Samāj, geleitet von Debendranath Tagore, dem Vater von Rabindranath; der

Brahmo Samāj of India unter der Leitung von Keshab Chandra Sen; und der Sādhāran Brahmo Samāj mit Mitgliedern, die sich von Sen lossagten. Dabei ging es jeweils um die Radikalität und die Umsetzung der Reformideen.
Der Brahmo Samāj fand in der indischen Gesellschaft nie eine signifikant große Anhängerschaft, konnte jedoch erfolgreich einige notwendige soziale Veränderungen durchsetzen. Seine Blütezeit ging vorüber mit dem Tod Rabindranaths, der den Ādi Brahmo Samāj seines Vaters unterstützt hatte.

Brihadāranyaka-Upanishad [bṛhadāraṇyaka-upaniṣad] *f* die „große Wald-Upanishad", eine der ältesten Upanishaden. Sie lehrt, mittels einer Unterweisung des Yajñavalkya an seine Gattin Maitreyī, die absolute Identität von Ātman und Brahman und macht in Kap. IV.1-7 bereits signifikante Aussagen zum Thema Karma und Reinkarnation.

Brihaspati [bṛhaspati] *m* vedische Gottheit, Priester der Götter und Meister des schöpferischen Wortes, in den vedischen Texten auch oft Brahmanaspati genannt.
In späteren Zeiten ist Brihaspati ein Rishi und steht dem Planeten Jupiter vor, der nach ihm benannt wurde. Er ist auch ein Lehrer der Astrologie und Astronomie.
In den Purānas erscheint Brihaspati wiederum als Ratgeber der Götter und insbesondere Indras.

Brimhana [bṛṁhaṇa] *n* Weitung, Stärkung. Im Prānāyāma energetisierende Einatmung. Im Āyurveda meist in Verbindung mit *Langhana* genannt, als zwei komplementäre energetische Prinzipien.

Brindāvan siehe *Vrindāvan.*

Buddha *m* ein Erwachter, Erleuchteter, insbesondere auf Gautama Siddhārtha bezogen.
Gemäß einigen Quellen hat sich *Vishnu* in seiner neunten Inkarnation als der Buddha manifestiert, um ein Gegengewicht gegen das allzu dominante Brahmanentum und den Ritualismus zu schaffen.
Nach einer anderen Interpretation hat Vishnu in der Gestalt Buddhas eine Irrlehre verkündet, um seine wahren Anhänger zu erkennen, die sich nicht von einer falschen Lehre irreführen lassen und im Gegensatz zu den Fehlgeleiteten nicht zugrunde gehen.
Siehe auch *Buddhismus und Yoga.*

Buddhāsana *n* die Buddha-Haltung, erleuchtete Haltung.
buddha – erleuchtet; āsana - Haltung.

Buddhi *f* Intelligenz, Weisheit, Erkenntnis, Vernunft. Im Sānkhya entsteht Buddhi als erstes und feinstes Prinzip aus der Urnatur, Prakriti, und ist das Organ der Unterschei-

dung und Erkenntnis, woraus sich als nächstes Ahamkāra, der Ich-Macher, entfaltet.
In einem bekannten Bild in der Katha-Upanishad 3.3 heißt es: „Wisse, dass der Ātman, das Selbst, der Herr der Kutsche ist, und der Körper die Kutsche; Buddhi, die Vernunft, ist der Kutscher und Manas, das Sinnesvermögen, sind die Zügel."

Buddhismus und Yoga. Der Buddha war im ersten Stadium seiner Suche Schüler bedeutender Yogīs, deren Lehren er aufnahm und meisterte. Dazu gehörten Meditations- und Atemtechniken ebenso wie extreme asketische Praktiken. Doch da ihn diese letztlich nicht befriedigten, wandte er sich seinem eigenen Weg einer fortwährenden stillen Meditation zu, die ihm das Ziel der Erleuchtung brachte. In einigen Texten des Buddhismus wird er als Yogī bezeichnet, andere nennen ihn einen großen Meditierenden.
Im Laufe der Zeit haben sich Buddhismus und Hinduismus vielfach gegenseitig befruchtet und speziell im Tantra kam es zu einem regen Austausch und parallelen Entwicklungen.
Auch viele Yoga-Anhänger unserer Zeit, besonders in den USA, suchen eine Verbindung von Yoga und Buddhismus, indem der Hatha-Yoga vor allem zur Kräftigung und Stabilisierung des Körpers eingesetzt wird, während der Buddhismus vertiefte Meditationstechniken beisteuert. Diese existieren an sich auch in der Tradition des Yoga, jedoch weniger ausgeprägt und weniger aktiv praktiziert. Das Wort „Zen" ist eigentlich von *dhyāna*, Meditation, abgeleitet.
Rein philosophisch besteht eine Differenz insofern, als der Buddhismus das Konzept des Ātman, des ewigen und unvergänglichen Selbstes, zurückweist und stattdessen das Nicht-Selbst lehrt, Anātman. Allerdings sind solche Differenzen aus der Sicht mancher Befürworter einer Synthese nicht signifikant, da diese Begriffe nur verschiedene Bemühungen seien, das Unsagbare in Worte zu fassen.

Buddhi-Yoga *m* Yoga der Erkenntnis durch Buddhi, Unterscheidungsvermögen, wird in der Bhagavadgītā mehrfach erwähnt.

Budha *adj oder m* weise, klug; Weiser. Name des Planeten Merkur, der als Sohn Somas gilt. *budhavāra* bedeutet im Sanskrit Mittwoch.
Siehe auch *Navagraha.*

Büffel [Skrt. Mahisha] in der Mythologie das Tragetier des Todesgottes Yama.

Bulle [Skrt. Vrishabha] der Bulle wird als Symbol der Kraft und Männlichkeit verehrt, er dient Shiva als Tragetier (*Nandin*).

Business-Yoga *m* Yoga für Geschäftsleute, wird u.a. erfolgreich unterrichtet von dem Schweden Göran Boll, zu dessen Schülern Mitarbeiter und Führungskräfte von über 150 Firmen mit zum Teil weltbekannten Namen gehörten. Boll erweckt Interesse am Yoga, indem er darauf hinweist, dass die Übungen helfen, Stress abzubauen und Energie zu tanken.
Auch die therapeutischen Effekte, wie etwa bei Rückenproblemen, werden herausgestellt. Sogar Abgedordnete des schwedischen Parlaments haben Kurse bei Boll gebucht, der vor seiner Tätigkeit als Yoga-Lehrer in der Wirtschaft gearbeitet hat.

C

Caitanya, Chaitanya *m* Name eines großen Heiligen und Yogī (1485-1534), auch bekannt unter dem Namen Krishna Caitanya.
Caitanya wurde als zehntes Kind einer Brahmanen-Familie in Westbengalen geboren. Schon als er noch Säugling war, bemerkten seine Eltern, dass er, wenn er einmal weinte, nur durch das leise Singen von Krishnas Namen zu beruhigen war. Aus seiner Kindheit und Jugend wird berichtet, dass Schlangen ihn nicht angriffen und dass er oft auf wundersame Weise geschützt wurde. Nimai (wie er zu diesem Zeitpunkt hieß) studierte auf der Schule mit großem Eifer und wurde alsbald zum geliebten und respektieren Lehrer von Sanskrit und Grammatik.
Mit 23 Jahren begab er sich auf eine Pilgerfahrt nach Gaya, wo einst Gautama Buddha unter dem Bodhi-Baum meditiert hatte. Als Nimai dort Riten für seinen lange zuvor verstorbenen Vater durchführte, hatte er eine überwältigende innere Erfahrung, die sein ganzes Leben verändern sollte.
Ein Asket namens Ishvara Puri, der in der Tradition der bengalischen Bhakti-Bewegung stand und unter den Pilgern war, verstand Nimais Erfahrung, gab ihm das Krishna-Mantra und vermittelte ihm jene Form von Gottesliebe, deren lebendige Verkörperung Teil seiner Mission sein sollte.
Nimai wurde in der Folgezeit zu einem tief inspirierten, oft ekstatischen Anbeter Krishnas. Sogar während des Unterrichts fiel er oft in Trance und hatte viele spirituelle Erfahrungen. Mit 24 Jahren beschloss er, sich zum Mönch weihen zu lassen, und erhielt von seinem zweiten Guru, Keshava Bharati, den Namen Krishna Caitanya, d.h. (frei übersetzt) derjenige, der Krishna in den Herzen aller erweckt. In seinem letzten Lebensabschnitt unternahm er viele Pilgerreisen in Begleitung seiner Schüler, und häufig sangen sie in Gruppen von Anbetern gemeinsam Kīrtans zum Lobe Krishnas.
Caitanya gilt seinen Anhängern als Avatār Krishnas, den er einerseits, als Bhakta, glühend verehrte, andererseits, als dessen Inkarnation, in bestimmten Augenblicken höchster Identifikation in seiner ganzen Herrlichkeit direkt offenbarte.
In einmaliger Intensität verkörperte Caitanya den Bhakti-Yoga und die

Praxis des Nāma-Japa, die Wiederholung des heiligen Namens Krishnas. Das Hauptmantra lautete:
Hare Krishna Hare Krishna Krishna Krishna Hare Hare
Hare Rāma Hare Rāma
Rāma Rāma Hare Hare.
Das Wort Caitanya steht im Sanskrit für Bewusstheit, Wachheit; transzendentes Bewusstsein.
Siehe auch *Bhaktivedanta, Swami, Acintya-Bhedābheda-Tattva.*

Caitra *m* Name des ersten Monats im Hindu-*Kalender* (März/April).

Caitya *m* die individuelle Seele; Altar, Tempel.

Cakorāsana *n* die Rebhuhn-Haltung.
cakora – Rebhuhn; āsana - Haltung.

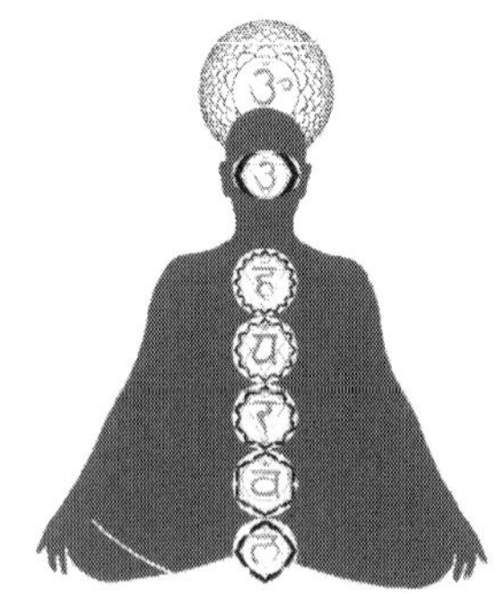

Die Cakras mit den Keimsilben *lam, vam, ram, yam, ham, om.*

Cakra, Chakra *n* wörtl. Rad, Kreis; Wurfscheibe. Feinstoffliche Energiezentren im Subtilkörper, deren Funktion darin besteht, die sie durchströmende Kraft zu transformieren und zu verteilen.
Nach der Lehre des Tantra gibt es sieben Cakras, von denen sechs entlang der Wirbelsäule im physischen Körper visualisiert werden, wobei sie jedoch tatsächlich einer anderen Ebene angehören, die mit der physischen korreliert. Das siebte, der „tausendblättrige Lotus", befindet sich über dem Scheitelpunkt des Kopfes.
Diese Cakras bilden gleichsam Schnittstellen zwischen dem Körperlichen und dem Psychischen und werden durch das Aufsteigen der Kundalinī, der verborgenen Schlangenkraft, aktiviert, was jeweils mit bestimmten Erfahrungen verbunden ist.
Yogīs sahen diese Zentren in ihrer inneren Schau, und so existieren auch bildliche Darstellungen in Form von Lotusblüten mit einer verschiedenen Anzahl von Blütenblättern, die jeweils die Nādis symbolisieren, feine Energiekanäle, welche vom Cakra ausgehen. Im Inneren der Darstellungen finden sich *Yantras* wie Dreiecke, ferner Keimsilben (Bījas) und auch Tiersymbole.
Die einzelnen Cakras werden detailliert beschrieben unter den Einträgen *Mūlādhāra-, Svādhishthāna-, Manipūra-, Anāhata-, Vishuddha-, Ājñā-, Sahasrāra-Cakra.*
Siehe auch *Kundalinī, Kundalinī-Yoga.*

Cakrāsana *n* Rad-Haltung, Brücke. cakra – Rad, Kreis; āsana - Haltung.

Cakravākāsana *n* Haltung des Cakra-Vogels.
cakravāka – der Cakra-Vogel; āsana – Haltung.

Cakravartin *m* wörtl. Rad-Herrscher (cakra-vartin), d.h. jemand dessen Räder (von Kutsche oder Streitwagen) überall ungehindert rollen: ein Souverän, König, Kaiser, Herrscher über ein großes Reich.

Camatkāra *m* Staunen, Bewunderung; Bewunderung erzeugend. Im Kaschmir-Shivaismus der Augenblick des Erstaunens, wenn der Yogī die Offenbarung des höchsten Shiva-Bewusstseins erfährt.
Auch die Bezeichnung für die Wirkung eines dichterischen Kunstwerks.

Campaka *m* Name eines Baumes (Michelia Campaka), dessen angenehm duftende gelbe Blüten u.a. für devotionale Zwecke in Girlanden verwendet werden. Südindische Frauen tragen sie gern als Haarschmuck an ihren Zöpfen.

Cāmundā [cāmuṇḍā] *f* Name einer furchterregenden Form Durgās, sie tötete die beiden Dämonen Canda und Munda.

Cānakya [cāṇakya] *m* berühmter Minister des Königs Candragupta, der ein bekanntes Werk über die Staatskunst und die Moral verfasste.

Candana *m oder n* Sandel, Sandelholz.

Candāla [caṇḍāla] *m* ein Kastenloser, geboren von einem Shūdra-Vater und einer Brahmanen-Mutter. Die Candālas hatten einen äußerst niedrigen Rang in der Gesellschaft und waren meist außerhalb der Städte in der Nähe von Verbrennungsstätten angesiedelt, wo sie die Toten für die Bestattung herrichteten.
Siehe auch *Kaste.*

Candī, Candā [caṇḍī, caṇḍā] *f* Name Durgas, wörtl. „heftig, erzürnt". Durgā trägt diesen Namen besonders in ihrem Aspekt als Bezwingerin des Asuras Mahisha, den sie erlegte.

Candra *m* Mond, Mondgott. In der Mythologie ist der Mond gemäß Rigveda aus dem kosmischen Pu hervorgegangen, während er gemäß den Purānas beim Quirlen des *Milchozeans* entstand. Den jeweiligen Mondphasen werden Einflüsse auf das menschliche Leben zugeschrieben (siehe *Pañcāṅga*).

Im Hatha-Yoga und im Tantra hat das Wort eine besondere esoterische Bedeutung und bezeichnet eine Stelle am hinteren Gaumendach, von der auf einer subtilphysischen Ebene Amrita, der Nektar der Unsterblichkeit, fließt. Spezialisierte Yogīs sind in der Lage, den Fluss bewusst zu kontrollieren und für die Spiritualisierung des Körpers einzusetzen.
Siehe auch *Amrita, Soma, Luna-Yoga.*

Candrabhedana-Prānāyāma [prāṇāyāma] *m* Atemübung mit Einatmung durch das linke Nasenloch und Ausatmung durch das rechte.
Candra steht für die Candra-Nādī (identisch mit der Idā-Nādī), den feinstofflichen Kanal, der vom linken Nasenloch ausgeht und durch den der Prāna hindurchzieht (bhedana, Durchstoßen, Hindurchziehen).

Candragupta *m* Name eines bekannten Königs, der im 4. Jh. v.Chr. die Maurya-Dynastie begründete

Candrakonāsana *n* Mond-Winkel-Haltung.
candra – Mond; koṇa – Winkel; āsana – Haltung.

Candravamsha [candravaṁśa] *m* die *Monddynastie.*

Caraka-Samhitā [saṁhitā] *f* einer der beiden Grundlagentexte des Āyurveda, der klassischen indischen Medizinwissenschaft. Sie geht im Kern vermutlich auf das 2. Jh. zurück, doch kamen größere Teile noch im 8. oder 9. Jh. hinzu. Der Text wurde im wesentlichen von dem Arzt Caraka verfasst, der Material aus dem Agnivesha-Tantra neu bearbeitete, welches wahrscheinlich aus dem 6. Jh. v. Chr. stammt.

Cārvaka *m* Name eines materialistischen Philosophen im alten Indien. Der Begriff steht auch für seine philosophische Schule, welche die Autorität der Veden sowie die Lehre vom unsterblichen Selbst und einem Leben nach dem Tod zurückwies.

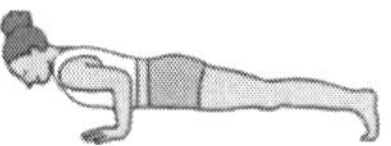

Caturangadandāsana, catur-anga-dandāsana *n* die Vier-Glieder-Stockhaltung, d.h. Haltung auf Händen und Füßen; waagerechter Stock.
catur – vier; aṅga – Glied; daṇḍa – Stab, Stock, auch Wirbelsäule; āsana – Haltung.

Caturbhuja *m oder adj* der Vierarmige, ein Name Vishnus.

Caturtha *n* siehe *Turīya.*

Caturvarna [caturvarṇa] *m* das System der vier Kasten, d.h. Brāhmanas, Kshatriyas, Vaishyas und Shūdras.

Celā [Hindī] *m* Schüler, der Schüler eines spirituellen Lehrers.

Cetana *adj oder n* sichtbar, intelligent; Bewusstsein, Geist, Seele.

Cetanā *f* Intelligenz, Bewusstsein.

Ch... siehe auch C...

Chakra siehe *Cakra*.

Chandas *n* Metrik, Verslehre; eine der sechs Wissenschaften des *Vedānga*. Dabei geht es um die Anzahl und die Länge der Silben eines Verses ebenso um den Wert, der einer Silbe zukommt.

Chāndogya-Upanishad [upaniṣad] *f* eine der ältesten Upanishaden, enthält viele bekannte Mantras und Grundlehren des Vedānta, darunter auch Gedanken über die heilige Silbe Om und den großen Lehrsatz *tat tvam asi*. Besonders bekannt ist auch das Gespräch zwischen dem weisen Uddālaka Āruni und seinem Sohn Shvetaketu über die kosmische Einheit aller Dinge, die vom höchsten Absoluten erfüllt sind.
Siehe auch *Brahman (Abs. 3), Jñāna-Yoga (Abs. 3), Jyotis*.

Chidambaram wichtiges shivaitisches Pilgerzentrum in Tamil Nadu, Südindien, wo Shiva insbesondere in seiner Eigenschaft als Natarāja, Herr des Tanzes, verehrt wird.

Chinmoy, Sri [śrī] indischer Yogī, Musiker, Künstler und Sportler (1931-2007), geboren unter dem Namen Chinmoy Kumar Ghose.
Sri Chinmoy wurde insbesondere durch seine Weltfriedensläufe und Rekorde im Gewichtstemmen bekannt. Seine zahlreichen künstlerischen Arbeiten wurden u.a. bei der Unesco in Paris ausgestellt, und er erhielt mehrere Auszeichnungen für sein vielfältiges Wirken.
Seit 1964 lebte er lange Zeit in New York und hielt dort regelmäßig interreligiöse Meditationen in den Räumlichkeiten der Vereinten Nationen ab.

Chi Yoga [tschi-yoga] *m* ein von der Schweizer Bewegungspädagogin und Yoga-Lehrerin Lucia Nirmala Schmidt entwickelter Yoga-Stil, der es sich zum Ziel setzt, den klassischen indischen Yoga speziell an die Bedürfnisse westlicher Menschen anzupassen.

Es werden Flows oder fließende Bewegungsabläufe praktiziert, bei denen eine Übung in die andere übergeht, jeweils begleitet von Ein- bzw. Ausatmung. Dabei entsteht eine Art Meditation in Bewegung, ein Aufgehen im Augenblick, verbunden mit einem Gefühl der Freude.
Chi bedeutet im Chinesischen Energie und Lebenskraft, welche durch die speziellen Übungen harmonisiert und revitalisiert werden soll, was zu Klarheit, Gelassenheit und Wohlbefinden führt.

Christus, Christentum siehe *Jesus als Yogī.*

Cinmaya *adj* aus Bewusstsein (cit) bestehend (maya).

Cintā *f* Gedanke; Sorge.

Cintāmani [cintāmaṇi] *m* ein legendärer Edelstein, der seinen Besitzern alle Wünsche erfüllt.

Cit *f* Bewusstsein. Reines, absolutes Bewusstsein, das nicht von Denken oder Fühlen abhängig ist. Das Brahman wird oft beschrieben als Sat-Cit-Ānanda, Sein, Bewusstsein, Freude.

Citrāngadā [citrāṅgadā] *f* die Tochter von König Citravāhana und zeitweilig Arjunas Geliebte. Sie wurde zur Mutter seines Sohnes Babhruvāhana.

Citshakti [citśakti] *f* Bewusstseinskraft; Bewusstsein als höchste Kraft, die das Universum hervorbringt.

Citta *n* Geist, Bewusstsein, Gemüt. Der „Geist-Stoff", aus dem das Denken, Fühlen, Impulse etc. hervorgehen. Speicher aller vergangenen Impressionen, Samskāras.

Cittashuddhi [cittaśuddhi] *f* die Läuterung des Citta.

Citta-Vritti [vṛtti] *f* Welle oder Schwingung im Bewusstsein. Die Stillegung (Nirodha) dieser Wellen wird in Yogasūtra 1.2 als Yoga definiert. Nach Sūtras 5-6 gibt es fünf grundsätzliche Vrittis, die leidlos oder leidvoll sind: richtige Erkenntnis, Irrtum, Einbildung, Schlaf und Erinnerung.
Siehe auch *Vritti.*

Clerc, Roger ein bedeutender französischer Yoga-Lehrer (1908-1998) und Schüler von Lucien Ferrer, Mitbegründer des Yogas der Energie. Er gab zwei Yoga-Zeitschriften heraus und ist Autor des Buches *Grundlagen des Yogas der Energie.*

Cohen, Andrew amerikanischer spiritueller Lehrer, Autor und Musiker, geb. 1955 in New York.
Cohen hatte bereits im Alter von 16 Jahren eine Erfahrung „kosmischen Bewusstseins", die sein Leben veränderte. Sechs Jahre später studierte

er asiatische Kampfkünste, Kriya-Yoga und Buddhismus, bis er schließlich im Jahr 1986 den indischen Advaita-Vedānta-Lehrer H.W. L. *Poonja* kennenlernte und nach einer tiefen inneren Erfahrung zu dessen Schüler wurde.

Nach einiger Zeit trennten sich jedoch die Wege der beiden aufgrund persönlicher Differenzen und Cohen gründete im Jahr 1988 EnlightenNext, eine spirituelle Organisation mit dem Auftrag, eine neue globale Kultur begründen zu helfen.

1991 gründete Cohen die Zeitschrift *What Is Enlightenment* (später umbenannt in *EnlightenNext*), welche grundsätzliche spirituelle Fragen aufgreift und einen kreativen Austausch im wechselseitigen Dialog verschiedener Schulen und Traditionen sucht.

Cohen setzt in seiner Lehre das Ziel, jenseits des Egos das „authentische Selbst“ zu realisieren und dadurch in der Lage zu sein, als Vorreiter an der kollektiven Bewusstseinsevolution der Menschheit mitzuwirken.

D

Dadhi *n* eine dicke Sauermilch (mit Molke). Sie wird als Heilmittel und auch für Rituale verwendet.

Dadhīci, Dadhīca *m* ein vedischer Rishi, der einst seine Knochen darbot, damit daraus ein *Vajra* für Indra gefertigt werden könnte, um den Dämonen Vritra zu erlegen.

Daitya *m* Nachkommen der Diti, der Mutter der Dämonen, d.h. eine bestimmte Klasse von Asuras oder gottfeindlichen Kräften.

Daiva *adj oder n* göttlich, himmlisch; göttliche Kraft; Schicksal; Zufall.

Dākinī [ḍākinī] *f* Koboldin; Bezeichnung für halbgöttliche Wesen, die der Göttin Kālī zu Diensten sind.

Daksha [dakṣa] *m oder adj* geschickt, fähig. Einer der Prajāpatis oder Urväter der Schöpfung, der gemäß puranischen Quellen in allen Zyklen der Schöpfung präsent ist.
In einem bekannten Mythos wird erzählt, dass Daksha dereinst ein großes Opfer vorbereitete, jedoch nicht seinen Schwiegersohn Shiva einlud. Darüber war dessen Frau Satī so verstört, dass sie zum Opfer erschien und ins Feuer sprang. Das wiederum erzürnte Shiva, der sich als rächende Kraft Vīrabhadra erschuf, welcher das ganze Opfer stoppte und Daksha tötete, der jedoch anschließend von Shiva wieder zum Leben erweckt wurde.

Dakshina [dakṣiṇa] *adj* rechts; geschickt; südlich.
Rechts und die rechte Seite gelten als glückverheißend und höherwertig als die linke, welche Hindus für Waschungen verwenden.
So werden Opfergaben nur mit der rechten Hand gereicht und heilige Stätten im Urzeigersinn umwandert (*Pradakshina*).

Dakshinā [dakṣiṇā] *f* Geschenk an einen spirituellen Meister zum Dank für seine Lehre und seinen Segen.
Auch Name einer Göttin, die beim Opfer über den rechten Empfang und die Weiterleitung der Gaben wacht.

Dakshinācāra [dakṣiṇācāra] *m*, der Rechte Pfad, synonyme Bezeichnung für *Dakshina-Mārga,* aus dakṣiṇa und ācāra.

Dakshināyana [dakṣiṇāyana] *n* der

„südliche Pfad", der Weg zu Yama ins Reich der Toten.
Siehe auch *Pitriyāna*.

Dakshina-Mārga [dakṣiṇa] *m* der Rechte Pfad im Tantra, folgt einer auf Erkenntnis gerichteten Disziplin und beinhaltet aufrichtige Hingabe an die Göttliche Mutter in ihren mannigfachen Formen.
Siehe auch *Vāma-Mārga*, *Tantra*.

Dakshināmūrti [dakṣiṇāmūrti] *m* Name Shivas, „die nach Süden gewandte Gestalt". Shiva in seinem Aspekt als Meisterasket und Lehrer des Yoga, der Erkennnis, Philosophie und Musik, besonders populär in Südindien, wo er stets an den südlichen Tempelmauern abgebildet wird.

Dalit [Hindī] *m* Unterdrückter, Ausgebeuteter. Ein von dem Reformer B.R. Ambedkar geprägter Begriff für die Unberührbaren.

Dama *m* Selbstkontrolle, Loslösung, Entsagung.

Damayantī *f* im Mahābhārata die Gattin von König *Nala* und Tochter von König Bhīma. Die Erzählung von ihrer innigen Liebe zu Nala, die sich inmitten schwerster Prüfungen bewährt, ist eine der bekanntesten Episoden im Epos.

Dāna *n* Geschenk, Gabe, wohltätige Spende.

Dānavas *m* Nachkommen des Dämonen Dānu, asurische Wesen.

Dandāsana *n* Stock-Haltung.
daṇḍa – Stock, Stab; āsana - Haltung.

Darpa *m* Stolz, Arroganz.

Darshan (Hindī), **Darshana** (Sanskrit) [darśana] *n* Sehen, Anblick. Einen erleuchteten Yogī oder Heiligen sehen, und von ihm gesehen werden, und der damit verbundene Segen.
Das Wort bezeichnet auch die sechs klassischen Philosophiesysteme Indiens (siehe unter *Shaddarshana*).

Darshana-Upanishad [darśana-upaniṣad] *f* eine Yoga-Upanishad in 224 Versen und zehn Abschnitten mit Lehren, die im wesentlichen identisch mit jenen des Yogasūtra sind, obgleich die Philosophie nichtdualistisch ist. Auch die Nādīs oder feinstofflichen Nervenbahnen werden ausführlich erörtert.

Dāsa *m* Diener, Sklave. Auch Diener Gottes. Siehe auch *Bhāva*.

Dasharatha [daśaratha] *m* derjenige, der zehn (dasha) Kutschen hat; der Name von Rāmas Vater im

Rāmāyana, König von Ayodhyā.

Dāsya *n* Dienstfertigkeit, die Haltung des Dieners.
Siehe auch *Bhāva,* Abs. 2.

Dasyu *m* im Rigveda Bezeichnung für gottfeindliche Kräfte.

Datta *adj* gegeben, geschenkt.

Dattātreya *m* Name eines Weisen alter Zeit, Sohn des Atri.
Name einer Inkarnation von Vishnu, Shiva und Brahmā, wobei die drei Götter in einer Art Synthese gleichzeitig verehrt werden.

Dattātreya Yoga-Shāstra [śāstra] *n*, ein vishnuitischer Text aus dem 13. Jh., in dem erstmals Hatha Yoga in systematischer Form und unter diesem Namen abgehandelt wird.
Wie auch schon in der etwas älteren *Amṛtasiddhi* werden Techniken wie Mahāmudrā und Mahābandha erläutert, ferner Mūlabandha, Viparītakaranī und Vajrolī (siehe dort). Auch hier ist es das Ziel, den *Bindu* zu bewahren und Befreiung vom Zustand des Alterns zu erlangen.
Außer der Sitzhaltung Padmāsana wird neben der Umkehrhaltung Viparītakaranī (die meist als Mudrā gilt) nur das Shavāsana beschrieben, die Totenhaltung. Im Bereich des Prānāyāma wird die Technik Nādī-Shodhana gelehrt, welche die Reinigung der feinstofflichen Nervenkanäle herbeiführt.
Es werden zwei Arten von Meditation erwähnt, jene mit und ohne Eigenschaften. Die erste verleihe übernatürliche Kräfte, während die letztere zur spirituellen Befreiung führe.

Dayā *f* Mitgefühl, Güte.

Dayananda Sarasvati, Svami [dāyānanda sarasvatī, svāmī] Hindu-Reformer und Sanskrit-Gelehrter (1824-1883), der den *Arya Samaj* begründete. Seine vedischen Studien legten die erste Grundlage für eine symbolische Interpretation der Hymnen, wie sie Sri Aurobindo später detailliert erarbeitete.

Deha *m* Körper. der physische Körper. Der Begriff steht auch für die fünf Koshas, die Hüllen, die den Ātman, das Selbst, umgeben.
In einigen heiligen Schriften Indiens wie z.B. der Maitrāyanī-Upanishad wird der menschliche Körper sehr negativ gesehen. Im Rahmen einer pessimistischen und weltverachtenden Stimmung soll dem Sucher die Vergänglichkeit des Lebens und dessen Leidhaftigkeit plastisch vor

Augen geführt werden, um eine innere Lösung vom Irdischen und Konzentration auf die jenseitige Befreiung zu bewirken.
In zahlreichen anderen Texten wird der Körper jedoch als Tempel Gottes beschrieben, so z.B. in der Maitreya-Upanishad 2.2. Auch wenn er sterblich ist, so ist er doch Träger des unsterblichen Selbstes und dadurch geheiligt.
In vielen Schriften wird hervorgehoben, dass die körperliche Gesundheit zu fördern sei, damit ein erfülltes Leben auf Erden und eine fruchtbare spirituelle Verwirklichung möglich sind. Im 2. Vers der Īsha-Upanishad heißt es, „indem man hier in dieser Welt Werke tut, sollte man streben, hundert Jahre zu leben." Besonders im Tantra und im Hatha-Yoga wurden körperbezogene Praktiken entwickelt, teils sogar die Spiritualisierung oder Vergöttlichung der Physis ins Auge gefasst.
Siehe auch *Jugupsā.*

Dehin *adj oder m* verkörpert, inkarniert. Der Innewohner im Körper, Mensch, Seele.

Desai, Amrit ein bedeutender indischer Yogī, der seit den 1960er Jahren Hatha- und Kundalinī-Yoga in den USA unterrichtete.
Desai wurde 1932 in Gujarat geboren und studierte zunächst in Indien, später in den USA, wo er als Künstler tätig war. Gleichzeitig begann er auch als einer der ersten Inder in den USA Hatha Yoga zu unterrichten und machte dies nach einiger Zeit zu seiner Haupttätigkeit.
Im Jahr 1970 hatte Desai eine außergewöhnliche Erfahrung, als er während seiner morgendlichen Āsana-Übungen in einen tiefen meditativen Zustand eintrat und erlebte, wie er eine Reihe von Āsanas in Verbindung mit einem starken Energiestrom spontan durchführte (vergl. *TriYoga*). Auf der Grundlage dieser Erfahrung entwickelte er den Kripālu-Yoga, benannt nach seinem Guru, Swami Kripalvananda (auch Swami Kripalu genannt).
Desai gründete verschiedene Institutionen zur Förderung des Yoga und der ganzheitlichen Gesundheit und bildete einige hundert Yoga-LehrerInnen aus. 1994 musste er aufgrund Fehlverhaltens gegenüber einigen Schülerinnen die von ihm gegründete Gemeinschaft verlassen und lebte zunächst zurückgezogen.
Doch nach einigen Jahren wurde er wieder als Yoga-Lehrer tätig und leitete das Amrit Yoga Center in Salt Springs, Florida.

Desha [deśa] *m* Ort, Platz, Land. Der Ort, wo der Yogī seine Meditation und Übungen durchführt. Zum

Teil werden detaillierte Empfehlungen für das äußere Umfeld gegeben. So sollte es rein sein und eine angenehme Atmosphäre aufweisen. Viele Yogīs ziehen sich zur Meditation gern in die Berge, eine Höhle oder einen abgelegenen Tempel zurück.

Desikachar, T.K.V. [deśikācār] bedeutender indischer Yoga-Lehrer (1938-2016), Schüler und Sohn des bekannten Yoga-Meisters Krishnamacharya, entwickelte maßgeblich den *Viniyoga.*

Deva *m* Gott, persönliche Gottheit, Bewohner der Himmelsregionen.

Gemäß dem Rigveda gibt es insgesamt 33 Götter und Göttinnen, davon je 11 im Himmel, auf der Erde und im Wasser. Einige gemeinsame Merkmale sind, dass sie in leuchtenden Wagen fahren, keinen Schlaf benötigen und „Soma" trinken.

Im Mahābhārata (1.1) heißt es, es gebe 33 333 Götter. Diese unendliche Vielzahl von Göttern ist charakteristisch für den Hinduismus. Tatsächlich handelt es sich für die meisten Hindus jedoch nur um verschiedene Antlitze des Einen Gottes, der in verschiedenen Formen verehrt wird. So heißt es schon im Rigveda (1.164.46), „Das Eine Seiende benennen die Weisen auf vielfältige Weise."

In der Geschichte von Nala und Damayantī im Mahābhārata werden als Merkmale der Götter u.a. genannt, dass sie nicht schwitzen, blinzeln, keinen Schatten werfen und mit den Füßen nicht den Boden berühren. Sie sind ewig jung und leben unvorstellbar lang.

Zu den populärsten Göttern in Indien zählen Krishna und Rāma (als Inkarnationen Vishnus) sowie Shiva und Ganesha. Bekannte weibliche Gottheiten sind z.B. Durgā, Lakshmī oder Sarasvatī.

Über den Ursprung der Götter heißt es im Mahābhārata, dass die Söhne von Kashyapa und Aditi zu den Ādityas, den Sonnengöttern, wurden, die Söhne von ihm und Diti dagegen zu den Daityas, den Asuras.

Devadāsī *f* wörtl. „Gottesdienerin"; Tempeltänzerin, die einer Gottheit angetraut wird. Schon in jungem Alter wurden im traditionellen Indien – die Sitte wurde 1947 verboten – Mädchen von ihren Eltern in einen Tempel gebracht, aus religiösen Motiven oder aufgrund von Armut.

Die Mädchen mussten im Tempel verschiedene rituelle Arbeiten verrichten, tanzen, singen und auch als Prostituierte zur Verfügung stehen, erlangten jedoch trotz dieser letzteren, aufgezwungenen Tätigkeit in der Gesellschaft oft einen geachteten sozialen Status.

Devadatta *m* wörtl. Gott-gegeben (deva-datta). Einer der fünf sekundären Lebenshauche, wird mit der Funktion des Gähnens in Verbindung gebracht, das zusätzliche Sauerstoffaufnahme bewirkt.
Auch der Name von Arjunas Muschelhorn. Siehe auch *Upaprāna.*

Devakī *f* die Frau Vasudevas und Mutter Krishnas.

Devanāgarī *f* die „Schrift aus der Stadt der Götter", die Sanskrit-Schrift, in der auch einige moderne indische Sprachen wie Hindī notiert werden.

Devarshi [devarṣi] *m* göttlicher Seher, Seher aus der Himmelsregion wie z.B. Nārada.

Devatā *f* Gottheit, das Bild einer Gottheit.

Devayāna *n* der Weg der Götter (deva-yāna), der Weg, der zu den Göttern führt; Weg der Weisheit und spirituellen Erkenntnis.
Siehe auch *Pitriyāna.*

Devayānī *f* Name der Mutter Yadus, des Begründers der Yādava-Dynastie.

Devī *f* Göttin, weibliche Gottheit im Hinduismus, bezeichnet oft Shivas Gefährtin.

Devi, Indra eine bedeutende Wegbereiterin des Yogas im Westen (1899-2002) und bekannte Schülerin von T. Krishnamacharya.
Indra Devi wurde 1899 in Riga im heutigen Lettland unter dem Namen Eugenie Peterson als Tochter eines Schweden und einer Russin geboren. Sie machte eine Ausbildung als Schauspielerin in Moskau, flüchtete jedoch nach der Machtübernahme der Kommunisten nach Berlin, 1927 reiste sie nach Indien, nachdem sie ein Werk Rabindranath Tagores und einige Bücher über Yoga gelesen hatte.
In Indien wirkte sie unter dem Künstlernamen Indra Devi in einigen Hindi-Filmen mit und wurde erste westliche Schülerin von T. Krishnamacharya, der sie zur Yoga-Lehrerin ausbildete. Daraufhin reiste sie in die USA und hatte dort viele prominente Schülerinnen, darunter auch Greta Garbo. 1966 wurde sie Anhängerin von Sathya Sai Baba und ging 1982 auf Einladung von Schülern ihres Meisters

nach Argentinien, wo sie bis an ihr Lebensende als renommierte Yoga-Lehrerin tätig war.

Devīmahātmya *n* ein Gedicht mit 700 Versen, welches die Taten von Shivas Gefährtin, der Shakti, und ihre Siege über die Asuras preist. Der Text erscheint als ein Abschnitt im Mārkandeyapurāna.

Dhairya *n* Stetigkeit, Beständigkeit im Yoga.

Dhāma *m* Stätte, heiliger Ort, Zentrum der Anbetung einer Gottheit. Besonders bekannt sind Badrināth im Himālaya, Purī in Orissa, Dvārakā in Gujerāt und Rameshvaram an der Südspitze Indiens. Siehe auch die genannten Orte.

Dhanamjaya [dhanaṁjaya] *m* einer der fünf sekundären Lebenshauche, soll selbst nach dem Tod im Körper verbleiben. Wörtl. die Eroberung (jaya) von Reichtum (dhana). Auch ein Name Arjunas.
Siehe auch *Upaprāna.*

Dhanurāsana *n* Bogenhaltung; Rückbeuge aus der Bauchlage.
dhanuḥ – Bogen; āsana – Haltung. Nach einem Lautgesetz wird dhanuḥ zu dhanur.

Dhanurveda *m* der Veda der Kunst des Bogenschießens, ein *Upaveda.*

Dhanvantari *m* der Arzt der Götter, gilt als Urautor des Āyurveda, der ihm der Legende nach von Brahmā offenbart wurde.
Beim Quirlen des *Milchozeans* erschien er mit dem Gefäß, welches das kostbare Amrita enthielt.

Dhāranā [dhāraṇā] *f* Konzentration, Aufmerksamkeit, von der Wurzel *dhṛ*, halten. Bezeichnet die sechste Stufe im Rāja-Yoga, die Fixierung des Geistes auf einen bestimmten Gegenstand. Während der mentale Geist normalerweise hin und her springt, wird er durch Dhāranā dazu gebracht, länger und kontinuierlicher bei einem Objekt eigener Wahl zu verweilen, was auf Dhyāna, Meditation vorbereitet.

Dharma *m* Recht, Gesetz, Ordnung, Moralkodex, von der Wurzel *dhṛ*, halten, tragen. Der Dharma im spirituellen Sinn ist die rechte Lebensweise im Einklang mit den vedischen Schriften. Deren Nichtbefolgung ist Adharma.
Das Wort Dharma kann auch Wesen, Charakter, Eigenschaft bedeuten, ebenso wie Religion. So bezeichnen die Hindus ihren Glauben als Sanātana Dharma, die ewige Religion. Detaillierte Lebensregeln und Rechtsbestimmungen wurden

von Manu im *Dharmashāstra* niedergelegt.
Dharma kann auch als Gott auftreten, welcher Recht und Gesetz verkörpert. So heißt es, dass Yudhishthira, der älteste der Pāndavas, von Dharma gezeugt wurde.

Dharmakshetra [kṣetra] *n* das Feld (kshetra) des Dharma. Im ersten Vers der Bhagavadgītā Bezeichnung für das Feld, auf dem die Pāndavas gegen ihre verfeindeten Vettern, die Kauravas, kämpften, um die höhere Ordnung, Dharma, wiederherzustellen.

Dharma-Megha-Samādhi *m* der „Dharma-Wolken-Samādhi", erwähnt in Yogasūtra 4.29. Dies ist die höchste Form des Asamprajñāta-Samādhi, „verbunden mit dem Erlöschen der Kleshas (Leidursachen) und des Karma" (4.30).
Bezüglich der Bedeutung des Begriffes Dharma-Megha gibt es mehrere Erklärungsversuche. Am überzeugendsten erscheint die Interpretation Shankaras, der in seinem Kommentar zum Yogasūtra erklärt, Dharma-Megha bedeute das Ausschütten (wie ein Wolkenguss) des höchsten Dharma, d.h. von Kaivalya, spiritueller Befreiung.

Dharmapatnī *f* wörtl. die „Dharma-Gattin". Eine Bezeichnung für die Ehefrau, die ihrem Gatten gemäß den traditionellen Vorschriften angetraut ist und ihn auf dem Weg der Erfüllung der religiösen Pflichten oder der spirituellen Suche begleitet.

Dharmaputra *m* der Sohn Dharmas, ein Name Yudhishthiras.

Dharmarāja *m* der „König des Dharma", ein Epithet des Todesgottes Yama ebenso wie auch ein Name Yudhishthiras, des ältesten der fünf Pāndava-Brüder.

Dharmashālā *f* Gerichtshof, Halle; öffentliche freie Unterkunft.

Dharmashāstra, Mānava-Dharmashāstra, [śāstra] *n,* **Manu-Smriti** [smṛti] *f* Lehrbuch des Dharma, d.h. des Rechts und rechten Verhaltens. Siehe *Manu-Smriti.*

Dharmasūtra *n* ein Sūtra oder Leitfaden über den Dharma.

Dhārmikāsana *n* die fromme, hingabevolle Haltung.
dhārmika – fromm; rechtmäßig; āsana – Haltung.

Dhātu *m* Essenz, essentieller Teil; Mineral; Verbalwurzel.

Dhaumya *m* Name eines Rishis im Mahābhārata.

Dhautī *f* Reinigung, Wäsche. Im Hatha-Yoga eine Technik der Magenreinigung mittels eines langen feuchten Tuches, das verschluckt

und wieder herausgezogen wird.
Siehe auch *Shat-Karma.*

Dhenu *f* Kuh, Milchkuh.

Dhī *f* spirituelle Intelligenz, Vision, Intuition. Verhilft zur Erkenntnis der höchsten Wahrheit.

Dhīratā *f* Mut, Selbstbehrrschung, Geisteskraft.

Dhotī [Hindī] *f* ein langes, weißes Baumwolltuch, das indische Männer traditionell als Beinkleid tragen.

Dhrishtadyumna [dhṛṣṭadyumna] *m* Name eines Bruders der Draupadī, Sohn von König Drupada.

Dhritarāshtra [dhṛtarāṣṭra] *m* im Mahābhārata Name des blinden Kaurava-Königs, Sohn Vyāsas und Ambikās. Er hatte mit seiner Frau Gandhārī einhundert Söhne, die unter Führung von Duryodhana gegen die Pāndavas in den Krieg zogen.
Siehe auch *Mahābhārata.*

Dhriti [dhṛti] *f* geistige Festigkeit, Stabilität, Beständigkeit, Selbstbeherrschung.

Dhruva *adj* stabil, fest, dauerhaft. Im Vishnu-Purāna ein Asket, der schon als Kind sein Heim verließ, zum Asketen wurde und durch seine rigorosen Praktiken Vishnu so sehr beeindruckte, dass dieser ihn in den Himmel erhob und zum Polarstern machte.

Dhvaja *m* Flagge, Emblem, Attribut einer Gottheit.

Dhvani *f* Klang, Ton. Ein Synonym für *Nāda.*

Dhyāna *n* Meditation, Kontemplation. Das Thema „Meditation" wird u.a. in der Bhagavadgītā 6.10-15 angesprochen, wobei einige Aspekte detailliert erläutert werden. In Vers 10 heißt es: „Ein Yogī sollte sich stets bemühen, seinen Geist zu konzentrieren, indem er in Einsamkeit weilt, Gedanken und Körper unter Kontrolle hält und frei ist von Erwartung und Begehren."
In den folgenden Versen wird dann das äußere Umfeld beschrieben: Eine saubere Umgebung von natürlicher Schönheit hilft, den Geist anzuregen. Am Ende der Passage wird der Meditierende angewiesen, seinen Geist konzentriert auf Krishna zu richten und so den Frieden zu erlangen, der in Ihm be-

gründet ist und in Nirvāna, Befreiung, gipfelt.
Im Ashtānga-Yoga, dem achtgliedrigen Weg, wird Dhyāna als die siebte Stufe beschrieben, die dem Samādhi vorausgeht. Dazu erklärt Patañjali im Yogasūtra 3.1-2: „Das Fixieren des Geistes an eine Stelle ist Konzentration (Dhāranā). Das beständige Fließen einer einzigen Vorstellung dorthin ist Meditation (Dhyāna)."
Die Sanskrit-Literatur beschreibt vielfältige Formen der Meditation. Ein allgemeiner Grundgedanke ist, in der Stille Abstand zu nehmen von den Impressionen der Sinne und mit tieferen Schichten des eigenen Selbstes in Kontakt zu kommen. Die Meditation über eine unendliche Leere ist ebenso möglich wie über die verschiedenen Aspekte des Göttlichen, über Schönheit, Wahrheit oder die vielen Namen, mit denen Götter oder Göttinnen bezeichnet werden. Die ständige Wiederholung heiliger Wörter oder Namen wird zum Mantra-Yoga, der als innere Übung auch in den Alltag hineingetragen werden kann.
Im Idealfall soll der Meditierende etwas von dem, was er in der Stille erfährt, im äußeren Leben manifestieren und dort z.B. die erlangte innere Ruhe auch unter schwierigen Umständen zunehmend aufrechterhalten.
Im Yoga wurden viele Techniken entwickelt, um den Geist bei der Sammlung zu unterstützen. Eine weit verbreitete Übung besteht darin, entspannt den eigenen Atem zu beobachten und dadurch auf natürliche Weise eine Ruhe zu finden, die den Boden für eine anschließende Meditation bereiten kann.
Wissenschaft und Medizin haben Meditation mit ihren eigenen Mitteln und Instrumenten erforscht und zweifelsfrei festgestellt, dass sie, richtig durchgeführt, positive Auswirkungen auf den menschlichen Organismus hat.
Siehe auch *Samādhi.*

Dhyānabindu-Upanishad [upaniṣad] *f* eine der Yoga-Upanishaden, beschäftigt sich mit der Meditation insbesondere mittels der heiligen Silbe Om.

Dhyāna-Mudrā *f* Meditationsgeste. Eine Mudrā oder symbolische Geste, bei der der Rücken der rechten Hand auf der Handfläche der linken liegt, wobei die Daumenspitzen sich berühren und die Hände im Schoß ruhen. Diese Mudrā bringt einen Zustand der Erleuchtung zum Ausdruck.

Dhyāna-Yoga *m* Yoga der Meditation. Siehe *Dhyāna.*

Digambara *m* den Himmel (diś, dig) als Bekleidung habend, d.h. unbekleidet, nackt. Bezeichnung für Angehörige einer extrem asketischen Jaina-Tradition.

Dikpāla, Dikpati *m* Hüter einer bestimmten Himmelsregion.

Dilīpa *m* Name eines Königs im alten Indien, ein Vorfahre Rāmas.

Dīkshā [dīkṣā] *f* Einweihung, Initiation, spielt eine große Rolle bei vielen traditionellen Yoga-Wegen, insbesondere im Tantra. Einige Schriften erklären, dass Erleuchtung nur durch Einweihung seitens eines qualifizierten Meisters möglich werde. Dabei wird gleichsam ein Funke der inneren Verwirklichung des Gurus auf den Schüler übertragen. Dies kann auf direktem Wege erfolgen, etwa durch einen Blick oder durch Handauflegen, zumeist jedoch mittels eines Mantras, d.h. eine heilige Silbe, ein Wort oder eine Formel.

Dīpāvalī *f* siehe *Divālī.*

Dīrghatamas *m* Name eines vedischen Rishis, der einige Hymnen des Rig-Veda verfasste. Er war der Vater von Kakshivat.

Diti *f* die Schwester Aditis, Mutter der Asuras oder Dämonen, der „Daityas". *diti* bedeutet wörtl. „begrenzt".

Divālī, Dīpāvalī *f* [Hindī] ein Lichter-Fest, das fünf Tage lang ab dem Neumondstag von Kārtik, dem achten Monat des Hindu-Kalenders, gefeiert wird. Dabei werden zahllose Lampen auf Hausdächern etc. entzündet, die den Sieg des Lichts über die Dunkelheit, des Guten über das Böse symbolisieren.
Im Sanskrit bedeutet *dīpāvali* Lichterreihe, nächtliche Erleuchtung.
Siehe auch *Lakshmī-Pūjā.*

Divya *adj* göttlich. Im Tantra eine der drei Hauptkategorien von Suchern.
Der Divya-Typus ist unwiderruflich im göttlichen Bewusstsein verankert und strahlt Liebe und Wahrhaftigkeit aus. Für ihn sind Rituale nicht mehr notwendig, aber er kann sie weiterhin durchführen, um anderen ein Beispiel zu geben.
Siehe auch *Pashu, Vīra.*

Divya-Cakshu [cakṣu] *m* „göttliches Auge", die okkulte Fähigkeit der Hellsichtigkeit, die manchen Yogīs zugeschrieben wird.
Siehe auch *Siddhi.*

Divya-Shrota [śrota] *n* „göttliches Hören", die okkulte Fähigkeit des Hellhörens, die manchen Yogīs zugeschrieben wird.
Siehe auch *Siddhi.*

Dolāsana *n* die Schaukel-, Pendelhaltung.
dola – hin und her bewegen, schwingen; āsana – Haltung.

Dosha [doṣa] *m* Fehler, Defekt. Bezeichnet Impulse und Neigungen wie Lust, Begierde, Trägheit etc., welche für die Yoga-Praxis hinderlich sind. Im Āyurveda bezeichnet „Dosha" die drei Humore oder Körpertemperamente Kapha, Pitta und Vāta, aus deren Zusammenwirken körperliche und geistige Vorgänge erklärt werden.

Drashtri, Drashtā [draṣṭṛ, draṣṭā] *m* Seher. Im Yogasūtra das Selbst, das den Strom geistiger Abläufe als Zeuge betrachtet.

Draupadī *f* im Mahābhārata die Tochter von König Drupada und Ehefrau der fünf Pāndavas. Arjuna gewann sie bei ihrem *Svayamvara*, als er einen Wettbewerb im Bogenschießen für sich entschied. Als die fünf Brüder nach Hause kamen und ihrer Mutter zuriefen, sie hätten ein großes Geschenk erworben, antwortete sie, ohne Draupadī zu sehen, sie sollten es alle brüderlich teilen. Daraufhin akzeptieren die Pāndavas ihr Wort und wurden Draupadīs gemeinsame Gatten.
Draupadī tritt im Verlaufe des Mahābharata als sehr selbstbewusste und selbstbestimmte Frau auf, die in kritischen Situationen mutig eingreift oder ihre Gatten zur Aktion mahnt. Im Gegensatz zu Rāmas Frau Sītā, die immer treu und unterwürfig ist, hat Draupadī eine rebellische Natur und bekräftigt wiederholt ihre Rechte als Frau in einer dominanten Männer-Welt. Ihre fünf Söhne starben in der großen Schlacht bei Kurukshetra.

Draviden, Drawiden Name der Urbevölkerung Indiens, Sprecher der dravidischen Sprachen.
Die Draviden sind in der Südhälfte Indiens beheimatet, einige kleine Sprachinseln finden sich auch noch weiter nördlich. Die vier wichtigsten dravidischen Sprachen Tamil, Telugu, Malayalam und Kannada werden in Tamil Nadu, Andhra, Karnataka und Kerala von insgesamt über 200 Millionen Menschen gesprochen.
Die akademische Indologie geht davon aus, dass diese Sprachen in keiner Weise mit den indogermanischen verwandt sind, doch haben einzelne Forscher immer wieder auf gemeinsame Wurzeln hingewiesen. So vertrat Sri Aurobindo in seinem Werk *Das Geheimnis des Veda* die These einer verborgenen Verwandtschaft des Sanskrit und Tamil und führte eine Reihe von Belegen dafür an. Auch der Linguist Aharon Dolgopolsky sah diese beiden Sprachen vereint in der „nostratischen" Sprachgruppe.
Manche Forscher glauben, dass die Draviden einige Tausend Jahre v. Chr. nach Indien eingewandert sind, etwa aus dem östlichen Iran (K.V. Zvelebil). Ebenso wird auch vermutet, dass Proto-Draviden die Indus-Kultur (ca. 2800 – 1800 v. Chr.) begründet haben könnten, was andere Gelehrte jedoch zurückweisen. Solange die Schriftzeichen dieser Kultur nicht beweiskräftig entziffert sind, lässt sich diese Frage nicht

endgültig klären.
Die von westlichen Indologen aufgestellte These einer *„arischen Einwanderung“* ca. 1500 v. Chr. hatte letztlich auch politische Folgen in Form einer bewusstseinsmäßigen Konfrontation nördlicher Arier und südlicher Draviden, wobei die letzteren z.B. gegen die Dominanz des in Nordindien beheimateten Hindī protestierten und die Schönheit und Bedeutung ihrer eigenen Sprachen hervorhoben. Insbesondere die Tamilen sind stolz auf die lange Geschichte und wertvolle Literatur ihrer Tamil-Sprache, deren erste Inschriften aus der Zeit von Kaiser Ashoka (3. Jh. v. Chr.) stammen.

Drishti [dṛṣṭi] *f* Blick, Sichtweise, Ansicht. Die Art des Blickes während der Meditation, d.h. geschlossen, halb geschlossen oder offen.

Drishya [dṛṣya] *n* das Sichtbare, Gegenständliche. Im Yogasūtra ein Synonym für *Prakriti.*

Drona, Dronācārya [droṇa, droṇācārya] *m* Name eines prominenten Kampfkunstlehrers im Mahābhārata. Er unterwies sowohl die Pāndavas als auch die Kauravas und kämpfte im Krieg auf Seiten der letzteren. Nachdem Bhīshma gefallen war, führte Drona die Armee der Kauravas.

Drupada *m* Name des Königs der Pañcālas, Vater der *Draupadī,* der Ehegattin der Pāndavas.

Dschainismus siehe *Jainismus.*

Duhkha [duḥkha] *n* Schmerz, Leid, Sorge, gehört dem persönlichen Ich an und kann durch Yoga reduziert werden. So heißt es in der Bhagavadgītā 6.23: „Dies möge man als Yoga erkennen, das Erlöschen der Verbindung mit der Sorge.“

Duhshāsana [duḥśāsana] *m* einer der hundert Söhne des Dhritarāshtra. Er demütigte Draupadī, die Ehegattin der Pāndavas, in einer dramatischen Szene im Mahābhārata.

Durgā *f* bedeutet „schwer zugänglich“ (dur-gā). Die Gefährtin Shivas, mit einem kriegerischen und zerstörerischen Aspekt. Für ihre Anbeter zerstört sie deren Unwissenheit und räumt Hindernisse aus dem Weg. Sie erlegte auch viele Asuras wie *Mahisha.*
Durgāpūjā, die „Anbetung Durgās“, ist eine religiöse Feier zu Ehren der

Göttin, insbesondere in Bengalen.

Durvāsas, Durvāsā *m* Name eines Asketen der vedischen Zeit, der für seine extreme Reizbarkeit wie auch seine übernatürlichen Kräfte bekannt war. Er war der Sohn von Atri und Anasūyā.

Durvāsāsana *n* Durvāsā-Haltung.
durvāsā - Eigenname eines Asketen; āsana – Haltung.

Duryodhana *m* Name des ältesten der einhundert Söhne des Kaurava-Königs Dhritarāshtra. Er ist im Mahābhārata der große Gegenspieler seiner Vettern, der Pāndavas, die er aufgrund von Neid und Eifersucht schon seit seiner Kindheit hasste.
Er verursachte ihnen viel Leid, verhinderte eine Einigung über die Nachfolge im Königreich und war letztlich verantwortlich für den Ausbruch des großen Krieges. In der Schlacht wurde er von Bhīma erlegt.

Dushkarman [duṣkarman] *n* böswillige Handlung, sündige Tat.

Dushyanta [duṣyanta] *m* Name eines Königs der Mond-Dynastie, Ehegatte Shakuntalās und Vater Bharatas.

Dvaipāyana *m* der „Insel-Geborene", ein Name Vyāsas, der auf einer kleinen Insel im Ganges geboren wurde.

Dvaita *n* Zweiheit, Dualität.
Siehe auch *Advaita.*

Dvaitādvaita-Vedānta *m* die Lehre von der Dualität und Nicht-Dualität (*dvaita-advaita*). Bezeichnung für eine Philosophie des dualistischen Nicht-Dualismus, welche besagt, dass das Brahman im Prinzip Eines ist, aber drei verschiedene Formen annimmt als unbelebte Welt, als individuelle Seele und als der persönliche Gott, Īshvara. Der Hauptvertreter dieser Lehre war Nimbārka.

Dvaita-Vedānta *m* eine dualistische Version der Vedānta-Philosophie, deren bekanntester Vertreter Madhva war. Die Unterschiede zwischen Gott, Welt und Einzelseele als getrennte Wesenheiten werden stark hervorgehoben.

Dvandva *n* Paar. Die Paare von Gegensätzen wie Schmerz und Freude, Licht und Dunkelheit, Hitze und Kälte. Der Yogī sucht diesen Polaritäten mit Gleichmut zu begegnen, wobei ihn Praktiken wie Āsana oder Prānāyāma unterstützen können.

Dvāpara-Yuga *m* das dritte der vier Weltzeitalter, siehe *Yuga.*

Dvārakā, auch **Dvārkā, Dwārkā** *f* Stadt an der indischen Westküste,

am Arabischen Meer im heutigen Gujerat. Krishna zog mit seinen Stammesleuten, den Yādavas, dorthin, um sich den ständigen Angriffen König Jarasamdhas in Mathurā zu entziehen und in Frieden leben zu können. Der König hatte ihn achtzehnmal angegriffen, war jedoch stets besiegt worden.
Nach Krishnas Tod versank die Stadt im Wasser. In den 1980er Jahren wurden die mutmaßlichen Überreste der alten Stadt von dem indischen Archäologen S.R. Rao entdeckt.

Dvārapālaka *m* Torwächter, plaziert am Eingang eines Tempels oder Schreines. In der Hand trägt der Wächter oder (bei Göttinnen) die Wächterin das Emblem der jeweiligen Gottheit des Tempels.

Dvesha [dveṣa] *m* Hass, Zorn, Abneigung. Im Yogasūtra einer der fünf Kleshas, d.h. Leidursachen.

Dvi zwei. Dvi-hasta in Āsana-Bezeichnungen bedeutet mit zwei Händen, Dvi-pāda, mit zwei Füßen oder Beinen.

Dvihastabhujāsana, dvi-hasta-bhuja–āsana *n* die Zwei-Hand-Armhaltung.

dvi – zwei; hasta – Hand; bhuja – Arm, āsana – Haltung.

Dvija *m* ein Zweimal-Geborener, dvi-ja. Bezeichnung für die Angehörigen der ersten drei Kasten, d.h. Brahmanen, Kshatriyas und Vaishyas.
Der Begriff bezieht sich insbesondere auf die Brahmanen, die durch die Bekleidung mit der heiligen Schnur (*Upanayana*) eine zweite Geburt erfahren.
Siehe auch *Kaste*.

Dvīpa *m oder n* Insel, Halbinsel. In den Purānas Bezeichnung für ringförmige Sphären des Universums, die um den Berg *Meru* herum verlaufen. Die bedeutendste und zentrale ist Jambudvīpa.

Dvipādapīthamāsana, dvi-pāda-pītham-āsana *n* die Haltung des Hockers mit zwei Beinen; Schulterbrücke.
dvi – zwei; pāda – Bein; pīṭham – Hocker, Bank; āsana – Haltung.

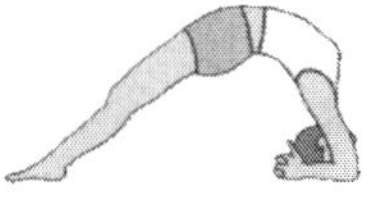

Dvipādaviparītadandāsana, Dvi-pāda-viparīta-dandāsana *n* Zwei-Bein-umgekehrte-Stockhaltung; Kopfstandbrücke.

E, F

Eka eins, einer, eine.

Ekādashī [ekādaśī, Hindī] *f* der elfte Tag eines neuen Mondes, ein besonderer Fastentag im Hinduismus, vor allem für die Vishnuiten.

Ekāgratā *f* „Ein-spitzig-keit" (eka-agra-tā), die ausschließliche Konzentration auf ein Ziel oder einen Gegenstand. Eine Fähigkeit des Yogīs, welche die natürliche Neigung der Gedanken, ständig hin und her zu springen, überwindet.

Ekahasta, Eka-hasta mit einer Hand. Ein Wortelement in Āsana-Bezeichnungen.

ekāksharam brahma [ekākṣaraṁ brahma] ein Mantra aus den Upanishaden: „Diese eine Silbe (eka-akṣara, OM) ist das Brahman."

ekam advitīyam brahma das Brahman ist das Eine ohne ein Zweites. Ein philosophischer Satz aus der Chāndogya-Upanishad, in dem zum Ausdruck gebracht wird, dass letztlich alles vom Brahman, der höchsten und alleinigen Realität, herkommt.
ekam – das Eine; a-dvitīyaṁ – ohne Zweites; brahma - Brahman.

Ekapāda, Eka-pāda mit einem Fuß oder mit einem Bein. Ein Wortelement in Āsana-Bezeichnungen.

Ekapādarājakapotāsana, eka-pāda-rāja-kapotāsana, *n* die Königstauben-Haltung mit einem Bein.
eka – ein; pāda – Bein; rāja - Königs-; kapota – Taube; āsana - Haltung.

Ekapādahastāsana *n* Haltung mit der Hand am Fuß; „Ein-Fuß-Hand-Haltung".
eka – ein; pāda – Fuß; hasta – Hand; āsana – Haltung.

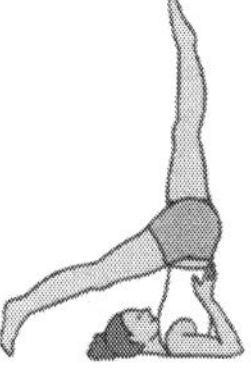

Ekapādasarvāngāsana, eka-pāda-sarvāngāsana *n*, der Schulterstand mit einem Bein, halber Pflug.

eka – ein; pāda – Bein; sarvāṅga – alle Glieder; āsana – Haltung.

Ekapādasetubandhāsana, eka-pāda-setu-bandhāsana *n*, die Brücken-Bau-Stellung oder Schulterbrücke mit einem Bein.
eka – ein; pāda – Bein; setu – Brücke; bandha – Bau; āsana - Haltung

Ekatva *n* Einheit, Einssein.

Ekstase siehe *Samādhi.*

Elefanten [Skrt. Gaja, Hastin] stehen in Indien als Symbol für souveräne Kraft, Weisheit und Fruchtbarkeit. Der Gott *Ganesha* mit seinem Elefantenkopf ist einer der prominentesten im Hindu-Pantheon.

Elemente siehe *Bhūta, Tanmātra.*

Ernährung [Skrt. Āhāra] im Yoga wird in der Regel eine maßvolle vegetarische Ernährung empfohlen, wobei Details je nach Lehrer variieren. Zum Teil wird auch die Bedeutung des Bewusstseinsaspekts hervorgehoben: gute oder schlechte Gedanken der Kochenden können ebenso einen Einfluss auf die Qualität und Wirkung der Nahrung haben wie die Stimmung desjenigen, der sie aufnimmt.
Wenn Nahrung zuerst innerlich, oder auch äußerlich in einem Ritual, dem Göttlichen dargebracht wird, ist sie „Prasāda“, geweihte Nahrung und optimal für den spirituellen Aspiranten.
Die Bhagavadgītā erläutert das Thema „Ernährung“ im 17. Kapitel und unterscheidet zwischen sattwischer, rajasischer und tamasischer Nahrung, entsprechend den drei *Gunas* oder Grundeigenschaften. Die sattwische ist erfrischend, kräftigend und wohlschmeckend, die rajasische überscharf, salzig oder sauer, und die tamasische unsauber, faulig, verdorben oder angeschimmelt etc.
Ernährungsgewohnheiten im Hinduismus lassen sich in groben Zügen etwa wie folgt zusammenfassen: verpönt ist das Essen von Rindfleisch, nicht aber Fleisch generell. Der Vegetarismus ist weit verbreitet in Südindien, vor allem unter den Brahmanen, die in anderen Regionen zum Teil auch Fleisch zu sich nehmen und insbesondere Fisch in Bengalen und Orissa. Angehörige der Kshatriya-Kaste dagegen essen häufig Fleisch.
In orthodoxen Hinduismus gibt es zahlreiche Regeln für das Essen und Trinken. Am bekanntesten ist die Vorschrift, dass nur mit der rechten Hand gegessen werden sollte (weil mit der linken Waschungen nach der Toilette durchgeführt werden).

Frauen essen oft erst, nachdem sie zunächst die männlichen Familienmitglieder bedient haben.
Detaillierte Empfehlungen gibt es zum Teil auch für die rechte Vorbereitung des Platzes, wo man isst, oder für das Material, auf dem die Nahrung serviert wird (was zum Beispiel auch große Bananenblätter sein können) oder für den Schutz des Essens vor tatsächlicher oder symbolischer Verunreinigung. Einige dieser letzteren Reinheitsregeln sind mit dem Kastenwesen verknüpft und für Außenstehende oft nur schwer nachvollziehbar und nicht akzeptabel, in den heutigen Großstädten Indiens auch kaum mehr praktikabel.
Siehe auch *Mitāhāra, Hrani Yoga.*

Erotik siehe *Kāmasūtra.*

Essen, Yoga des Essens. Siehe *Hrani Yoga, Ernährung.*

Ethik siehe *Dharma, Moral, Yama.*

Etymologie siehe *Nirukta.*

Evolution [Skrt. Parināma] Nach der Philosophie des Sānkhya, die auch dem Yoga zugrunde liegt, entwickelt sich alles Offenbare aus der Prakriti, dem unerschaffenen Urgrund aller stofflichen und psychischen Erscheinungsformen. In ihrem unentfalteten Zustand birgt sie das später Werdende als Potential in sich, etwa so wie ein Text oder eine Rede erst im Kopf eines Menschen existieren und dann sichtbar bzw. hörbar werden.
So geht diese Theorie davon aus, dass alle Phänomene unserer realen Welt im Prinzip nur das In-Erscheinung-Treten von etwas sind, das im Grunde vorher bereits vorgegeben ist.
Eine besondere Bedeutung erhält der Entwicklungsgedanke im Integralyoga Sri Aurobindos. Nach seiner Vision ist Evolution das allmähliche Erwachen und Bewusstwerden des *Geistes* (Spirit), der in die Materie eingefaltet, involviert ist und sich in einem unendlich langen Prozess evolviert. Nichts ist unberührt vom *Geist*, auch im Stein schlummert er als unbewusste Gegenwart. In Pflanze und Tier erwacht er zum Leben, sucht sich einen immer differenzierteren Ausdruck in den verschiedensten Manifestationen.
Im Menschen erarbeitet sich die Evolution durch die neue Ebene des Mentalen, des Denkbewusstseins, eine weitere Stufe und kann nunmehr über sich selbst und ihre Zwecke bewusst reflektieren. Doch auch das Mentale gehört noch der Unwissenheit an und kann das Licht der Wahrheit nur begrenzt empfangen und ausdrücken. Nach Sri Aurobindos Schau warten weitere Stufen der Entwicklung auf den Menschen, die ihn letztlich zu einem gnostischen Einheitsbewusstsein hinführen werden, aus dem heraus er in der Welt in vollkommenem Einklang mit sei-

ner höchsten Wahrheit leben und wirken kann. (Siehe dazu auch *Aurobindo, Sri; Integralyoga; Seele*) Während im Sānkhya und Yoga die Wandlungen und Entwicklungen der materiellen Welt als real angesehen werden, haben sie in der Philosophie des Advaita-Vedānta letztlich nur einen illusorischen Charakter ebenso wie auch die Erscheinungswelt an sich.
(Siehe auch *Parināma-Vāda* und *Vivarta.*)

Ferrer, Lucien ein bedeutender französischer Yoga-Lehrer (1901-1964), zusammen mit Roger Clerc Begründer des *Yogas der Energie.*

Feste, Feiern [Skrt. Utsava] im Hinduismus gibt es zahlreiche Feste und Feiern, bedingt durch familiäre oder regionale Anlässe, mythologische Begebenheiten wie Ereignisse im Leben von Göttinnen und Göttern oder auch besondere Konstellationen von Sternen und Planeten.
Einige wichtige Hindu-Feste sind *Divālī, Ganesh Chaturthī, Holī, Janmashtami, Navarātrī, Rāmanavamī, Shivarātrī.*

Feuer eines der fünf materiellen Elemente (*Bhūta*). Das Feuer spielt eine wichtige Rolle als Opferfeuer, in dem Gaben für die Götter oder Ahnen dargebracht werden.
Siehe auch *Agni.*

Feuerstein, Georg bek. Indologe deutscher Herkunft (1947-2012) und prominenter Yoga-Experte. Feuerstein, der zuletzt seinen Wohnsitz in Kanada hatte, lebte 23 Jahre in den USA, wo er über dreißig Buchtitel über Yoga, Hinduismus, Tantra und andere Themen verfasste. Er übersetzte auch einige wichtige Texte wie das Yogasūtra des Patañjali. Sein Standardwerk *Die Yoga-Tradition* erschien 2008 in deutscher Sprache.

Flow [flou] Bezeichnung für fließend ineinander übergehende Āsanas oder Mudrās.
Siehe auch *TriYoga.*

Fluss [Skrt. Nadī], **heilige Flüsse** siehe *Pilgerreise* (2. Abs.).

Fuß, Füße [Skrt. Pāda] die Füße von Heiligen, Yogīs und Göttern werden im Hinduismus besonders verehrt, indem man sie z.B. respektvoll berührt oder – beim Pranām – vor ihnen niederkniet bzw. sich hinstreckt. Dabei wird davon ausgegangen, dass die Füße Zentren spiritueller Energie sind, welche auf die Anbeter übergeht.
Durch das Barfuss-Gehen wiederum nimmt der menschliche Fuß, insbesondere die große Zehe und die Hacke, Energien von der Erde auf. Viele Asketen bewegen sich daher ganz ohne Schuhwerk. Sakrale wie auch private Räumlichkeiten werden häufig nur nach Ablegen der Schuhe betreten.

G

Gadā *f* Keule, eines der Hauptattribute des Gottes Vishnu und auch Hanumāns. Die Keule war im alten Indien eine wichtige Kriegswaffe.

Gaja *m Elefant.*

Gajendra *m* der Herr der Elefanten (gaja-indra), ein Name *Airāvatas.*

Gālavāsana *n* die Gālava-Haltung. gālava – Name eines Weisen; āsana - Haltung

Ganapati [gaṇapati] *m* Synonym für *Ganesha.*

Ganapatya [gaṇapatya] *m* Anhänger des Ganapati, Bezeichnung für einen Kult, der Ganesha als höchste Gottheit verehrt.

Gandabherundāsana *n* die Gandabherunda-Haltung. gaṇḍa-bheruṇḍa – mythischer Vogel mit zwei Köpfen; wörtl: „der mit den schrecklichen Wangen"; āsana – Haltung.

Gandhārī *f* Name der Gattin von König Dhritarāshtra. Um das Leid ihres blinden Gatten zu teilen, verband sie sich bei der Hochzeit für den Rest ihres Lebens ihre Augen.
Siehe auch *Dhritarāshtra.*

Gāndhārī-Nādī [nāḍī] *f* einer der feinstofflichen Nervenkanäle *(Nādī)*, durch welche die Lebenskraft im Körper fließt. Er endet am linken Auge.
Siehe auch *Nādī.*

Gandharva *m* im Veda Gottheit des Lichts und der Wahrheit, bereitet den Göttern den Soma-Trank. In einer späteren Bedeutung sind die Gandharvas himmlische Wesen, die insbesondere im Bereich von Musik und Kunst wirken.

Gandharva-Veda *m* die Wissenschaft von Musik und Tanz, ein *Upaveda.*

Gandhi, Mohandas Karanchand [gāndhī, mohandās karaṁcand] (1869-1948) allgemein bekannt unter dem Namen Mahatma Gandhi. Mahātmā bedeutet „große Seele" (mahā-ātmā). Gandhi wurde weltweit durch seinen Kampf für die indische Unabhängigkeit mittels Satyagraha bekannt, d.h. gewaltfreien passiven Widerstand. Sein selbstloser Einsatz wird oft auch als Karma-Yoga gewürdigt.

Gāndīva [gāṇḍiva] *m oder n* der Name von Arjunas Bogen, den er von Agni erhielt.

Ganesha [gaṇeśa] *m* Herr (īśa) der (himmlischen Heer-)Scharen (gaṇa), d.h. halbgöttlicher Wesen, die Shiva zu Diensten sind. Dieselbe Bedeutung hat auch das Synonym Ganapati.
Er ist der Gott der Weisheit und beseitigt alle Hindernisse auf dem Weg. So wird er von Hindus im Gebet angerufen, um Erfolg in weltlichen und spirituellen Dingen zu gewährleisten. In bildlichen Darstellungen erscheint er mit fülligem Bauch und mit einem Elefantenkopf, was durch verschiedene Legenden erklärt wird. Als seine Eltern gelten Shiva und Pārvatī, oder nur Pārvatī.
In einer der Legenden heißt es, Pārvatī habe voller Stolz Shani (Saturn) aufgefordert, ihren Sohn anzuschauen. Doch sie bedachte nicht, dass sein Blick so intensiv sein würde, dass er Ganeshas Kopf zu Asche verbrennt. Daraufhin riet Brahmā, Pārvatī solle den Kopf durch den erstbesten anderen ersetzen, den sie finden könnte, und dies war ein Elefantenkopf.

Ganesh Chaturthī [gaṇeś caturthī, Hindī] *f* ein Hindu-Fest, welches am vierten Tag (caturthī) einer bestimmten Mondphase im August-September insbesondere im Staat Mahārāshtra gefeiert wird.
Kleine oder teils auch riesige Tonfiguren des Ganesha werden zunächst einige Tage verehrt und angebetet und schließlich in großen Umzügen von zahllosen Menschen an Teiche,

Flüsse oder das Meer gebracht und dort versenkt.

Gangā [gaṅgā] *f*, **Ganges** *m* Indiens heiligster Fluss; auch die göttliche Mutter in Gestalt dieses Flusses.
Vielen Hindus gilt es als ein Höhepunkt in ihrem religiösen Leben, mindestens einmal zum Ganges zu pilgern und dort ein Bad zu nehmen, das als zutiefst reinigend empfunden wird. Nach Feuerbestattungen am Ganges wird die Asche in den Fluss gestreut.
Die Gangā oder Bhāgirathī entspringt einem Schneefeld hoch im westlichen Himālāya. Nur 16 km von der Quelle entfernt findet sich in Gangotrī ein erster Tempel an den Ufern in 3500 m Höhe. Einige Ganges-Pilger steigen jedoch noch weiter auf bis nach Gomukh, wo der heilige Fluss als kleiner Bach einer Eishöhle des Gangotrī-Gletschers entspringt.
Der eigentliche, mächtige Ganges-Strom entsteht bei Devaprayāg (214 km von der Quelle), wo sich die Bhāgirathī und Alaknandā, ein weiterer Quellstrom des Himālāya, vereinen.
An den Ufern des Ganges liegen viele für die Hindus bedeutende Städte. So ist Rishikesh (500 km südlich der Quelle) bekannt als Ort der Sādhus und Svāmis, der Klöster und Ashrams. Swami Sivananda und Maharishi Mahesh Yogi begründeten dort ihre großen Zentren.
24 km weiter stromabwärts liegt Hardwar, dessen Name sich von *hari-dvāra* ableitet, was „Tor des Hari" (Krishna, Vishnu) bedeutet. Aber auch die Shivaiten beanspruchen für sich diesen Ort mit seinen Tempeln und Ghāts, d.h. den Uferterrassen für das rituelle Bad. In regelmäßigen Abständen finden hier große Feste statt, insbesondere die Kumbha-Melā, zu der viele Millionen Inder aus dem ganzen Land anreisen.
Benares oder Vārānasī ist der bekannteste Ganges-Pilgerort, der Legende nach machte Shiva ihn nach seiner Vermählung mit Pārvatī zu seiner irdischen Hauptstadt. In über 2000 Tempeln, Schreinen und Ashrams wird der Gott als der Unendliche, Unsagbare angebetet. Brahmanen chanten die heilige Silbe OM und verehren ihn mit ausgefeilten Ritualen, während die Pilger am Ufer des Ganges „Shivo'ham" rufen, „ich bin Shiva".
Die Entstehung des Ganges wird mit einer Legende aus der fernen, mythischen Vergangenheit erklärt. Einst wurden die Asketen, Yogīs und Weisen in ihrer Meditation von den Asuras, Dämonen, stark belästigt. Nun gelang es einem der Gottsucher, durch beständige Yoga-Übungen außergewöhnliche Kräfte zu erlangen. Daraufhin baten die Asketen den Yogī, er möge den Ozean, aus dessen Tiefe heraus die Asuras ihre Attacken durchführten, samt den Asuras verschlingen. Dies tat er auch, aber die Folgen waren

furchtbar, denn alsbald begann die Erde auszutrocknen und die Früchte verdorrten auf den Feldern.
In dieser extremen Not bat ein weiser König namens Bhagīratha den Schöpfergott Brahmā um Hilfe. Brahmā empfahl dem König, sich strengster Askese und Meditation zu unterziehen. Nach tausend Jahren unermüdlicher Übung hatte der König Brahmās Herz bewegt und durfte sich etwas von ihm wünschen. Er bat, dass Gangā – die Wasser des Himmels – auf die Erde herabfließen sollte, um sie wieder fruchtbar zu machen. Doch Gangā war unwillig, und es wäre riskant gewesen, sie zu drängen, da sie dann vielleicht wütend mit sintflutartiger Kraft auf die Erde niedergeprasselt wäre.
Nun beschloss Bhagīratha, Shiva um Hilfe zu ersuchen, und nahm noch härtere Übungen auf sich, woraufhin der Gott sich einschaltete. Er bat Gangā, sie möge den Wasserstrom durch seine lockigen Haare, welche ihn bremsen würden, auf die Erde hinabließen lassen.
So strömte Gangā dann über die Hänge des Himālaya in das Land herab und ließ es zu neuem Leben erwachen. Bis auf den heutigen Tag sind die Hindus der Gangā dankbar, dass sie der Erde mit ihrem frischen Wasser Erlösung von endloser Trockenheit brachte.

Garbhagriha [garbhagṛha] *n* der innerste Tempelbereich, wo sich der Schrein der Hauptgottheit findet.

Garbhapindāsana *n* Haltung des Embryos im Mutterleib.
garbha – hier: Mutterleib; piṇḍa – Embryo im frühen Stadium; āsana – Haltung.

Garbhāsana *n* Kind-Haltung.
garbha – Embryo, Kind; āsana – Haltung. Siehe Abb. *Bālāsana.*

Garuda [garuḍa] *m* der König der Vögel, das Reittier des Gottes Vishnu. Er wird als halb Adler (oberer Teil) und halb Mensch (Beine) dargestellt. Er war der Sohn des Sehers Kashyapa und Vinatās.
Eine Legende erzählt, dass Vinatā einst von ihrer verfeindeten Schwester Kadru gefangen gehalten wurde und nur freigelassen würde, wenn Garuda den Göttern das Amrita, den Nektar der Unsterblichkeit, entwendete. Dies gelang ihm, indem er das von zwei mächtigen Schlangen bewachte Amrita aus Indras Himmel raubte. Davon war Vishnu so beeindruckt, dass er ihm eine zweifache Gunst gewährte: Garuda durfte sein Tragtier werden und erlangte Unsterblichkeit, ohne vom Amrita zu trinken.
Indessen verfolgte Indra Garuda und schleuderte seinen Vajra, den Donnerkeil, auf ihn. Doch Garuda verlor nur eine Feder und blieb ansonsten unversehrt. Schließlich einigten sich die beiden, dass das Amrita an Indra zurückgegeben würde und Garuda

im Gegenzug von Indra die Erlaubnis erhielte, sich von den Schlangen auf der Erde zu ernähren. Seitdem gilt er als deren natürlicher Feind und den Menschen als Beschützer vor ihnen.

Garudāsana *n* die Adlerhaltung. garuḍa – Garuda (s.o.); āsana – Haltung.

Gāthā *f* Vers, Lied.

Gaudapāda *m* bekannter Philosoph der Advaita-Vedānta-Tradition, erlangte großes Ansehen durch einen Kommentar zur Māndūkya-Upanishad, die Gaudapādakārikā. Sein Schüler Govindapāda unterrichtete Shankara in Yoga und Meditation.

Gaurānga [gaurāṅga] *adj oder m* jener, der einen goldenen Körper (gaura-aṅga) hat, ein Name *Caitanyas.*

Gaurī *f* ein Name der Gemahlin Shivas, auch die göttliche Mutter. Das Wort bedeutlich wörtl. gold, goldgelb, leuchtend.

Gaurīshankara [gaurīśaṅkara] *m* Name eines Berggipfels im Himālaya.

Gautama *m* Name Buddhas (Siddhārtha Gautama) und anderer Personen im alten Indien.

Gayā *f* Name einer Stadt in Bihār, eine der sieben besonders heiligen Hindu-Städte und daher ein wichtiger Pilgerort. Dort soll sich dereinst der Asura Gaya zum Wohle der Menschheit selbst geopfert haben.

Gāyatrī *f* ein Vers aus dem Rigveda (3.62.10), der seit der vedischen Zeit für Gebet und Meditation morgens von zahllosen Hindus rezitiert wird und zu den bekanntesten Mantras zählt:
tat savitur vareṇyam bhargo devasya dhīmahi dhiyo yo naḥ pracodayāt.
„Lasst uns meditieren über den herrlichen Glanz des Gottes Savitri, der unsere Gedanken inspirieren möge."
Das Gebet wendet sich an Savitri (savitṛ), den Sonnengott, und wird deshalb auch Sāvitrī genannt.
Gāyatrī bezeichnet auch das Versmaß, in dem das Mantra geschrieben ist, ebenso wie die Göttin, die hinter ihm steht.

Geburt siehe *Janman.*

Gesundheit siehe *Yoga-Therapie, Ārogya, Hatha-Yoga.*

Getränke [Skrt. Pāna] einige Begriffe wie *Amrita* oder *Soma* werden in den vedischen Texten offensichtlich mit einer spirituellen Bedeutung gebraucht, im Sinne eines Nektars oder Weins der Unsterblichkeit. Die akademische Indologie dagegen glaubt, dass der Soma-Wein ein alkoholisches Getränk war, das aus halluzinogenen Pilzen gebraut wurde.
Das Trinken von Alkohol war Brahmanen und Studenten allgemein verwehrt, während es anderen Kasten mit bestimmten Vorschriften zugestanden wurde.
Das Mahābhārata berichtet von einem ausufernden Trinkgelage, welches schließlich das Ende des Stammes der Yādavas einleitet.

Ghantā [ghaĀṭā] *f* Klingel, ein Attribut insbesondere der Göttin Durgā. Die Klingel wird häufig bei der Pūjā, Anbetung der Götter, eingesetzt, ihr Klang erschreckt die Feinde der Anbeter.

Ghat [ghāṭ, Hindī] *m* Badeterrasse am Ufer eines heiligen Flusses.

Ghatastha-Yoga [ghaṭastha] *m* in der Gheranda-Samhitā (s.u.) Bezeichnung für Hatha-Yoga. ghatastha bedeutet Körper-basiert (wobei die Grundbedeutung von ghata Krug, Gefäß ist).

Ghatāvasthā [ghaṭāvasthā] *f* der Zustand (avasthā) des Krugs (ghaṭa). Das zweite von vier Stadien in der Entwicklung eines Yogīs, gemäß der Hatha-Pradīpikā verbunden mit dem Durchtrennen des *Vishnu-Granthi*.
Siehe auch *Avasthā*.

Ghee *f* [Hindī, sprich: ghī] geklärte Butter, Butterschmalz, wird durch Sieden und Seihen gewonnen. Ghee wird als rituelle Opfergabe ins Feuer gegeben, es werden ihr auch gesundheitsfördernde Eigenschaften zugeschrieben. Im Sanskrit heißt Ghee Ghrita.

Gheranda-Samhitā [gheraṇḍa-saṁhitā] *f* „das Kompendium des Gheranda", wichtiger Quellentext des Hatha-Yoga aus dem 18. Jh., mit 351 Versen in sieben Kapiteln.
Der Text wird in Form eines Dialogs zwischen dem vishnuitischen Yogī Gheranda und einem Schüler präsentiert. Gheranda beschreibt insgesamt 32 Āsanas und 25 Mudrās, zudem auch verschiedene Reinigungstechniken (shodhana), die sehr ausführlich erläutert werden. Ein Teil des Textes wurde wörtlich aus der Hatha-Pradīpikā übernommen.

Gherandāsana *n* die Gheranda-Haltung.
gheraṇḍa – Eigenname (siehe Gheranda-Samhitā); āsana - Haltung.

Ghrita [ghṛta] *n* geklärte Butter, siehe *Ghee*.

Ghritācī [ghṛtācī] *f* Opferlöffel, mit dem Ghee geschöpft wird. Name einer Apsarā, die mit verschiedenen bekannten Rishis wie Vyāsa, Bharadvāja und Vishvāmitra Liebschaften hatte. Im Mahābhārata wird sie als Ehegattin Pramatis und Mutter Rurus erwähnt.

Gītā *f* Lied, Gesang, bezeichnet meist als Kurzform die Bhagavadgītā, aber auch einige andere Texte, deren Titel auf –gītā enden.

Gītagovinda *n* lyrisches Gedicht des Hofdichters Jayadeva, handelt von Krishnas Jugend als Hirtenknabe Govinda und seiner Liebesbeziehung zu dem Hirtenmädchen Rādhā, das die Liebe der menschlichen Seele zu Gott verkörpert. Ein bedeutendes Werk der Bhakti-Literatur, das sprachlich auch viele Bilder erotischer Brautmystik enthält.

Gitananda Giri, Swami [gītānanda giri svāmī] spiritueller Lehrer (1906-1993), der zunächst als Arzt im Westen arbeitete und 1968 in Puducherry, Südindien, den Ananda Ashram gründete. Er unterwies viele westliche Schüler ebenso wie einfache Dorfkinder im Yoga, unterrichtete klassischen Tanz und Musik und verfasste zahlreiche Bücher.

Go *f* Kuh, hoch verehrt von den Hindus; Sinnesorgan; im Plural auch „Strahlen des Lichts", „Herden des Himmels".
Siehe auch *Kuh, Govinda.*

Gokarnāsana *n* Kuh-Ohr-Haltung. go – Kuh; karṇa – Ohr; āsana – Haltung.

Gokula *m* wörtl. Kuh-Stall. Name einer Ortschaft am Ufer der Yamunā in der Nähe von Mathurā, wo Krishna seine Kindheit und Jugend mit den Kuhhirten verbrachte.

Goloka *m* die „Kuh-Welt", Bezeichnung für Krishnas himmlische Welt auf dem Berg Meru, wo er seine ewigen Spiele mit den Gopīs spielt.

Gomukhāsana *n* Kuh-Maul-Sitz; Kuhgesicht. go – Kuh; mukha – Maul, Gesicht; āsana – Sitz.

Gopa *m* Kuh-Hirte.

Gopāla *m* Kuh-Hüter (go-pāla), Name des jungen Krishnas, als er unter den Kuhhirten von Vrindāvan lebte.

Gopī *f* Hirtin, Hirtenmädchen. Krishnas leidenschaftliche Verehrerinnen und Gespielinnen in Vrindāvan. Sie verkörpern intensive Gottesliebe, Bhakti. Am bekanntesten von ihnen ist Rādhā.

Gorakhnāth [Hindī] siehe *Goraksha.*

Goraksha, Gorakshanātha [gorakṣa] *m* eminenter Hatha-Yoga-Meister des 9. oder 10. Jhs., wird in Teilen Nordindiens noch heute als Siddha, vollendeter Yogī, verehrt.
Der Legende nach war er der Autor des *Goraksha Shataka*, eines wichtigen Quellentextes des Hatha Yoga.

Goraksha Shataka [gorakṣaśataka] *n*, „Die hundert Verse des Goraksha", ein Quellentext des Hatha Yoga aus dem 13. Jahrhundert, der in Legende und Tradition dem Weisen Goraksha zugeschrieben wird.
Es handelt sich um eine der frühesten Schriften, in der physische Hatha-Yoga-Techniken beschrieben werden, wobei diese Bezeichnung noch nicht Verwendung findet. Der Text, welcher sich an Asketen richtet, beschreibt Prānāyāma ebenso wie *Mudrā* und *Bandha*. Insbesondere wird auch eine Technik zum Erwecken der Kundalinī mittels *Mūla-Bandha* beschrieben.
Zudem wird ein sechsfacher Pfad erläutert, ähnlich dem achtfachen des Patañjali, wobei dessen erste beiden Stufen entfallen, d.h. Yama und Niyama. Ziel der Übungen ist die spirituelle Befreiung.

Gorakshāsana *n* die Goraksha-Haltung.
gorakṣa – Eigenname (s.o.); āsana – Haltung.

Gotama *m* Name des Begründers der Nyāya-Philosophie und weiterer Persönlichkeiten im alten Indien.

Gotra *n* Abstammunglinie, Familien-Clan. Im Netzwerk der Kasten und deren vielfachen Unterteilungen die letzte Unter-Kaste.

Gott, Götter siehe *Deva.*

Govardhana *m* wörtl. Mehrer der Kühe; Name eines bekannten Hügels in Vrindāvan bei Mathurā. Die Bewohner der Region waren einst Indras Anbeter, wandten sich dann aber Krishna zu.
Um seine Kräfte zu demonstrieren, ließ Indra daraufhin sieben Tage lang gewaltige Regenschauer niederprasseln, so dass Menschen und Tiere zu ertrinken drohten. Doch Krishna hob den Govardhana an und hielt ihn die ganze Zeit mit einem Finger in der Höhe, so dass alle

Wesen darunter Schutz fanden, bis der Sturm vorüber war. Indra erkannte daraufhin Krishnas Überlegenheit an und bezeigte ihm seine Verehrung.

Govinda *m* Name Krishnas, bedeutet wörtl. „Kuh-Finder“. Im Veda hat das Wort *go*, Kuh, auch die esoterische Bedeutung Licht.

Govindapāda *m* Name eines Schülers von *Gaudapāda.*

Graha *m* Name einer Klasse von Dämonen, deren Angriff bei den Opfern zur Besessenheit führt.
Das Wort bedeutet auch Planet, siehe *Navagrahas.*

Grāmadevatā *f* Dorf-Gottheit, d.h. Gottheiten, die über das Wohlergehen der Bewohner eines Dorfes, ihrer Ländereien und Herden bestimmen. Sind sie wohlgestimmt, so resultiert dies in Fruchtbarkeit und dörflichem Wohlstand, während Dürre oder Überschwemmung als ihr Zorn gedeutet werden.
Die Verehrung der Grāmadevatās, bei denen es sich überwiegend um Göttinnen handelt, ist mit viel Aberglauben und teils archaischen Praktiken wie Tieropfern verbunden.

Grammatik, Skrt. Vyākaraṇa, d.h. Aufgliederung, Analyse, Teil des *Vedānga.* Die indischen Grammatiker erbrachten herausragende Leistungen im Bereich ihrer Wissenschaft und gewannen tiefe Erkenntnisse über die Entwicklung der Sprache und Bildung von Dialekten. Sie entwickelten wichtige Grundbegriffe wie Wurzel oder Suffix. Der bekannteste und brillanteste Grammatiker war *Pānini.*

Granthi *m* Knoten, Blockade. Das Konzept der energetischen Blockade ist bereits den Upanishaden bekannt. So heißt es z.B. in Katha-Upanishad 6.15, ein Sterblicher werde unsterblich, wenn alle Knoten im Herzen durchtrennt würden. „Knoten“ bedeutet in solchen Zusammenhängen starkes Begehren, Zweifel oder tief verwurzelte negative Impulse jeglicher Art.
Zentren der Blockade werden in der späteren Literatur vor allem in der Herzregion, der Kehle und dem Punkt zwischen den Augenbrauen lokalisiert, wo sie das Aufsteigen der Kundalinī, der verborgenen Schlangenkraft, durch den feinstofflichen Energiekanal Sushumnā verhindern.
Blockaden zu identifizieren und durch geeignete Praktiken aufzulösen ist Teil des Yoga-Weges. Qualifizierte Lehrer haben gerade in diesem Bereich die Möglichkeit, ihre Schüler durch ihre Erfahrung und intuitive Schau wirksam zu unterstützen.
Siehe auch *Brahma-, Rudra-, Vishnu-Granthi.*

Grihastha [gṛhastha] *m* der Famili-

envater, Haushälter; von gṛha-stha, im Hause befindlich. Die zweite Stufe im Leben traditioneller Hindus.
Gemäß der Aussage vieler Yogīs kann der Haushälter die höchste spirituelle Verwirklichung erreichen, indem er aufrichtig seine familiären und gesellschaftlichen Pflichten erfüllt und dabei Karma-Yoga praktiziert, den Yoga der Werke.
Siehe auch *Āshrama*, 2. Abs.

Grihyasūtra [gṛhyasūtra] *n* eine vedische Textsammlung, welche die häuslichen religiösen Pflichten und Rituale erläutert, beginnend mit der Empfängnis bis hin zur Bestattung.

Grill, Heinz spiritueller Lehrer und Yoga-Autor (geb. 1960), entwickelte den „Yoga aus der Reinheit der Seele“ als Geistschulungsweg. Das Ziel einer solchen Schulung liegt darin, geistige Gesetzmäßigkeiten, die dem Leben zugrunde liegen, zu verstehen, den Charakter zu läutern und positive Eigenschaften zu entwickeln.
Ein Hauptaspekt dabei ist die „Individuation“. Darunter versteht Grill, dass sich Sucher aus eigener Entscheidung und Verantwortung mit gut inspirierter spiritueller Literatur beschäftigen und deren Inhalt durch inneres Nachvollziehen aktiv erschließen, nicht nur passiv aufnehmen.
In seinen knapp 30 Buchtiteln erläutert Grill Themen wie *Yoga und Christentum*, *Die Seelendimension des Yoga* oder auch therapeutische Ansätze in Verbindung mit dem geistigen Weg.

Grīshma [grīṣma] *m* Sommer, die heiße Jahreszeit im Hindu-Kalender. Siehe auch *Pañcānga*.

Gritsamada [gṛtsamada] *m* Name eines Rishis, der viele vedische Hymnen verfasste.

Guhā *f* Höhle; die Tiefe des Herzens, in der das höchste Selbst wohnt.

Guhyaka *m* die „Verborgenen“, Bezeichnung für Halbgötter, die wie die Yakshas dem Gott Kubera zu Diensten sind und seine immensen Schätze behüten. Ihr Name wird damit erklärt, dass sie verborgen in Höhlen auf dem Berg Kailāsa wohnen.

Guna [guṇa] *m* Qualität, Grundeigenschaft. Ein wichtiger Begriff, der schwer zu übersetzen ist, da es im westlichen Denken kein rechtes Äquivalent gibt. Auch der Begriff „Konstituenten“ wird in Übertragungen verwendet.
Nach der Sānkhya- und Yoga-Philosophie bestehen alle Objekte der Erscheinungswelt, Prakriti, in ihrer Struktur aus den drei Gunas Sattva, Rajas und Tamas. Tamas ist das Element des Dunklen, Schweren

und Trägen, in der materiellen Welt z.B. ein Felsen. Rajas ist das Element des Bewglichen, Leidenschaftlichen, Anregenden, in der Natur etwa ein Vulkan. Und Sattva ist das Lichte, Leichte und Harmonische wie das Sonnenlicht.
Die Manifestation des Stofflichen, d.h. die Schöpfung, wird ausgelöst durch eine Störung im Gleichgewicht der Gunas, wodurch die zuvor unsichtbaren Elemente der Prakriti gröber werden (siehe *Sānkhya*).
In der Yoga-Psychologie können mit Hilfe der drei Gunas Veranlagung und Stimmung eines Menschen beschrieben werden. Ein von Natur aus besonnener und ausgeglichener Mensch manifestiert überwiegend Sattva, aber im Zorn bringt er Rajas heraus und fällt während einer Depression auf die Ebene des Tamas.
Wer von Natur aus träge ist, manifestiert dagegen überwiegend Tamas. Ihm wird von Yogīs geraten, zunächst Energien zu mobilisieren und Rajas zu entwickeln, d.h. Leidenschaft und dynamische Kräfte. Daraufhin sollte dann auch zunehmend das Element Sattva eingebracht werden, welches hilft, die oft hitzigen Rajas-Energien in lichtvolle und harmonische zu überführen.
Obwohl es generell als erstrebenswert gilt, überwiegend Sattva zu manifestieren, soll der Yogī letztlich alle drei Modi transzendieren. So heißt es in der Bhagavadgītā II.45: „Du aber werde frei von den drei Gunas, o Arjuna! Sei ohne Gegensätze und immer fest im wahren Sein gegründet, frei von dem Verlangen nach Erwerb und Besitz."

Gunātīta [guṇātīta] *adj* derjenige, der über die Gunas hinausgegangen ist, sie transzendiert hat.

Gupta *adj* geschützt, bewacht; verborgen.

Guptāsana *n* verborgene (Sitz)-Haltung (weil die Füße unter den Oberschenkeln verborgen sind).
gupta – verborgen; āsana – Haltung.

Guru *adj und m* schwer, gewichtig, groß, ehrwürdig. Das Wort bezeichnet insbesondere einen spirituellen Lehrer, aber auch Ausbilder in anderen Lebensbereichen werden in Indien so benannt. Die Advaya-Tāraka-Upanishad gibt eine esoterische Deutung des Begriffes: „Die Silbe *gu* bedeutet Dunkelheit, die Silbe *ru* bedeutet Auslöscher dieser Dunkelheit." In diesem Sinne ist der Guru jemand, der die Unwissenheit des Schülers beseitigt.
Voraussetzung für die Erfüllung dieser Funktion ist, dass er selbst eine echte Verwirklichung besitzt und damit aufgrund des eigenen Gott-Kontakts auch den SchülerInnen dazu verhelfen kann. Aber auch diese letzteren müssen bestimmte Voraussetzungen erfüllen, damit die traditionell enge Beziehung zum Guru wirklich fruchtbar wird. So

wird erwartet, dass sie dem Meister mit großem Respekt begegnen und seine Weisungen aufrichtig und beständig befolgen. Nur wenn seitens des Schülers eine entsprechende Empfänglichkeit vorhanden ist, kann die Lehre des Meisters Wurzeln schlagen.
Der Begriff „Guru" ist in der Öffentlichkeit zum Teil belastet, weil insbesondere in den 1970er und 80er Jahren, auf dem Höhepunkt der New Age-Welle, viele nicht authentische Lehrer in den Westen kamen, denen es vor allem darum ging, als große allwissende Meister zu posieren, ohne dass sie in der Lage gewesen wären, verantwortungsvolle und überzeugende spirituelle Arbeit zu leisten.
Aber die meisten Yoga-Anhänger im Westen würden sich auch gar nicht der oft sehr strikten und autoritären Ausbildung durch einen traditionellen indischen Guru unterziehen wollen. Tatsächlich sind die YogalehrerInnen in Europa und Amerika die exakte Antwort auf den Wunsch der Schüler hierzulande, einerseits eine kompetente Ausbildung für die eine oder andere Yoga-Praxis zu erhalten, andererseits aber ihr Leben in Eigenverantwortung ohne wesentliche Einmischung von außen weiterzuführen, es sei denn, es geht um allgemeine Ratschläge für eine rechte Lebensführung, gesunde Ernährung etc. Auch indische Meister, die im Westen tätig sind, haben sich mittlerweile zumeist auf diese mehr eigenständige Mentalität eingestellt.
Siehe auch *Yoga-Lehrerin.*

Gurukula *n* das Haus des spirituellen Lehrers, in dem die Schüler zur Unterweisung mit ihm gemeinsam leben.
Siehe auch *Guru.*

Guru Nānak der Begründer der *Sikh-Religion.*

Gurupūrnimā [gurupūrṇimā] *f* die hellste Vollmondnacht des Jahres (im Juli), der Tag, an dem der Guru die Dunkelheit vertreibt und Lichtfülle (pūrṇimā) herbeiführt.

H

Hahoutoff, Nil ein bedeutender französischer Yoga-Lehrer georgischer Herkunft (1900-1982), der in Paris lebte und dort Hatha- und Jñāna-Yoga unterrichtete.
Sein Hatha-Yoga-Stil beinhaltet eine intensive Körperarbeit mit kraftvollen, oft lange gehaltenen Āsanas. Ähnlich wie B.K.S. Iyengar verwendete Hahoutoff eine Reihe von Hilfsmitteln für die Übungen wie Blöcke, Stühle und Gurte.

Hākinī *f* Name einer tantrischen Göttin.

Halāsana *n* Pflughaltung.
hala – Pflug; āsana – Haltung.

Hamsa [haṁsa] *m* Wildgans, Schwan. Das Wort trägt in heiligen Schriften oft eine spirituelle Bedeutung, indem es für den Ātman steht, das Selbst, oder für den Jīva, das individuelle Selbst, für Prāna, die Lebenskraft, oder Kundalinī, die verborgene Schlangenkraft.
„Hamsa" steht auch für den Klang, der unwillkürlich mit dem Atem erzeugt wird (siehe *Ajapa-Mantra*).
In der Mythologie wird dem Hamsa die Fähigkeit zugeschrieben, die reine Milch aus einem Milch-Wasser-Gemisch heraussaugen zu können, womit das Vermögen symbolisiert wird, das Wahre, Geistige aus dem Materiellen herauszufiltern. Seine weißen Federn stehen für Reinheit.
Die vollkommen befreite Seele wird *Paramahamsa* genannt.
Die exakte Übersetzung von Hamsa ist „Wildgans" (Anser indicus), welche im Winter von den Seen Zentralasiens nach Indien migriert, doch findet sich auch in indischen Texten häufig die Wiedergabe „Schwan".

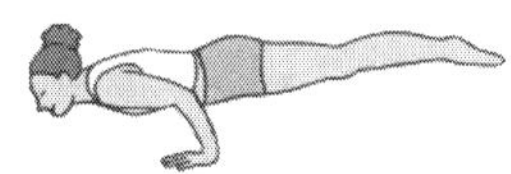

Hamsāsana *n* Schwan-Haltung.
haṁsa – Schwan; āsana – Haltung.

Hamsa-Upanishad [haṁsa-upaniṣad] *f* eine der Yoga-Upanishaden, erläutert in Form eines Dialogs zwischen dem Weisen Sanatkumāra und seinem Schüler Gautama einen

Kundalinī-Yoga.

Hamsa-Yoga [haṁsa] *m* Yoga der Wiederholung der heiligen Silbe Om, wird in der *Nāda-Bindu-Upanishad* erwähnt.
Siehe auch *Om.*

Hanumān, Hanumat *m* Name des Heerführers der Affen im Epos Rāmāyana. Er war Rāmas treuer Verbündeter und half ihm, seine von dem Dämonen Rāvana entführte Frau Sītā zurückzugewinnen. Hanumān symbolisiert die höchste Hingabe an das Göttliche.
Berühmt und populär unter Hindus sind einige Szenen aus dem Kriegszug gegen Rāvana: Als die Affen mit einem Vortrupp an der Südküste zum Meer gelangten, wussten sie nicht, wie sie nach Lankā übersetzen sollten. Doch der sportliche Hanumān schafft es mit einem Riesensprung, direkt dorthin zu gelangen.
Er findet Sītā und berichtet ihr von den Plänen zur Befreiung. Doch schließlich wird er in einen Kampf mit den Dämonen verwickelt und zu Rāvana abgeführt. Dieser lässt ihm den Schwanz mit Stoff umwickeln und anzünden. Doch als Hanumān in diesem Zustand durch die Stadt geführt wird, kann er sich befreien und setzt auf der Flucht noch die Gebäude der Stadt in Brand, bevor er zu den anderen Affen zurückkehrt.

Hanumānāsana *n* die Affen-Haltung; Spagat.
hanumān – Eigenname (s.o.); āsana – Haltung.

Hara *m* der Ergreifende, Zerstörende; ein Beiname Shivas.

Hardwār [Hindī], **Haridvāra** [Sanskrit] *n* wörtl. Haris Tor, d.h. das Tor zu Hari, zu Vishnus Himmel, Vaikuntha. Eine der heiligen *Städte* Indiens, liegt geografisch an einer Position, wo der Ganges endgültig die Berge verlässt und in die weiten Ebenen des Tieflandes eintritt.
Im Frühjahr wird in einer jährlichen Zeremonie der Herabkunft des *Ganges* auf die Erde gedacht, und alle zwölf Jahre findet eine große *Kumbhamelā* statt, zu der sich zahllose Pilger einfinden.

Hare Krishna-Mantra *m oder n.* Siehe *Caitanya* (vorletzter Abs.), *Bhaktivedanta, Swami.*

Hari *adj oder m* ein Name Vishnus und Krishnas (auch allgemein Gottes), möglicherweise abgeleitet von der Wurzel *hṛ*, wegnehmen, d.h. jener, der vom Übel befreit, oder jener, der uns für sich einnimmt.

Harihara *m* Hari und Hara, d.h. Vishnu und Shiva, gelegentlich dargestellt in einer einzigen Figur mit zwei Hälften, welche die beiden Götter abbilden. In dieser Synthese wird der ständige Ablauf von Schöpfung und Zerstörung symbolisiert.

Hariharananda, Paramahamsa [hariharānanda, paramahaṁsa] einer der bekanntesten Schüler von Sri *Yukteswar*, neben Paramahansa Yogananda. Hariharānanda (1907 – 2002) erreichte Berichten zufolge schon früh den Nirvikalpa-Samādhi und erhielt im Jahr 1951 von Yogananda den Auftrag, Kriyā-Yoga zu unterrichten. Seit 1974 unterwies er auch regelmäßig Anhänger im Westen.
Siehe auch *Kriyā-Yoga (2).*

Harijan [Hindī] *m* wörtl. Gottes Menschen (hari-jan), Gottgeweihte. Mahatma Gandhi prägte diesen Ausdruck für die Kastenlosen in Indien.

Harishcandra [hariścandra] *m* Name eines Königs der Sonnendynastie, der für seine Frömmigkeit und grenzenlose Opferbereitschaft bekannt war, wofür er den Segen der Götter gewann.

Harivamsha [harivaṁśa] *m* „die Genealogie Haris", ein Anhang zum Māhābhārata, der im Hauptteil vor allem das frühe Leben Krishnas und seine Spiele mit den Gopīs erzählt.

Hastapādāngushthāsana *n* Hand-am-großen-Zeh-Haltung.
hasta – Hand; pādāṅguṣṭha – großer Zeh; āsana – Haltung.

Hastapādāsana *m* Hände-an-Füßen-Haltung.
hasta – Hand; pāda – Fuß; āsana – Haltung.
Siehe Abb. *Pādahastāsana*

Hastāsana *n* die Hand-Haltung, der Handstand.
hasta – Hand; āsana – Haltung.
Siehe Abb. *Adhomukhavrikshāsana*

Hasta-Uttānāsana *n* Haltung mit hochgestreckten Armen.
hasta – Arm, Hand; uttāna - Streckung; āsana – Haltung.

Hastijihvā-Nāḍī [nāḍī] *f* einer der feinstofflichen Nervenkanäle (*Nāḍī*), durch den die Lebenskraft im Körper fließt. Er endet am rechten Auge.

Hastināpura *n* Name einer Stadt nordöstlich von Delhi, einst die Hauptstadt der *Kauravas*.
Siehe auch *Mahābhārata*

Hāsya-Yoga siehe *Lach-Yoga*.

Hatha [haṭha] *m* Kraft, Ausdauer, Energie; ursprüngliche Bedeutung Kraft, Gewalt.

Hatha-Abhyāsa-Paddhati, Haṭhābhyāsapaddhati *f*, „Handbuch der Praxis des Hatha-Yoga". Ein Lehrbuch des Hatha-Yoga aus dem 18. Jh., welches dem Kapāla Kurantaka zugeschrieben wird. Die darin beschriebenen Praktiken wurden vermutlich von der Körperkultur und den Kampfkünsten jener Zeit beeinflusst. Insgesamt werden 112 Āsanas beschrieben.
Dazu gehören auch dynamische Abfolgen wie z.B. eine mehrmals wiederholte Hundestreckung, Adhomukhashvanāsana. Ferner werden auch Stellungen beschrieben, die an einem Seil geübt werden.
Mit diesen Inhalten nimmt die Hatha-Abhyāsa-Paddhati eine einzigartige Position unter den Quellentexten des Yoga vor Ankunft des modernen Yoga ein.

Hatha-Pradīpikā, Hatha-Yoga-Pradīpikā [haṭha] *f* ein bekannter Quellentext des Hatha-Yoga, der von Svātmārāma im 15. Jahrhundert auf der Grundlage älterer Texte verfasst wurde.
Der Titel bedeutet „Licht auf Hatha-Yoga" oder „Hatha-Yoga-Kommentar". In den ältesten Original-Sanskrit-Manuskripten hieß der Text „Hatha-Pradīpikā".
Den Quellenangaben in diesem Buch liegt ein Text in 10 Kapiteln und mit 643 Versen zugrunde, der im Jahr 2002 von M.L. Gharote und Parimal Devnath unter dem Titel *Hathapradīpikā of Svātmārāma* herausgegeben wurde.
Gleich im ersten Vers des Textes wird Shiva die Urheberschaft des Hatha-Yoga zugeschrieben, und der Hatha-Yoga wird als „Leiter" beschrieben, „um die höchste Stufe des Rāja-Yoga zu erreichen."
Die einzelnen Kapitel widmen sich sehr ausführlich verschiedenen Yoga-Praktiken wie Körperhaltungen, Atemregulierung und Meditation, enthalten aber auch kleine philosophische Abhandlungen über Schöpfung, Universum etc.
Das 2. Kapitel erörtert die Āsanas, die Körperstellungen, welche als gesundheitsfördernd beschrieben werden. Als besonders wertvoll wird das Siddhāsana dargestellt, der „vollkommene" (siddha) Meditationssitz, bei dem die Beine an den Knöcheln überkreuzt werden. Dieses Āsana, so heißt es, öffnet das

Tor zur Befreiung, Moksha. Insgesamt werden 15 Stellungen genannt, darunter neun Sitze.
Im 3. Kapitel werden sechs physische Reinigungstechniken vorgestellt, während das 4. Kapitel Prānāyāma erörtert und das 5. ausführlich das Thema „Kundalinī" behandelt und dabei die komplexen Abläufe in den feinstofflichen Nervenkanälen mit ihrer transformativen Wirkung auf den physischen Körper darstellt.
Im 7. Kapitel schließlich geht es um Samādhi, die Vereinigung der individuellen Seele, Jīvātman, mit dem höchsten Selbst, Paramātman. So wie Salz sich im Wasser auflöst, so gehe die Seele im Selbst auf. Es werden auch verschiedene fortgeschrittene Meditationstechniken beschrieben, gefolgt im 8. Kapitel von einer Abhandlung über Nāda-Yoga, den Yoga des mystischen inneren Klangs.
Historisch gesehen ist die Hatha-Pradīpikā nicht eine originelle Schrift oder Übungsanleitung, sondern eine Zusammenstellung aus einer großen Anzahl bereits vorher existierender Quellentexte. Es werden insgesamt 15 Āsanas beschrieben, wobei viele davon Variationen von Sitzhaltungen wie dem Padmāsana sind.
Zu den Nicht-Sitzhaltungen zählen heute gut bekannte Stellungen wie Ākarnadhanurāsana, Kukkutāsana, Matsyendrāsana, Pashcimatānāsana, Shavāsana und Mayūrāsana. Die Überwindung von Krankheit und Tod sowie die Erlangung von übernatürlichen Kräften sind von zentraler Bedeutung bei der Zielsetzung der Übungen. Als Entstehungszeit wird teils auch das 14. Jh. genannt.

Hatha-Ratnāvalī *f* die „Juwelen-Kette des Hatha-Yoga", ein Werk in 397 Versen mit Ausführungen und Ergänzungen zur Hatha-Pradīpikā, darunter auch eine Liste von 84 Āsanas. Der Autor ist Shrīnivāsa Bhatta (17. Jh.).

Hatha-Yoga [haṭha] *m* wörtl. Yoga der Kraft. Oft wird auch eine esoterische (nicht lexikalisch belegte) Bedeutung genannt: *Ha* sei der Sonnenatem, Prāna, und *Tha* der Mondatem, Apāna. Die Vereinigung von *Ha* und *Tha* führe zur Erweckung der *Kundalinī.*
Die wichtigsten Quellentexte sind die Hatha-Pradīpikā, die Gheranda-Samhitā und die Shiva-Samhitā. Es gibt viele weitere Texte, von denen ein großer Teil noch nicht herausgegeben, übersetzt und erforscht ist.
Im Westen wird zumeist der Hatha-Yoga gemeint, wenn allgemein von „Yoga" gesprochen wird, und man verbindet damit oft nur Körper- und Atemübungen, die der Gesundheit und Entspannung dienen. Der ursprüngliche Zweck dieser und anderer Praktiken war es, den Körper für spirituelle Erfahrungen zu stärken. So heißt es in der Gheranda-Samhitā 1.8: „Wie eine nicht gebrannte

Urne, die im Wasser versenkt wird, so zersetzt sich alsbald das körperliche Gefäß. Wird es jedoch gut gebrannt im Feuer des Yoga, so wird es geläutert und beständig."

Der Hatha-Yoga ging historisch aus der tantrischen Tradition hervor, die es sich zum Ziel setzte, das Körperliche nicht als Hindernis für die Verwirklichung zu betrachten, sondern vielmehr als deren Träger. In diesem Sinne entwickelten Hatha-Yogīs eine außerordentliche Körperkultur mit einer ungewöhnlichen Beherrschung von Organen und Energien.

Als Urheber dieses Yogas gilt Goraksha, der im 9. oder 10. Jahrhundert lebte und mit dem Goraksha-Shataka einen der Quellentexte des Hatha-Yoga verfasste. Diese neue Form des körperbetonten Yoga fand nicht überall gleich Anerkennung, sondern musste sich teils gegen heftige Kritik seitens anderer Richungen behaupten, die mit Geringschätzung auf alles Körperliche und Vergängliche herabblickten.

Die Hatha-Yogīs gingen sehr weit in ihrer Konzentration auf physische Vervollkommnung und strebten sogar eine Art spiritualisierten Körper, Yogī-Deha, an, der gegen Krankheit und Alter immun wäre. Subtile Techniken wie das „Trinken" von Amrita, dem Nektar der Unsterblichkeit, mittels hochspezialisierter psychoenergetischer Abläufe, die nur Adepten nachvollziehbar sind, sollten letztlich diese Spiritualisierung des Körpers und dessen ewige Jugend herbeiführen.

Im Westen fand der Hatha-Yoga großen Anklang, als seine positiven gesundheitlichen und therapeutischen Aspekte bekannt wurden. Einige SchülerInnen begnügen sich mit dieser Erfahrung, anderen wird sie zum Ausgangspunkt, um die tieferen Aspekte des Yoga zu erkunden. So können Āsanas z.B. als Gebet des Körpers dem Göttlichen dargebracht werden, was sich bei manchen Anwendern als spontane innere Erfahrung eröffnet hat, oder sie können als gute Grundlage für eine stabile und fruchtbare Meditation dienen.

Ein wichtiger Aspekt der Āsanas ist ihr spezifische Einfluss auf den feinstofflichen Körper, d.h. die Nādīs und Cakras, deren Energieströme gezielt gelenkt werden mit bestimmten Effekten auf Körper und Geist. Ein in diesem Sinne geübter Hatha-Yoga ist zumeist nicht Teil des populären Unterrichts, wird jedoch von einigen Yoga-Zentren als Teil ihres Programms angeboten.

Einige Siegel der *Indus-Kultur* zeigen, dass bereits in alter Zeit Āsanas oder Āsana-ähnliche Körperhaltungen geübt wurden (siehe *Die Frühgeschichte des Yoga* im Anhang).

Weitere Informationen über die vielfältigen Techniken, Methoden und Ziele des Hatha-Yoga unter *Hatha-Pradīpikā*. Zum Thema Körpertransformation siehe auch *Amri-*

ta, Bindu, Cakra, Kundalinī.

Hatha-Yoga-Pradīpikā siehe *Hatha-Pradīpikā.*

Hatha-Yoga-Projekt. Das Hatha-Yoga-Projekt war ein Forschungsprojekt, das von 2015 bis 2020 an der School of Oriental Studies (SOAS) der University of London mit finanzieller Förderung des European Research Council durchgeführt wurde. Ziel des Programms war es, eine Geschichte körperbezogener Yoga-Praxis auf der Grundlage des Studiums von Yoga-Texten zu erstellen. Beteiligt waren vier Forscher der SOAS und zwei der École française d'Extrème Orient.
Die Ergebnisse der Forschungsarbeiten wurden über kritische Editionen und Übersetzungen älterer Hatha-Yoga-Texte veröffentlicht, zudem auch über Fachartikel und den Buchtitel *Roots of Yoga.* Das letztere Werk wurde 2017 von den beiden Orientalisten und Yoga-Experten James Mallinson und Mark Singleton herausgegeben. Sie präsentieren jeweils eine Fülle von Auszügen aus wichtigen Quellentexten zu Themen wie Āsana, Prānāyāma, Mantra oder Samādhi. Dabei werden nicht nur Sanskrit-Texte herangezogen, sondern zum Teil auch solche in Pali, Alt-Bengali, Tamil, Persisch, Arabisch oder Tibetisch.

Havis *n* Opfer, Opfergabe.

Hayagrīva *m* „pferde-nackig", „pferde-köpfig", Name einer Erscheinungsform Vishnus. Gemäß einer Legende manifestierte er sich in dieser Form, um den Veda, der von zwei Daityas gestohlen worden war, wiederzugewinnen.
In einer anderen Legende bezeichnet das Wort einen Daitya, der den Veda Brahmā entwendete.

Hemanta *m* der Winter im Hindu-Kalender (*Pañcānga*).

Hidimbā *f* Name der Schwester des Dämonen Hidimba. Sie verliebte sich in Arjunas Bruder Bhīma, heiratete ihn und wurde Mutter seines Sohnes Ghatotkaca.

Himālaya, Himācala *m* das Himālaya-Gebirge, im Mythos die Wohnstätte der Götter. Viele Yogīs meditieren seit alter Zeit in seinen unzugänglichen Höhlen, und auch eine Reihe von Yoga-Zentren und Āshrams befinden sich in seiner Nähe, um an der reinen, spirituellen Atmosphäre teilzuhaben.
Hier entspringen die Quellflüsse des heiligen *Ganges. himālaya* bedeutet Stätte des Schnees (hima-ālaya), *himācala* bedeutet Schnee-Berg (hima-acala).

Himavat *m* ein schneebedeckter Berg; der Himālaya. In der Mythologie der Vater von Umā oder Pārvatī, und Gangā.

Himsā [hiṁsā] Gewalttätigkeit. Vergl. *ahimsā.*

Hindī *f* eine Sprache Nordindiens, welche heute in Indien am meisten verbreitet ist und auch im Süden von vielen verstanden wird, zumal die populärsten Filme sie als Medium benutzen.
Hindī wird – mit kleinen Ergänzungen – in derselben Devanāgarī-Schrift wie das Sanskrit notiert, mit dem insbesondere die gehobene Hindī-Sprache einen großen Teil des Wortschatzes gemein hat. Bei der Aussprache entfällt das kurze a am Ende einer Silbe, so wird z.B. Yoga zu Yog oder Dharma zu Dharm. Die Grammatik ist weit weniger komplex als jene des Sanskrit. In der Umgangssprache enthält Hindī zahlreiche Wörter persisch-arabischen Ursprungs, hinzu kommen englische, portugiesische und andere Wörter.

Hinduismus eine der großen Weltreligionen; Bezeichnung für eine Vielfalt von religiösen Gruppierungen in Indien, die sich auf bestimmte heilige Schriften berufen, welche Teil der alten vedischen Tradition sind, auf sie zurückgehen oder sich in wesentlichen Punkten im Einklang mit deren Geist und Anschauung befinden. Auch die vielen Formen des Yoga haben sich aus dem Umfeld des Hinduismus heraus entwickelt.
Für eine große Mehrheit der Hindus sind Texte wie insbesondere die Bhagavadgītā ein wesentliches Element des Glaubens, der oft auch aktiv praktiziert wird. So werden Texte in großem Umfang auswendig gelernt und regelmäßig bei der Meditation oder anderen Anlässen rezitiert. Viele Handlungen auch des Alltagslebens werden von Mantras und anderen rituellen Vorgängen begleitet, um die Gegenwart der Götter und deren Segen anzurufen.
Nicht nur die Veden, Upanishaden und die schon erwähnte Bhagavadgītā bilden ein wichtiges Fundament des Hinduismus, sondern auch die Epen Rāmāyana und Mahābhārata sowie die Purānās mit ihren zahllosen Geschichten und Mythen. In dieser epischen Literatur werden auch für den einfachen, ungebildeten Hindu in sehr lebendiger Weise Erkenntnisse über Götter, Yogīs und rechtes Leben vermittelt, was in jüngerer Zeit zusätzlich mithilfe von Fernsehserien und Videos erfolgt, die großen Anklang finden.
Inmitten der vielen Sekten und Glaubensrichtungen nehmen einige Bewegungen wie *Vishnuismus*, *Shivaismus* und *Shaktismus* (siehe dort) eine führende Rolle ein. Die Hindus selbst nennen ihre Religion Sanātana Dharma, die „ewige Religion", die einige wesentliche Glaubenssätze wie Karma und Reinkarnation als Konstanten beinhaltet, aber im Laufe der Jahrhunderte ständig neue Aspekte der unvergänglichen Wahrheit aufnimmt und manifestiert.

Ein Hauptmerkmal des klassischen Hinduismus war stets seine Toleranz und Aufgeschlossenheit gegenüber anderen Wegen, die zum Höchsten führen. Während Hindus und Muslime vor der Unabhängigkeit im Jahr 1947 überwiegend friedlich zusammen lebten, kam es durch die Teilung des Landes in Indien und Pakistan zu großen Gewalttätigkeiten zwischen den beiden Glaubensgemeinschaften. Seitdem gab es, auch in jüngster Zeit, immer wieder Auseinandersetzungen, und es hat sich ein militanter Hindu-Nationalismus formiert, der durch sein aggressives Auftreten gegenüber anderen Glaubensgemeinschaften die alten Werte des Pluralismus und der Toleranz in Frage stellt, die jedoch beim größten Teil der Bevölkerung weiterhin gelten.

Hiranyagarbha [hiraṇyagarbha] *m* der goldene Keim; das goldene Ei. Name Brahmās, der zu Anbeginn der Schöpfung aus einem goldenen Ei hervorkam, das wiederum aus einem goldenen Keim in den Wassern des Urseins entstand. Nach einem Jahr in diesem Ei teilte Brahmā es durch bloße Visualisierung in zwei Teile, aus denen dann Himmel und Erde entstanden.
Name eines Urautors des Yoga, der in einigen Quellen wie Mahābhārata 12.337.60 erwähnt wird, die jedoch zu unsicher sind, um feststellen zu können, ob er mehr als eine legendäre Persönlichkeit ist.
Auch Synonym für den *Buddhi* der Sānkhya-Tradition.

Hiranyakashipu [hiraṇyakaśipu] *m* „der mit der goldenen Kleidung", Name eines mächtigen Dämonen-Königs, der über die ganze Erde herrschte und voller Hass auf Vishnu war. Er hatte von Brahmā eine Gunst erhalten, nie von Tier, Mensch oder Gott getötet werden zu können, doch wurde er dann schließlich von Vishnu in seiner Form als Nara-Simha, Mensch-Löwe, erlegt.
Hiranyakashipus Sohn *Prahlāda* wurde trotz seiner Herkunft zu einem der größten Anbeter Vishnus

Holī *f* ein bedeutendes Hindu-Fest, das zu einer bestimmten Mondphase im Februar-März gefeiert wird und an die Streiche des jungen Krishna in Vrindāvana erinnert. Es ist ein sehr ausgelassenes Fest, bei dem viele Freudenfeuer entzündet werden und die Menschen einander, auch Fremde, auf der Straße mit Farbpulver bewerfen oder mit gefärbtem Wasser bespritzen.

Hölle siehe *Naraka.*

Homa *m* Opfergabe, Opfer. Eine Gabe für die Götter, wobei insbesondere Ghee in die heilige Flamme gegeben wird.

Hormon-Yoga *m* ein von Dinah Rodrigues entwickelter Yoga für

Frauen zur Stärkung der endokrinen Drüsen und der Organe. Dadurch soll eine positive Beeinflussung des weiblichen Hormonsystems und der Begleiterscheinungen von Menstruation und Klimakterium erreicht werden. Die ersten Übungen stellte Rodrigues aus dem Kundalini- und Tao-Yoga zusammen.
Es werden vielfältige wohltuende physische und psychische Wirkungen des Hormon-Yogas genannt wie Kräftigung der Muskulatur, Stabilisierung des Hormonhaushalts und Nervensystems, Steigerung der Willenskraft und sogar körperliche Verjüngung im Falle täglicher Praxis.

Hotā *m* der Hauptpriester beim vedischen Opfer, der den Rigveda rezitiert. Auch allgemein verwendet für „Priester".

Hrani Yoga *m* Yoga des Essens, von bulg. „hrana", Nahrung, wurde von dem bulgarischen Philosophen und Weisen Omraam Mikhael Aivanhov entwickelt im Rahmen einer Lehre, bei der die Sonne eine zentrale Rolle spielt.
Gemäß Aivanhov wird Nahrung nicht nur vom physischen, sondern auch vom feinstofflichen Körper aufgenommen. Dies geschieht nur dann vollständig, wenn mit der richtigen Einstellung gegessen wird, so dass man die Nahrung als ein göttliches Geschenk empfindet, das Licht und Liebe, Kraft und Frieden mit sich bringt.
Aivanhov empfiehlt, vor dem Essen ein wenig zu meditieren und sich innerlich einzustimmen, indem man sich ins Bewusstsein ruft, wie die Nahrung mithilfe der Sonnenstrahlen und kosmischer Energien gewachsen und gereift ist.
Ferner sollte in Stille gegessen werden und jegliche Hintergrundberieselung durch Fernsehen oder Radio abgeschaltet sein, damit die innere Sammlung ungestört bleibt.

Hrishīkesha [hṛṣīkeśa] *m* Herr (īśa) über die Sinne (hṛṣīka), Name Krishnas. Er behält stets die Kontrolle über Geist und Sinne, während er sich in vielfältigen Tätigkeiten engagiert.

Hrit-Padma [hṛtpadma] *m oder n* Herz-Lotus.
Siehe *Anāhata-Cakra.*

Hüllen siehe *Kosha.*

Humor viele Yoginīs und Yogīs sind bekannt dafür, dass sie gern ab und zu, oder oft, herzhaft lachen, auch über eigene Scherze bei Vorträgen etc., während andere eher eine ernste, weihevolle Atmosphäre aufrechterhalten.
Für Yoga-Übende gilt eine Haltung natürlicher Heiterkeit, die nicht oberflächlich oder aufgesetzt ist, als förderlich. Diese Einstellung hilft auch, eigene Fehler und Unvollkommenheiten, wie sie im Laufe der

Übungspraxis ans Licht kommen, mit Gelassenheit zur Kenntnis zu nehmen und nicht verkrampft nach Vollkommenheit zu streben.
Siehe auch *Lach-Yoga.*

Hund [Skrt. Shvan, śvan] im modernen Indien haben Hunde einen sehr niedrigen Status und gelten als unrein. Im alten vedischen Indien dagegen wurden sie zum Teil mit Göttern in Verbindung gebracht, so die Hündin Saramā mit Indra, und ihr Nachwuchs mit Yama, dem sie als Wachhunde dienten.
Bekannt ist auch die Geschichte von Yudhishthira im Mahābhārata, der sich am Lebensende weigerte, in den Himmel zu gehen, wenn nicht auch sein Hund ihn begleiten dürfte.

I

Icchā *f* Wunsch, Wille, Verlangen.

Icchā-Mrityu [mṛtyu] *m* (eigener) Tod (bzw. Todeszeitpunkt) nach Wunsch. Die Fähigkeit eines Yogī, selbst den Zeitpunkt zu bestimmen, wann er den Körper (mittels eines okkulten Vorgangs) verlässt. In der indischen Yoga-Literatur vielfach bezeugt.

Icchā-Rūpa *n* „Willensform"; die übernatürliche Fähigkeit eines Yogī, je nach Wunsch eine beliebige äußere Form anzunehmen.

Idā [iḍā] *f* bedeutet im Rigveda Erfrischung, Belebung, Erholung; Opfergabe. Im Hatha-Yoga ein wichtiger feinstofflicher Energiekanal (Nādī), der links neben der Wirbelsäule verläuft. Idā nimmt Prāna durch das linke Nasenloch auf und wirkt kühlend. Siehe auch *Nādī.*

Ikshvāku [ikṣvāku] *m* der erste König der *Sonnendynastie* in Ayodhyā.

Ilā *f* vedische Göttin der Sprache und Wahrheitsschau.

Indoarische Migration gemäß einer These, die von der westlichen Indologie begründet wurde und heute im akademischen Bereich als Lehre fest etabliert ist, erfolgte ca. 2000 – 1500 v. Chr. die „arische Einwanderung" in Indien. Dabei drangen Nomaden aus der Region des heutigen Afghanistan über die Gebirgspässe des Hindukusch in die Flusstäler des Punjab und weitere Teile Indiens ein. Das Ursprungsgebiet dieser Nomaden ist unsicher, vermutet werden z.B. Regionen in Transkaukasien oder im südwestlichen Sibirien.

Als wichtige Quelle für diese These der Einwanderung werden die Veden herangezogen. So sind in den Texten des Rig-Veda „dunkelhäutige Dasyus" erwähnt, welche von der Indologie oft mit den einheimischen Draviden gleichgesetzt werden, die von den hellhäutigen Ariern besiegt und immer weiter nach Süden zurückgedrängt wurden. In diesem Zusammenhang werden z.B. auch die Heldentaten des Gottes Indra als erfolgreiche kriegerische Handlungen gegen die sich widersetzende Urbevölkerung gedeutet.

Gegen diese Theorie der arischen Einwanderung wurde u.a. von Sri Aurobindo Einspruch erhoben. In seinem Werk *Das Geheimnis des Veda* zeigte er auf, dass die Dasyus asurische Kräfte sind, die gegen die Götter kämpfen, und dass die Rishis diese Kämpfe als Chiffre für ihre inneren spirituellen Erfahrungen verwendeten. Der Begriff Ārya oder Arier habe für sie keine einer bestimmten Rasse zugeordnete Bedeutung gehabt, sondern stand für den noblen, aufrichtigen Sucher nach der Wahrheit.

In der Gegenwart hat insbesondere der amerikanische Yoga- und Ayurveda-Experte David Frawley Argumente gegen die These der arischen Einwanderung vorgebracht. Er weist vor allem auf die Erwähnung des Flusses Sarasvatī in Rig-Veda II.41.16 hin, der dort besungen wird als „beste Mutter, bester aller Flüsse". Es ist eindeutig, dass die vedischen Inder an diesem Fluss lebten und ihn als Quelle ihres Wohlergehens priesen. Eine Textstelle sagt, er sei „aus den Bergen ins Meer" geflossen, und auch im Mahābhārata findet er Erwähnung.

Nun wurde erst in jüngerer Zeit durch Satellitenbildaufnahmen die Existenz dieses Flusses zweifelsfrei bewiesen. Man entdeckte das alte Flussbett und konnte, unterstützt durch archäologische Forschungen, seinen Lauf vom Fuß des Himālāya bis ins Arabische Meer im heutigen Gujerat dokumentieren.

Im Verlaufe einer langen Dürrezeit, welche auch den Untergang der sumerischen Zvilisation herbeiführte, war der Fluss ca. 2000 v. Chr. ausgetrocknet. Deshalb stellt Frawley nun die Frage: Wenn die vedische Zeit wirklich erst um 1500 v. Chr. begann, warum haben die Menschen dieser Zeit dann so begeistert einen Fluss besungen, der bereits seit Jahrhunderten nicht mehr existierte?

Dieses Argument – und viele andere – veranlassen einzelne Forscher, die Datierung der Veden im Einklang mit der indischen Tradition viel früher anzusetzen als die heutige akademische Indologie. Allerdings würden auch die Gegner der Einwanderungstheorie nicht in Frage stellen, dass es Migrationen und einen regen Austausch zwischen indischen und anderen Kulturen gegeben hat, denn dafür liegen unzweifelhafte Dokumente vor. Die Befürworter der Einwanderungslehre wiederum sprechen heute zum Teil eher von einem allmählichen „Einsickern" als einer zügigen Invasion.

Der Harvard-Indologe Michael Witzel akzeptiert jedoch nicht Frawleys Sarasvatī-Argumentation und zweifelt seine zeitlichen und geografischen Zuordnungen an. Ferner erklärt er, es gebe vielerlei philologische und andere Beweise für die Tatsache der Einwanderung Mitte des 2. Jahrtausends v.Chr.

Witzel hält den Befürwortern einer „Out-of-India Theorie" (Shrikant Talageri und andere) vor, sie würden sich nicht hinreichend in den entsprechenden Fachartikeln und Fachwissenschaften auskennen und

aufgrund persönlicher Motive ihre These propagieren, welche darauf hinausläuft, dass Indien selbst die Urheimat der Arier sei und deren Kultur und Sprache sich von Nordwestindien aus in andere Länder verbreitet habe.
Demgegenüber haben einige angesehene westliche und indische Archäologen erklärt, es lägen aus ihrer Sicht keine Indizien für eine arische Einwanderung vor, vielmehr könne man von einer kulturellen Kontinuität in der Geschichte des alten Indiens sprechen.
Im Jahr 2002 erhielt mit dem griechischen Indologen Nicholas Kazanas erstmals ein Befürworter der indigenen Theorie die Gelegenheit, seine Thesen im renommierten Journal of Indo-European Studies darzustellen und zu verteidigen, wobei jedoch gleichzeitig kritische Gegenstimmen der Mainstream-Indologie zu Wort kamen. In einigen Internet-Foren wird über diese Thematik in zum Teil extrem langen und schwierigen Abhandlungen weiter intensiv debattiert, wobei die Auseinandersetzung zusätzlich kompliziert wird durch die Tatsache, dass es keine einheitlichen Positionen pro und contra mehr gibt, sondern innerhalb der beiden Parteien mehr oder minder radikale oder gemäßigte Positionen. So hat sich z.B. Witzel (2001) von der Verknüpfung des Begriffs Ārya mit einer bestimmten Rasse distanziert und hält diese Position für einen Irrtum der früheren Indologie.

Indra *m* König der Götter, Gott des Regens, Donners und Blitzes. Während er im Veda höchste Funktionen ausübt und als spirituelle Kraft auch Erleuchtung schenken kann, tritt er in der späteren Zeit deutlich hinter der Trinität von Brahmā, Vishnu und Shiva zurück, bleibt aber der höchste der übrigen Götter.
Indras Waffe ist sein Vajra, Donnerkeil, mit dem er seine Feinde, die Kräfte des Bösen, vernichtet. Als Freund und Unterstützer der Menschen vertreibt er für sie die Dunkelheit und wird von ihnen als heldenhafter Kämpfer verehrt. Sein Reittier ist der Elefant *Airāvata.*

Indrajit *m* der Besieger Indras, Name des Sohnes des Dämonenkönigs Rāvana, welcher Indra dereinst besiegte, weil er sich aufgrund einer Gunst Shivas unsichtbar machen konnte.

Indrānī [indrāṇī] *f* Indras Ehefrau, von ihm erwählt aufgrund ihrer großen Schönheit.

Indraprastha *n* „Indras Ort“, im Mahābhārata die Hauptstadt des Reiches der Pāndavas. Es wird vermutet, dass sie einst geografisch an der Stelle des heutigen Delhi lag.

Indriya *n* Sinnesorgan. Gemäß der Sānkhya-Philosophie, deren Erkenntnisse oft auch in anderen Systemen übernommen wurden, gibt es elf Sinnesinstrumente, d.h. die fünf Wahrnehmungsorgane Sehen, Hören, Riechen, Schmecken und Tasten; die fünf Tätigkeitsorgane Stimme, Hände, Füße, Ausscheidung und Fortpflanzung; sowie Manas, das sinnengebundene Denken.

Die Wahrnehmungsorgane heißen auf Sanskrit Jñānendriya (Jñāna-indriya) und die Tätigkeitsorgane Karmendriya (Karma-indriya).

Texte wie die Bhagavadgītā erläutern zum Teil ausführlich die Notwendigkeit der Sinneskontrolle und die negativen Folgen von deren Abwesenheit. Wenn zum Beispiel ein Objekt erblickt und begehrt wird, jedoch nicht erreichbar ist, entstehen Ärger oder Zorn, welche die Vernunft außer Kraft setzen. Der Yogī dagegen soll diesem Mechanismus nicht zum Opfer fallen. So heißt es in Bhagavadgītā 2.64: „Der selbstbeherrschte Mensch jedoch, der sich mit kontrollierten Sinnen inmitten der Dinge bewegt und frei von Anziehung und Ablehnung ist, erlangt Frieden."

Indus einer der heiligen Flüsse Indiens, von dem sich der Name „Hindu" ableitet. Der Indus entspringt im Himālaya und fließt durch das heutige Pakistan ins Arabische Meer.

Indus-Kultur, **Indus-Siegel**, auch Harappa-Kultur (ca. 2800-1800 v.Chr.). Eine bronzezeitliche Kultur, die in den zwanziger Jahren des 20. Jhs. in Mohenjo-Daro und Harappa (im heutigen Pakistan) entdeckt wurde. Sie wies eine gewaltige Ausdehnung aus und erreichte einen außergewöhnlichen hohen Stand der Zivilisation mit systematisch angelegten Städten nach einheitlichen Bauplänen, rechtwinklig ausgerichteten Straßen, Getreidespeichern und Entwässerungssystemen.

Zu den vielen Funden zählen auch einige Tausend Siegelstempel, die vielfältige Motive ebenso wie eine noch nicht entzifferte Schrift enthalten. Bemerkenswert sind der sogenannte „Proto-Shiva" in Meditationshaltung, umgeben von Tieren wie Büffel und Elefant, die später auch im Hinduismus verehrt wurden, sowie weitere Figuren in der yogischen Haltung des Mūlabandhāsana.

Siehe auch im Anhang *Die Frühgeschichte des Yoga.*

Integralyoga, Integraler Yoga, Pūrna-Yoga. Bezeichnung insbesondere für Sri Aurobindos ganzheitlichen Yoga, der nicht nur einen Aufstieg des menschlichen Geistes zum Göttlichen anstrebt, sondern die Herabkunft des Göttlichen in alle Bereiche des Lebens und in die Materie.

Sri Aurobindo erläuterte dieses Konzept erstmals während der Zeit des Ersten Weltkriegs in seinen Schriften, insbesondere in dem Werk *Die Synthese des Yoga.* Dabei

begnügte er sich nicht damit, die Essenz schon vorhandener Yoga-Wege zusammenzuführen, sondern er führte mit der Ebene des *Supramentalen* auch einen zusätzlichen Aspekt ein.
Als Yoga in der 2. Hälfte des 20. Jhs. mit einer Vielzahl von Lehrern in den Westen kam, wurde er im Einklang mit der amerikanischen und europäischen Mentalität generell mehr auf Diesseitigkeit und Lebensnähe ausgerichtet, und die Bezeichnung „integraler" oder „ganzheitlicher" Yoga wird seitdem zum Teil auch von anderen Richtungen verwendet.
So gründete Swami *Satchidananda*, ein Schüler Sivanandas, 1966 das Integral Yoga Institute, das verschiedene traditionelle Yoga-Wege in einer Synthese zu einem neuen System zusammenführt. Die Anhänger Satchidanandas ließen sich später den Begriff „Integral Yoga" in den USA als Warenzeichen registrieren. Allerdings steht fest, dass Sri Aurobindo diese Worte, die früh zu einem Kernbegriff in seinem Yoga wurden, bereits in der *Synthese des Yoga* zahllose Male benutzte.
Siehe auch *Aurobindo, Sri,* mit einer ausführlichen Darstellung seines Integralyogas, sowie *Satchidananda, Swami.*

Īshāna [īśāna] *m* Herr, Meister, ein älterer Name Shivas.

Īshā-Upanishad [īśā-upaniṣad] *f* eine der bekanntesten Upanishaden, beginnt mit dem Wort „īśā", „vom Herrn", und wurde danach benannt. Der erste Vers projiziert das großartige Bild eines ganz vom Göttlichen erfüllten Universums und im zweiten Vers heißt es: „Indem man hier tätig ist in der Welt, sollte man wünschen, hundert Jahre zu leben." Bemerkenswert ist die weltnahe Haltung des Autors der Verse.

Ishta-Devatā [iṣṭa] *f* die „erwählte Gottheit". Obwohl Hindus an die Existenz vieler Götter glauben, gilt ihre persönliche Zuwendung in Gebet und Meditation doch besonders einer von ihnen auserwählten Gottheit wie z.B. Vishnu oder Shiva. Aber es kann auch ein großer Heiliger oder Avatār sein, der für den Anbeter Gott verkörpert.
Allgemein wird die Zuwendung zum Göttlichen leichter, wenn sie sich nicht an eine abstrakte Unendlichkeit richtet, sondern an eine konkrete Person, der auch Gefühle entgegengebracht werden können.
Siehe auch *Bhakti-Yoga.*

Īshvara [īśvara] *m* Herr, der göttliche Herr als Schöpfer der Welt. In Bhagavadgītā 18.61 heißt es, der Īshvara wohne in den Herzen aller Menschen und lasse sie durch seine Māyā (Täuschungskraft) sich drehen, als wären sie auf einer Maschine.
Während die Sānkhya-Philosophie keinen Īshvara kennt, bejaht Pa-

tañjali im Yogasūtra dessen Existenz und erläutert sein Wesen in den Versen 1.23-28 und 2.45.
Nach seiner Vorstellung ist der Ishvara jenseits der Prakriti und nicht in sie involviert. Wenn der Yoga-Übende über Ihn – symbolisiert durch die heilige Silbe OM – meditiert, werden durch diese geistige Vertiefung und Sammlung jene Hindernisse überwunden, die der spirituellen Befreiung im Wege stehen.
Der Schlüsselvers Yogasūtra 2.45 lautet: „Aus Hingabe an den Herrn (*īśvara-praṇidhānāt*) ergibt sich die Vollkommenheit des Samādhi."

Īshvarakrishna [īśvarakṛṣṇa] *m* der Autor der *Sānkhya-Kārikā.*

Īshvara-Pranidhāna [īśvara-praṇidhāna] *n* die Darbringung aller Handlungen an den Īshvara, den höchsten Herrn, und innere Entsagung von deren Früchten.

Īshvara-Preranā [īśvarapreraṇā] *f* Eingebung, Inspiration.

Itihāsa *m* Legende, Tradition, Geschichte, Heldensage. Der Begriff bezieht sich vor allem auf die beiden großen Epen Rāmāyana und Mahābhārata. Das Wort bedeutet wörtl. „so war es" (iti-ha-āsa).

***

Iyengar®, B.K.S. [aiyengar] einer der bedeutendsten Hatha-Yoga-Lehrer im Westen, erlangte insbesondere in den USA einen hohen Bekanntheitsgrad, aber auch in Deutschland gibt es viele Yoga-Schulen, die „Iyengar-Yoga" unterrichten.
Iyengar (1918-2014) wurde in einer mittellosen südindischen Familie geboren. Eine Grippe-Epidemie hatte seine Mutter so geschwächt, dass er kränklich auf die Welt kam und unter vielen Beschwerden litt. Seine Ärzte sagten ihm, er würde kaum älter als zwanzig Jahre werden.
Als er neun Jahre alt war, starb sein Vater, woraufhin er von seinem älteren Bruder in Bangalore großgezogen wurde. Doch mit fünfzehn Jahren schickte man ihn zu seiner Schwester nach Mysore. Sie war mit dem bekannten Yogī T. Krishnamacharya verheiratet, der Iyengar jedoch zunächst sehr abweisend behandelte und ihn aufgrund seiner schwachen Konstitution nicht im Yoga unterrichten wollte.
Nach einiger Zeit gab er ihm aber

doch eine Ausbildung, und Iyengar lernte trotz seiner schlechten körperlichen Verfassung schnell schwierige Āsanas und wurde später sogar Lehrer an der Yoga-Schule seines Schwagers.
Drei Jahre später verließ er Mysore und ging nach Pune, wo er selbständig unterrichtete und zunächst nur wenig verdiente, weil das Interesse damals noch nicht sehr intensiv war. Er studierte auch die Grundlagen der Physiologie und Anatomie des Menschen und entwickelte Methoden der Yoga-Therapie. Dabei setzte er einfache Hilfsmittel wie Blöcke und Steine ein, um all jenen Aspiranten die Durchführung von Āsanas zu ermöglichen, die aufgrund verschiedener Probleme eigentlich nicht die notwendigen Voraussetzungen mitbrachten. Er entwickelte auch neue Körperstellungen oder verfeinerte einige der bereits gut bekannten.
In den 1950er Jahren gab Iyengar dem weltbekannten Violinisten Yehudi Menuhin eine Unterrichtseinheit, als dieser in Bombay weilte. Menuhin war so angetan von der Lektion, dass er Iyengar einlud, in der Schweiz zu unterrichten. Dies sollte der Beginn vieler Reisen in den Westen sein, in deren Verlauf er vor allem in den USA bekannt wurde. Das von ihm entwickelte System, bei dem der physische Körper Ausgangspunkt und Träger der spirituellen Entwicklung ist, entsprach genau der Erwartung vieler Sucher.
Im Jahr 1974 gründete Iyengar in Pune ein Yoga-Institut, das jetzt von seiner Tochter Gita und seinem Sohn Prashant geleitet wird. Sein Werk *Licht auf Yoga*, das erstmals 1965 auf Englisch erschien, gilt vielen Lesern nach wie vor als bedeutendes Grundlagenwerk des modernen Hatha-Yoga.
Siehe auch *Iyengar-Yoga*.

Iyengar®-Yoga [aiyengar] *m* der von B.K.S. Iyengar entwickelte Hatha-Yoga-Stil. Dieser hat den traditionellen achtgliedrigen Yoga des Patañjali als Grundlage, betont aber besonders die große Bedeutung körperlicher Kraft, Ausdauer und Flexibililität als Basis für stabile Konzentration und Meditation. Zwei Leitsprüche Iyengars lauten, „Wenn Freiheit nicht im Körper erlangt wird, ist Freiheit des Geistes in weiter Ferne“, und „Durch den Körper erkennst du, dass du ein Funken des Göttlichen bist.“
Bei den Āsana-Unterweisungen legt Iyengar großen Wert auf korrekte Durchführung bis ins Detail und führt auch selbst Korrekturen bei den Übenden durch. Er verwendet Hilfsmittel in Form von Kissen, Bänken, Seilen, Gewichten etc., um es Anfängern oder Menschen mit gesundheitlichen Problemen zu ermöglichen, Āsanas einzunehmen, die ihnen sonst nicht zugänglich wären. Iyengar konnte mit diesen Methoden viele Menschen heilen,

oder ihre Leiden lindern, nachdem die ärztliche Kunst bereits an ihre Grenzen gestoßen war.

In seinem Yoga kommt es ihm darauf an, selbst in den Zellen des Körpers Intelligenz zu erwecken und so den ganzen Körper in die spirituelle Bemühung einzuschließen. „Wenn du nicht die kleine Zehe siehst, wie kannst du dann das Selbst sehen", erklärte er in diesem Zusammenhang.

Dementsprechend gründlich werden auch Iyengar-Yoga-Lehrer geschult und erhalten erst nach mehrjähriger Ausbildung eine Lizenz. Iyengar selbst hat Tausende von Aspiranten unterrichtet, vor allem in den USA.

J

Jada-Samādhi [jaḍa] *m* ein Samādhi, der durch äußere Reglosigkeit (jaḍa, starr, träge) und einen Zustand der Unbewusstheit gekennzeichnet ist, nicht jedoch durch höheres Bewusstsein und Erleuchtung. Daher also eigentlich kein echter Samādhi.

Jagannātha *m* der Herr der Welt (jagat-nātha), Name Krishnas bzw. Vishnus, der in diesem Aspekt vor allem in Orissa und Bengalen angebetet wird.
Das Zentrum des Kultes befindet sich im Jagannātha-Tempel in der Stadt Puri in Orissa. In dessen innerstem Schrein stehen Holzstatuen von Jagannātha, seinem Bruder Balarāma und seiner Schwester Subhadrā. Alle Figuren werden mit ungewöhnlich großem Kopf und großen Augen dargestellt, was mit verschiedenen Mythen begründet wird.
Jedes Jahr zu einer bestimmten Konstellation im Juni-Juli werden die drei Figuren auf riesigen Wagen in einer Prozession für acht Tage aus der Stadt geführt. Dabei versammeln sich große Menschenmengen um sie und versuchen die Wagen zu berühren, was als segensbringend gilt.

Jagannivāsa *m* Wohnstätte (nivāsa) der Welt (jagat): Name Krishnas, der alles in sich birgt.

Jagat *n* die Welt, das Universum.

Jahnu *m* Name eines legendären Königs und Weisen im alten Indien. Als der *Ganges* durch die intensive Askese Bhagīrathas vom Himmel herabgebracht wurde, floss er auf der Erde durch den Opferbezirk Jahnus, der daraufhin den ganzen Fluss trank. Doch auf Bhagīrathas Bitten gab er das Wasser durch seine Ohren wieder frei, weswegen der Ganges auch als seine Tochter gilt, Jāhnavī.

Jāgrat *adj und m* das Wachbewusstsein, in dem der Mensch mit Konzentration auf die Außenwelt denkt und handelt. Einer der vier *Avasthās*.

Jainismus, Jinismus, Dschainismus, Dschinismus *m* eine indische Religion, im 6. Jh. v.Chr. von Mahāvīra begründet, mit weltweit etwa 6 Millionen Gläubigen, davon 3,5 Millionen in Indien.
Der Name der Religion leitet sich ab von Skrt. *jina*, Sieger, welches ein Ehrentitel der 24 geistigen Führer

des Jainismus ist, die auch Arhat (Ehrwürdiger, Heiliger) oder Tīrthamkara genannt werden, d.h. Furtbereiter, Wegbereiter.
Der Jainismus steht dem Hinduismus nahe und weist einige Gemeinsamkeiten mit ihm auf, indem er an die Karma-Lehre, an Reinkarnation und Befreiung aus dem Kreislauf der Geburten glaubt. Er akzeptiert jedoch nicht die Autorität der Veden und das Kastensystem.
Der Jaina erreicht sein spirituelles Ziel durch bestimmte Lebensregeln und, im Falle von Mönchen, durch teils sehr strenge Askese. Dadurch wird die Seele von ihren karmischen Trübungen befreit und erlangt ihre ursprüngliche Reinheit und Allwissenheit zurück.
Die drei ethischen Grundprinzipien sind Ahimsā, Gewaltlosigkeit gegenüber allen Lebewesen; Aparigraha, Freiheit von (nicht nötigem) Besitz sowie Satya, Wahrhaftigkeit.
Es gibt zwei unterschiedlich ausgerichtete Asketen-Gruppen, die Digambaras, d.h. jene, die den Himmel (dig) zur Kleidung haben und nackt auftreten; und die Shvetāmbaras oder Weiß-Gekleideten, die einer weniger harten Disziplin folgen und auch Frauen in ihren Orden aufnehmen.
Die Jainas sind dafür bekannt, dass sie zum Teil extreme Maßnahmen ergreifen, um das Töten von lebenden Organismen zu vermeiden, weswegen zum Beispiel Schutztücher vor den Atemorganen getragen werden oder das Trinkwasser gründlich gefiltert wird.

Jālandhara-Bandha *m* der Halsverschluss, eine Hatha-Yoga-Anwendung, die nach dem großen Hatha-Yogī Jālandhara benannt wurde. Dabei wird der Hals gestreckt und das Kinn, gewöhnlich nach dem Einatmen, in der Mulde zwischen den Schlüsselbeinen plaziert. Dies soll den subtilen Nektar, Amrita, daran hindern, die Wirbelsäule hinabzufließen, und auch Krankheiten des Kehlkopfs heilen.
Siehe auch *Amrita, Bandha.*

Jala-Netī *f* Wasser-Netī. Siehe *Netī.*

Jamadagni *m* bekannter vedischer Rishi. Seine Frau war Renukā, mit der er fünf Söhne hatte, darunter Parashurāma, der sechste Avatār Vishnnus.

Jambudvīpa *m* eine von sieben Sphären, die den Berg *Meru* umgeben.

Janaka *m* Name eines Königs von Videha, im Rāmāyana Vater von Rāmās Frau Sītā. Yogīs nennen in ihren Vorträgen Janaka gern als Beispiel eines idealen Karma-Yogīs, der all seine Werke dem Göttlichen darbrachte und inmitten all seiner weltlichen Pflichten Vollkommenheit und spirituelle Befreiung erlangte.

Janaloka *m* Name einer transzendenten, himmlischen Welt.
Siehe auch *Loka.*

Janamejaya *m* Name eines Königs im alten Indien, Urenkel von Arjuna. Ihm wurde das gesamte Mahābhārata von Vaishampāyana, dem Schüler Vyāsas, rezitiert.

Janārdana *m* Name Krishnas: derjenige, der die Menschen (jana) aus ihrer Lethargie aufrüttelt (ardana). Als spirituelles Kraftzentrum wirkt er mit seinen Energien aktiv auf sie ein.

Janman *n* Geburt. Aus der Sicht des Hinduismus erlebt der Mensch zahllose Geburten, deren endlose Folge Samsāra genannt wird. Ein weltverneinender Yoga sucht den Geburten ein Ende zu setzen und strebt die Befreiung in einem Jenseits an. Ein weltbejahender Yoga strebt die innere Befreiung an, um aus ihr heraus ein höheres, spirituelles Leben auf Erden leben zu können. Die Geburten werden dann nicht als Leid angesehen, das zu überwinden ist, sondern als Chance, an der Manifestation des Göttlichen in der Welt des Werdens teilzuhaben (siehe *Sri Aurobindo*).
Im traditionellen Hinduismus wird die Geburt in der Welt jedoch oftmals negativ gesehen als unvermeidliches Durchschreiten eines mehr oder minder leidvollen Jammertals, das man durch getreues Befolgen des individuellen Dharma hinter sich bringt.

Janmāshtamī [janmāṣṭamī] *f* der achte [ashtamī] Tag einer bestimmten Mondphase im August-September, der Tag von Krishnas Geburt (janma).

Jānumandalāsana *n* Kniekreisen, Knie-Kreis-Haltung.
jānu – Knie; maṇḍala – Kreis; āsana – Haltung.

Jānushīrshāsana *n* Kopf-am-Knie–Haltung; Vorbeuge, Vorwärtsbeuge.
jānu – Knie; śīrṣa – Kopf; āsana – Haltung.

Japa *m* die Wiederholung eines Mantras, d.h. einer mit spiritueller Kraft geladenen Silbe, oder mehrerer Silben, Wörter, Wortkombinationen, wobei die im Mantra verkörperte Wahrheit verwirklicht werden soll.
Das Ziel kann weltlich sein, z.B. Wohlstand und Gesundheit, oder insbesondere spirituell, d.h. die Verwirklichung Gottes in einem oder vielen seiner Aspekte. Dabei wird davon ausgegangen, dass die Schwingungen, die bei der Wiederholung des Mantras entstehen, in der feinstofflichen Atmosphäre Bedingungen schaffen, welche die

Erfüllung des Zieles einleiten.
In der praktischen Durchführung gibt es vier Arten von Japa: (1) *vācika* oder *vaikharī*, wobei das Mantra klar, deutlich und laut gesprochen wird; (2) *upāmśu*, leise, indem die Worte vernehmbar, aber mit sehr leiser Stimme wiederholt werden; (3) *mānasa*, mental, Wiederholung im Geiste ohne Teilnahme der Stimmorgane und Lippen. (4) *likhita*, geschrieben, die schriftliche Wiederholung.
Oft wird zur Wiederholung ein Rosenkranz, Japa-Mālā, verwendet, der 108 kleine Perlen enthält, von denen eine etwas größer ist und Meru heißt. Die Perlen werden mit Daumen und Mittelfinger der rechten Hand gerollt. Wenn der Meru erreicht wird, wandern die Finger für weitere 108 Wiederholungen zurück.
Viele Texte wie auch das Yogasūtra empfehlen für das Japa besonders die heilige Silbe Om.
Siehe auch *Mantra, Nāda.*

Japa-Mālā *f* Rosenkranz für die Japa-Praxis. Siehe *Japa*, Abs. 4.

Japa-Yoga *m* der Yoga der Wiederholung des Mantras.
Siehe unter *Japa.*

Jarāsandha [jarāsaṁdha] *m* Name eines Königs von Magadha, der ein Feind Krishnas war und mehrmals erfolgreich gegen dessen Heer kämpfte. Am Ende wurde er jedoch besiegt und von Arjunas Bruder Bhīma getötet.

Jatā [jaṭā] *f* verflochtenes Haar, wie es von Asketen getragen wird.

Jatāyu [jaṭāyu] *m* Name des Königs der Geier. Als Rāmas Frau Sītā von Rāvana entführt wurde, bemerkte Jatāyu dies und versuchte einzugreifen. Im Kampf erhielt er von Rāvana einen tödlichen Schlag, konnte jedoch im Sterben noch Rāma über die Entführung informieren.

Jatharaparivartanāsana *n* Haltung mit Bauchbewegung.
jaṭhara – Bauch; parivartana – hin und her bewegen; āsana – Haltung.

Jāti *f* Geburt, Stand. Bezeichnung für die vielen Tausend Unterkasten im System der vier Kasten.
Siehe auch *Kaste.*

Jaya [Sanskrit], **Jay, Jai** [Hindī] *m* Sieg, Erfolg. Häufig gebraucht als Ausruf mit der Bedeutung, „Erfolg sei...", oder „Ruhm sei...".

Jayadeva *m* bedeutender Sanskrit-Hof-Dichter, der um 1100 lebte. Er ist u.a. Autor des *Gītagovinda.*

Jayadratha *m* Name eines Königs im Mahābhārata, der Duhshalā heiratete, die einzige Tochter von König Dhritarāshtra. Als die Pāndavas in Verbannung lebten, entführte Jayadratha kurzzeitig Draupadī, wurde jedoch von den Pāndavas besiegt und gedemütigt.

Jayantī *f* Bezeichnung für Krishnas Geburtstag, vergl. Janmāshtamī.

Jesus als Yogī. Viele indische Yogīs haben in den Worten Jesu intuitiv spirituelle Wahrheiten erkannt, wie sie auch im Yoga zum Ausdruck kommen, und haben ihn als herausragende Persönlichkeit oder sogar als Avatār gewürdigt. Einige haben ihn auch in eigener Erfahrung lebendig erlebt. Im folgenden werden Berichte und Einschätzungen von fünf bedeutenden Yogīs des 19. und 20. Jhs. zusammengefasst.

1. Ramakrishna. Schon in seiner Kindheit hatte Ramakrishna mystische Erfahrungen und erkannte in einem zwölf Jahre währenden Erfahrungszyklus die Wahrheit hinter den verschiedenen Religionen und Yoga-Wegen. Einmal, als er in mittlerem Alter in einem Zimmer ein Bild der Jungfrau Maria mit dem Jesuskind sah, fiel er spontan in Ekstase und sah, wie Lichtstrahlen von den beiden Gesichtern ausgingen und tief in sein Herz drangen. Drei Tage lang war er ganz in diese Erfahrung versunken. Als er am vierten Tag in den Garten hinaus ging, sah er plötzlich ein Wesen mit leuchtenden Augen und heiterer Haltung auf sich zukommen. Als die beiden sich gegenüberstanden, vernahm Ramakrishna eine innere Stimme: „Siehe hier Christus, der das Blut seines Herzens vergossen hat für die Erlösung der Welt, der durch ein Meer der Angst geschritten ist aus Liebe zu den Menschen. Dies ist der Meister, der in Ewigkeit mit Gott vereint ist. Dies ist Jesus, die verkörperte Liebe." Daraufhin umarmte Jesus Ramakrishna und beide wurden eins.

2. Swami Vivekananda. Der bekannte Schüler Ramakrishnas hat bei vielen Anlässen über Jesus gesprochen. Besonders erwähnenswert ist ein Vortrag „Christus – der Bote", den er im Jahr 1900 in Los Angeles hielt. In der Einleitung nennt er Jesus einen „Giganten": „Jahrhunderte und Zeitalter gehen vorüber, aber die Energie, die er in die Welt einbrachte, ist noch nicht verbraucht. Sie entwickelt ständig neue Kräfte, indem die Zeitalter ihren Lauf nehmen." Vivekananda erwähnt einige wichtige Lehrsätze Jesus, „Das Himmelreich ist in euch", oder die Äußerung „Ich und mein Vater sind eins", was hinausgehe über die Äußerung „Ich bin Gottes Sohn". Schließlich hebt Vivekananda hervor, dass Jesus ein völlig selbstloser Lehrer war, dem es darum ging, seine spirituelle Mission zu erfüllen, aber nicht darum, als rechte Hand Gottes verehrt und respektiert zu werden.

3. Yogananda. In seiner *Autobio-*

graphie eines Yogi nennt Yogananda den Mahavatar *Babaji* den Yogi-Christus des neuzeitlichen Indien und verwendet in dem Buch wiederholt das Wort „christusähnlich“, was seine große Verehrung zum Ausdruck bringt. Im 33. Kapitel spricht er die innige Zusammenarbeit von Christus und dem Mahavatar an: „Babaji steht in ständiger Verbindung mit Christus. Beide senden der Menschheit erlösende Schwingungen und haben auch die befreiende spirituelle Technik für dieses Zeitalter bestimmt.“ Im letzten Kapitel seines Buches beschreibt er, wie er eines Tages, als er in seinem Zimmer meditierte, „die strahlende Gestalt des Herrn Jesus“ erblickte. Dieser sah aus, wie ein junger Mann von etwa 25 Jahren, er trug langes, schwarzes Haar, das in der Mitte gescheitelt war, und einen spärlichen Bart. Yogananda bemerkte die wundervollen Augen und nahm intuitiv die Weisheit auf, die von ihnen ausging. Dann „erschien ein heiliger Gral an seinem Mund, kam zu meinen Lippen herab und kehrte dann zu Jesus zurück.“

4. Sri Aurobindo. Der Integralyogī hat Jesus als Avatār bezeichnet und nennt ihn wiederholt zusammen mit Krishna und Buddha. Nach seinem Eindruck tritt in den Evangelien mehr der ethische als der spirituelle Christus hervor, aber der letztere habe sich eindrucksvoll in Jüngern wie Franziskus von Assisi oder der Heiligen Theresa offenbart. Sri Aurobindo führt weiter aus, dass man Persönlichkeiten wie Christus und Krishna nicht vergleichen solle, da jeder seine eigene Lebensaufgabe und entsprechende Qualitäten habe. Die historische Lebensleistung Jesu hat Sri Aurobindo in einem eindrucksvollen Aphorismus gewürdigt, in dem er erklärt, dass „Christus von seinem Kreuz Europa humanisierte“. In seinem spirituellen Epos *Savitri* nimmt Sri Aurobindo in den folgenden Zeilen auf Jesus Bezug: „Er ging mit blutendem Haupt des Heilands Weg. / Wer seine Wesenseinheit mit Gott gefunden hat, / Bezahlt mit des Körpers Tod seiner Seele Licht. / Unsterblich, siegt sein Wissen durch seinen Tod.“

5. Sivananda. Der bekannte indische Yogī ehrte Jesus, indem er ein Buch über ihn schrieb, *Life and Teachings of Lord Jesus*, und in seinen Ashrams das Weihnachtsfest feiern ließ. Zum letzteren erklärte er im Vorwort des Buches: „Die Menschen erfreuen sich, dass Jesus Christus vor zweitausend Jahren mitten unter uns geboren wurde. Dies ist sicherlich ein wichtiges Ereignis, über welches die gesamte Menschheit stolz und erfreut sein sollte. Aber es ist auch sehr wichtig, in Erfahrung zu bringen, dass Jesus Christus eine Botschaft zu bringen hatte. Er zeigte mit seinem eigenen Leben und Blut einen Weg für die Menschheit auf, der für sie zu gehen sei.“

Jijnāsā [jijñāsā] *f* Erforschung, Ergründung, besonders auch höherer spiritueller oder philosophischer Wahrheiten.

Jina *adj oder m* siegreich, erfolgreich. Bezeichnung für Heilige der Jaina-Tradition.

Jitendriya *m* jemand, der Herrschaft erlangt hat (jita) über seine Sinne (indriya).

Jīva *m* Leben; Lebewesen; Einzelseele. Das inkarnierte Selbst, identifiziert mit Körper und Denken und gebunden an den Kreislauf der Geburten.

Jivamukti-Yoga [jīvamukti] *m* ein Yogastil, der 1986 von den Amerikanern Sharon Gannon und David Life entwickelt wurde. Jiva-Mukti bedeutet gemäß Gannon die Befreiung (Mukti) der Einzelseele (Jīva) aus der Individualisierung hin zur Realisierung des eigenen göttlichen Selbstes. Das Wort wird auch als Abkürzung von Jīva*n*mukti gesehen und interpretiert, d.h. spirituelle Befreiung noch zu Lebzeiten.
Ziel dieses Yoga ist nicht primär Gesundheit, Wellness oder Entspannung, sondern die Befreiung und Erleuchtung im Hier und Jetzt und Realisation der Einheit mit allem. Āsanas werden in einer bestimmten Sequenz und in fließender, dynamischer Abfolge unterrichtet. In einer weiteren Stufe kommen Meditation und Satsang mit Erläuterung des Yogasūtra etc. hinzu.
Jivamukti gilt durch sein flottes, wenig konservatives Auftreten als Trend-Yoga, der auch Menschen anspricht, die sonst vielleicht nicht für Yoga zu interessieren wären.

Jīvanmukta *m* einer, der befreit (*mukta*) lebt (*jīvan*). Jemand, der bereits zu Lebzeiten im Körper, nicht erst in einer jenseitigen Welt, das Ziel der Befreiung und Erleuchung erreicht.
In der Bhagagavdgītā 2.54 stellt Arjuna die Frage, welches die Merkmale eines solchen erleuchteten Menschen sind, der fest in der Weisheit und im Samādhi begründet ist. Krishna antwortet in den Versen 55-57: „Wenn ein Mensch alles Begehren von seinem Geist weist und Genugtuung findet im Selbst durch das Selbst, dann sagt man von ihm, seine Weisheit sei stetig. Wessen Geist inmitten Sorge und Freude frei vom Begehren ist, und der frei ist von Vorliebe, Furcht und Zorn, er ist der Weise mit stabiler Erkenntis (des Selbstes). Wer in allen Dingen ohne Affekt ist, obgleich dieses Gute oder jenes Böse ihn heimsucht, und wer weder hasst noch jubelt, dessen Weisheit hat feste Wurzeln."
In diesem Sinne ist ein wesentliches Merkmal des Jīvanmukta Gleichmut gegenüber allen Dingen, da er aus seinem göttlichen Selbst heraus das Göttliche in allem schaut und in

diesem Bewusstsein anderen Wesen mit Liebe und Mitgefühl begegnet. Dies kann dazu führen, dass er, obgleich befreit von allem Karma, weiter tätig bleibt und durch seine bloße Meditation oder auch aktive Unterstützung anderen Menschen hilft, auf ihrem eigenen Weg zum selben Ziel voranzukommen.
Es gibt jedoch auch weltabgewandte Asketen, die nach der Befreiung den Weg der baldigen Selbstauflösung im Transzendenten wählen.

Jīvana *n* Leben, Existenz.

Jīvanmukti *f* Befreiung noch zu Lebzeiten, das heißt der Status des *Jīvanmukta.*

Jīvātman *m* der Ātman manifestiert als verkörpertes Selbst; die persönliche, individuelle Seele. Gemäß dem Vedānta resultiert spirituelle Befreiung aus dem Verschmelzen von Jīvātman und Paramātman, dem höchsten transzendentalen Selbst.

Jñāna *n* Wissen, Erkenntnis; bezieht sich auf weltliches, wissenschaftliches und spirituelles Wissen, im letzteren Fall die Erkenntnis der höchsten Wahrheit.
Im der Bhagavadgītā 18.20-25 werden drei Arten von Jñāna oder Erkenntnis unterschieden: (1) *sāttvika*, durch die man die eine unveränderliche Wirklichkeit in allen Wesen sieht; (2) *rājasa*, durch die man in allen Wesen vielfältige unterschiedliche Wesenheiten sieht (aber nicht die Einheit dahinter); (3) *tāmasa*, durch die man, fern der Wahrheit, an einer einzigen Erscheinung festhält, als wäre sie das Ganze (indem man z.B. den Körper für das Selbst hält).

Jñānakānda [jñānakāṇḍa] *m* jener Teil (kānda) der Veden, der die Erkenntnis des einen, höchsten Selbstes zum Gegenstand hat, d.h. die Āranyakas und Upanishaden.
Siehe auch *Karmakānda.*

Jñānadeva *m* berühmter Yogī (1275-96), der in Mahārāshtra lebte und im Alter von 21 Jahren seinen Körper im Samādhi verließ. Er verfasste die Jñāneshvarī, einen brillanten Bhagavadgītā-Kommentar, und einige weitere Werke, in denen er seine Vorliebe für den Bhakti-Weg zeigte.

Jñāna-Mudrā *f* die Mudrā der Erkenntnis. Bei dieser Fingerhaltung werden die Spitzen von Daumen und Zeigefinger aneinandergelegt, wobei sie eine Art Kreis bilden.

Jñana-Yoga *m* Yoga der Erkenntnis. Neben Bhakti-Yoga und Karma-Yoga einer der drei Hauptwege der klassischen Tradition.
Jñāna ist hier nicht Wissen, das erworben wird, sondern wachsende Urteilskraft und Unterscheidungsvermögen (*viveka*), welche es dem

Sucher ermöglichen, Einblick in das wahre Wesen der Dinge zu erlangen.

Im dualistischen System des Sānkhya liegt das Gewicht auf der Unterscheidung zwischen dem, was wirklich und was nicht wirklich Teil des wahren Selbstes ist. Im Advaita Vedānta geht es um die Erkenntnis, dass hinter der vielfältigen Erscheinungswelt die eine, unwandelbare Wirklichkeit des Brahman liegt.

In der Chāndogya-Upanishad wird in einem berühmten Dialog zwischen dem Weisen Uddālaka Aruni und seinem Sohn Shvetaketu tiefe Erkenntnis durch Frage und Antwort erarbeitet. Auf die Frage des Weisen, was denn übrig bleibe, wenn ein ganz winziger, bereits zerbrochener Keim des Nyagrodha-Baumes noch einmal geteilt werde, antwortet sein Sohn: „Nichts".

Darauf der Weise: „Diese subtile Essenz, die du nicht siehst, das ist der ganze Nyagrodha-Baum... Darin haben alle Dinge ihre Existenz. Das ist die Wahrheit, das ist das Selbst. Und das, Shvetaketu, das bist du - *tat tvam asi.*"

Als hilfreich für das Erlangen der Erkenntnis gelten Eigenschaften wie Entsagung der Früchte des Handelns oder innere Sammlung.

Jñānin *m* ein „Kenner"; jemand, der Erkenntnis und Weisheit besitzt oder Jñāna-Yoga praktiziert.

Joga siehe *Yoga.*

Jog Pradīpikā [dschog] *f*, „Licht auf Yoga", ein Hatha-Yoga Text von Ramanandi Jayatarama aus dem jahr 1737, verfasst in einer Mischung aus Hindī und verwandten Sanskrit-nahen Dialekten. Im Jahr 1830 wurde der Text mit 84 Āsana-Abb. illustriert und veröffentlicht. Außer den Stellungen werden auch 24 *Mudrās* und 8 *Kumbhakas* erläutert.

Inhaltlich geht es zudem um Prāṇāyāma, Mantras, Meditation, spirituelle Befreiung und Samādhi sowie den subtilphysischen Körper des Menschen und dessen Reinigung. Obwohl Befreiung als Resultat der Praktiken genannt wird, ermutigt der Text den Yogī, im Körper zu verbleiben, um dem Göttlichen zu dienen.

Bezüglich der Āsanas heißt es auch, dass sie einen therapeutischen Nutzen bringen. In den Illustrationen erscheinen vor allem Sitzpositionen wie Padmāsana oder Siddhāsana, aber auch viele andere Stellungen wie etwa Pashcimottānāsana, Mayūrāsana (Abb.) oder Kūrmāsana.

Jois, Sri K. Pattabhi bekannter Schüler von T. Krishnamacharya (1915-2009), er entwickelte auf der Grundlage von dessen Lehre den *Ashtānga-Vinyāsa-Yoga,* einen Übungsstil des Hatha-Yoga.

Sri Krishna Pattabhi Jois wurde 1915 in Südindien geboren und wurde schon mit 12 Jahren Schüler des Yogī und Gelehrten Krishnamacharya, übte täglich Āsanas und studierte das Yogasūtra.

Später begab er sich nach Mysore, um dort Sanskrit zu studieren. Indessen setzte er seine Yoga-Praxis unter Krishnamacharyas Anleitung fort und wurde bald selbst zum renommierten Lehrer, der sogar den Mahārāja von Mysore unterrichtete.

Auf dessen Vorschlag wurde Jois Professor am Sanskrit College und leitete dort die Yoga-Abteilung von 1937 bis 1973.

Nach seiner Pensionierung widmete er sich weiter dem Yoga-Unterricht und unterwies zunehmend auch Schüler, die aus Europa und Amerika eintrafen. Er unternahm viele Reisen in den Westen, wo er, unterstützt von seiner Tochter und deren Sohn, viele Aspiranten in seinem Ashtānga-Yoga-System unterwies.

Jois hält es für wichtig, dass nicht nur Āsanas geübt werden, sondern dass man auch die ethischen Leitlinien und Werte verinnerlicht, wie sie in *Yama* und *Niyama*, den ersten Stufen des achtgliedrigen Pfades, zum Ausdruck kommen. Andernfalls könne die Āsana-Praxis, wenn sie auf einer egozentrischen Basis erfolgt, zu Arroganz und anderen Problemen führen. Seine Gedanken zu den beiden ersten Stufen hat er in einem Leitfaden „Yoga Mala" veröffentlicht.

Jugupsā *f* Abneigung, Widerwillen, Abscheu; Wunsch, zu behüten. Das Wort erscheint in Verbindung mit dem Begriff Shauca, Reinheit, in Yogasūtra 2.40 und wird standardmäßig mit „Abneigung" etc. übersetzt, was zu einer körperfeindlichen Interpretation führen kann: „Durch (äußere und innere) Reinheit entsteht Widerwillen gegen den eigenen Körper und Nicht-Kontakt mit anderen."

Abweichend davon knüpft Helmuth Maldoner in seiner Yogasūtra-Übersetzung (Raja-Verlag 2002) an die wörtliche Bedeutung der Wurzel *gup* an, welche „beschützen, behü-

ten, verbergen“ bedeutet. Das sogenannte Desiderativum *jugupsate* bedeutet dann „wünscht zu behüten“.
Für *jugupsā* ergibt sich daraus die Bedeutung „Wunsch, zu schützen“, d.h. das Verlangen, mit wachsender Reinheit den Körper bezüglich externer Kontakte zu schützen.

Jumnā *f* siehe *Yamunā*.

Jyeshthā [jyeṣṭhā] *f* Name des dritten Monats im Hindu-*Kalender* (Mai/Juni).

Jyotir-Yoga, Jyotir-Yoga-Sādhana *m* ein Yoga-Stil, der dem deutschen Yoga-Lehrer Mukunda Herbert Walter nach eigener Aussage zu Beginn unseres Jahrhunderts offenbart wurde. Dabei handelt es sich um eine alte Tradition, die von ihm in eine für die heutige Zeit verständliche Form gebracht wurde.
Es ist ein „Yoga des Lichts“, dessen Kern Āsanas, Prānāyāma und Meditation darstellen. Die Āsanas werden eher zurückhaltend geübt, und die Stilform ist nicht der zügige Flow, sondern die Stellungen werden jeweils eine Weile gehalten. Allerdings wird der Sonnengruß, Sūrya Namaskār, dynamisch durchgeführt.
Ziel der Übungen ist es, über den Körper nach innen zu gehen und den eigenen Ursprung, die Stille, das reine Sein zu erfahren.
Jyotis *n* Licht, spirituelles Licht. Spirituelle Erfahrungen sind oft mit der Wahrnehmung eines strahlenden Lichts verbunden, das mit dem inneren Auge, teils auch mit dem äußeren Auge gesehen wird. Wie auch in anderen Kulturkreisen, wird das Licht im Hinduismus mit dem Göttlichen assoziiert. So heißt es in der Chāndogya-Upanishad 3.13.7: „Jenes Licht, das jenseits der Himmel leuchtet, das auf alles und jeden hinabstrahlt, höher als das höchste – dies ist dasselbe Licht, das hier im Menschen ist.“
Als Krishna sich Arjuna in der Bhagavadgītā in seiner kosmischen Gestalt offenbart, ist das Licht, das er ausstrahlt, unbeschreiblich: „Wenn der Glanz von tausend Sonnen gleichzeitig am Himmel erstrahlte, käme dies dem Glanz dieses großen Wesens gleich.“ (11.12)

Jyotisha [jyotiṣa] *n* die Wissenschaft der Astrologie und Astronomie. Ziel dieser Wissenschaft ist es insbesondere, den optimalen Zeitpunkt für eine Einweihung, eine Opferhandlung oder ein Ritual zu bestimmen. Jyotisha geht auf die vedische Zeit zurück und ist einer der *Vedāngas*.
Die moderne westliche Unterscheidung zwischen Astrologie und Astronomie bestand ursprünglich nicht. Die Sternenforschung hatte vor allem den praktischen Zweck, Erkenntnisse zu gewinnen, die für das tägliche Leben des Menschen relevant sind.

Im Alltag vieler Hindus spielt die Astrologie eine für westliche Menschen kaum fassbare Bedeutung. Schon bei der Geburt des Kindes wird dessen Horoskop erstellt und später immer wieder bei wichtigen Anlässen konsultiert, insbesondere bei der Heirat, um festzustellen, ob die Horoskope der beiden Partner kompatibel sind, und um den idealen Zeitpunkt für die Eheschließung zu bestimmen.

Auch bei vielen anderen Unternehmungen wie dem Bau eines Hauses oder dem Beginn einer Reise können die Sterne befragt werden, um glückverheißende Zeitpunkte zu ermitteln. Selbst zahlreiche führende Politiker fällen zum Teil erst nach Befragung ihrer Astrologen wichtige Entscheidungen.

K

Kabīr (1440-1518) bedeutender Mystiker und Dichter, hatte lebendige Gotteserfahrungen und zog mit seinen Anhängern durch Dörfer und Städte, indem er Gott pries. Er stand sowohl Hindus als auch Muslimen nahe, und seine Lieder werden bis heute von beiden Religionsgemeinschaften geschätzt.
Kabīr beeinflusste u.a. Guru Nānak, den Gründer der *Sikh-Religion.*

Kadamba *m* Name eines heiligen Baumes (*Nauclea Cadamba*), der große orange-gelbe Blüten trägt und insbesondere mit Shiva und Krishna in Verbindung gebracht wird.

Kadrū *f* Name der Frau des vedischen Sehers Kashyapa. Sie war eine Tochter Dakshas und wurde zur Mutter der Nāgas, Schlangen.

Kaikeyī *f* eine der drei Frauen von König Dasharatha in Ayodhyā. Sie war die Mutter von Rāmas Bruder Bharata und bestand darauf, dass dieser an Stelle Rāmas zum Thronerben wurde, was zu vielerlei Verwicklungen führte, welche im Epos Rāmāyana erzählt werden.

Kailāsa, Kailāsh *m* Name eines heiligen Berges im Transhimālaya, für viele Hindus und Buddhisten ein wichtiges Ziel von Pilgerfahrten.

Kaitabha [kaiṭabha] *m* Name eines Asuras, der zusammen mit dem Asura Madhu den Gott Brahmā zu Anbeginn der Schöpfung töten wollte. Beide wurden jedoch von Vishnu erlegt.

Kaivalya *n* Alleinheit, Einzigkeit, Ausschließlichkeit, Ungebundenheit, Freiheit, Erlöstheit. Der Begriff wird vor allem im Rāja-Yoga gebraucht und bezeichnet den Zustand der absoluten Loslösung und Befreiung, die Unabhängigkeit des Purusha, Selbstes, von der Prakriti, manifesten Natur.
Der vierte und letzte Teil des Yogasūtra heißt „Kaivalya-Pāda“ und handelt von der spirituellen Befreiung.
Siehe auch *Moksha.*

Kākāsana *n* Krähen-Haltung.
kāka – Krähe; āsana – Haltung.

Kākī-Mudrā *f* die Krähen-Mudrā, eine Anwendung, bei der der Mund wie ein Krähenschnabel geformt und dann Luft eingesogen wird. Diese Übung soll von Krankheiten befreien.

Kakshivat [kakṣivat] *m* Name eines vedischen Rishis, er war der Sohn von Dīrghatamas.

Kāla *m* die Zeit; Gott der Zeit, der den Sterblichen den Tod bringt; Name Yamas, des Gottes des Todes. Während die Menschen normalerweise unausweichlich dem Gesetz der Zeit unterliegen, können einige Yogīs sich ihm Berichten zufolge durch das Erreichen einer transzendenten Bewusstseinsebene entziehen und werden zum *Kāla-atīta*, d.h. jemand, der die Zeit transzendiert.

Kālabhairavāsana *n* die Shiva-Haltung.
kālabhairava – Name Shivas; āsana – Haltung.

Kālahasti ein bekanntes shivaitisches Pilgerzentrum in Andhra Pradesh, Südindien.

Kālamukha *m* wörtl. „dunkelgesichtig", Name einer Pāshupata-Sekte, deren Angehörige einen schwarzen Streifen auf der Stirn trugen und Shiva und Kālī verehrten. Ihre Blütezeit lag zwischen dem 9. und 14. Jh.

Kalasha [kalaśa] *m* Krug, Wassertopf, Kelch; in der Mythologie oft ein Symbol für das Universum oder die Erde.

Kalender siehe *Pañcāṅga.*

Kālī *f* die „schwarze" Göttin, Shivas Gemahlin, mit einem furchterregenden und zerstörenden Aspekt. Sie vernichtet zum einen Täuschung und Illusion und räumt zum anderen ihren Anbetern Hindernisse der Verwirklichung aus dem Weg.

Kali *m* Krieg, Streit.

Kālidāsa *m* der bedeutendste altindische Sanskrit-Dichter und Dramatiker (ca. 4./5 Jh.). Er wurde vor allem durch sein Werk *Shakuntalā* bekannt, das auch von Goethe geschätzt wurde, der es in einer deutschen Übersetzung las.

Kali Ray siehe *TriYoga.*

Kali-Yuga *n* das dekadente Zeitalter, in dem Kräfte der Falschheit und Lüge triumphieren und das individuelle und gemeinschaftliche Leben auf einen Tiefpunkt sinkt. Gemäß der indischen Tradition begann es im Jahr 3002 v. Chr. mit dem Tod Krishnas.
Siehe auch *Yuga.*

Kalki *m* der zehnte Avatār Vishnus, der am Ende des gegenwärtigen dunklen Zeitalters auf einem weißen

Schimmel reitend kommen wird, um ein neues goldenes Zeitalter einzuleiten.

Kalpa (1) *m* ein Tag und eine Nacht im Leben des Schöpfers Brahmā, d.h. mehrere Milliarden Jahre.
Siehe auch *Yuga*.

Kalpa (2) *m* Ritual, Opferritual, eine der sechs Wissenschaften des *Vedānga*. Texte, die sich mit dem Ritual beschäftigen, heißen Kalpasūtra.

Kalpataru *m* ein legendärer himmlischer Baum der Fülle, welcher alle Wünsche erfüllen kann.

Kāma *m* Wunsch, Verlangen; eines der Grundziele des Menschen (Purushārtha), d.h. in der ersten Lebensphase die (legitime) Erfüllung von Wünschen. Wenn auf einer höheren Stufe jedoch spirituelle Befreiung angestrebt wird, gilt Kāma zusammen mit Krodha, Zorn, und Lobha, Begierde, als Hindernis auf dem Weg.
Kāma oder Kāmadeva steht auch personifiziert für den Gott der Liebe, der seine Pfeile auf die Herzen der Menschen richten kann. In einem Mythos wird berichtet, wie einst ein mächtiger Asura die Götter bedrohte, der nur durch einen Sohn Shivas getötet werden könnte. So richtete Kāma seinen Pfeil auf den meditierenden Shiva, damit er sich Pārvatī zuwendete. Doch der zornige Gott versengte Kāma mit seinem Blick zu Asche. Als Ratī, eine Frau Kāmas, für ihn plädierte, erweckte Shiva ihn wieder zum Leben, jedoch nur körperlos, als reines Ebenbild der Liebe.

Kāmadahanāsana *n* „wunschversengende Haltung", Variante des Bhadrāsana.
kāma – Wunsch; dahana – verbrennend; āsana – Haltung.

Kāmadhenu, Kāmadhuk *f* die mythische Kuh des Weisen Vasishtha, die alle Wünsche (kāma) erfüllt und für Wohlstand und Reichhaltigkeit steht. Der Legende nach trat sie dereinst beim Quirlen des *Milchozeans* hervor.

Kāmākshī [kāmākṣī] *f* „die Augen voller Begehren", eine Bezeichnung für Shivas Shakti, speziell verehrt im Kāmākshī-Tempel in Kanchipuram.

Kamala *m* Lotus, Lotusblüte.

Kamalāsana *n* Lotussitz. Synonym für Padmāsana. Abb. siehe dort.
kamala – Lotus; āsana – Sitz.

Kamandalu [kamaṇḍalu] *m od n* ein Wassergefäß, Wasserkrug, von Mönchen und Asketen benutzt. Auch ein Attribut einiger Göttinnen und Götter wie Brahmā, Shiva oder Sarasvatī.

Kāmasūtra *n* das Lehrbuch der Liebe, des Liebesgenusses, verfasst von Mallanāga Vātsyāyana im 3. oder 4. Jh. n. Chr. und im Jahr 1884 erstmals von Richard F. Burton aus dem Sanskrit ins Englische übersetzt.
Kāma oder sinnlicher Genuss gilt im Hinduismus als eines der drei (legitimen) Lebensziele (*Purushārtha*). Die Erlangung dieses Genusses wird im Kāmasūtra als eine Lebenskunst aufgefasst, die in zahllosen Details beschrieben wird. Nicht zügellose Ausschweifung, sondern kultivierte Erfüllung des Verlangens ist für Vātsyāyana der angesagte Lebensstil der gehobenen Bevölkerungsschicht. Die Sprache des Autors ist – anders als oft vermutet – nüchtern und sachlich, selbst wenn es um die Beschreibung von Stellungen bei der sexuellen Vereinigung geht.
In seinen Ausführungen empfiehlt Vātsyāyana als wichtiges Grundprinzip, dass die Liebespartner gefühlvoll aufeinander eingehen und alle Praktiken nur im wechselseitigen Einverständnis durchführen, d.h. sie nicht einem Partner gewaltsam aufzwingen.
Das Kāmasūtra behandelt zudem auch einige weitere Themen wie Brautwerbung und Verführung, Anweisungen für Hetären oder Erläuterungen zum Fremdgehen.

Kamsa [kaṁsa] *m* Name des tyrannischen Königs von Mathurā, der Krishna töten wollte, doch am Ende von ihm selbst erlegt wurde.

Kanāda [kaṇāda] Name des Begründers der *Vaisheshika*-Philosophie.

Kānchīpuram Name einer heiligen Stadt südwestlich von Chennai (Madras).

Kanda *m oder n* Knolle, Knoten. Derjenige Punkt, wo die Nādīs oder feinstofflichen Kanäle ihren Ausgang nehmen.
Der Kanda liegt, je nach Quelle, an der Basis der Wirbelsäule oder auch etwas höher. Er wird als weich und weiß beschrieben und soll eiförmig sein, obgleich auch andere Formen erwähnt werden.

Kānda [kāṇḍa] *m oder n* Kapitel, Abschnitt.

Kandarpa *m* Liebe, Lust; Liebesgott. Ein Epithet von *Kāma* (Abs. 2).

Kandāsana *n* die Kanda-Haltung, Knollen-Haltung.
kanda – Kanda (Knolle, s.o.); āsana - Haltung.

Kankālamūrti [kaṅkālamūrti] *f* die „Gestalt mit Skelett", ein Name Shivas, der einst den Torwächter Vishnus tötete, weil er ihn nicht vorließ, und der dargestellt wird als Bettelmönch, an dessen Wanderstab oder Dreizack das Skelett des Wächters hängt.

Kannappa einer der 63 *Nayanmars*, Name eines Jägers, der ursprünglich Tinnappa hieß. Als er einst sah, wie Blut aus den Augen eines Shiva-Abbilds floss, war er bereit, seine eigenen Augen zur Heilung zu opfern. Doch Shiva schenkte ihm wieder sein Augenlicht und gab ihm den Namen „Kannappa", „der seine Augen hingab". Zur Belohnung wurde der Jäger von Shiva mit spiritueller Befreiung gesegnet.

Kānphata-Yogīs [kāṇphaṭa] eine Asketen-Sekte, die von Goraksha begründet wurde und eine wichtige Rolle bei der Entwicklung des Hatha-Yoga spielte.

Kanva [kaṇva] *m* Name des Gründers einer vedischen Schule.

Kanyākumārī *f*, auch Kanyakumārī *f* ein Name Durgās in ihrem Aspekt der jungfräulichen Göttin. In dieser Form wird sie verehrt in Kanyakumari oder Cape Comorin an der Südspitze des indischen Kontinents.

Kāpāla *adj und m* aus Schädeln bestehend; Bezeichnung für Mitglieder einer asketischen shivaitischen Sekte. Durch das Tragen von Schädeln verehren sie Shiva in seiner furchterregenden Form.

Kapālika *m* shivaitischer Asket, der einen menschlichen Schädel mit sich führt und daraus seine Nahrung zu sich nimmt. Die Kapālikas sind ein südlicher Zweig der Pāshupata-Sekte.

Kapālabhātī *f* wörtl. „Schädel-Erhellung". Atemtechnik zur Klärung der Nebenhöhlen und Beseitigung von Kapha oder Schleim.

Kapha *m* Schleim. Im *Āyurveda* einer der drei Humore oder Körpertemperamente, auch Shleshman genannt. Kapha steht für Festigkeit, Schwere und Kühle.

Kapila *m* Name des Begründers der Sānkhya-Philosophie, legendärer Autor des Sānkhyasūtra. Obwohl von der Tradition überliefert, ist nichts Näheres über seine Person bekannt.

Kapilāsana *n* die Kapila-Haltung.
kapila – Eigenname eines Weisen; āsana – Haltung.

Kapiñjalāsana *n* die Cātaka-Haltung.
kapiñjala – der Cātaka-Vogel; āsana – Haltung.

Kapotāsana *n* Tauben-Haltung.
kapota – Taube; āsana – Haltung.

Kārana [kāraṇa] *n* Ursache, Ursprung, Motiv. Bewegungsabfolge (von Āsanas).

Kārana-Sharīra [kāraṇa-śarīra] *n* Kausalkörper, Ursachehülle. Einer von drei Sharīras, identisch mit dem *Ānandamaya-Kosha*.
Siehe auch *Sharīra.*

Kārandavāsana *n* die Entenhaltung.
kāraṇḍava – Ente; āsana – Haltung.

Kārikā *f* in Versen verfasster Kommentar zu philosophischen und grammatikalischen Texten.

Karma oder **Karman** *n* Tat, Handlung; die Folge oder Konsequenz einer Handlung; die akkumulierte Gesamtsumme der Folgen aller Handlungen im Verlaufe einer oder mehrerer Geburten. Das Wort bedeutet im Veda auch „rituelle Handlung".
Der Gedanke von Karma und Reinkarnation wird bereits in der (sehr alten) Brihadāranyaka-Upanishad IV.1-7 ausgesprochen. Dort heißt es: „Ein Mensch guter Taten wird gut, ein Mensch schlechter Taten wird schlecht... Der Mensch handelt gemäß den Wünschen, denen er anhängt. Nach dem Tode geht er in die nächste Welt ein und trägt die subtilen Impressionen seiner Handlungen mit sich. Nachdem er die Früchte seiner vergangenen Taten geerntet hat, kehrt er wieder in diese Welt des Tuns zurück..."
Allgemein werden drei Arten von Karma mit der Bedeutung „Früchte der Handlung" genannt: 1) Sañcita-Karma, die Gesamtsumme karmischer Belastungen, die heranreifen und sich auf die Zukunft eines Menschen auswirken können. 2) Prārabdha-Karma, die Früchte von Handlungen der Vergangenheit, einschließlich früherer Geburten, die in der Gegenwart effektiv geworden sind (durch den eigenen Körper, Lebensumstände etc.) bzw. gerade wirksam werden. 3) Āgāmi-Karma, das künftige Karma, das durch die jetzigen Handlungen in der Gegenwart verursacht wird.
Schlechtes Karma kann durch gutes neutralisiert werden, und je mehr ein Mensch im Verlaufe spiritueller Entwicklung aus dem wahren Selbst heraus handelt, erhält er die Möglichkeit, angesammeltes Karma aufzulösen, indem er auf eine höhere Ebene gelangt, die ihn immun macht gegenüber dem Sog alter Samskāras, den negativen Effekten und Impressionen aus der Vergangenheit, oder deren Kraft reduziert.

Karmakānda [karmakāṇḍa] *m* jener Teil der Veden, der im wesentlichen von Ritualen und Opfervorschriften handelt, d.h. die Samhitās und Brāhmanas.
Siehe auch *Jñānakānda.*

Karma-Yoga *m* der Yoga der Werke. Neben dem Weg der Erkenntnis

(Jñāna) und Liebe (Bhakti) einer der drei Haupt-Yoga-Wege, die in der Bhagavadgītā dargelegt werden.
Das 3. Kapitel widmet sich ausführlich dem Karma-Yoga. Jeder Mensch wird durch seine Geburt in ein Umfeld ständiger Aktivitäten hineinversetzt und ist auch ständig selbst aktiv in seinem Körper. So heißt es in Vers 3, „niemand kann auch nur für einen Moment untätig verweilen".
Deshalb wäre es unrealistisch, sich dem Getriebe entziehen zu wollen, um dadurch eine spirituelle Verwirklichung zu erreichen. Besser ist es, zunehmend bewusst und aus dem höheren Selbst heraus zu handeln und die Werke dem Göttlichen als Gabe darzubringen. Solche Werke, die nicht einem egoistischen Impuls entspringen, sondern einem höheren Gesetz unterliegen, schaffen keine Verstrickung in der Welt des Werdens, bleiben gleichsam ohne Spuren.
Der Karma-Yogī begibt sich also nicht in einen Modus äußeren Nicht-Tuns, um dann zu meditieren (wie Asketen es praktizieren), sondern er lenkt seine Energien solcherart, dass die Arbeit selbst zur Meditation werden kann oder in jedem Fall eine Basis schafft für eine gesunde, natürliche Meditation, wenn die Werke des Tages getan sind. Dann verschmelzen Tun und Nicht-Tun zu einer Einheit, indem die selbstbezogene Identifikation mit den Werken gelöst wird.

Karmendriya *n* im Sānkhya die „Tätigkeitsorgane" (karma-indriya): Sprache, Hände, Füße, Ausscheidungs- und Zeugungsorgan.
Siehe auch *Sānkhya.*

Karna [karṇa] *m* Name eines tragischen Helden im Mahābhārata. Er war der Sohn Kuntīs, die ihn vom Sonnengott Sūrya empfing und am Fluss Yamunā aussetzte, wo er aufgefunden wurde und in einer Familie von niedriger Abstammung aufwuchs.
Da er nicht von seiner Identität als Halbbruder Arjunas wusste, wurde er auf Seiten der Kauravas zu dessen Rivalen und Gegenspieler und starb in der großen Schlacht von seiner Hand.

Karnapīdāsana *n* Ohr-Druck-Haltung; Knie zum Ohr.
karṇa – Ohr; pīḍā - Druck; āsana – Haltung.

Karaikkal Ammeiyar bedeutende tamilische Heilige (6. Jh.), gehörte zu den *Nayanmars.*

Kartri [kartṛ] oder Kartā *m* der Handelnde. Im 18. Kapitel der Bhagavadgītā werden drei Arten von Handelnden unterschieden: wer seine Werke mit Gleichmut und

ohne Anhaftung tut, ist sattvisch; wer stark an den Früchten der Werke hängt, ist rajasisch; wer vulgär und disziplinlos handelt, ist tamasisch.
Siehe auch *Sattva, Rajas, Tamas.*

Kārttika *m* Name des achten Monats im Hindu-*Kalender* (Oktober/November).

Kārttikeya *m* der Gott des Krieges und Herrscher über den Planeten Mars. Er gilt allgemein als Sohn Shivas und Pārvatīs, obgleich in Verbindung mit verschiedenen Mythen auch andere Ursprünge genannt werden.
Sein Reittier ist der Pfau, mit seinen Waffen wie Keule, Speer oder Streitaxt, oder Pfeil und Bogen, zieht er gegen die Asuras in den siegreichen Kampf. Er trägt auch die Namen Skanda und Kumāra, Jüngling, letzteres aufgrund seiner ewig jugendlichen Erscheinung.

Karunā [karuṇā] *f* Mitgefühl. Ein Begriff, der besonders im Buddhismus verankert ist, aber auch im Hinduismus gebraucht wird. Die Übersetzung „Mitleid" ist weniger zutreffend, da sie auf eine bloße emotionale Reaktion weist, während Karunā ein dynamisches Wirken ist, das auf dem Einssein aller Wesen gründet. Es ist das helfende Ausstrahlen von seelischer Kraft, oder der Kraft eines erleuchteten Bewusstseins, die jene Wesen, welche im Leid sind, nährt und (auch durch entsprechende Handlungen) unterstützt. Nur eine befreite Seele kann dies wirksam vollbringen.
In Yogasūtra 1.33 wird Karunā zusammen mit Maitrī (Freundschaft), Muditā (innere Heiterkeit) und Upekshā (Gleichmut) als eine positive innere Haltung genannt, welche die Geistesstille fördert.

Kaschmir-Shivaismus eine philosophisch-mystische Tradition, die vor allem auf das Vijñāna-Bhairava-Tantra zurückgeht, das im 8. Jh. bekannt wurde, aber schon früher existierte. Darin werden u.a. 112 Arten der Meditation zur Erlangung des Samādhi beschrieben.
Die Philosophie des Kaschmir-Shivaismus sieht die ganze Welt als vom Göttlichen erfüllt, jedoch muss dessen Wahrnehmung erlernt und eine beständige Achtsamkeit und Wachheit entwickelt werden. Auch Alltagserfahrungen können bei der entsprechenden Offenheit als Teil des göttlichen Ganzen erfahren werden.
Die betreffenden Lehren werden in den Kaschmir-Texten dargelegt in Form eines Dialogs zwischen Shiva, dem göttlichen Bewusstsein, und Shakti, der Schöpfung, welche zum reinen Bewusstsein zurückfinden möchte.

Kāshī [kāśī, Hindī] *f* ein Name für Benares oder Vārānasī, wörtl. „die Leuchtende". Siehe unter *Gangā.*

Kashyapa [kaśyapa] *m* Name eines vedischen Rishis, der in verschiedenen Legenden erwähnt wird. Er wird mit dem Sonnengott Sūrya in Verbindung gebracht und gilt im Mahābhārata sowie in den Purānas als großer Weiser.
Siehe auch *Deva*, letzter Absatz; *Garuda*.

Kashyapāsana *n* die Kashyapa-Haltung.
kaśyapa – vedischer Weiser; āsana – Haltung.

Kaste das Wort Kaste ist abgeleitet von port. casta (Rasse, Art) und wird insbesondere in Verbindung mit der indischen Gesellschaft verwendet, um verschiedene soziale Klassen zu bezeichnen.
Die zugrundeliegenden Sanskrit-Begriffe sind *Varna* und *Jāti*. Varna bedeutet Stand, Klasse, Farbe und steht für die vier Hauptklassen von Brahmanen, Kshatriyas, Vaishyas und Shūdras. Jāti bedeutet Geburt, Stand und bezeichnet die vielen Unterkasten, von denen es einige Tausend gibt.
Das ursprüngliche System der vier Kasten, Caturvarna, hatte von der Grundidee her wohl den Zweck, allen Menschen einen äußeren Rahmen zu stellen, der für ihre Tätigkeit und Entwicklung in der Gesellschaft optimale Bedingungen bietet, vergleichbar den Gilden in Europa. Allerdings schlug dieses Konzept in der Praxis in etwas Gegenteiliges um, und so vermerkt Sri Aurobindo in seinem Werk *Die Grundlagen der indischen Kultur*: „Man darf das alte Chaturvarnya nicht nach seiner späteren bedeutungslosen Parodie, Auflösung und Entartung im Kastensystem beurteilen."
Zwar bot die Kaste ihren Mitgliedern eine gewisse soziale Sicherheit und Geborgenheit wie in einer Großfamilie, aber durch die ausschließliche Fixierung auf die Geburt eines Menschen zur unentrinnbaren, dauerhaften Bestimmung seiner gesellschaftlichen Stellung ergab sich eine starke Benachteiligung der unteren Klassen. Diesen blieb ein Aufstieg auch bei großen Fähigkeiten verwehrt, obgleich einzelne Jātis sich kollektiv, in begrenztem Rahmen, auf der Stufenleiter voranbewegen konnten.
Innerhalb des Caturvarna stellten die Brahmanen die Priester, Gelehrten, Juristen und Ratgeber; die Kshatriyas, wörtl. Krieger, waren die Könige, Kämpfer, Verwalter; die Vaishyas waren Landwirte, Handwerker, Händler und Kaufleute, während die Shūdras die Diener und ungelernten Hilfskräfte stellten.
Jenseits dieser vier Kasten gab es die Kastenlosen, die Unbrührbaren (Parias), welche auch wieder ihre eigenen Unterkasten aufwiesen. Bei diesen handelt es sich aus der Sicht mancher Experten tatsächlich um die tiefsten Unterkasten der Shūdras.
Die Angehörigen der ersten drei

Kasten galten als Dvijas, Zweigeborene (dvi-ja), Dieser Begriff suggeriert, dass auf die rein physische Geburt noch eine geistig-religiöse folgt, welche bei den Jungen in Form einer Initiation, Upanayana, realisiert wird. Nur die Dvijas hatten das Recht, die Veden zu studieren und vedische Riutale durchzuführen.

Die Mitglieder der höheren Kasten genossen jedoch nicht nur Privilegien, sondern hatten auch Pflichten, z.B. als Brahmane kompetentes Wissen zu erwerben oder als Kshatriya in den Krieg zu ziehen, um die Gemeinschaft zu verteidigen.

Als früheste historische Quelle für die Kastenidee gilt das Purushasūkta in Rig Veda 10.90.11-12. Allerdings wird vermutet, dass es sich bei dieser Passage um einen späteren Einschub von Brahmanen handeln könnte, die damit ihre hohe Stellung untermauern wollten. In diesen Versen wird über den Purusha, das Ur-Wesen, gesagt, beim Schöpfungsvorgang sei sein Mund zum Brahmanen geworden, seine Arme zum Kshatriya, seine Schenkel zum Vaishya und seine Füße zum Shūdra. Ansonsten gibt es keine weiteren Belege im Rig Veda, und nur spärliche in den anderen Veden und den Upanishaden. Eine höchst detaillierte Ausformulierung der Kastenregeln erfolgte dagegen in der Manusmriti (ca. 200 v.Chr. – 200 n.Chr.).

Die Regierungen des modernen, freien Indien annullierten per Gesetz alle Benachteiligungen, welche sich aus dem Kastenwesen für die unteren Klassen ergeben können, und schufen gleichzeitig mittels Quoten und anderer Fördermaßnahmen Möglichkeiten für deren Angehörige, in höhere und höchste Positionen aufzusteigen.

Mahatma Gandhi setzte sich mit seinen eigenen Mitteln dafür ein, das Schicksal der Unberührbaren zu bessern, die er Harijans nannte, d.h. Kinder Gottes. Sie werden auch Dalits genannt, Unterdrückte, während die indische Regierung den Begriff „Scheduled Castes“ verwendet, erweitert durch „Schedules Tribes“, d.h. etwa Kasten und Stämme, die (für die Förderung) registriert sind.

Obwohl sich in der indischen Gesellschaft durch vielerlei Maßnahmen einiges bewegt hat, dauert die Fixierung auf die Kastenzugehörigkeit in manchen Lebensbereichen fort, wie z.B. aus Heiratsanzeigen deutlich wird. Das enge Zusammenleben in der Großstadt führte jedoch zwangsläufig zu einem modifizierten Verhalten, da der Gedanke einer Verunreinigung durch Kontakt mit Angehörigen niederer Kasten hier praktisch zur Lebensunfähigkeit führen würde und weil – anders als auf dem Lande – meist auch gar nicht das Wissen existiert, welcher Kaste ein anderer Mensch angehört, zumal in zahllosen Fällen der ausgeübte Beruf in keiner Beziehung

mehr zur ererbten Jāti steht.
Demgegenüber vermuten Soziologen, dass es in ländlichen Regionen noch längere Zeit dauern wird, bis tief verwurzelte konservative Strukturen aufgebrochen werden können. Sogar Christen und Muslime haben zum Teil ein Bewusstsein ihrer ursprünglichen Kastenzugehörigkeit bewahrt.

Kathā *f* Erzählung, Geschichte.

Kathāsaritsāgara *n* der Ozean der Ströme von Geschichten (kathā-sarit-sāgara), Name einer umfassenden Erzählungssammlung des Somadeva.

Katthak [Hindī] *m* ein klassischer indischer *Tanz*, der aus Nordindien stammt und durch schnelle, aber anmutige Bewegungen gekennzeichnet ist. Oft werden Themen aus den Epen, insbesondere Krishnas Leben, dargestellt.

Kathakalī, Kathākalī *f* ein klassischer indischer *Tanz* aus Kerala, der von Männern aufgeführt wird und meist mythologische Themen darstellt, insbesondere Gestalten aus dem Epos Rāmāyana.

Katha-Upanishad [kaṭha-upaniṣad] *f* auch Kathaka-Upanishad oder Kathopanishad (Lautverschmelzung von a und u zu o). Eine Upanishad, die sprachlich als besonders hochwertig gilt – es ist die älteste in Versen verfasste.
Sie erzählt die Geschichte des jungen Brahmanen Nachiketas, der den Todesgott Yama aufsucht und ihm die Frage stellt, was dem Menschen nach dem Tode widerfährt. Daraufhin belehrt Yama ihn, nach einigem Hinhalten, über Ātman, Brahman und den Weg der Erkenntnis.

Katikāsana *n* die Hüfthaltung.
kaṭika – Hüfte; āsana – Haltung.

Kaula-Mārga *m* der Kaula-Weg, bezeichnet die spirituellen Praktiken einer tantrischen Sekte, welche die Erleuchtung stark körperzentriert sah und auch eine Vergöttlichung des Körpers anstrebte. Hauptmittel ist die Kundalinī-Shakti, die verborgene Schlangenkraft.
Siehe auch *Tantra*.

Kaunteya *m* Sohn der Kunti, ein Name Arjunas.

Kauravas *m* die Nachkommen des Kuru. Im Mahābhārata Bezeichnung für die 100 Söhne des Königs Dhritarāshtra, welche unter der Führung Duryodhanas die Gegenspieler der Pāndavas waren.

Kausalyā *f* im Rāmāyana Name der Mutter Rāmas.

Kaushala [kauśala] *n* Geschick. In der Bhagavadgītā 2.50 heißt es, *yogaḥ karmasu kauśalam,* „Yoga ist Geschick in Werken.“

Kaushītaki-Upanishad [kauṣītaki-upaniṣad] *f* eine der älteren Upanishaden, welche das Schicksal der Seelen nach dem Tod und ihre Passage durch Himmelsregionen schildert. Kaushītaki ist der Name einer Familientradition im Rigveda.

Kaustubha *m oder n* kostbarer Juwel, der beim Quirlen des Milchozeans entstand und von Vishnu und Krishna auf der Brust getragen wird.

Kautilya [kauṭilya] *m* der Verfasser des *Arthashāstra.*

Kavi *m* Dichter, Seher, Weiser.

Kāya-Kalpa *m* eine ayurvedische Verjüngungstechnik, benützt geistige Mittel wie Meditation und physische Mittel wie ausgewählte Kräuter.

Kāya-Sampad *f* Vollendung des Körpers, erwähnt in Yogasūtra 3.45-46: Die Vollkommenheit des Körpers besteht in Schönheit, Anmut, Kraft und diamantener Festigkeit.

Kāya-Siddhi *m* Vollkommenheit des Körpers, entsteht gemäß Yogasūtra 2.43 durch die Beseitigung von Unreinheit mittels Tapas, Askese.

Kedarnāth ein wichtiger shivaitischer Pilgerort hoch im Himālāya in Uttar Pradesh.

Kena-Upanishad [upaniṣad] *f* eine der älteren Upanishaden, stellt die Frage nach der tieferen, verborgenen Ebene hinter unserem Denken, Leben und Wahrnehmen, und führt hin zu Jenem, „welches durch das Wort nicht ausgedrückt wird, sondern das Wort ausdrückt."

Keshava [keśava] *m* Name Krishnas: derjenige, der schönes oder langes Haar besitzt.

Kevala *adj* ganz, vollständig, absolut, rein.

Kevala-Kumbhaka *m* ein Anhalten des Atems oder Atemstillstand (kumbhaka), der sich bei fortgeschrittener Praxis von allein (kevala) einstellt.
Das willentlich herbeigeführte Anhalten heißt Sahita-Kumbhaka.

Khaga *m* Vogel.
Siehe auch *Vögel.*

Khecarī-Mudrā *f* eine fortgeschrittene Hatha-Yoga-Praktik, die – in der unten beschriebenen extremen Form - nur von wenigen Adepten durchgeführt wird, da sie tief in die Physiologie eingreift: Die Zunge wird durch bestimmte Maßnahmen wie Schnitte an den Zungenbändern im Verlaufe von Monaten oder Jahren systematisch gedehnt, bis sie den Punkt zwischen den Augenbrauen erreichen kann. Dann wird sie rückwärts in den Nasenrachen-

raum geführt, was zu einer überwältigenden Kundalinī-Erfahrung führen soll, wobei man „den Nektar (*Amrita*) trinkt und befreit wird wie Shiva selbst." (Hatha-Pradīpikā 5.38-50)
Im westlichen Yoga-Unterricht steht Khecarī-Mudrā für das Zurückbiegen und Pressen der Zunge am Gaumen.
khecarī bedeutet „sich im Luftraum (khe, von kha) bewegend (carī)". kha bedeutet auch Körperöffnung, wie der Mund.

Kinder-Yoga *m* ein Yoga, der mehr spielerisch unterrichtet wird und speziell den Bedürfnissen von Kindern gerecht wird.
In der Niederlausitz Grundschule in Berlin-Kreuzberg wird seit den 1990er Jahren Yoga unterrichtet, seit 2005/6 als Pflichtfach. Die Yoga-Übungen wirken dem Bewegungsmangel entgegen und sollen auch die sozialen Fähigkeiten fördern, indem ein gesundes Körpergefühl zu gesundem Selbstbewusstsein führt und damit zu einem entspannteren Umgang mit MitschülerInnen.
In einer kleinen rituellen Meditation schauen die Kinder zu Beginn der Yoga-Stunde in das Licht einer Kerze und schicken es dann in die Welt hinaus an Orte, wo es es gebraucht wird.
Weitere Informationen in Buchtiteln wie z.B. „Kinder entspannen mit Yoga" oder „Yoga für Kindergruppen".

Kinnaras *m* halbgöttliche Wesen, Abkömmlinge des Sehers Pulastya. Zusammen mit den Gandharvas sind sie himmlische Musikanten.

Kīrtan (Hindī), **Kīrtana** (Sanskrit) *n* Singen und Tanzen zu Ehren Gottes, Teil des Bhakti-Yoga, wird für die Teilnehmer oft zu einem intensiven emotionalen Erlebnis.

Kishora [kiśora] *m* Jüngling, junger Mann, Bezeichnung für Krishna.

Klesha [kleśa] *m* Schmerz, Leid, Betrübnis. Bezeichnet im Yogasūtra fünf Leidfaktoren, die den Geist an der Oberfläche festhalten und davon abhalten, das wahre Selbst zu erfahren: Avidyā, Unwissenheit (bereitet den Boden für die vier anderen); Asmitā, Ich-Bezogenheit; Rāga, Zuneigung; Dvesha, Abneigung; Abhinivesha, Lebensdrang.
Die Kleshas verursachen karmische Ansammlungen, deren Wirkung sich im gegenwärtigen Leben wie auch in künftigen Geburten entfaltet. Ziel der Yoga-Praxis ist es, den Kleshas zunächst ihre Kraft zu nehmen und sie letztlich ganz auszulöschen.

Klishta [kliṣṭa] *adj* leidvoll, schmerzlich. In Yogasūtra 1.5 werden die Vrittis, die Bewegungen des Geistes, in die beiden Kategorien leidvoll und leidlos (Aklishta) unterteilt.

Kodai siehe *Andal.*

Konāsana *n* Winkelhaltung.
koṇa – Winkel; āsana – Haltung.

Körper siehe *Deha, Sharīra.*

Kosha [kośa] *m* Hülle, Überdeckung, Gefäß. Das Konzept der fünf Koshas, die das höchste göttliche Selbst umkleiden, geht ursprünglich auf die Taittirīya-Upanishad zurück, obwohl dort der Begriff Kosha noch nicht verwendet wird, sondern die Hüllen jeweils als der physische, der feinstoffliche etc. Ātman bezeichnet werden.
Die äußerste Hülle ist die grobstoffliche, Annamaya, „aus Nahrung bestehend" (-maya am Ende bedeutet jeweils „bestehend aus".) Die zweite ist Prānamaya, die feinstoffliche, welche die Lebenskraft einbringt und mit dem Atem verbunden ist. Die dritte ist Manomaya, die mentale Hülle, die die Sinneseindrücke aufnimmt. Darauf folgt Vijñānamaya, die Intelligenzhülle, welche Denken und Wollen ermöglicht; und schließlich Ānandamaya, die Glückseligkeitshülle, die dem immer-seligen höchsten Selbst am nächsten ist.

Kosmos [Skrt. Brahmāṇḍa, „Brahmās Ei"; Jagat], **Kosmologie** der Hinduismus kennt verschiedene Theorien über den Ursprung des Kosmos. Gemäß der Schöpfungshymne des Rig Veda (10.129.1-2) war zu Anbeginn „weder Seiendes noch Nichtsein.. Ewig waltete das Ureine ohne Atem und außer Ihm war nichts im weiten Kosmos."
Das Mahābhārata berichtet in 1.1. von einem großen Ur-Ei als unvergänglicher Keim aller Geschöpfe. „Dieses war die große göttliche Ursache zu Anbeginn des Weltzeitalters..., die nichtmanifestierte feinstoffliche Ursache, in seinem Wesen zugleich Sein und Nichtsein." Aus ihm wurde das kosmische Urwesen Prajāpati geboren sowie vielfältige Götter und Wesen und die gesamte Schöpfung. All dies, so heißt es weiter „wird am Ende des Weltzeitalters wieder eingefaltet werden... So dreht sich auf immer, ohne Anfang und Ende, das Rad in der Welt und führt Entstehung und Auflösung herbei."
Die Purānas enthalten ebenfalls die Lehre eine ewigen Kreislaufs. Eine Schöpfungsperiode, d.h. ein Tag und eine Nacht im Leben Brahmās währt mehrere Milliarden Jahre und heißt Kalpa (siehe auch *Yuga*).
Vom kosmischen Ur-Ei, dem „goldenen Schoß" aller Dinge, Hiranyagarbha, berichten die Purānas. Dieses teilte sich in zwei Teile, woraufhin der Himmel aus der goldenen oberen Hälfte und die Erde aus der silbernen unteren entstand. Der kosmische Urkeim heißt auch „Brahmānda", d.h. Brahmās Ei.
Gemäß der Philosophie des *Sānkhya* entfaltet sich alles Offenbare aus der Prakriti, dem unerschaffenen Ur-

grund aller stofflichen und psychischen Erscheinungsformen, und wird am Ende des Zyklus der Manifestation wieder dorthin eingefaltet.

Krauñcāsana *n* die Reiher-Haltung. krauñca – Reiher; āsana – Haltung.

Krikara [kṛkara] *m* der „Kri-Macher". Einer der fünf sekundären Lebenshauche, löst den Nies- und Hustenreiz aus und verhindert so, dass Fremdkörper durch die Nasenwege nach innen gelangen.
Siehe auch *Upaprāna.*

Kripa [kṛpa] *m* ein weiser Ratgeber am Hofe der Kauravas in Hastināpura, der für eine Aussöhnung mit den Pāndavas eintrat. Später gehörte er zu den drei einzigen Kämpfern auf Seiten der Kaurvas, die die große Schlacht überlebten. Seine Schwester Kripā war die Frau Dronas und Mutter von Ashvatthāman.

Kripā [kṛpā] *f* Gnade, Mitgefühl.

Kripālu-Yoga *m* siehe *Desai, Amrit.*

Krishna, Krischna [kṛṣṇa] *m* wörtl. „schwarz, dunkelblau", was als Symbol für den unendlichen Raum des Universums gilt. Der Name wird auch abgeleitet von der Wurzel *kṛṣ,* an sich heranziehen, weil Krishna die Herzen seiner Anbeter an sich zieht.
Krishna ist ein Avatār, die achte Inkarnation Vishnus auf Erden, und gilt als die bekannteste Gottheit in Indien. Er spielt eine herausragende Rolle im Mahābhārata, unterweist in der Bhagavadgītā Arjuna im Yoga und tritt als göttliche Inkarnation in mehreren Purānas auf.
1. Krishna in den Purānas. Krishnas erster Lebensabschnitt wird insbesondere im Bhāgavata-Purāna erzählt, ferner auch im Harivamshapurāna, einem Anhang zum Mahābhārata: In der Stadt Mathurā herrscht der grausame König Kamsa. Eines Tages erscheint der Götterbote Nārada und prophezeit dem König, er werde zu einem späteren Zeitpunkt vom Sohn seiner Tante Devakī getötet werden. Um dies zu verhindern, lässt der Tyrann alle Kinder Devakīs gleich nach ihrer

Geburt umbringen, aber das siebte Kind, Balarāma, kann gerettet werden.
Bald darauf strebt Vishnu persönlich eine menschliche Inkarnation an und wird als Devakīs Sohn Krishna geboren. Um ihn vor Kamsas Zugriff zu bewahren, tauschen seine Eltern ihn sogleich mit der Tochter des Hirten Nanda aus, bei dem Krishna zusammen mit Balarāma aufwächst.
Er besteht eine Reihe von Abenteuern und Gefahren und verbringt viel Zeit mit den Gopīs, den Hirtinnen der Region, die er in mancherlei Spiele hineinzieht. Als Kamsa erfährt, dass Krishna am Leben ist, lädt er ihn ein, in Mathurā an Kampfspielen teilzunehmen, plant aber in Wirklichkeit, ihn durch seine besten Athleten umbringen zu lassen. Doch Krishna erweist sich ihnen allen als überlegen und besiegt sie souverän. Daraufhin greift Kamsa persönlich Krishna an, findet jedoch den Tod.
Darüber ist Kamsas Schwiegervater, der mächtige König Jarāsandha, schwer erzürnt und zieht mit seiner Armee nach Mathurā, um Kamsas Tod zu rächen. Er belagert die Stadt, doch werden seine Angriffe immer wieder von Krishna und seinen Leuten zurückgeschlagen. Weitere Komplikationen und Kämpfe entstehen, als sich Krishna die schöne Rukminī gegen den Willen ihres Vaters zur Frau nimmt. Am Ende kann sich aber Krishna durchsetzen und hat später 10 Söhne mit Rukminī.
Krishnas Beziehung zum Hirtenmädchen Rādhā, seiner Hauptgeliebten, wird erst in einem späteren Text, dem Brahmavaivarta-Purāna, geschildert. Hier werden beide als ein vollkommenes göttliches Paar dargestellt, wobei Krishna gleichsam die Seele der Welt ist und Rādhā deren Körper.
2. Krishna im Mahābhārata. Krishna spielt eine wichtige Rolle im Mahābhārata, obwohl er hier weniger direkt im Zentrum der Handlung steht als in manchen Purānas. In entscheidenden Augenblicken tritt er in Erscheinung und versucht den Lauf der Ereignisse in eine bestimmte Richtung zu lenken. Er ist wie eine spirituelle Gegenwart hinter dem gewaltigen Handlungsablauf des Epos, denn er verkörpert – jenseits seiner begrenzten irdischen Inkarnation – das unsterbliche göttliche Wesen, Vishnu, den Weltenherrn.
Sein Handeln ist nicht auf persönliche Interessen ausgerichtet, sondern dient der Steuerung des allgemeinen Kräftespiels und der Eindämmung der ungöttlichen, asurischen Kräfte. Als Stammesführer und Familienvater ist er ein Akteur, der voll im Leben steht und am Leben dynamisch teilhat. So demonstriert er, dass der Weg innerer Entwicklung nicht nur von Einsiedlern und Asketen beschritten werden kann, sondern auch vom Haushälter zu ver-

wirklichen ist, der die Pflichten des täglichen Lebens erfüllt.
Als es zum Krieg zwischen den verfeindeten Vettern, den Pāndavas und Kauravas, kommt, nachdem alle Vermittlungsversuche Krishnas an der Unbeweglichkeit der Kauravas gescheitert sind, zieht er mit dem Pāndava-Helden Arjuna als dessen Wagenlenker in die Schlacht. Bevor sie ausbricht, kommt es zum Dialog zwischen Krishna und Arjuna, aufgezeichnet in der Bhagavadgītā.
3. Krishna in der Bhagavadgītā. Beim Anblick der vielen Verwandten und Bekannten auf Seiten der Kauravas gerät Arjuna in tiefe Verzweiflung. Dies bedeutet eine Katastrophe für die Armee der Pāndavas, deren bester Kämpfer er ist. Doch nur Krishna wird unmittelbar Zeuge dieser Krise und ist nun gefordert als Freund, Psychologe und spiritueller Lehrer, um Arjuna innerlich wieder aufzurichten, wofür er vielfältige Argumente heranzieht. Aber tatsächlich erweist sich Arjunas Krise nur als Auslöser für einen langen spirituellen Diskurs Krishnas, der eine Eigendynamik entwickelt und alle erdenklichen Themen aufgreift, von der Meditation bis hin zu subtiler Philosophie. Im Mittelpunkt der Erläuterungen steht aber die Darstellung des dreifachen Yogas der Werke, Erkenntnis und Liebe (siehe *Karma-, Jñāna-, Bhakti-Yoga*).
Im 11. Kapitel werden diese Unterweisungen untermauert durch eine gewaltige Vision, die Krishna seinem Schüler schenkt, um ihm Vishnus göttliche Allgegenwart vor Augen zu führen. So mächtig ist diese Schau, dass Arjuna sie kaum ertragen kann. Darin offenbart sich Krishna in aller Herrlichkeit als Vishnu, indem die Inkarnation eins wird mit ihrem Ursprung und unendlichen Wesen. Am Ende dieser überwältigenden Erfahrung ist Arjuna erleichtert, als Krishna wieder seine gewohnte Form als Mensch annimmt.

Krishna Dvaipāyana [kṛṣṇa] *m* ein Name *Vyāsas.* dvaipāyana bedeutet „der auf der Insel geborene“.

Krishna, Gopi (1903-1984) indischer Yogī und Buchautor, der eines Tages nach siebzehn Jahren Praxis der Meditation plötzlich das Erwachen der Kundalinī, der verborgenen Schlangenkraft, erfuhr.
Seine anfangs sehr turbulente Erfahrung, die sich erst nach längerer Zeit stabilisierte, schilderte er in einem vielgelesenen Buch *Kundalini: Die evolutionäre Energie im Menschen,* welches erheblich dazu beitrug, das Phänomen Kundalinī im Westen bekannt zu machen.

Krishnā [kṛṣṇā] *f* ein Name *Draupadīs.*

Krishnacaitanya [kṛṣṇacaitanya] *m* ein Name *Caitanyas.*

Krishnamacharya, Sri Tirumalai [śrī kṛṣṇamācārya] einer der bedeutendsten indischen Hatha-Yoga-Lehrer im 20. Jh. (1888-1989), hatte viele Schüler, die später selbst zu bekannten eigenständigen Lehrern wurden.

Krishnamacharya wurde 1888 in Südindien geboren und erhielt erste Unterweisungen im Yoga und Sanskrit von seinem Vater. Später studierte er an verschiedenen Universitäten und begab sich für sieben Jahre in den Himālaya nach Tibet, um von einem Adepten im Hatha-Yoga unterwiesen zu werden.

1924 kehrte er in seine Heimat zurück und unterrichtete Yoga und Sanskrit zunächst in Mysore, dann in Madras (jetzt Chennai). Bald wurde er weit bekannt als kompetenter Hatha-Yoga-Lehrer, Meister der Veda-Rezitation und ayurvedischer Heiler.

Bei seinen Unterweisungen stützte er sich auch auf die Bhagavadgītā, das Yogasūtra sowie einige weniger bekannte Texte. Bemerkenswert war, dass er als Yogī einen Status als Familienvater (mit sechs Kindern) hatte, was damals sehr selten vorkam, und dass er – trotz der Kritik orthodoxer Kreise – auch Frauen im Yoga unterwies, sogar im Einzelunterricht. Seine erste weibliche Schülerin war Indra Devi, die sich später in den USA und in Europa einen Namen machte. So trug er zur Öffnung des Yogas gegenüber dem modernen Zeitgeist bei, obwohl er ansonsten als Guru einen sehr traditionellen und autoritären Stil pflegte.

Zwei Prinzipien prägten Krishnamacharyas Yoga-Unterricht: Vinyāsa-Krama und Viniyoga. Das erstere bedeutet „Stellungs-Reihenfolge“ und bezeichnet systematisch aufeinander abgestimmte Übungselemente, so dass ein bestimmtes therapeutisches oder psychophysisches Ziel realisiert werden kann. Viniyoga bedeutet die individuelle Ausrichtung der Übungen auf den Einzelnen, indem optimal auf dessen Konstitution und Disposition eingegangen werden kann.

Zu den bekanntesten Schülern Krishnamacharyas zählen *Iyengar, Jois* sowie sein Sohn *Desikachar*, die jeweils eigene Unterrichtsmethoden und Stile entwickelten.

***

Krishnamurti, Jiddu [kṛṣṇamūrti] einer der bekanntesten Weisheitslehrer Indiens im 20. Jh. Krishnamurti (1895-1986) war ein Außenseiter in der Welt indischer Spiritualität. Als achter Sohn einer Brahmanen-Familie wuchs er in Südindien auf und wurde alsbald von den Theosophen entdeckt, die speziell für ihn einen Orden gründeten und ihn als Reinkarnation Christi priesen.

Lange Jahre widmete sich Krishnamurti intensiven Studien, er reiste und lehrte, bis eine entscheidende innere Erfahrung im Jahr 1929 ihn veranlasste, den Orden aufzulösen. Die Wahrheit sei ein Land ohne Pfade, das man nicht mittels System oder Religion erschließen könne, verkündete er nun seinen überraschten Hörern und den schockierten Theosophen. Seitdem wirkte er als unabhängige Persönlichkeit, reiste durch die ganze Welt und sprach über sein wichtigstes Thema: Die Freiheit des Menschen.

Krishnamurti gründet sich nicht – wie sonst fast alle indischen spirituellen Lehrer – auf irgendeine vergangene Tradition wie die Veden, Upanishaden, die Bhagavadgītā oder den Tantrismus. Obwohl man ihn Philosophen nannte, maß er der Philosophie keine große Bedeutung bei; obwohl man ihn als Guru behandelte, akzeptierte er keine Schüler; obwohl er Inder war, hielt er keine Vorträge über Ātman und Brahman. Vielmehr lenkte er die Aufmerksamkeit des Fragenden auf das Leben als solches und entmutigte abstrakte, imitative Spekulationen, intellektuelle Gedankenakrobatik oder eitle Gelehrsamkeit.

Er wollte die Menschen bewusst machen, dass sie auch auf dem spirituellen Weg einer gewissen Konditionierung unterliegen, welche sie daran hindert, in eigener Kompetenz und lebendiger Erfahrung den Weg der Wahrheit zu beschreiten. Deshalb lehnte er auch vorgegebene Methoden und Techniken zur Entwicklung des Bewusstseins ab und erklärte: „Wenn ich eine Minute lang bewusst und aufmerksam bin, reicht das... Die Kultivierung von Aufmerksamkeit ist nicht Aufmerksamkeit."

Einem Gelehrten sagte Krishnamurti, er solle sein Wissen über Bord werfen, denn „Wissen ist eine Bewegung der Vergangenheit. Zu wissen, heißt, das zu bekräftigen, was war." Es sei eine Konditionierung des Denkens, welche an der wahren Erkenntnis hindere.

Krishnamurtis provokante Äußerungen scheinen zum Teil nicht im

Einklang mit den Yoga-Lehren zu stehen, können aber auch so aufgefasst werden, dass sie den Übenden anhalten, Spiritualität nicht als Nachkauen des Angelernten zu praktizieren, sondern als eigenes, authentisches Erleben und mutiges, stets waches Selbst-Erfahren.

Krishnāsana *n* die Krishna-Haltung.
kṛṣṇa – Krishna; āsana – Haltung.

Krita-Yuga *m* das vollkommene, goldene Zeitalter der Wahrheit, auch Satya-Yuga genannt.
Siehe *Yuga*.

Kriyā *f* Handlung; Ritus; Reinigungstechnik im Hatha-Yoga.

Kriyā-Yoga (1) *m* ein Yoga, der in Yogasūtra 2.1 dargestellt wird: „Tapas, Svādhyāya und Īshvara-Pranidhāna konstituieren den Kriyā-Yoga."
Tapas wird meist mit Askese übersetzt, bezeichnet hier jedoch nicht extreme körperliche Proben, sondern positivc spirituelle Praktiken und geistige Übungen wie Anbetung, Selbstbeherrschung etc. Svādhyāya bedeutet „Selbst-Studium" (sva-adhyāya), worunter man traditionell das Studium der heiligen Schriften und deren Rezitation versteht. Im weitesten Sinne wird es auch als Studium des eigenen inneren Selbstes interpretiert.
Īshvara-Pranidhāna ist die Darbringung aller Handlungen an den höchsten Herrn.
In Sūtra 2.2 führt Patañjali dann aus, dass der Kriyā-Yoga zum Ziel hat, die Kleshas (Leidursachen) zu schwächen und den Samādhi herbeizuführen.

Kriyā-Yoga (2) ein von Paramahansa Yogananda im Westen eingeführter Yoga. Nach eigener Darstellung erhielt er von *Babaji* selbst den Auftrag, Kriyā-Yoga im Westen bekannt zu machen, um Gottsuchern in Amerika und Europa die Möglichkeit zu geben, die fortgeschrittenen Techniken dieses Systems für ihre innere Entwicklung zu nutzen.
Der Kriyā-Yoga mit seinen Techniken wird nur durch persönliche Einweihung weitergegeben, so dass Details nicht in der allgemeinen Literatur zugänglich sind. Yogananda und andere Autoren haben jedoch in ihren Schriften viele Andeutungen und Hinweise gegeben. Der dreifache Yoga der Liebe, Erkenntnis und der Werke ist in Yoganandas System ebenso integriert wie Elemente des Kundalinī-Yoga und spezielle, machtvolle Atem- und Visualisierungstechniken, die eine herausragende Rolle spielen.
Gemäß Yogananda sind diese seit alter Zeit bekannt und es werde in Bhagavadgītā 4.29 darauf Bezug genommen: „Andere wieder opfern den ausströmenden Atem in den einströmenden Atem und den einströmenden in den ausströmenden,

indem sie beide Atemströme beherrschen und tief konzentriert sind auf die Regulierung der Lebenskraft."
Auf der physischen Ebene bedeute der Kriyā-Yoga, dass dem Blut Kohlendioxid entzogen und Sauerstoff zugeführt werde. Die zusätzlichen Sauerstoffatome würden dann in einen „Lebensstrom" verwandelt, welcher Gehirn und Rückenmarkszentren vitalisiert. So könne der Yogī den Verfall der Zellen reduzieren oder gar aufheben, und ein fortgeschrittener Adept verwandele seinen Körper in reine Energie. Auch Jesus habe diese oder eine ähnliche Technik beherrscht, durch deren Anwendung es ihm möglich war, seinen Körper nach Belieben zu materialisieren oder zu entmaterialisieren.

Kriyā-Yoga (3) eine von *Satyananda Sarasvati* entwickelte Übungsform des Hatha-Yoga.

Kriyā-Yoga (4) Bezeichnung für einige weitere Übungsformen des Yoga.

Krodha *m* Zorn, Ärger. Gilt als großes Hindernis im Yoga. In der Bhagavadgītā 2.62-63 wird ausgeführt, wie Ärger dem Begehren entspringt und einen Menschen ins Verderben reißen kann.
Aber auch von Yogīs wird berichtet, dass sie einmal ihre Fassung verlieren, wütend schreien oder ihrem Zorn und Ärger Ausdruck geben. Gerade wer sensitiv ist und ein starkes Gefühl für Falschheit und Lüge hat, kann eine Disposition zu solchem Handeln haben. Es kann auch eine Art „reinigendes Gewitter" geben, wenn sich der Zorn einer geläuterten Seele manifestiert und der Angesprochene mit Einsicht in sein Fehlverhalten reagiert.

Kshamā [kṣamā] *f* Vergebung, wird in vielen heiligen Schriften als große Tugend gepriesen.
So sagt der sanftmütige Yudhishthira im Mahābhārata 3.30.42-43: „Ein weiser Mensch sollte immer vergeben: denn wenn er alles hinnimmt, wird er zu Brahman. Diese Welt, und auch die nächste, gehört jenen, die Nachsicht üben. Hier erfahren sie Ehre, und hiernach reisen sie auf dem guten Pfad. Jene, deren Zorn stets durch Vergebung aufgefangen wird, gehören den höchsten Welten an; deshalb gilt Vergebung als das Höchste."

Kshānti [kṣānti] *f* ein Synonym für *Kshamā.*

Kshara [kṣara] *adj und n* vergänglich; das Vergängliche; der Körper.

Kshatriya [kṣatriya] *m* ein Mitglied der Kaste der Krieger, deren Aufgabe es ist, die Gemeinschaft zu schützen. Der wahre Kämpfer setzt sich für Recht und Wahrheit ein, für den *Dharma.* Auch Könige und Edelleute gehören dieser Kaste an.

Kshetra [kṣetra] *n* das Feld; Körper; Objekt. Der Körper wird als „Feld" bezeichnet, weil in ihm, wie auf einem Feld, die Früchte der Handlungen reifen. Derjenige, der das Feld kennt, ist kshetra-jña (Feld-Kenner), d.h. das Selbst. In der Bhagavadgītā 13.2 nennt sich Krishna „Kenner des Feldes aller Felder".

Kshetrapāla [kṣetrapāla] *m* der „Schützer des Feldes"; in Südindien die Schutzgottheit für eine Region.

Kshurikā-Upanishad [kṣurikā-upaniṣad] *f* eine der Yoga-Upanishaden, enthält nur 24 Verse und beschäftigt sich mit Konzentration, Dhāranā, welche die Klinge (kshurikā) ist, mit welcher der Yogī den Knoten der Unwissenheit und Unbewusstheit durchtrennt.

Kubera *m* der Gott des Reichtums und der Schätze, Hüter des Nordens.

Kuh [Skrt. *go*] die Kuh erfreut sich seit ältester vedischer Zeit hoher Wertschätzung bei den Hindus und wird zum Teil sogar als Göttin gesehen, als Verkörperung von Mutter Erde, die für Fruchtbarkeit und Fülle steht.
Beim Quirlen des *Milchozeans* entstand Kāmadhenu, die wunscherfüllende Kuh, die alle Gaben in Überfülle hat und verschenkt.
Vielfältig erwähnt werden die Kühe im Bhāgavatapurāna, das Krishnas frühe Lebensgeschichte in Vrindāvan erzählt. Die Szenen des jungen Kuhhirten (Go-pāla) inmitten der lieblich und sanftmütig dreinblickenden Rinder sind ein beliebtes künstlerisches Motiv.
Produkte der Kuh wie Ghee, d.h. zerlassene, geklärte Butter, sowie Milch und Joghurt sind wichtige Bestandteile bei der Pūjā, der rituellen Anbetung einer Gottheit. An bestimmten Feiertagen werden Kühe besonders herausgeputzt, geschmückt und verehrt.
Der Begriff „heilige Kuh" entstand in Verbindung mit der großen Wertschätzung und Behütung der Kuh auch im Alltag, wo sie für viele Menschen eine wichtige Bedeutung hat und nicht zum Verzehr geschlachtet werden darf. Ihre Produkte sind vor allem in ländlichen Regionen ein wichtiger Grundstock der Ernährung, sie hilft als Zugtier bei der Arbeit, ihr Dung wird zum Heizen und auch als Bestandteil des Baumaterials verwendet, selbst der Urin wird für medizinische Zwecke eingesetzt, so dass sie für ansonsten mittellose Bauern tatsächlich eine Art Kāmadhenu ist.

Kuhū-Nādī [nāḍī] *f* einer der feinstofflichen Nervenkanäle (*Nādī*), durch welche die Lebenskraft im Körper fließt. Er endet am Geschlechtsorgan.

Kukkutāsana *n* die Hahn-Haltung. kukkuṭa – Hahn; āsana – Haltung.

Kula *n* Familie, Gemeinschaft. Guru-kula ist die „Familie des Lehrers“, eine spirituelle Linie.

Kumāra *m* Junge, Jugendlicher; Sohn, Prinz. Auch ein Epithet des Kriegsgottes Kārttikeya.

Kumārasambhava *m* die Geburt Kumāras, d.h. Kārttikeyas; Name eines bekannten epischen Gedichts von Kālidāsa.

Kumārī *f* junges Mädchen, Jungfrau.

Kumbakonam Stadt in Tamil Nadu, Südindien, bekannt für ihre Tempel und Tradition der Gelehrsamkeit.

Kumbhaka *m oder n* das Anhalten des Atems nach einer vollen Ein- oder Ausatmung; das Aussetzen des Atems. Ein psychophysischer Zustand, bei dem der Atem aussetzt, kann im Verlaufe intensiver Atemübungen erreicht werden oder stellt sich von selbst während tiefer Meditation ein, ohne dass an den Atem gedacht wird.
Kumbhaka bedeutet „Wasserkrug“, wobei die vollen oder leeren Lungen mit einem vollen oder leeren Krug verglichen werden. Eine andere Erklärung besagt, dass während der Atempause der Rumpf des Körpers wie ein Krug mit Lebenskraft, Prāna, gefüllt wird.

Kumbhamelā *f* das „Topf-Fest“. Bezeichnung für eine zum Teil immens große Versammlung von Yogis, Heiligen und Asketen. Die wichtigste findet alle zwölf Jahre in Prayāga (Allahabad) bei einer bestimmten astrologischen Konstellation statt, wie im Jahr 2001.
Der Name rührt her vom kumbha, Topf, der nach dem Quirlen des *Milchozeans* mit dem wertvollen Amrita erschien, dem Nektar der Unsterblichkeit.

Kundalinī, Kundalinī-Shakti [kuṇḍalinī-śakti], *f* die verborgene „Schlangen-Kraft“, liegt aufgerollt oder „geringelt“ (kuṇḍalinī) an der Basis der Wirbelsäule auf der feinstofflichen Ebene.
Diese psychophysische Energie ist ein Kernkonzept im tantrischen und im Hatha-Yoga. So heißt es in der Hatha-Pradīpikā 5.1-2: „Kundalinī bildet die Grundlage der gesamten Yoga-Wissenschaft.“ „Wenn die schlummernde Kundalinī durch die Gnade des Gurus erweckt wird, so werden von ihr alle Cakras und Granthis (Knoten) durchstoßen“. Daraufhin könne Prāna, die Lebenskraft, frei durch die „Königspassage“ (Nādī Sushumnā) fließen und der Geist werde befreit und der Tod außer Kraft gesetzt.
In der Kundalinī offenbart sich die Shakti, die göttliche kosmische Schöpfungskraft, im Individuum. Unerweckt, schlummert sie im un-

tersten Zentrum, dem Mūlādhāra-Cakra. Wird sie erweckt, so erhebt sie sich, gleich einer Schlange, durch die sechs Cakras und erreicht schließlich das Sahasrāra-Cakra über dem Scheitelpunkt des Kopfes, den „tausendblättrigen“ Lotus. Dieser wird als Ort visualisiert, wo Shiva residiert, der das kosmische Bewusstsein symbolisiert. Er wird nun mit seiner Gemahlin, der Shakti, vereinigt, was zu einer überwältigenden Erfahrung der Glückseligkeit führt.
Verbunden mit dem Aufstieg der Kundalinī sind eine Reihe von psychophysischen Phänomenen. Manche Yogīs hören innere Klänge oder erfahren Hitze und Licht. Andere haben ein Gefühl wie krabbelnder Ameisen entlang der Wirbelsäule.
Einige Autoren wie Gopi Krishna haben berichtet, wie sie vom plötzlichen Erwachen der Kundalinī regelrecht überfallen wurden und große Probleme hatten, die Erfahrung zu verarbeiten und ihr Alltagsleben fortzusetzen. Andere Aspiranten streben die Erweckung bewusst an und bereiten ihr Wesen durch Reinigung, Kräftigung des Nervensystems etc. systematisch auf diese Erfahrung vor, die letztlich nicht nur zu einem transzendenten Zustand der Befreiung führen soll, sondern auch den Körper direkt in die Spiritualisierung mit einbezieht, so dass er als Teil des Göttlichen empfunden wird.
Siehe auch *Kundalinī-Yoga, Cakra.*

Kundalinī-Yoga [kuṇḍalinī] *m* Yoga der bewussten Erweckung der Kundalinī. Diese erfolgt durch Reinigunstechniken, Prāṇāyāma, bestimmte Āsanas, Mudrās, Mantras wie auch Meditation.
Siehe auch *Kundalinī, Cakra.*

Kunst Es gibt zwei Sanskrit-Begriffe für „Kunst“, zum einen *Kalā* und zum anderen *Shilpa.* Der erstere steht für praktische, technische und feine Künste, derer 64 aufgezählt werden. Dazu gehören vielerlei Fertigkeiten, welche Prinzen und Edelleute erwerben sollten, darunter auch Liebeskünste (siehe *Kāmasūtra*), Gartenanlagen, Fingerfertigkeit etc., wobei viel Wert auf gründliche Schulung und unermüdliches Üben gelegt wird.
Der Begriff *Shilpa* bezieht sich auf die schönen Künste, Handgewerbe, Gestaltung, Dekoration und ähnliches. Der Künstler, der solches praktiziert, heißt *Shilpin.*
Das Wesen der hinduistischen Kunst lässt sich nur auf deren spirituellem oder religiösem Hintergrund erfassen. So schreibt Sri Aurobindo über die Skulpturen indischer Meister: „Nicht die ideale physische oder emotionale Schönheit, sondern die äußerste spirituelle Schönheit oder Bedeutung, deren die menschliche Form fähig ist, ist das Ziel dieser Art von Schöpfung. Das göttliche Selbst in uns ist ihr Thema, der zu

einer Form der Seele gemachte Körper ist ihr Grundgedanke und ihr Geheimnis.“
Auch die indische Malerei, von der aus älterer Zeit aufgrund der klimatischen Bedingungen nur wenige Höhlengemälde erhalten blieben, setzte es sich zum Ziel, innere Schau und seelische Wahrheit in der materiellen Form mit großer Reinheit und Konturkraft zum Ausdruck zu bringen.
Der sakrale Charakter der *Architektur* tritt beim Tempelbau eindrucksvoll hervor, wobei der Tempel selbst zum Zentrum und zur Plattform anderer Künste wird: Malerei und Skulpturen schmücken die Wände, und in den Hallen wird, mit entsprechenden religiösen Motiven, musiziert, rezitiert oder getanzt.
Einige Tempelanlagen, wie jene in Rameshvaram an der Südspitze Indiens, sind von gewaltiger Größe und enthalten eine unvorstellbare Fülle künstlerischer Details und Dekorationen, welche das handwerkliche Geschick und die Perfektion der Künstler veranschaulichen, die in Gilden organisiert waren.
Bemerkenswert ist auch die Technik jener indischen Baumeister, die Tempel und Skulpturen zum Teil direkt aus dem Felsen herausarbeiteten und dabei imposante, in dieser Art vielleicht einmalige Werke schufen.
Siehe auch *Architektur*.

Kuntī *f* die Gemahlin Pāndus und Mutter der drei Pāndavas Arjuna, Bhīma und Yudhishthira. Sie war die Tochter des Yādava-Königs Shūra, wurde jedoch von dessen kinderlosem Vetter, Kuntibhoja, adoptiert und aufgezogen. In ihrer Kindheit wurde sie durch eine mantrische Anrufung des Sonnengottes zur Mutter von *Karna.*

Kūrma *m* Schildkröte. Im Hatha-Yoga einer der fünf sekundären Lebenshauche, kontrolliert die Bewegung der Augenlider, um vor Fremdkörpern oder grellem Licht zu schützen (siehe auch *Upaprāna*).
Im Hinduismus wird die Schildkörte mit dem Schöpfungsprozess und Prajāpati in Verbindung gebracht, der in Form einer Schildkröte die vielfältigen Lebensformen erschuf. Vishnu erschien in seiner zweiten Inkarnation als Kūrmāvatāra und half beim Quirlen des *Milchozeans*.

Kūrmapurāna [kūrmapurāṇa] *m* das Purāna von Vishnu in seiner Inkarnation als Schildkröte (kūrma).

Kūrmāsana *n* Schildkrötensitz.
kūrma – Schildkröte; āsana – Sitz.

Kūrmavaduttānāsana, kūrma-vad-uttānāsana *n* Schildkröten-Rücken-Haltung.
kūrma-vad – wie eine Schildkröte;

uttāna – auf dem Rücken liegend; āsana – Haltung.

Kuru *m* Name des Urahnen der Kurus. Er war der Sohn von Samvarana und Tapatī. Obwohl er der Vorfahre sowohl von Pāndu als auch von Dhrirarāshtra war, werden in der Regel nur die Söhne des letzteren „Kauravas" genannt, während die Söhne Pāndus die Pāndavas sind.

Kurukshetra [kurukṣetra] *n* das „Feld der Kurus", auf dem, wie im Mahābhārata berichtet, der Kampf zwischen den Pāndavas und den Kauravas ausgetragen wurde. Das Feld liegt geographisch in einer Ebene bei Delhi und wird auch im ersten Vers der Bhagavadgītā erwähnt.

Kusha [kuśa] *m* heiliges Gras mit langen spitzen Stengeln, das für bestimmte Rituale verwendet wird.

Kutsa *m* Name eines vedischen Rishis, Autor einiger Hymnen des Rigveda.

Kuvalyananda, Swami [kuvalyānanda, svāmī] (1883-1966) einer der Pioniere der modernen wissenschaftlichen Erforschung des Hatha-Yoga, gründete 1924 das Kaivalyadhāma Institute in Lonavla und widmete sich der Entwicklung therapeutischer Anwendungen und einer Yoga-Gesundheitskultur.
An seinem Institut wurden auch einige wichtige textkritische Ausgaben klassischer Hatha-Yoga-Manuskripte erstellt.

L

Lach-Yoga, Hāsya-Yoga *m* entspannt und steigert das Wohlbefinden. Zahlreiche Muskeln werden aktiviert, es werden Antikörper ausgeschüttet, die das Immunsystem stärken, und Endorphine verteilen das Glücksgefühl im Körper. Beim Üben wird zunächst Lachen rein äußerlich nachgeahmt, wobei man anstrebt, vom unechten zum echten zu gelangen.
Als Begründer des Lach-Yogas gilt der indische Arzt Dr. Madan Kataria, der es 1995 entwickelte, um seine Patienten von Stress zu befreien und ihre Lebensfreude zu erhöhen.

Lāghava, Laghutā *n bzw. f* Leichtheit. Das Gefühl körperlicher Leichtigkeit, das sich im Verlaufe regelmäßiger Atemübungen einstellen kann.

Laghiman *m* Leichtigkeit, Levitation. Eine von acht übernatürlichen Kräften, Siddhis, wird in einigen Yoga-Texten erwähnt.
Das Phänomen der Levitation wurde vielfach in Indien, Tibet und bei christlichen Mystikern wie der heiligen Therese von Avila glaubhaft berichtet, konnte jedoch bislang nie beweiskräftig aufgezeichnet werden. Vereinfacht dargestellt lautet eine esoterische Erklärung des Phänomens, dass eine starke Verlagerung des Bewusstseins auf geistige und spirituelle Inhalte die materielle Schwerkraft temporär aufheben könne. Im Falle der Therese von Avila erfolgte die Levitation nach eigenem Bekunden unwillkürlich und ungewollt, nicht durch bewusste Technik herbeigeführt.
Siehe auch *Ākāshagamana* (Ätherreisen), *Siddhi*.

Laghuvajrāsana *n* Kleiner-Donnerkeil-Haltung.
laghu – klein, leicht; vajra - Donnerkeil; āsana - Haltung.

Lahiri Mahasaya [lahiri mahāśaya] der Guru von Yoganandas Guru Sri Yukteswar, empfing den Kriyā-Yoga von Babaji.

Lakshana [lakṣaṇa] *n* Kennzeichen, Symbol; typisches Merkmal einer Gottheit.

Lakshmana [lakṣmana] *m* Name

eines Halbbruders von Rāma im *Rāmāyana,* steht symbolisch auch für einen treu ergebenen Bruder, da Lakshmana dem Rāma stets zur Seite stand. Er war der Sohn von König Dasharatha und Sumitrā.

Lakshmī [lakṣmī] *f* die Göttin des Wohlstands, Wohlergehens und der Schönheit, Gemahlin Vishnus. Sie wird oft angerufen, um materielle oder spirituelle Fülle zu schenken, und erscheint in Abbildungen meist in Verbindung mit einem Lotus, Padma.

Lakshmī-Pūjā [lakṣmī] *f* Lakshmī-Verehrung. Die Anbetung der Göttin Lakshmī am dritten Tage des Divālī-Festes.

Lakshya [lakṣya] *n* Gegenstand, Objekt. Gegenstand der Konzentration oder Meditation.

Lālana-Cakra *n* ein subtilphysisches Zentrum am Gaumen in der Nähe des Zäpfchens. Lālana bedeutet „Streicheln" und bezieht sich auf die Zunge, die über den Gaumen oder das Zäpfchen bewegt wird, um den Fluss eines feinstofflichen Nektars zu stimulieren. Dieses Cakra wird auch Tālu-Cakra oder Gaumen-Zentrum genannt.

Lalāta [lalāṭa] *n* Stirn. Die Anhänger Vishnus, Shivas etc. tragen oft die Symbole ihrer Sekten auf der Stirn. Auch der rote Punkt, der das Ājñā-Cakra symbolisiert, wird hier aufgetragen.

Lalitā *f* sanft, bezaubernd, lieblich, verspielt; ein Aspekt der Göttin Pārvatī.

Lalitāsana *n* die entspannte Haltung. In künstlerischen Darstellungen von Göttern eine Haltung, bei der ein Bein auf dem Sitz ruht, während das andere nach unten gestellt ist und z.B. auf einem Lotus ruht.
lalita – sanft, spielerisch; āsana – Haltung.

Lambikā-Yoga *m* der „Yoga des Zäpfchens", bezeichnet eine Technik der Khecarī-Mudrā, bei der die Zunge über die Spitze des Zäpfchens gestrichen wird, was den Fluss einer subtilen Flüssigkeit hervorruft, welche Krankheiten heilt und dem Altern entgegenwirkt.

Langalāsana *n* die Pflug-Haltung.
laṅgala – Pflug; āsana – Haltung.
Abb. siehe *Halāsana.*

Langhana [laṅghana] *n* Springen, Überschreiten, Reduzieren. Im Āyurveda Fasten, Gewicht reduzieren.
Beim Prānāyāma bedeutet Langhana das Ausatmen, während *Brimhana* für das Einatmen steht. Langhana Āsanas sind entspannend, sie reduzieren Puls und Atemfrequenz.

Lankā [laṅkā] *f* im Rāmāyana Name der Insel Ceylon, die heute wieder Sri Lanka heißt. Hier residierte der Asura Rāvana, der Rāmas Frau Sītā nach Lankā entführte. Der Legende nach wurden die luxuriösen Residenzen ursprünglich für den Gott *Kubera* erbaut, doch Rāvana eroberte sie für sich.
Siehe auch *Rāvana.*

Lava *m* einer der beiden Zwillingssöhne Rāmas und Sītās. Er verbreitete mit seinem Bruder Kusha das Rāmāyana durch Rezitationen im Lande, nachdem er es von Vyāsa empfangen hatte.

Laya *m* Auflösung, Verschmelzen, Verschwinden. Das Aufgehen der Einzelseele im Absoluten, auch das materielle Vergehen aller Dinge am Ende eines Yuga oder Weltenzyklus. Laya wird gelegentlich als Synonym für Samādhi gebraucht.

Laya-Yoga *m* Yoga der Vereinigung der Einzelseele mit dem Absoluten mittels Anbetung, Verehrung oder auch Techniken wie Prānāyāma, Mudrā, Visualisierung und Meditation.

Likhita-Japa *m* die Mantra-Wiederholung in geschriebener Form.
Siehe auch *Japa.*

Līlā *f* das göttliche Spiel. Der Begriff bezieht sich allgemein auf das spontane Wirken des Höchsten auf der irdischen Bühne und speziell auf Krishnas Aktivitäten und Spiele in Vrindāvana. Höhepunkt dabei ist sein nächtlicher Tanz mit den Gopīs, Rāsa-Līlā, bei dem er sich so vervielfältigt, dass jede Gopī ihn neben sich spürt und seine Hände hält.

Linga, Lingam [liṅga] *n* Zeichen, Symbol, Charakteristikum, Emblem; Phallus als Symbol des Göttlichen in dem Wort „Shivalinga". Das Linga wird oft in Form einer Säule dargestellt, als Symbol der göttlichen schöpferischen Kraft.

Linga-Sharīra [liṅga-śarīra] *n* der feinstoffliche Körper.
Siehe *Sūkshma-Sharīra.*

Linker Tantra, *siehe Vāma-Mārga.*

Lobha *m* Habgier, Begehren. Ein Hindernis auf dem Yoga-Weg.

Loka *m* Welt, Raum, Universum; wird auch in Verbindung mit der Unterteilung des Universums in verschiedene Welten gebraucht, insbesondere in Triloka, welches die drei Welten von Himmel, Erde und Unterwelt bezeichnet.
Bei einer detaillierteren Unterteilung werden sieben Welten benannt: Bhūloka, die Erde; Bhuvarloka, der Raum zwischen Erde und Sonne, bewohnt von Munis, Siddhas etc.; Svarloka oder Indraloka, d.h. Indras Himmel oberhalb der Sonne oder

zwischen ihr und dem Polarstern; Maharloka, eine Region oberhalb des Polarsterns und bewohnt von Bhrigu und anderen Rishis; Janarloka, bewohnt von Brahmās Sohn Sanatkumāra u.a.; Taparloka, bewohnt von Vairāgins, d.h. Entsagenden, die von weltlichem Begehren befreit sind; Satyaloka oder Brahmāloka, die Wohnstätte Brahmās, eine Region jenseits der Wiedergeburt.

Lokapāla *m* der „Welthüter", d.h. ein Gott, der jeweils über einen bestimmten Teil des Weltkreises herrscht.

Lolāsana *n* die Pendel-Haltung, Schaukel.
lola – hin und her schwingen wie ein Pendel; āsana – Haltung.

Lomaharshana [lomaharṣaṇa] *m* Name eines Schülers Vyāsas, der als erster die Purānas erzählte.

Lopāmudrā *m* Name der Frau des Rishi Agastya. Der Legende nach hatte der Weise sie selbst durch einen okkulten Vorgang geformt und ins Leben gerufen.

Lotussitz Padmāsana oder Kamalāsana. Eine klassische Meditationshaltung, in der oft Yogīs und Weise abgebildet sind: die Füße werden, mit der Fußsole nach oben, jeweils überkreuz auf dem gegenüberliegenden Oberschenkel plaziert.

Löwe, Simha [siṁha] ein Symbol majestätischer Kraft, das Tragetier der Göttin Durgā. Vishnus vierte Inkarnation erfolgte als Nara-Simha, Löwenmensch.

Luna-Yoga *m* von lat. luna, Mond, welcher Gezeiten und vielleicht auch Körperzyklen beeinflusst.
Luna-Yoga wurde Mitte der 1980er Jahre von Adelheid Ohlig begründet. Sie hatte bei der israelischen Tänzerin und Körpertherapeutin Aviva Steiner studiert, die ein System der Körperarbeit entwickelt hatte, welches es Frauen ermöglicht, ihren Zyklus zu beeinflussen.
Luna-Yoga verbindet Steiners Erkenntnisse mit Ohligs Yogawissen und eigenen therapeutischen Erfahrungen, wobei dynamische Elemente aus afrikanischen und indianischen Tänzen hinzukommen.
Durch gezielte Lenkung des Atems insbesondere in den Beckenbereich sowie ausgesuchte Yogahaltungen und Bewegungsfolgen sollen Verspannungen gelöst und die Durchblutung der Sexualorgane gefördert werden, was ausgleichend auf das Hormonsystem wirkt, die Menstruationszyklen harmonisiert und die Fruchtbarkeit fördert. Da die letztere Wirkung auch bei Männern eintreten soll, gilt Luna Yoga als natürliche Anwendung für Paare mit Kinderwunsch.

Lysebeth, André von belgischer Wegbereiter des Yogas im Westen (1919-2004), verfasste einige wichtige Werke über Yoga und Tantra.
Lysebeth begann seine Yoga-Praxis mit etwa 19 Jahren und wurde 1949 zum Schüler von Swami Sivananda, den er jedoch erst im Jahr 1963 persönlich traf. In seinem ersten von vielen Buchtiteln *Yoga für Menschen von heute* erklärt er, für die westliche Lebensweise angepasst, grundlegende Atem- und Entspannungstechniken sowie von Sivananda entwickelte Āsana-Reihen. In einem späteren Titel über Prānāyāma beschrieb er erstmals europäischen LeserInnen weit fortgeschrittene Atempraktiken.
Lysebeth gab auch eine französische Yoga-Zeitschrift heraus, die bis heute erscheint.

M

Mada *m* Trunkenheit, Leidenschaft, Arroganz als negative Eigenschaften, die von der Wahrheit wegführen.
Mada ist jedoch auch die trunkene, verzückte Gottesliebe.

Mādhava *m* Name Krishnas, mit der Bedeutung „süß, frühlingshaft", von *madhu*, Honig. Eine weitere Bedeutung: *mā* steht für Lakshmī, die Göttin von Wohlstand und Wohlergehen, und *dhava* bedeutet „Herr". So ist Mādhava der Herr Lakshmīs, oder jener, der Wohlergehen bringt.

Madhu *m* Name eines Dämonen, der zu Anbeginn der Schöpfung zusammen mit Kaitabha den Gott Brahmā töten wollte, doch beide wurden von Vishnu erlegt.
madhu bedeutet auch süß, angenehm, Honig.

Madhusūdana *m* jener, der den Madhu besiegte; ein Name Krishnas.

Madhva, auch Mādhva oder Madhvāchārya (1199-1278) bekanntester Vertreter des Dvaita-Vedānta, der dualistischen Version des Vedānta. Bei dieser Lehre werden die Unterschiede zwischen Gott, Welt und Einzelseele als getrennte Wesenheiten stark hervorgehoben.
Madhvas Hauptwerke sind Kommentare zum Brahmasūtra, zur Bhagavadgītā, einigen Upanishaden und dem Bhāgavata-Purāna.

Māgha *m* Name des elften Monats im Hindu-*Kalender* (Januar/Februar).

Magie im Verlaufe einer fortgeschrittenen Yoga-Praxis können sich übernatürliche Kräfte einstellen, die Siddhis. Wenn diese Kräfte eingesetzt werden, um persönliche, egoistische Ziele zu verfolgen, so handelt es sich um Magie. Viele Yoga-Texte warnen vor dieser Versuchung und deren negativen Folgen für den Aspiranten.

Mahā *adj* eine häufige Vorsilbe mit der Bedeutung „groß, bedeutend", z.B. in Mahākālī, die große Kālī, die Göttin höchster Kraft, oder in Maheshvara (mahā-īśvara), der „große Herr", Shiva.

Mahā-Bandha *m* der „große Verschluss", eine Hatha-Yoga-Praktik, bei der in einer bestimmten Sitzposition - der linke Fuß am Damm, der

rechte auf dem linken Oberschenkel - nach voller Einatmung das Kinn gegen die Brust gedrückt und die Konzentration auf die Sushumnā-Nādī, den zentralen feinstofflichen Kanal, gerichtet wird, woraufhin nach langem Anhalten des Atems die Ausatmung erfolgt.
Die Technik soll der Verjüngung und Kräftigung des Körpers dienen und die Erweckung der Kundalinī, der verborgenen Schlangenkraft fördern.

Mahābhārata *n* das *große* (*mahā*) Epos vom Kampf der *Nachkommen des Bharata* (*bhārata*), eines Königs im alten Indien. Der Autor ist Vyāsa, der es der Legende nach dem Ganesha diktierte. Der Text umfasst 18 Kapitel und, je nach Ausgabe, 80 – 100 000 Verse, die vom langwährenden Konflikt und schließlich dem Kampf zweier verwandter und verfeindeter Familien, der Pāndavas und der Kauravas, berichten. Dabei geht es um die Thronnachfolge des blinden Königs Dhritarāshtra und sein großes Reich. Die Pāndavas, Söhne von Dhritarāshtras Bruder Pāndu, haben in diesem komplizierten Streit das Recht auf ihrer Seite und bemühen sich vor Kriegsbeginn intensiv um Verhandlungen, die jedoch von Duryodhana, Dhritarāshtras ältestem Sohn, blockiert werden. Sie werden unterstützt von Krishna, der in der großen Schlacht als Wagenlenker des Pāndava-Helden Arjuna auftritt. Als dieser angesichts seiner vielen Verwandten und Bekannten auf der gegnerischen Seite in eine schwere Krise gerät, beginnt Krishna einen Dialog mit Arjuna, in dessen Verlauf er ihn ermutigt, für den Dharma, für Recht und Gesetzmäßigkeit zu kämpfen.
Im weiteren Verlauf kommt Krishna auf verschiedene Yoga-Wege zu sprechen, die er ausführlich erläutert. Dieser Dialog wurde unter dem Namen *Bhagavadgītā* bekannt und ist der herausragende Textteil im Epos.
Schließlich beginnt die 18tägige Schlacht, und nach vielen für beide Seiten äußerst verlustreichen Kämpfen gewinnen am Ende die Pāndavas, deren ältester, Yudhishthira, die Thronnachfolge antritt und sein Land 15 Jahre lang gerecht und erfolgreich regiert.
Eingebettet in diese Haupthandlung sind zahlreiche Geschichten von Asketen, Yogīs und Weisen, die ein wesentliches Element des Epos ausmachen. Es wird berichtet von Asketen, die extremen Praktiken nachgehen und kaum Nahrung zu sich nehmen; von Weisen, die abgeklärt über den Dingen stehen, und von Yogīs mit zum Teil außergewöhnlichen Fähigkeiten. Vyasas Sohn Shuka z.B. ist eine vollkommen reine Seele und ein Siddha-Yogī, der bereits in jungem Alter mühelos die spirituelle Befreiung verwirklicht.
Sanatsujāta wiederum ist ein un-

sterblicher Yogī, der sich kurz vor dem großen Krieg wie aus dem Nichts vor Dhritarāshtra manifestiert und mit weisen Worten die Seele des Königs stärkt. Seine Ansprache mit einer Erläuterung der Bedeutung des Todes aus spiritueller Sicht (Mbhr. 5.42) gehört zu den anspruchsvollsten Passagen im ganzen Epos.

Mahābhāshya [mahābhāṣya] *n* der „große Kommentar", Name von Patañjalis Kommentar zu Pāninis genialer Sanskrit-Grammatik *Ashtādhyāyī.*

Mahābhūta *n* „großes Element", gemeint sind die fünf grobstofflichen Elemente Erde, Wasser, Feuer, Luft, Äther, auf Sanskrit *pṛthvī, āpas, agni, vāyu, ākāśa.*
Siehe auch *Tanmātra.*

Mahādeva *m* „großer Gott", ein häufg gebrauchter Beiname Shivas, identisch mit Maheshvara.

Mahādevī f die große Göttin, ein Beiname der Shakti Shivas, identisch mit Maheshvarī.

Mahākālī *f* die große Kālī, ein Name für Durgā oder Pārvatī, Shivas Gefährtin, ihr furchterregender Aspekt der heftigen Kriegerin.

Mahālakshmī [mahālakṣmī] *f* die große Lakshmī, Gattin Vishnus und Geberin der reichen spirituellen Gaben.

Mahāmāyā *f* die große Täuschung oder Illusion (der Manifestation). Als deren Personifizierung auch Name Durgās.

Mahā-Mudrā *f* das „große Siegel": In Sitzposition wird die linke Ferse am Gesäß plaziert, woraufhin man das rechte Bein streckt und die Zehen greift. Dann wird die Kehle zusammengezogen, und man richtet den Blick auf den Punkt zwischen den Augenbrauen. Anschließend wird der Vorgang wiederholt, indem man das linke Bein streckt. Die Technik soll viele Krankheiten heilen, insbesondere Verdauungsprobleme und Hämorrhoiden.

Mahān, Mahat *m* „der Große", im Sānkhya ein Synonym für *Buddhi.*
Siehe auch *Sānkhya.*

Mahānirvāna-Tantra [mahānirvāṇa] *n* einer der wichtigsten Tantra-Texte, der mit seinen philosophischen, ethischen und spirituellen Lehren einen großen Einfluss auf das indische Geistesleben ausgeübt hat.
Siehe auch *Tantra.*

Mahāpralaya *m* die Auflösung der

Welt am Ende eines Schöpfungszyklus.
Siehe auch *Yuga.*

Mahāpurāna [mahāpurāṇa] *n* das große Purāna. Bezeichnung für die 18 wichtigsten Purānas, bisweilen auch nur für das Vishnu- und Bhāgavatapurāna.

Mahārāja *m* großer König, Souverän. Auch Name Vishnus und Kuberas.

Maharishi Mahesh Yogi [mahā ṛṣi maheś yogī] geb. 1918 in Indien, studierte zunächst Physik und wurde Schüler von Swami Brahmananda Sarasvati, der führenden Persönlichkeit eines auf Shankara zurückgehenden Ordens, von dem er das grundlegende Wissen der „Transzendentalen Meditation" (TM) empfing.
Seit 1958 lehrte Mahesh Yogi TM auf der ganzen Welt, zunächst insbesondere in den USA. Große Bekanntheit erlangte er, als ihn 1967 die Beatles in Rishikesh aufsuchten, um seine Methode kennenzulernen.
Als Naturwissenschaftler regte Maharishi Mahesh Yogi eine Reihe von wissenschaftlichen Studien zu seiner Meditationstechnik an. Einige hundert liegen heute vor und sollen, Berichten zufolge, positive physiologische Wirkungen der TM aufzeigen. Diese hat ihre Grundlage im Yogasūtra des Patañjali, integriert jedoch auch einzelne Hatha-Yoga-Techniken. Die Meditationen werden mit einem individuellen Mantra durchgeführt.
Später wurden auch Kurse zum Erlernen von Siddhis, übernatürlichen Fähigkeiten, angeboten und eine umfangreiche Ayurveda-Produktlinie entwickelt.
Insgesamt fanden die TM-Techniken und die Lehre von einem innerlich befreiten Leben hier in der Welt viel Resonanz und weltweit einige Millionen Anhänger.
Mahesh Yogi starb 2008 in seinem Anwesen in den Niederlanden.

Maharloka *m* eine Region oberhalb des Polarsterns, bewohnt von Bhrigu und anderen Rishis.
Siehe auch *Loka.*

Maharshi [maharṣi] *m* großer Rishi, bedeutender Seher oder Weiser. (mahā ṛṣi wird nach einem Lautgesetz zu maharṣi.)

Mahāsamādhi *m* der große Samādhi, die letzte Versenkung eines Yogīs, der seinen Körper verlässt.

Mahāsarasvatī *f* die große Sarasvatī, Gattin Brahmās und Göttin der Weisheit.

Mahat *m* siehe *Mahān.*

Mahātmā *m* große Seele, bedeutende Persönlichkeit. (Aus mahā, groß, und ātmā, Seele.)

Māhātmya *n* Größe, Würde, Erhabenheit. Name von Werken, die die Größe einer Gottheit rühmen.

Mahāvākya *n* eine große, bedeutende Äußerung eines Weisen oder einer heiligen Schrift etc., wie z.B. das *tat tvam asi* (Das bist Du) der Upanishaden.

Mahāvākya-Upanishad [upaniṣad] *f* eine der Yoga-Upanishaden, umfasst nur 24 Verse und empfiehlt speziell die Wiederholung des Mantras *hamsa* (siehe *Ajapa-Mantra*). Die höchste spirituelle Verwirklichung wird in diesem Text definiert als das reine Einssein, Aikya, mit dem Absoluten.

Mahāvatār (Hindī), **Mahāvatāra** (Sanskrit) *m* großer (mahā) Avatār.

Mahā-Vedha *m* der große „Durchdringer". Man führt *Mahā-Bandha* durch, atmet ein und macht dann den Halsverschluss, *Jālandhara-Bandha*. Dabei bewegt man sich wiederholt ein wenig auf und ab. Die Übung soll bewirken, dass Prāna die *Granthis* durchdringt.

Mahāvīra *m* großer Held; Name Vishnus; Name des Begründers des Jainismus (6. Jh. v.Chr.).

Mahāvīrāsana *n* die Helden-Haltung.
mahāvīra – großer Held; auch Name Vishnus. āsana – Haltung.

Mahāyuga *n* ein großes Weltzeitalter. Siehe *Yuga.*

Mahendra *m* der große Indra, Name Indras.

Maheshvara [maheśvara] *m* großer Gott, ein Beiname Shivas, identisch mit Mahādeva.

Maheshvarī [maheśvarī] *f* die große Göttin, ein Beiname der Shakti Shivas, identisch mit Mahādevī.

Mahiman *m* Größe, Herrlichkeit, Macht. Die übernatürliche Fähigkeit (Siddhi), den Körper nach Belieben zu vergrößern.

Mahisha (1) [mahiṣa] *m* Büffel, das Tragetier des Todesgottes Yama.

Mahisha (2) [mahiṣa] *m* Name eines mächtigen Dämonen, der sich sogar im Himmel der Götter niederließ. Als ihn Durgā, unterstützt von allen Göttern, angriff, wechselte er ständig seine Formen, doch konnte ihn die Göttin erlegen, als er sich in einen Büffel (mahisha) verwandelte.

Maithunā *f* Geschlechtsverkehr, ritueller Sex im Vāma-Mārga-Tantra, dem Linken Pfad. Während des Ritus wird die Frau als göttliche Shakti visualisiert, während der Mann als Shiva gesehen wird. Die Vereinigung findet meist in Gegenwart des Meisters und in einer meditativen Atmosphäre statt. Dabei wird, im authentischen Tantra, versucht, die durch den sexuellen Kontakt freigesetzten psychophysischen Energien in eine höhere, gleichmäßige Glückseligkeit, Ānanda, zu überführen, so dass die körperliche Vereinigung durchweg den Charakter einer spirituellen Erfahrung behält.

Maitreyī *f* Name einer Gattin des Rishis *Yajñavalkya*.

Maitrī *f* Freundlichkeit, Freunschaft. Im Yogasūtra 1.33 als eine jener positiven Eigenschaften erwähnt, welche helfen, Geistesstille herbeizuführen.

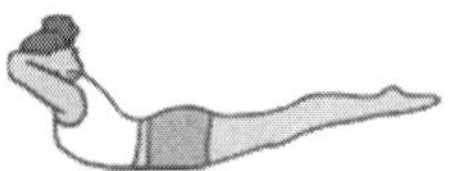

Makarāsana *n* die Makara-Haltung. Makara steht im Sanskrit für „See-Ungeheuer" oder gefährliche Tiere im Wasser wie Hai oder Krokodil, wird jedoch im vorliegenden Begriff oft mit „Delphin" übersetzt.
makara – Makara; āsana - Haltung.

Mala *n* Schlacken, Unreinheiten im Wesen, welche Leid und Verstrickung verursachen. Deren Reinigung und Läuterung ist ein wichtiges Element des Yoga-Weges.

Mālā *f* Girlande; Rosenkranz, der von manchen Yogīs beim Japa, der Wiederholung des Mantras, verwendet wird (siehe *Japa*, Abs. 4). Viele Götter tragen Girlanden, die als glückverheißend gelten und z.B. auch prominenten Gästen als Zeichen der Ehrung umgehängt werden.

Mālāsana *n* die Girlanden-Haltung, Hocke.
mālā - Girlande; āsana – Haltung.

Malerei siehe *Kunst (Abs. 4).*

Māmsa [māṁsa] *n* Fleisch. Wird in der Regel von orthodoxen Hindus gemieden, jedoch in einem Ritual des Linken Tantra verwendet.
Siehe auch *Pañca-Tattva.*

Manana *n* das kritische Reflektieren über eine Wahrheit, die durch

Shravana, das Hören, aufgenommen wurde. Als dritte Stufe folgt Nididhyāsana, das wiederholte tiefe Nachsinnen darüber.

Manas *n* der (mentale) Geist, der Bereich der Gedanken, Wünsche und Gefühle. Manas nimmt die Sinneseindrücke der äußeren Welt auf und koordiniert deren Wahrnehmung. Ihm übergeordnet ist Buddhi, das Organ der Unterscheidungskraft und Sitz der Erkenntnis und Vernunft.
Häufig wird in Yoga-Texten ausgeführt, dass die Zuwendung des Geistes zu den Sinnesobjekten, seine Unstetigkeit und seine Zweifel Ursache der Gebundenheit seien. Wenn es gelingt, ihn zu stabilisieren und von den Objekten zu lösen, führt dies zur Befreiung.

Mānasa-, Mānasika-Japa *n* Wiederholung eines Mantras im Geist, d.h. nicht hörbar, ohne Bewegung der Lippen.
Siehe auch *Japa.*

Manas-Cakra *n* ein Cakra, das als weißer, sechsblättriger Lotus dargestellt wird und oberhalb des Ājñā-Cakra liegt.

Mānava-Dharmashāstra [śāstra] *n* siehe *Manu-Smriti.*

Mandala [maṇḍala] *n* Kreis; Liederkreis im Rigveda, der in zehn Mandalas unterteilt ist. Im Tantra mystische Diagramme aus Punkten, Kreisen und Quadraten, die kosmische Kräfte und Ebenen symbolisieren und der Konzentration und Meditation dienen. Mandalas werden vor allem im Buddhismus verwendet, im Hinduismus *Yantras.*

Mandala-Brāhmana-Upanishad [maṇḍala-brāhmaṇa-upaniṣad] *f* eine Yoga-Upanishad, die einen achtgliedrigen (Ashtānga) Yoga lehrt, der sich jedoch von jenem des Patañjali unterscheidet. Ziel des dargestellten Yoga ist *Amanaskatā*, ein Zustand der Befreiung, in dem das Denken transzendiert wird.

Mandara *m* Name des riesigen Berges, der beim Quirlen des *Milchozeans* als Quirlstab verwendet wurde.

Mandira *n* Haus; Tempel, heilige Stätte. Siehe auch *Tempel.*

Mandūkāsana *n* Frosch-Haltung.
maṇḍūka – Frosch; āsana - Haltung.

Māndukī-Mudrā [māṇḍukī] *f* Frosch-Mudrā. Bei geschlossenem Mund lässt man die Zunge (wie ein Frosch) gegen den Gaumen springen. Die Übung soll den Fluss von Amrita, subtilem Nektar, anregen und Alter und Krankheit verhindern.

Māndūkya-Upanishad [māṇḍūkya-upaniṣad] *f* eine Upanishad, die sich insbesondere der heiligen Silbe OM widmet und diese Thematik zu einer spirituellen Philosophie erhebt. So heißt es im ersten Vers: „OM ist dieses unvergängliche Wort, OM ist das Universum... Die Vergangenheit, Gegenwart und Zukunft – alles, was war, ist und sein wird – ist OM.“ Auch die vier Bewusstseinszustände, *Avasthā,* werden ausführlich erläutert.

Mangala [maṅgala] *adj* glückverheißend, glückbringend.

Manikkavachakar tamilischer Heiliger und Shiva-Anbeter (9. Jh.). Die Legende berichtet, er sei eines Tages in seiner Eigenschaft als Minister des Königs von Madurai mit viel Geld auf Reise gegangen, um Pferde zu kaufen. Doch dann begegnete er Shiva in Gestalt eines Gurus und ließ mit dem Geld einen Tempel für ihn errichten.
Dafür wurde er vom König ins Gefängnis geworfen, doch aufgrund wundersamer Fügungen kam er wieder frei und konnte nun seiner Bestimmung nachgehen und als Wandermönch Shiva verehren.
Siehe auch *Nayanmars.*

Manipūra-, Manipūraka-Cakra [maṇipūraka] *n Cakra* in der Nabelregion, wörtl. „Juwelen-Fülle“, maṇi-pūra. Es wird als Lotus mit zehn Blütenblättern dargestellt. Seine zugeordnete Farbe ist violett, die geometrische Form das Dreieck, welches die Keimsilbe *Ram* enthält. Das Tiersymbol ist der Widder, das Grundelement oder Tattva ist Feuer. Es wird synonym auch Nābhishthāna-Cakra genannt, d.h. Cakra der Nabelregion.

Manipūrāsana *n* Unterleibshaltung. maṇipūra – Nabel; āsana – Haltung.

Manohara *adj* wörtl. den Geist raubend; faszinierend, bezaubernd. Ein Name Krishnas.

Manomaya-Kosha [kośa] *m* die dritte der fünf Hüllen, die das höchste Selbst umgeben, wobei *manomaya* die „mentale“ ist (manomaya, aus dem Manas bestehend). Sie ist funktional verbunden mit der Aufnahme der Sinneseindrücke und deren Verarbeitung, mit dem Denken und Fühlen.

Mantra *m oder n* heilige Silbe, kraftgeladenes Wort, oder mehrere Silben bzw. Wörter. Es werden verschiedene etymologische Erklärungen für das Wort Mantra gegeben, z.B. „Werkzeug des Denkens“ oder „jenes, was das Denken übersteigt.“ Die Sanskrit-Wurzel *man,* denken, steckt auch in dem Wort *manas,* Geist, Denken, welches verwandt ist mit lat. mens und deutsch

mental.
Es gibt verschiedene Kategorien von Mantras. Sehr gebräuchlich sind jene, die einen Gott oder Avatār bezeichnen, wie z.B. Krishna oder Rāma. Viele Hindus wiederholen ständig diese Namen, wie etwa „Rām, Rām, Rām..." (die Hindī-Version von Rāma), oder beide Namen zusammen im *Hare-Krishna-Mantra*. Weit verbreitet ist auch das Mantra *om namaḥ śivāya,* Verehrung sei dem Shiva.
Vom Guru übertragen, erhalten diese Wörter eine besondere Kraft und werden für den Schüler zu einem effektiven Mittel des Fortschritts. Zum Teil werden die jeweiligen Mantras auch geheim gehalten, um so ihre Kraft durch Abschirmung zu erhöhen.
Eine andere Kategorie sind die *Bīja-Mantras*, die als Klangsymbole für eine Gottheit stehen und den jeweiligen Cakras zugeordnet sind.
Schließlich gibt es noch die Mahāvākyas, d.h. große Bekräftigungen oder Lehrsätze wie z.B. das *aham brahmāsmi* der Upanishaden.
Ferner kann das Wort Mantra auch Hymnen in den Veden bezeichnen, oder allgemein heilige Sanskrit-Texte.
Siehe auch *Mantra-Yoga, Japa, Nāda.*

Mantra-Yoga *m* die beständige Wiederholung eines Mantras als Teil des inneren Entwicklungsweges wurde und wird von vielen bekannten spirituellen Lehrern als hervorragend geeignetes Mittel des Fortschritts in unserem Zeitalter empfohlen.
Die permanente Wiederholung eines bestimmten Wortes, einer Formel stundenlang, jahrelang, ein Leben lang ist eine Praktik, die wir nicht nur im Hinduismus finden, sondern auch in anderen Kulturen. So wissen wir zum Beispiel, dass die christlichen Mönche auf dem Berg Athos in Griechenland noch heute stundenlang einzelne Gebetsformeln rezitieren.
Während es die natürliche Neigung des Geistes ist, sich in vielen Richtungen zu zerstreuen und vielfältigen Impulsen nachzugehen, hat das Mantra die Funktion, den Geist zu stabilisieren Es schafft zunächst im subtilphysischen Körper, der aus yogischer Sicht parallel zum physischen Körper existiert, eine Art feine Spur, als würde ein Pfad freigelegt, der letztendlich auch auf der materiellen Ebene Wirkung zeigt.
Im Laufe der Zeit wird der Geist durch den ständigen Kontakt mit den spirituellen Inhalten der heiligen Worte verfeinert und empfänglich gemacht für die innere Stille. Insofern handelt es sich beim Mantra-Yoga um eine transformative Praktik, die jedoch in der Regel erst wirklich fruchtbar wird, wenn man sich auch der Bedeutung des Mantras öffnet und nicht bloß die Wörter mechanisch wiederholt.
Freilich kursieren in Indien auch

viele Geschichten von Mantra-Rezitierenden, die ohne jede Kenntnis des Inhalts der Worte zur Verwirklichung gelangten, weil sie das Mantra voller Glauben wiederholten, was sicher auch ein bedeutender Faktor ist.
Historisch geht der Mantra-Yoga auf die älteste vedische Zeit zurück. Schon damals praktizierten die Brahmanen als Teil des Opferrituals eine hochentwickelte Mantra-Rezitation, bei der die exakte Aussprache und Intonation der Wörter als äußerst wichtig galt, um das Ziel – die Anrufung der jeweiligen Gottheiten – tatsächlich zu erreichen.
Erst in der Epoche der Tantras bildete sich jedoch ein Mantra-Yoga im Sinne eines eigenständigen Yoga-Wegs heraus. Viele tantrische Texte widmen sich diesem Thema und erläutern es in allen Details. Tatsächlich hat keine andere Literatur die Philosophie und Praxis des Mantras so ausführlich dargelegt wie diese Schriften. Letztlich wird das heilige Wort gleichsam als Leib der angerufenen Gottheit betrachtet, es führt direkt zu ihr hin.
Siehe auch *Mantra, Japa, Nāda-Yoga.*

Mantra-Yoga-Samhitā [saṁhitā] *f* ein Werk, das vor einigen Jahrhunderten entstanden sein dürfte und das in 566 Versen vor allem den Mantra-Yoga erläutert und auch Themen wie die rechte Qualifikation von Guru und Schüler, Atemregulierung, Anbetung sowie Bestimmung und Festlegung des richtigen Mantras für den Schüler abhandelt.

Manu *m* legendärer Stammvater der Menschheit, Autor der Manu-Smriti.
Gemäß den Purānas wird jedes Zeitalter von einem individuellen Manu eingeleitet, der über es bestimmt. Der Manu unseres Zeitalters trägt den Namen Manu Vaivasvata, weil er von Vivasvat, der Sonne, geboren ist.

Manu-Smriti [smṛti] *f* auch bekannt unter den Namen Mānava-Dharmashāstra und Manu-Samhitā. Ein Text, der Manu zugeschrieben wird, aber wahrscheinlich von mehreren Autoren verfasst wurde. Erläutert den Dharma, d.h. das rechte, gesetzmäßige Verhalten, für Priester, Herrscher und Bürger, enthält aber auch spirituelle und philosophische Lehren ebenso wie praktische Lebensweisheiten.

Mārga *m* Pfad, Weg, insbesondere spiritueller Weg.

Mārgashīrsha [mārgaśīrṣa] *m* Name des neunten Monats im Hindu-Kalender (November-Dezember).
Siehe auch *Pañcānga* (Kalender).

Marīci *m* der Legende nach der Vater Kashyapas und einer von sieben großen vedischen Rishis.

Marīcyāsana *n* die Marīci-Haltung. marīci – Name eines vedischen Weisen; āsana – Haltung.

Mārjāryāsana, Mārjārī-Āsana *n*, die Katzen-Haltung. Identisch mit Bidālāsana.

mārjārī – Katze; āsana – Haltung.

Mārkandeya [mārkaṇḍeya] *m* Name eines Weisen alter Zeit, Autor des Mārkandeya-Purāna, welches u.a. die Lehre von der Trimūrti enthält, der Dreiheit von Brahmā, Vishnu und Shiva.

Markatāsana *n* die Affen-Haltung. markaṭa – Affe; āsana - Haltung.

Marman, Marma *n* Gelenk, empfindlicher Körperteil. Der Āyurveda kennt 107 solche empfindlichen Stellen des Körpers, während in Yoga-Texten meist 18 genannt werden, wie z.B. Füße, Knie, Geschlechtsteile, Herz, Nase, Augen.

Marma-Yoga *m* ein visuelles, mentales oder atemmäßiges Fokussieren auf die Marmas, in denen sich allgemein Verspannungen ansammeln. Das dadurch bewirkte Lösen der Anspannung setzt den Fluss von Prāna, Lebenskraft, frei.

Marut *m* Wind, Sturm; Hauch. Im Veda die Sturmgötter, die Indras Verbündete sind, goldene Waffen tragen und blitzgleich leuchten.

Mātā *m* Mutter.

Mātanginī-Mudrā [mātaṅginī] *f* die Elefanten-Mudrā. Eine Übung, die elefantenstark machen soll: Man steht bis zum Hals im Wasser, zieht Wasser durch die Nasenlöcher ein und stößt es durch den Mund aus. Dann zieht man das Wasser durch den Mund ein und stößt es durch die Nase aus.

Math [maṭh, Hindī] *m* Kloster, Tempel, Einsiedelei; bezeichnet speziell auch Zentren spiritueller Schulung, die von Shankara begründet wurden.

Mathurā *f* eine der sieben heiligen *Städte* der Hindus, am rechten Ufer des Flusses Yamunā gelegen. Hier wurde Krishna geboren und verbrachte in ihrem Umland seine Kindheit und Jugend.

Mātrā *f* Maß; Maßeinheit, um die Länge der Dauer einer Übung festzulegen.

Mātrikā [mātṛkā] *f* Mutter, göttliche Mutter. Bezeichnet auch die einzelnen Schriftzeichen des Sanskrit-Alphabets, welche die Grundlage aller Mantras sind und bei Abbildungen zu den Cakras oft in den Lotus-Blütenblättern in Devanāgarī-Schrift abgedruckt werden, wobei davon ausgegangen wird, dass ihnen eine besondere Kraft innewohnt.
Siehe auch *Saptamātrikās.*

Mātrikā-Nyāsa [mātṛkā] *m* das visualisierte Plazieren von Sanskrit-Schriftzeichen im Körper eines Aspiranten, ein Ritual im Tantra.
Siehe auch *Nyāsa.*

Matrimandir [mātrimandir] *n* das spirituelle Zentrum Aurovilles.
Siehe *Auroville*, letzter Abs.

Matsya *m* Fisch; Vishnus Inkarnation als Fisch, *Matsyāvatāra.*

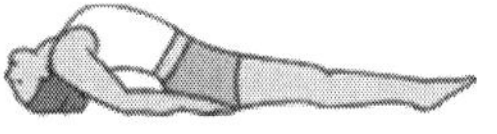

Matsyāsana *n* die Fisch-Haltung
matsya – Fisch; āsana – Haltung.

Matsyāvatāra *m* Fisch-Avatār, die erste von zehn Inkarnationen Vishnus, in der er die Form eines Fisches annahm und Manu, den Stammvater der Menschheit, vor einer großen Sintflut rettete.
Das Zwiegespräch zwischen den beiden wird im Matsyapurāna wiedergegeben.

Matsyendra *m* der legendäre Begründer der Gemeinschaft der Nātha Yogis und des Hatha-Yoga, lebte in 5. Jh. oder, nach anderen Quellen, im 10. Jh. und war der Lehrer von Goraksha. Die meisten Aussagen, die über sein Leben und Wirken gemacht werden, sind nicht gesichert, aber noch heute wird er in Tibet, Nepal und anderorten hoch verehrt. Er gilt als einer von 84 Siddhas oder vervollkommneten Yogīs.
Matsyendra bedeutet wörtlich Herr (indra) der Fische (matsya).

Matsyendrāsana *n* Matsyendra-Haltung, Drehsitz.
matsyendra – (Yogī) Matsyendra; āsana – Haltung.
Der Drehsitz wird in vielen Ausführungen mit nicht immer einheitlicher Bezeichnung geübt, siehe auch *Ardha-Matsyendrāsana*, die bekannteste Variante.

Mauna *n* Stille, Schweigen. Viele Asketen und Yogīs praktizieren vorübergehend oder dauerhaft Schweigen als Teil ihrer Disziplin, um die Früchte ihrer *Sādhanā* zu bewahren und zu verhindern, dass das konzentrierte Bewusstsein in oberflächliche Gespräche gezogen wird. Einige kommunizieren während des Mauna jedoch durch schriftliche Mitteilungen.

Ein rechtes Maß von Sprache und von Stille gilt allgemein als hilfreich im Yoga, wobei die Stille hilft, zu sich selbst zu finden und Abstand zu nehmen.

Māyā *f* Täuschung, Schein, Illusion; Schöpferkraft. Auf dem Hintergrund der überwältigenden Erfahrung des Ātman, des höchsten Selbstes, haben viele Yogīs die äußere Welt als irreal empfunden, als Schein, oder wie ein Film, der vor dem inneren Auge vorüberzieht.
So fasste Shankara seine Lehre des Advaita-Vedānta, der Nicht-Zweiheit, mit den Worten zusammen: „Nur Brahman ist wirklich, die Welt ist Schein, das Selbst ist nichts als Brahman allein."
Man bezeichnet diese Philosophie auch als Māyā-Vāda, die Lehre von der Māyā. Letztere ist die Kraft der Illusion, welche die Welt der Vielheit und des Wandels hervorruft, die unserem Alltagsbewusstsein als real erscheint. Aus *höchster* Sicht ist aber nach Shankaras Auffasung nur jenes real, das ewig und unveränderlich ist.
Die Funktion der Māyā erläutert er anhand eines Beispiels: Jemand sieht in der Dunkelheit ein Tau und hält es für eine Schlange, woraufhin er erschrickt. Mittels eines Vorgangs der Überdeckung, Adhyāropa, wird die Wahrheit „Tau" von der Illusion „Schlange" überdeckt. Von dieser gilt es sich zu befreien, um zur Realität zu gelangen.
Allerdings teilen nicht alle Yogīs den extremen Monismus Shankaras. So kann Māyā als „relatives Sein" gesehen werden, das dem Absoluten gegenübersteht, ohne den Charakter einer Halluzination zu haben.
Māyā bedeutet auch die subjektive Illusion eines Suchers, der sich zum Beispiel von der Erfüllung eines Wunsches viel verspricht, dann aber des-illusioniert ist. Hier bedeutet Māyā das Verfolgen von Zielen, die nicht wirklich Teil des eigenen Yoga-Weges sind und daher keine Erfüllung bringen.

Māyāvāda *m* die Lehre von der Māyā. Siehe *Māyā,* Abs. 2-3.

Mayūra *m* Pfau, ein heiliges Vogeltier, Symbol der Unsterblichkeit. Der Pfau dient Kārttikeya als Reittier und wird oft mit der Göttin Sarasvatī abgebildet.

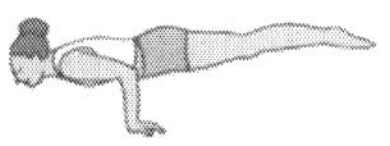

Mayūrāsana *n* Pfau-Haltung.
mayūra – Pfau; āsana – Haltung.

Medhātithi Kānva [kāṇva] *m* Name eines Rishis, der einige vedische Hymnen verfasste.

Meditation siehe *Dhyāna.*

Medizin siehe *Āyurveda, Yoga-Therapie.*

Meera, Mutter siehe *Mutter Meera.*

Menakā *f* Name einer Apsarā. Einst wurde sie von Indra auf die Erde geschickt, um den Rishi Vishvāmitra zu verführen und von seiner überehrgeizigen Askese abzubringen. Dies gelang ihr, und der Rishi zeugte mit ihr *Shakuntalā.*

Menstruation siehe *Hormon-Yoga, Luna-Yoga.*

Meru *m* legendärer Berg im Zentrum des Universums, gleichsam der Olympus der Hindu-Mythologie.

Der Meru befindet sich in der Himālaya-Region, erstreckt sich über hunderttausende Kilometer Länge und ist Treffpunkt der Götter. An seinem Gipfel, der Residenz Brahmās, entspringt der Ganges, um ihn herum liegen sieben *Dvīpas.*
Meru bezeichnet auch eine bestimmte Perle am Rosenkranz (siehe *Japa*, Abs. 4). Im Yoga und Tantra stehen Meru und Meru-Danda (s.u.) für die menschliche Wirbelsäule.

Meru-Danda [daṇḍa] *m oder n* Meru-Stab, Meru-Achse, Synonym für die Wirbelsäule.

Merudandāsana *n* die Meru-Achsen-Haltung.
merudaṇḍa – Meru-Achse; āsana – Haltung.

Milarepa (1052-1135) der bekannteste Yogī Tibets. Nachdem er in seiner Jugend durch den Missbrauch übernatürlicher Kräfte viel Schaden angerichtet hatte, wurde er mit 38 Jahren Schüler des Meisters Marpa, der ihn extrem harten Prüfungen unterzog, die jedoch zu einer Bereinigung seines Karmas führten.
Daraufhin weihte Marpa seinen Schüler in die Lehren einer bedeutenden buddhistischen Tradition ein, die auch eine Übung beinhaltete, innere Hitze zu generieren. Milarepa lebte dann neun Jahre allein in eisigen Berghöhlen des Himālaya, nahm aber nach Abschluss dieser Zeit intensiver Meditationen Schüler an und verbreitete seine Lehren im Volk.

Milchozean, Quirlen des Milchozeans, Skrt. Samudramanthana *n* ein Schöpfungsmythos, zu dem sich leicht differierende Quellen im Mahābhārata und in den Purānas finden. Im folgenden der Kern der Geschichte:
Der uranfängliche Milchozean musste gequirlt werden, um sein immanentes schöpferisches Potential entfalten zu können. Für diese gewaltige Aufgabe war es notwendig, dass die Götter und die Asuras (Dämonen), sonst meist in Kämpfe verwickelt, sich zusammen taten. Die letzteren stimmten zu, weil ihnen

als Lohn für die große Mühe ein Teil des Amrita zugesagt wurde, des Nektars der Unsterblichkeit, welcher als wertvollstes Produkt aus dem Quirlen hervorgehen würde.
Als Quirlstab diente der Berg Mandara, während der Schlangenkönig Vāsuki sich um ihn wickelte, um als Zugseil zu fungieren. Dann zogen abwechselnd die Götter an Vāsukis Schwanzende und die Asuras am Kopfende und versetzten den Stab so in Rotation. Als Plattform am weichen Boden des Ozeans diente Vishnu in der Form einer Schildkröte, Kurma.
Nach einer Weile manifestierten sich aus dem Ozean u.a. Surabhi, die Kuh der Fülle, die Apsaras, der Mond und auch ein tödliches Gift, welches Shiva schluckte und neutralisierte.
Schließlich erschienen auch Dhanvantari, der Arzt der Götter, der das Gefäß mit Amrita trug, sowie die Göttin Lakshmī und Tiere wie das Pferd Uccaishravas und der Elefant Airāvata.
Als am Ende des Quirlens das Amrita verteilt werden sollte, gelang es den Asuras, das Gefäß zu entwenden, doch Vishnu verwandelte sich in die bildhübsche Apsarā Mohinī, welche die Asuras so ablenkte, dass sie das Amrita wieder an die Götter verloren.
Nun labten die letzteren allein sich am Trank der Unsterblichkeit, nahmen ihren Kampf gegen die Asuras wieder auf und besiegten sie. Nur der Asura *Rāhu* hatte etwas vom Nektar trinken können, wurde jedoch von Vishnu enthauptet.

Mīmāmsā, [mīmāṁsā] *f* Erforschung, Untersuchung. Eine Schule der Hindu-Philosophie (*Shaddarshana*), die sich in ausführlichen Kommentaren und Erläuterungen mit den vedischen Ritualen beschäftigt und dem Jaimini zugeschrieben wird.
Man unterscheidet zwischen Pūrva-Mīmāmsā, meist nur Mīmāmsā genannt, und Uttara-Mīmāmsā, meist *Vedānta* genannt. Pūrva heißt „früher, vorangehend", Uttara „später, nachfolgend". Dies ist sowohl zeitlich als auch inhaltlich gemeint, indem zunächst die Beschäftigung mit der rituellen Anbetung und daraufhin mit der Erkenntnis der Wahrheit erfolgt.

Mīnākshī [mīnākṣī] *f* wörtl. „fischäugig", Name einer Schutzgöttin der südind. Stadt Madurai, Gefährtin von Sundareshvara (Shiva).

Mira Alfassa [mīrā] siehe *Mutter, Die.*

Mirabai, Mira Bai [mīrā bāī] *f* berühmte Krishna-Verehrerin und Dichterin (1547-1614), deren Lieder bis auf den heutigen Tag von Hindus und auch Angehörigen anderer Religionen gesungen und rezitiert werden.
Mirabai war die Tochter eines Raj-

puten in Nordindien. Schon als Kind fühlte sie sich stark zu Krishna hingezogen und empfand sich als seine Braut. Dies führte zu vielerlei Schwierigkeiten, als sie später mit dem Sohn eines mächtigen Fürsten verheiratet wurde, dessen Familie ihr zunehmend feindselig gesinnt war.
Als ihr Gatte dreizehn Jahre später bei Kämpfen starb, verschlimmerten sich die Nachstellungen und einige Verwandte trachteten ihr nach dem Leben. Doch sie entging allen Anschlägen und hielt stets an ihrer Anbetung des göttlichen Herrn fest, den sie unablässig pries, so dass sie als Heilige verehrt wurde.
Schließlich verließ Mirabai den Königshof und verbrachte die letzten Jahre ihres Lebens in Orten wie Vrindāvana, die mit Krishnas Biografie verbunden sind.

Mitāhāra *m* maßvolle Ernährung (mita-āhāra), wird u.a. in der Hatha-Pradīpikā empfohlen: nur die Hälfte des Magens sollte mit Nahrung gefüllt werden, ein Viertel mit Flüssigkeit, während ein Viertel leer bleibt.
Siehe auch *Ernährung.*

Mitra *m* Freund, Gefährte; vedischer Gott der Liebe und harmonischen Ordnung; einer der Ādityas oder Söhne Aditis.

Moha *m* Täuschung, Verblendung, welche aufgrund starker Identifikation mit dem Ego entsteht, wodurch das wahre Selbst nicht wahrgenommen wird.

Mohinī *f* die Täuscherin. Name der schönen jungen Frau, deren Gestalt Vishnu beim Quirlen des *Milchozeans* annahm, um die Asuras abzulenken und ihnen das Amrita zu entwenden.

Moksha [mokṣa] *m* spirituelle Befreiung, Erlösung. Traditionell das höchste und letzte der vier Lebensziele (Purushārtha) der Hindus: *Kāma, Artha, Dharma, Moksha.*
Moksha ist die Befreiung von der Bindung an die Welt, von dem Kreislauf der Geburten, da durch die innere Vereinigung mit dem höchsten Selbst das irdische Karma gelöscht wird. Das Wort hat viele Synonyme, insbesondere Mukti.
Siehe auch *Apavarga, Jīvanmukti, Kaivalya.*

Monddynastie, Candravamsha die Abkömmlinge des Mondgottes Candra. Dies sind zum einen die Yādavas oder Nachkommen des Yadu, zum anderen die Pauravas oder Nachkommen des Puru.
Während Krishna der ersteren Stammlinie angehörte, waren die Kauravas und Pāndavas (siehe Mahābhārata) Abkömmlinge der letzteren.
Siehe auch *Sonnendynastie.*

Moral [Skrt. Yama, Nīti] moralische Werte wie Güte, Mitgefühl, Freigebigkeit, Gewaltlosigkeit etc. werden in vielen Yoga-Texten vermittelt. Sie bereiten vor auf eine höhere Stufe der Spiritualität, in der Gut und Böse letztlich transzendiert wird und der Yogī zunehmend direkt aus der höchsten Wahrheit heraus denkt und lebt. Siehe auch *Yama.*

Mriga [mṛga] *m* Wild; Hirsch; Antilope. Die Antilope wird mit dem Windgott Vāyu in Verbindung gebracht und zieht die Kutsche des Mondgottes Candra.
Siehe auch *Tiere.*

Mritāsana *n* „Totenstellung", unbewegliche Rückenlage, wird auch Shavāsana genannt.
mṛta – tot; āsana – Stellung.

Mrityu [mṛtyu] *m* Tod, Sterben; der Todesgott.

Mucukunda *m* Name eines Königs, der die Götter in ihren Kämpfen mit den Asuras unterstützte und dafür von ihnen die Gunst eines langen, ununterbrochenen Schlafes erhielt.

Muditā *f,* Freude

Jñāna-Mudrā, Erkenntnis, innere Sammlung

Mudrā *f* Siegel; Geste, Handstellung; Übungstechnik im Hatha-Yoga; Partnerin bei einem Ritus des Linken Tantra.
Die bekanntesten Formen von Mudrā sind die Handgesten und Fingerstellungen, vergleichbar den gefalteten Händen beim Beten im Christentum. Hier gibt es im Hinduismus und Buddhismus zahlreiche Mudrās mit bestimmten Bedeutungen. So werden z.B. bei der Vitarka-Mudrā (Mudrā der Lehrverkündigung) Daumen- und Zeigefingerspitze der rechten Hand so zusammengeführt, dass sie einen Kreis bilden, das „Rad der Lehre". Andere Mudrās drücken Weisheit, Vollendung, Schutz, Liebe etc. aus.
Den einzelnen Mudrās werden jeweils bestimmte psychophysische Wirkungen zugeschrieben, indem sie etwa Entspannung, Wachheit, Klarheit oder Frieden herbeiführen. Auch gesundheitliche Effekte werden genannt.
Im indischen Tanz wurde die Gebärdensprache mit spezifischen Handgesten, Hasta-Mudrās, zu einer großen Vollkommenheit entwickelt. Emotionen, Göttergestalten oder komplette Geschichten können mit subtiler Körpersprache auch ohne Worte dargestellt werden.
Im Hatha-Yoga steht der Begriff Mudrā für fortgeschrittene Körperübungen, die ursprünglich geheimgehalten und nur an Eingeweihte weitergegeben wurden. Sie können u.a. Elemente von Āsana, Prāṇāyāma oder Bandha enthalten.

Diese Mudrās gelten als wirksame Techniken auf dem Weg zur spirituellen Befreiung und es werden ihnen auch heilende, kräftigende oder verjüngende Wirkungen zugeschrieben. (Siehe u.a. *Ashvinī-, Khecarī-, Mahā-, Shanmukhī- und Vajrolī-Mudrā).*
Im Linken Tantra wird die Partnerin beim sexuellen Ritus (*Maithunā*), teils auch die sexuelle Vereinigung, als Mudrā bezeichnet. Zudem bedeutet das Wort im *Pañca-Tattva*-Ritus „geröstetes Getreide" als eines der fünf Elemente.
Siehe auch im Anhang *12 Mudrās und ihre Bedeutung.*

Muhūrta *m oder n* Augenblick, Moment; der dreißigste Teil eines Tages, d.h. 48 Minuten.

Muktananda, Swami [svāmī muktānanda] Begründer des Siddha-Yoga, einer Form des Kundalinī-Yoga, lebte von 1908-1983. Muktananda war Schüler von Bhagavan Nityananda, einem Anhänger des Kaschmir-Shivaismus, der schon mit 12 Jahren der Welt entsagte, als Asket durch den Himālaya wanderte und dort zeitweise in Höhlen wohnte.
Muktananda entwickelte die Lehren, die er von Nityananda empfing, zum Siddha-Yoga fort und verbreitete diesen weltweit, insbesondere in den USA, wo er viele Anhänger fand. Als Stützpunkt für seine Arbeit hatte er nach Nityanandas Tod einen Ashram bei Ganeshpuri, in der Nähe von Mumbai/Bombay, begründet.
Kernstück seines Yogas ist Shakti-Pāta, die „Herabkunft von Kraft", d.h. die direkte Übertragung spiritueller Kraft und Erfahrung vom Guru auf den Schüler, was durch einen Blick, körperliche Berührung oder ein Mantra erfolgen kann. Im Anschluss daran ist seitens des Schülers eine Sādhanā erforderlich, um die spirituelle Energie richtig aufzunehmen und zu integrieren.

Muktāsana *n* befreite Haltung.
mukta – befreit; āsana – Haltung.
Die Bezeichnung wird auch für einige ähnliche Sitzhaltungen verwendet.

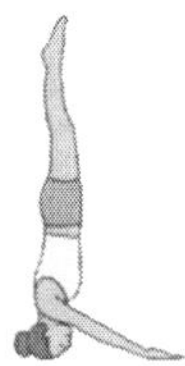

Muktashīrshāsana, mukta-shīrshāsana *n*, Kopfstand mit freien Händen.
mukta – frei; śīrṣa – Kopf; āsana - Haltung

Mukti *f* Befreiung, Loslösung, Erlösung; spirituelle Befreiung. Identisch mit *Moksha.*

Mukunda *m* ein Name Krishnas.

Mūla-Bandha *m* der Wurzel-Verschluss, einer der Bandhas im Hatha-Yoga, wobei die Schließmuskeln des Afters zusammengezogen und der Nabel in Richtung Wirbelsäule gedrückt wird. Als Wirkungen werden u.a. die Erweckung der Kundalinī und eine Verjüngung des Körpers genannt.

Mūlabandhāsana, Iyengar-Version

Mūlabandhāsana auf Siegel

Mūlabandhāsana *n* die Wurzelverschluss-Haltung, wird in vielen Varianten ausgeführt; bei einigen ruht das Gesäß auf den Versen. mūla – Wurzel; bandha - Verschluss; āsana – Haltung.
Abb. 2: Indus-Siegel, die Fußspitzen sind nach unten gerichtet.

Mūlādhāra-Cakra *n* das unterste Cakra, liegt an der Basis der Wirbelsäule über dem Anus. Mūlaādhāra bedeutet wörtl. „Wurzel-Stütze" und wird bildlich meist mit vier roten Lotusblättern dargestellt, mit einem gelben Quadrat, der Keimsilbe Lam, die für das Element Erde steht, und im Zentrum einem Dreieck, dessen Spitze nach unten weist. Dieses symbolisiert die Yoni, den weiblichen Schoß, und enthält das Phallus-Symbol, Linga. Das zugeordnete Tier ist der Elefant Airāvata.
Das Mūlādhāra-Cakra ist Ausgangspunkt des feinstofflichen zentralen Nervenkanals, der Sushumnā-Nādī, und hier ruht auch die verborgene Schlangenkraft, Kundalinī, deren Erwachen eine tiefgreifende spirituelle Erfahrung einleitet.
Dieses Cakra wird allgemein mit der Kohäsionskraft der Materie und Trägheit in Verbindung gebracht,

mit Klang, Geruch und dem Prāna-Strom Apāna, ferner mit Göttern und Göttinnen wie Indra, Brahmā, Shakti, Dākinī.

Mūla-Shodana [śodhana] *n* die „Wurzel-Reinigung". Eine Reinigungstechnik, bei welcher das Rektum mit dem Mittelfinger oder einem Turmerik-Stengel gereinigt wird.

Mumukshutva [mumukṣutva] *n* das Verlangen nach spiritueller Befreiung. Derjenige, der sich danach sehnt, heißt Mumukshu; wer dagegen weltliche Freuden sucht, ist Bubhukshu.

Mundaka-Upanishad [muṇḍaka-upaniṣad] *f* eine Upanishad mit Aussagen zur Erkenntnis und Verwirklichung des Brahman wie auch zur heiligen Silbe Om.

Muni *m* ein Weiser, Heiliger; Ehrentitel für die Verfasser bedeutender heiliger Schriften.

Muralī *f* Flöte, besonders Krishnas Flöte.

Mūrchā *f* bezeichnet zum einen die Ohnmacht, die nach sehr intensivem Prānāyāma auftreten kann, zum anderen eine Technik des Atem-Anhaltens (*Kumbhaka*), bei der man nach dem Einatmen den Jālandhara-Bandha, das heißt, Halsverschluss, prakziert.

Mūrti *f* Form, Gestalt; Figur, Götterbild; Verkörperung. Die sichtbare Verkörperung eines Gottes oder Gurus, der mit Hilfe eines Abbildes angebetet wird.

Murugan [Tamil] wörtl. „junger Mann", eine der wichtigsten Gottheiten in Tamil Nadu, wird auch Subrahmanya genannt.
Er war zunächst eine Gottheit, die in bewaldeten Hügeln weilte, und wurde später mit *Kārttikeya* gleichgesetzt.

Mūsha, Mūshaka [mūṣa, mūṣaka] *m* Maus, Ratte. Name der Maus, die meist zu Füßen des Gottes Ganesha abgebildet wird. Sie hat die Fähigkeit, Schwierigkeiten zu umgehen oder sich „durchzunagen".

Musik [Gandharva-Veda, Saṁgīta] das Chanten der alten vedischen Texte hatte seit Anbeginn ein musikalisches Element, indem bestimmte Melodien und Rhythmen verwendet wurden, die zum Teil auch schriftlich fixiert wurden.
Im Bhakti-Yoga bereichern Bhajan und Kīrtan in Form instrumentaler und vokaler Musik die Anbetung Gottes.
Siehe auch *Bhajan, Gandharva, Kīrtan, Nārada, Rāga, Tānpurā, Tanz.*

Mutter, Die Mira Alfassa (1878-1973), Sri Aurobindos spirituelle Partnerin im integralen Yoga.

Mirra (so schrieb sich ihr Vorname ursprünglich) wurde am 21. Februar 1878 als Tochter eines türkischen Vaters und einer ägyptischen Mutter in Paris geboren. Schon mit vier Jahren begann sie häufig zu meditieren und spürte dabei, wie ein Licht auf sie herabkam.

Ihre ersten tiefen spirituellen Erfahrungen hatte sie mit elf Jahren und traf bedeutende Lehrer auf den inneren Ebenen. Mit fünfzehn Jahren wurde sie Schülerin in einem großen Pariser Atelier und bewegte sich unter den großen Künstlern ihrer Zeit.

Im Jahr 1914 kam es während einer Asien-Reise zur ersten Begegnung mit dem Integralyogī Sri Aurobindo, die zu einer überwältigenden Erfahrung wurde. 1920 kehrte sie nach Puducherry zurück und begründete ihre ständige Zusammenarbeit mit ihm.

Der Sri Aurobindo Ashram entstand allmählich, indem zahlreiche Wahrheitssucher aus Ost und West eintrafen. Während Sri Aurobindo sich überwiegend auf die innere Arbeit konzentrierte, übernahm „die Mutter“, wie sie nun genannt wurde, die praktische Arbeit im Ashram, half den Yoga-Aspiranten bei ihren alltäglichen Schwierigkeiten und veranschaulichte durch ihr eigenes Leben den von Sri Aurobindo entwickelten ganzheitlichen Yoga. Als er 1950 seinen Körper verließ, führte die Mutter die gemeinsame Arbeit fort, indem sie ständig von Sri Aurobindos innerer Gegenwart inspiriert blieb.

Im Jahr 1952 gründete sie das International Centre of Education für die Ausbildung der Kinder im Ashram. Primäres Ziel war nicht, brillante Studenten heranzubilden, sondern junge Menschen durch eine umfassende, integrale Schulung in ein höheres Leben hineinwachsen zu lassen, wobei auch einige alternative Unterrichtsmethoden entwickelt wurden.

Eine wichtige innere Erfahrung hatte die Mutter am 29. Februar 1956. Es war die Herabkunft des *Supramentalen* in die Erdatmosphäre, ein großes „Etappenziel“ bei der integralen Arbeit. Die Mutter schilderte später, wie sie sich einem massiven goldenen Tor gegenüber sah, das die Welt vom Göttlichen trennte, und sie das Tor mit einem mächtigen goldenen Hammer zerschmetterte, woraufhin das supramentale Licht auf die Erde herabströmte.

In den letzten Jahren ihres Lebens widmete sich die Mutter intensiv dem Yoga der physischen Transformation und versuchte, selbst die Zellen ihres Körpers zu einer neuen Funktion hinzuführen und den Einflüssen von Krankheit und Tod zu entziehen. Doch gewaltige Widerstände im Erdbewusstsein blockierten diese Arbeit, welche nicht primär auf eine individuelle Verwirklichung abzielte, sondern für die Menschheit einen Weg des Lichts auch im Physischen bahnen wollte. So verließ die Mutter am 17. November 1973 ihren Körper, ohne diesen Aspekt ihrer Arbeit abschließen zu können.
Siehe auch *Aurobindo, Sri; Integralyoga; Auroville; Satprem.*

Mutter Meera [mīrā] indische Heilige und Yoginī. Mutter Meera wurde 1960 in Südindien geboren. Schon mit drei Jahren war sie ein ungewöhnliches Kind und berichtete davon, wie sie zu verschiedenen „inneren Lichtern" ging, und mit sechs Jahren erlebte sie ihren ersten Samādhi, der einen ganzen Tag anhielt.
Später begegnete sie in zahllosen inneren Erfahrungen vielen Gottheiten und Meistern der höheren spirituellen Ebenen, die ihr verschiedene Kräfte für ihre bevorstehende Arbeit verliehen. Und sie hörte den ewigen Klang des OM, gefolgt von einer gewaltigen Stille – aus dieser Stille heraus sollte sie später in ihren Begegnungen mit Besuchern beim Darshan ihr unsichtbares Werk tun.
Ihre Familie war sehr liberal eingestellt und zwang Meera nicht in eine bestimmte religiöse Tradition. Als sie zwölf Jahre alt war, erkannte ihr Onkel Reddy ihre hohe spirituelle Bestimmung, und er brachte sie 1974 in den Sri Aurobindo Ashram in Puducherry, wo sie mehrere Jahre mit ihm lebte.
1981 reisten die beiden nach Kanada und anschließend nach Deutschland, wo Reddy schwer erkrankte und mehrere Jahre ärztlich versorgt wurde. Um weiter in seiner Nähe bleiben zu können, erwarb Mutter Meera für ihre spirituelle Arbeit zwei Häuser in Thalheim bei Limburg und blieb auch nach Reddys Tod dort. Gegenwärtig wohnt sie auf Schloß Schaumburg in Balduinstein.
Mutter Meera empfängt ständig Besucher, die in großen Scharen aus aller Welt kommen, und gibt ihnen ungeachtet ihres weltanschaulichen Hintergrunds Darshan, wobei es sich um einen subtilen inneren Vor-

gang handelt, ohne dass Worte gewechselt werden.
Ihre Mission besteht nach eigener Aussage darin, das transformierende Licht des höchsten Göttlichen, Paramātman, allen Menschen, die sie aufsuchen, zugänglich zu machen. Als spirituelle Praktik empfiehlt sie besonders Japa, die Wiederholung des Mantras.

Mythen [Skrt. Purāṇa] indische Schriften wie die Purānas und das Mahābhārata enthalten eine Vielzahl von Mythen und Legenden, welche von Yogīs in ihren Vorträgen und Ansprachen gern herangezogen werden, um bestimmte Wahrheiten lebendig zu illustrieren. In diesem Zusammenhang haben die Mythen und deren Botschaft im Geist hinduistischer Zuhörer oft den Charakter einer eigenen, höheren Realität, die spontan als Glaubenswahrheit akzeptiert wird.

N

Nābhi *f* der Nabel, einer der Marmas oder empfindlichen Körperstellen. In der Kosmogonie steht der Begriff für den heiligen Berg *Meru*, den Nabel der Erde.

Nābhyāsana *n* die Nabel-Haltung. nābhi – Nabel; āsana – Haltung.

Nābhi-Cakra, Nābhishthāna-Cakra [nābhiṣṭhāna] *n* das Nabel-Cakra, Cakra der Nabelregion (nābhi-sthāna), ein Synonym für das Manipūra-Cakra.

Nabhomudrā *f* die „Äther-Mudrā", wird als Synonym für Mahā-Mudrā gebraucht und auch als Bezeichnung für eine Form von Khecarī-Mudrā: Während der täglichen Arbeit und sonstiger Aktivitäten wird die Zunge rückwärts zum Gaumen hin gebogen.
nabhas bedeutet Himmel, Äther, und wird aufgrund eines Lautgesetzes vor mudrā zu nabho.

Naciketas *m* ein junger Brahmane in der Katha-Upanishad, der den Todesgott Yama aufsucht und ihm die Frage stellt, was dem Menschen nach dem Tode widerfährt, woraufhin Yama ihn ausführlich über Ātman, Brahman und den Weg der Erkenntnis belehrt.

Nāda *m* Laut, Ton, Klang; innerer Ton. Nach der Lehre des Tantra begann die Schöpfung mit dem Wunsch des höchsten transzendenten Bewusstseins, sich selbst zu erfahren. So erschuf es die Shakti als göttliche Energie und als ewige Kraft des Werdens, während es selbst zu Shiva wurde, dem männlichen Prinzip.
Aus der „Hochzeit" von Shiva und Shakti ging als Drittes und neu Erschaffenes Nāda hervor, der Ton, womit der Abstieg des Bewusstseins in die Materie begann. Nāda wiederum entfaltete sich in den Bindu, was „Punkt" bedeutet, doch in ihm sind alle Formen der manifestierten Welt als Potential angelegt. So spricht man auch von Nāda-Bindu als der Urschwingung, aus der das ganze Universum hervorgegangen ist.
Der Bindu wird auch Vāk (Wort, Stimme) oder Shabda-Brahman (das Wort-Brahman) genannt. Die Essenz des „Wortes" wiederum manifestierte sich als die Silben der Sanskrit-Sprache, deren spirituelle Bedeutung ihre Quelle in dieser Schöpfungstheorie hat. So gelten die fünfzig Silben des Sanskrit im

Tantra als Bausteine des Universums, und eine jede Silbe geht auf Shiva-Shakti zurück und trägt die göttliche Kraft des Erschaffens in sich.
Yogīs entdeckten, dass ein innerer Urklang hörbar wird, wenn die Nādīs, die feinstofflichen Energiekanäle, gereinigt werden. In verschiedenen Texten wird beschrieben, dass der Ton – je nach dem Stadium der Erfahrung - dem Rauschen eines Wasserfalls, dem Klang einer Trommel, Klingel, Flöte, oder dem Summen einer Biene ähneln kann. Nähere Ausführungen finden sich u.a. in der Nāda-Bindu-Upanishad.
Die Hatha-Pradīpikā erläutert das Thema Nāda im 8. Kapitel. „Wer Meisterschaft im Yoga anstrebt, entsagt allen Gedankenregungen und lauscht dem Nāda", heißt es in Vers 7. Der Yogī könne diesen inneren Klang hören, indem er seine Ohren schließt und aufmerksam horcht. Durch diese Nāda-Praxis werde er von allen äußeren Ablenkungen befreit und erfahre ein großes Glücksgefühl. Letztlich führe die Übung zum höchsten, absoluten Zustand des Samādhi, der jenseits des Klanges ist.

Nāda-Bindu-Upanishad [upaniṣad] *f* eine Yoga-Upanishad, die den Nāda-Yoga erläutert. Nāda, der innere Klang, wird dargestellt als Mittel, um den Geist zu konzentrieren und Abstand zu nehmen von der Erscheinungswelt. Ziel ist eine spirituelle Befreiung nach Aufgabe des Körpers.

Nāda-Brahman *n* das Klang-Brahman, eine Bezeichnung für die heilige Silbe Om, die manche Yogīs aus der inneren Stille heraus hören können. Nāda Brahman (ohne den Bindestrich) bedeutet „Brahman ist Klang".

Nādānusamdhāna *n* die Untersuchung (anusaṁdhāna) von Nāda. Das lauschende Hineinhorchen in den Atem und Vertiefen in den inneren Ton.

Nāda-Yoga *m* der Yoga des Klangs. Der Begriff wird in zwei Bedeutungen verwendet: zum einen bezeichnet er eine Praktik, bei der Yogīs durch äußere Maßnahmen wie das Verschließen von Ohren, Augen und Nasenlöchern versuchen, das Hören des inneren Klanges herbeizuführen; zum anderen eine Form von Mantra-Yoga, bei der besonders auf die Klänge bei der Wiederholung des Mantras geachtet wird: Die heiligen Silben oder Worte werden zunächst laut, dann leise und schließlich nur noch mental gesprochen, doch im Bewusstsein bleibt stets deren Klang, in immer subtilerer Form, gegenwärtig. So wird das Mantra zu Nāda, einem ständigen inneren Ton. In diesem Zusammenhang spricht man auch von einem Mantra-Nāda-Yoga.

Nadī *f* Fluss. Siehe *Pilgerreise*.

Nāḍī [nāḍī] *f* Kanal, Ader, Arterie; feinstofflicher Nervenkanal für das Fließen von Lebensenergien. Als Anzahl wird oft 72 000 genannt, andere Texte nennen ein Vielfaches oder erklären 72 Nāḍīs für besonders wichtig. Tatsächlich aufgeführt werden in der Regel max. 14.
Von besonderer Bedeutung sind der zentrale Kanal, die *Sushumnā*, sowie *Iḍā-* und *Pingalā*-Nāḍī, die links und rechts neben der Sushumnā verlaufen. Ausgangspunkt der Nāḍīs ist der *Kanda* an der Basis der Wirbelsäule.
Wenn die Nāḍīs verstopft sind, kann Prāna, die Lebenskraft, nicht frei zirkulieren und den Körper mit Energie versorgen. Deshalb besteht die Notwendigkeit, die Kanäle zu reinigen. Dies erfolgt durch Nāḍī-Shodhana (s.u.).
Siehe auch *Alambushā-, Gāndhārī-, Hastijihvā-, Kuhū-, Pūshā-, Shankhinī- und Yashasvinī-Nāḍī.*

Nāḍī-Cakra *n* bezeichnet allgemein die Gesamtheit der Nervenkanäle und im besonderen den Herz-Lotus.

Nāḍī-Shodhana [nāḍī-śodhana] *n* Reinigung der Nāḍīs. Diese wird empfohlen, bevor fortgeschrittene Übungen der Atemregulierung oder Techniken zur Erweckung der Kundalinī durchgeführt werden.
Nāḍī-Shodhana kann mittels regelmäßiger Āsana-Praxis erfolgen – die Hatha-Pradīpīkā empfiehlt in diesem Zusammenhang das Siddhāsana – oder auch durch bestimmte Atem- und Meditationsübungen.
Der Begriff bezeichnet auch speziell eine Praktik der Wechselatmung, bei der abwechselnd jeweils ein Nasenloch beim Aus- bzw. Einatmen verschlossen wird.

Nāḍī-Shuddhi [nāḍī-śuddhi] *f* Nāḍī-Reinigung, ein Synonym für Nāḍī-Shodhana, bezeichnet oft insbesondere das letzte Stadium der Reinigung.

Nāga *m* Schlange, besonders die Kobra. In der Hindu-Mythologie die Nachkommen des Rishi Kashyapa und der Kadrū, halbgöttliche Wesen mit einem Schlangenkörper. Ihr Feind und Widersacher ist *Garuda*.
Im Hatha-Yoga Bezeichnung für eine sekundäre Form von Prāna, Lebenskraft. Sie ist verbunden mit der Funktion des Aufstoßens und Erbrechens.
Siehe auch *Upaprāna*.

Nāgaloka *m* die Welt der Nāgas oder Schlangenwesen, eine Region der Unterwelt.

Nagara *n* Stadt, auch heilige Stadt. Siehe auch *Pilgerreise*.

Nāgāsana *n* die Schlangenhaltung. nāga – Schlange; āsana – Haltung.

Nahusha [nahuṣa] *m* Name eines

Königs im alten Indien, der sich in seiner Arroganz Indras Thron bemächtigte, ihn jedoch wieder verlor und aufgrund eines Fluches in eine Schlange verwandelt wurde. Seine Geschichte wird im Mahābhārata und in den Purānas in verschiedenen Versionen erzählt.

Naishkarmya [naiṣkarmya] *n* Handlungslosigkeit, ein Begriff aus der Bhagavadgītā 3.4. Wahres Nicht-Handeln vollbringt, wer seine Werke im Sinne des Karma-Yoga ohne Anhaftung tut, nicht aus dem Ego, sondern aus dem wahren Selbst heraus.

Nakrāsana *n* die Krokodilshaltung; Drehhaltung in der Rückenlage.
nakra – Krokodil; āsana – Haltung.

Nakshatra [nakṣatra] *n* Stern; Mondhaus, Konstellation. In den Veden gelten die Nakshatras als Wohnstätten der Götter.
Der Mond durchwandert jeden Tag eines von 28 Mondhäusern, welche aus astrologischer Sicht jeweils besondere Eigenschaften haben und sich z.B. speziell eignen, um eine Reise anzutreten, ein Unternehmen zu gründen oder einen wichtigen Kauf zu tätigen.
Siehe auch *Pañcānga.*

Nakula *m* einer der fünf Pāndavas, der Zwillingsbruder von Sahadeva.
Siehe auch *Pāndavas.*

Nala *m* im Mahābhārata Name des Königs der Nishādas. Die Geschichte Nalas und seiner Frau Damayantī ist eine der bekanntesten im Epos. Sie erzählt von der romantischen Liebe der beiden, dem Verlust des Königreichs aufgrund Nalas Leidenschaft für das Würfelspiel, ihrer Trennung im Exil und schließlich der glücklichen Wiedervereinigung beider sowie der Rückgewinnung des Reichs.

Nāmadeva siehe *Nāmdev.*

Nāma-Japa *m* die Wiederholung des Namens Gottes.
Siehe *Japa, Mantra.*

Nāma-Rūpa *n* „Name und Form", bezeichnet im Vedānta die äußere vergängliche Erscheinungswelt.

Namas, Namah *n* Verehrung, Ehre; Gruß. Das Wort erscheint oft am Ende eines Mantras, z.B. *rāmāya namaḥ,* Verehrung sei dem Rāma. Das Wort ist auch enthalten in dem indischen Gruß *namaste* (namas-te), wörtl. Gruß sei dir!
Aufgrund eines Lautgesetzes wird das *s* am Ende in manchen Fällen zu *ḥ* oder *as* zu *o* (namo). Dem Wort zugrunde liegt die Wurzel *nam*, sich verbeugen, anbeten, verehren.
Auch das Wort *namaskāra* bedeutet Begrüßung, Verehrung, wörtl. Verehrung (namas) machend (kāra). Im Hindī sagt man Namaskār.

Namaskāracandrāsana, namaskāra-candrāsana *n* Mond-Gruß-Haltung.
namaskāra – Gruß, Verehrung; candra – Mond; āsana – Haltung.

Namaskāra-Mudrā *f* die Mudrā oder Haltung des Grußes, bei der die zusammengelegten Hände an die Stirn geführt werden.
Añjali-Mudrā.

Namaskārāsana *n* Grußhaltung, Gebetshaltung.
namaskāra – Gruß, Verehrung; āsana – Haltung.

Nāmdev (ca. 1270 – ca. 1350) einflussreicher Dichter und Heiliger im Staat Mahārāshtra, der in seiner Jugend unter den Einfluss von *Jñānadeva* kam, sein Leben wandelte und zum Anbeter Vishnus wurde. Er verfasste zahllose Hymnen an ihn in Marāthī und Hindī, von denen noch heute viele gesungen werden.

Name, skrt. **Nāman** *n*, die Wiederholung der heiligen Namen, mit denen das Göttliche bezeichnet wird, ist Teil der Mantra-Praxis. In dem Text Devīsahasranāman werden tausend (sahasra) Namen (nāman) der göttlichen Mutter (devī) in Sanskrit angerufen, was das schier unerschöpfliche Reservoir dieser Sprache für vielfältige Wortkreationen offenbart.

Nammalvar einer der zwölf Alvars (ca. 9. Jh.), bekannter tamilischer Dichter und Heiliger, der viele Hymnen an Vishnu verfasste. Gemäß der Legende saß er 16 oder gar 35 Jahre lang reglos in Lotushaltung unter einem Tamarinden-Baum und brach sein Schweigen erst, als der Alvar Madhura-Kavi kam und ihm eine schwierige Frage stellte, die er beantwortete. Gleichzeitig akzeptierte er Madhura-Kavi als Schüler und begann Lobeshymnen an Vishnu zu singen.

Nanak, **Guru** [nānak] Begründer der Sikh-Religion (1469-1539). Seine Lehre, die er durch einfache Lieder verbreitete, war eine Synthese aus hinduistischer Bhakti und muslimischem Sufismus und strebte an, jenseits der Religionen die göttliche Wahrheit zu erkennen und zu leben.

Nanda *m* Freude, Glückseligkeit; der Name des Kuhhirten, in dessen Familie Krishna aufwuchs.

Nandin, Nandī *m* der Name von Shivas Reittier, dem weißen Bullen.

Nandinī *f* die wunschgewährende Kuh der Fülle des Rishi Vasishtha, deren Milch verjüngende Wirkung haben soll. Sie war eine Tochter Surabhis.

Nara *m* Mann, Mensch; der erste Urmensch zu Anbeginn der Schöpfung.

Siehe auch *Nara-Nārāyana.*

Nārada *m* ein bedeutender Seher und Weiser der vedischen Zeit, der vielfach in Geschichten und Legenden des Mahābhārata und der Purānas erwähnt wird. Er gilt als Herr der Gandharvas, der himmlischen Musikanten, und soll die Vīnā, Laute, erfunden haben.
Indem er zwischen den Welten der Götter und der Menschen wandelt, ist er in der Lage, durch sein Auftreten irdische Ereignisse in eine bestimmte, von den höheren Welten gewollte Richtung zu lenken.

Naraka *m oder n* Hölle. Ein Ort, wo Seelen ihr schlechtes Karma abarbeiten. Verschiedene Texte erwähnen bis zu 21 verschiedene Arten von Hölle, die jeweils benannt und beschrieben werden.
Auf der psychologischen Ebene ein leidvoller Bewusstseinszustand aufgrund eigener Vergehen gegen die innere Wahrheit oder aufgrund einer starken Bedrängung und Verdrängung derselben durch Kräfte, die sie in Frage stellen.
Als hauptsächliche Fehlverhaltensweisen, die wie ein „Tor zur Hölle" sind, werden in der Bhagavadgītā 16.21 Begehren, Zorn und Begierde genannt (Kāma, Krodha, Lobha).

Nara-Nārāyana *m* [nārāyaṇa] „Mensch und Gott". Der Ausdruck bezieht sich auf die menschliche Seele als ewige Gefährtin des Göttlichen, mit dem sie eins ist.
Bisweilen steht der Begriff auch für Arjuna und Krishna.

Narasimha [narasiṁha] *m* die vierte Inkarnation Vishnus als „Mensch-Löwe". Vishnu nahm diese Form an, um seinen Anbeter *Prahlāda* zu schützen. Brahmā hatte dessen tyrannischem Vater, der seinen Sohn verfolgte, einst versprochen, er könne nicht von Mensch, Tier, Gott oder Dämon getötet werden, doch Vishnu erlegte ihn in seiner Zwittergestalt.

Nārāyana [nārāyaṇa] *m* bezeichnet im allgemeinen Gott in seinem Aspekt als Urwesen der Schöpfung und im besonderen Vishnu bzw. Krishna. *nara-ayana* bedeutet „die Zuflucht der Menschen".

Narmadā *f* einer der sieben heiligen Flüsse Indiens, entspringt im östlichen Vindhya-Gebirge und mündet im Arabischen Meer. Dem Fluss wird ähnlich wie dem Ganges eine reinigende Wirkung zugeschrieben.

Narottama *m* der beste der Menschen; ein Name Vishnus.

Nāsāgra-Drishti [nāsāgradṛṣṭi] *f* der Blick auf die Nasenspitze, wird für verschiedene Āsanas und Meditationstechniken angewiesen. Die Wort-für-Wort-Übersetzung lautet: nāsa – Nase; agra – Spitze, vorderster Punkt oder Teil; dṛṣṭi – Blick.

Auch in Bhagavadgītā 6.13 wird dieser „Blick auf die Nasenspitze“ als Meditationspraktik beschrieben. Yoganandas Guru Sri Yukteswar wies jedoch die gängige Übersetzung strikt zurück. Die wahre Bedeutung von *agra* sei hier Ansatz der Nase, nicht deren Spitze. Gemeint sei also die Konzentration auf den Punkt zwischen den Augenbrauen. (Siehe *Autobiographie eines Yogi,* Kap. 16.)
Swami Sivananda führt dagegen in seinem Gītā-Kommentar aus, Nāsikāgra-Drishti sei der Blick auf die Nasenspitze, während Bhrūmadhya-Drishti der innere Blick auf das Ājña-Cakra zwischen den Augenbrauen ist, wie er in Gītā 5.27 beschrieben wird (bhrū - Augenbraue; madhya - Mitte; zwischen).

Nāsatya *m* ein Name der Ashvins.

Nāsik Name einer Stadt in Mahārāshtra, die den Hindus als heilig gilt, weil der Gott Rāma (siehe Rāmāyana) dort sein Exil verbrachte.

Nāsti wörtlich „es ist nicht“, „es existiert nicht“ (na asti). Die Lehre von der Nichtexistenz des Göttlichen, Atheismus. Jemand, der diesem Glauben anhängt, heißt Nāstika.

Nātaka [nāṭaka] *m* Schauspieler, Tänzer, Mime.

Natarāja [naṭarāja] *m* der König (rāja) des Tanzes (naṭa), Bezeichnung für Shiva als Herrn der Weltbühne. Durch seinen Tanz ruft er das Universum hervor (*Srishti*, Schöpfung), erhält es (*Sthiti*) und führt es schließlich wieder in die Auflösung (*Samhāra*).
In bildlichen Darstellungen ist der linke Fuß angehoben als Zeichen der Gnade für den Anbeter, der rechte ruht auf auf dem Zwergwesen Apasmara, das Unwissenheit und Täuschung verkörpert. Der Flammenkreis, der ihn umgibt, steht für die kosmischen Energien, die auf ihn zurückgehen.

Natarājāsana *n* die Natarāja-Stellung.
naṭarāja – Natarāja (s.o.); āsana – Stellung.
Diese Stellung wurde so benannt, weil sie auf einem Bein ruht und die Balance eines Tänzers benötigt, um gehalten zu werden.

Nātha-Yogīs *m* Name einer Sekte des shivaitischen Tantrismus, die den Hatha-Yoga begründete. Nātha bedeutet „Herr“ und ist ein Ehrentitel. Siehe auch *Matsyendra* und *Goraksha.*

Nāthamuni *m* ein südindischer Weiser (ca. 9. Jh.) der vishnuitischen Tradition, Autor des Werkes *Yoga-Rahasya* (Geheimnis des Yoga).

Nātya *n* [nāṭya] Tanz, Theater.

Nātyashāstra [nāṭyaśāstra] *n* bekanntes Lehrbuch der Tanz- und Theaterkunst.

Naulī *f* eine Hatha-Yoga-Übung: im Stehen wird bei vorgestreckten Schultern ein Bauchkreisen durchgeführt. Die Praktik soll das Verdauungsfeuer anregen und alle Krankheiten der Körperhumore (siehe Dosha, Abs. 2) heilen.
Siehe auch *Shat-Karma.*

Navagraha *m* die neun (nava) Planeten (graha). Dies sind in der indischen Tradition Sonne, Mond, Merkur, Venus, Mars, Jupiter, Saturn, Rāhu und Ketu.

Navarātrī *f* wörtl. „Neun Nächte“, bedeutende Festtage der Hindus im September-Oktober. Die mythologischen Anlässe der Feiern sind insbesondere die Siege Rāmas über Rāvana (in Nordindien) und Durgās über Mahīshāsura (in Ost- und Südindien). In Gujerat und Maharashtra existieren beide Traditionen.

Nāvāsana *n* die Bootshaltung.
nāva – Boot; āsana – Haltung.
Die Abb. zeigt Paripūrṇa Nāvāsana, die volle Bootshaltung.

Nayanmar [Tamil, „Führer“] Bezeichnung für 63 südindische shivaitische Dichter-Heilige, die etwa vom 6. – 9. Jh lebten. Ihre Leben wurden im Periya Puranam (12. Jh.) beschrieben, all ihre Schriften wurden in Tamil verfasst.
Die vier bekanntesten Nayanmars waren *Appar, Manikkavachakar, Sambandar, Sundarar.* Siehe auch *Kannappa.*

Neo-Tantra *n* eine moderne, modifizierte Form des Linken Tantra, Vāma-Mārga. Dabei tritt die ursprüngliche spirituelle Intention oft in den Hintergrund, und die harmonische und befreite sexuelle Begegnung von Mann und Frau wird zum eigentlichen Anliegen der tantrischen Schulung.

Netī *f* eine Übung der Nasenreinigung, bei der ein langer Faden in ein Nasenloch eingeführt und durch den Mund herausgezogen wird. Die Praktik soll sich positiv auf das Augenlicht auswirken, *Kapha* ausgleichen und die Übung von Khe-

carī-Mudrā unterstützen. Als Vorübung kann zunächst Wasser durch die Nase aufgesaugt werden (Jala-Netī).
Siehe auch *Shat-Karma.*

Neti, Neti bedeutet etwa: „nicht dies, nicht das", aus Sanskrit *na iti*, welches aufgrund eines Lautgesetzes zu *neti* wird. Nur schwer können Worte das Absolute beschreiben, deshalb erklären die Seher der Upanishaden bisweilen nur *neti, neti*, es ist nicht dies, nicht jenes, es ist unsagbar und unfassbar.
Siehe auch *Anirvacanīya.*

Nididhyāsana *n,* **Nididhyāsa** *m* tiefes und wiederholtes Nachsinnen, Bezeichnung für eine bestimmte Art der Meditation im Vedānta. Gemeint ist das meditative Realisieren einer Wahrheit im Anschluss an Shravana, das Hören, und Manana, das kritische Durchdenken. Das Wort ist abgeleitet von der Wurzel *dhyai,* meditieren, kontemplieren.

Nidrā *f* Schlaf. Einige Yogīs haben die natürliche Fähigkeit, ihren Schlaf auf nur wenige Stunden zu reduzieren. Asketen wiederum versuchen unter Einsatz von großer Willenskraft, die Macht des Schlafes über das menschliche Bewusstsein aufzuheben. Nidrā-Jaya, die Meisterung des Schlafes, wird in manchen Yoga-Texten als ein Ziel erwähnt.
Für viele Yoga-Anhänger steht jedoch eher die Qualität des Schlafes als seine Reduzierung im Vordergrund. Schlaf wird als Mittel gesehen, das der Entspannung und notwendigen Regenerierung von körperlichen und vitalen Energien dient, und dies erfolgt durch ein Abschalten von der äußeren Erscheinungswelt und deren vielfältigen Eindrücken.
Aber die Ruhe ist nur wirklich erholsam, wenn die Passage durch die Schichten des Unterbewussten gut verläuft. So kann es inspirierende ebenso wie schreckliche Träume geben.
Wenn das Bewusstsein einen Schritt weiter geht, die feinstoffliche Ebene der Träume (Svapna) verlässt und die kausale des Tiefschlafes (Sushupti) erreicht, so öffnet sich das Tor zur innersten Seele und es können Kräfte geschöpft werden, die dem Wachbewusstsein viel frische Energie zuführen.
Siehe auch *Yoga-Nidrā, Avasthā.*

Nīlakantha [nīlakaṇṭha] *m* der „Blaukehlige", ein Epithet Shivas, dessen Kehle dunkel gefärbt ist, weil er das Gift trank, das beim Quirlen des *Milchozeans* entstand.

Nīm [Hindī], **Nimba** [Sanskrit] *m* der Nimb- oder Neem-Baum (*Azadirachta indica*), ein geheiligter Baum, dessen Blättern heilende und wohltuende, schützende Eigenschaften zugeschrieben werden.

Nimbārka ein indischer Philosoph des 11./12. Jhs., der Hauptvertreter des *Dvaitādvaita-Vedānta.* Er begründete die vishnuitische Rādhā-Krishna-Sekte, deren Anhänger Vishnu in seiner Manifestation als junger Krishna im Spiel mit seiner Geliebten Rādhā verehren.

Nirākāra *adj oder m* formlos, ohne Gestalt (nir-ākāra). Das Göttliche, unbegrenzt durch relative Erscheinungsformen.

Nirālamba, Nirālambana *adj* ohne Stütze.

Nirālambanāsana *n* die ungestützte Haltung (eine Vorstufe der Kobra, Bhujangāsana).
nir-ālambana – ohne Stütze; āsana – Haltung.

Nirañjana *m* frei von Makeln, ohne Fehl. Ein Name Shivas.

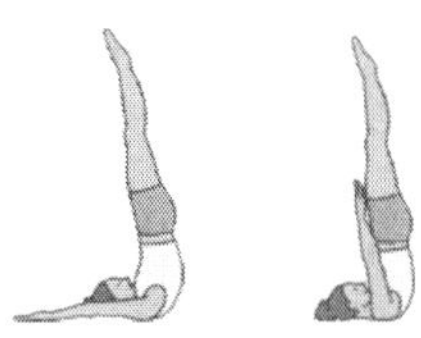

Nirālambasarvāngāsana, nir-ālamba-sarvāngāsana *n* die Alle-Glieder-Haltung, Schulterstand, ohne Stütze.
nir-ālamba – ohne Stütze; sarva – alle, jeder; aṅga – Glied; āsana – Haltung.

Nirbīja-Prānāyāma [prāṇāyāma] *m* Atemübung ohne gleichzeitige Wiederholung eines Bīja-Mantra. Nirbīja bedeutet „ohne Bīja".

Nirbīja-Samādhi *m* der keim-lose (nir-bīja) Samādhi, erwähnt in Yogasūtra 1.51 und so benannt, weil bei ihm keine Kleshas oder Leidfaktoren in Form unterbewusster Impressionen, Samskāras, bestehen bleiben, welche die Saat für künftiges Karma wären.
Siehe weitere Erläuterungen unter *Asamprajñāta-Samādhi.*

Nirdvandva *adj* ohne Paare (nir-dvandva), ohne Dualitäten wie Leid und Freude etc.

Nirguna-Brahman [nirguṇa] *n* das Absolute jenseits aller Eigenschaften; wörtl. „ohne Eigenschaften", nir-guna.
Siehe auch *Saguna-Brahman.*

Nirmala *adj* ohne Fehl, rein.

Nirmāna [nirmāṇa] *adj* geschaffen, künstlich.

Nirmanu siehe *Samanu.*

Nirodha *m* Kontrolle, Zurückhaltung, Eindämmung, Unterdrückung, Stillegung. Das Wort ist abgeleitet von der Wurzel *ni-rudh,* mit derselben Grundbedeutung.
Der Begriff ist wichtig aufgrund sei-

nes Erscheinens in Yogasūtra 1.2, wo Yoga definiert wird als Nirodha der Wellen (Vritti) des Geistes (Citta).

Nirukta *n* Etymologie, eine der sechs Wissenschaften des *Vedānga*, deren Ziel die Erklärung schwieriger Wörter der Veden ist. Autor des einzigen uns überlieferten etymologischen Werkes alter Zeit ist *Yāska*, doch gab es auch vor ihm viele weitere Autoren.

Nirvāna [nirvāṇa] *n* wörtl. Erlöschen, von der Wurzel *nir-vā*, mit gleicher Bedeutung. Der Begriff ist vor allem aus dem Buddhismus bekannt, wo er, je nach Epoche und Schule, vielfältig interpretiert wurde, während der Buddha selbst keine Aussage über das Wesen des Nirvāna machte. Die Grundbedeutung ist das Erlöschen allen Begehrens, ein Ausstieg aus dem Kreislauf der Geburten und ein Einstieg in ein von Karma freies, unkonditioniertes Sein und Bewusstsein.
Im Mahāyāna findet sich auch die Definition einer Erfahrung des Einsseins mit dem Absoluten, verbunden mit Glückseligkeit, die aus dieser Identität und Freiheit resultiert.
Der Begriff Nirvāna existiert auch im Hinduismus und erscheint an mehrfacher Stelle in der Bhagavadgītā. So heißt es in 2.71-72, dass ein Mensch, der frei von Begehren und Egoismus ist, Frieden (Shānti) erlange. Dies ist der Brahman-Zustand (Brāhmisthiti), und wer darin zur Todesstunde verweilt, erlangt Brahma-Nirvāna, d.h. ein Aufgehen im Absoluten oder Einheit mit dem Brahman.
Siehe auch *Dhyāna*, Abs. 2.

Nirvāna-Cakra [nirvāṇa] *n* ein Synonym für Sahasrāra-Cakra.

Nirvicāra-Samāpatti *f* eine Form von Samprajñāta-Samādhi, ein Zustand der Vertiefung ohne Nachsinnen (nir-vicāra). Samāpatti bedeutet „Zusammentreffen, in einen Zustand gelangen“ und steht auch synonym für „Samādhi“.
Siehe auch *Savicāra-Samāpatti.*

Nirvicāra-Vaishāradya [vaiśāradya] *n* geistige Klarheit (vaishāradya) ohne Nachsinnen (nirvicāra). Eine höhere Stufe von Nirvicāra-Samāpatti.

Nirvikalpa-Samādhi *m* ein Samādhi ohne Differenzierung (nirvikalpa) von Subjekt und Objekt, bezeichnet im Vedānta den Zustand des überbewussten Samādhi, in dem alle hinderlichen Impressionen im Unterbewussten gelöscht werden, was zur spirituellen Befreiung führt. Dies entspricht im Yoga dem Asamprajñāta- oder Nirbīja-Samādhi.
Siehe auch *Samādhi, Savikalpa-Samādhi.*

Nirvitarka-Samāpatti *f* eine Form von Samprajñāta-Samādhi, ein Zustand der Vertiefung ohne Reflexion (nir-vitarka).
Siehe auch *Savitarka-Samāpatti.*

Nisargadatta Maharaj [mahārāj] ein Advaita-Yogī (1897-1981), der als Haushälter in einem Slumähnlichen Viertel in Bombay lebte. Aufgrund seiner authentischen Ātman-Verwirklichung konnte er Schüler und Besucher durch seine inspirierten Antworten und Erläuterungen auf dem spirituellen Weg unterstützen.

Nishkāma-Karma [niṣkāma] *n* wunschloses Handeln, d.h. selbstlose Werke, die mit innerer Entsagung der Früchte und ohne Erwartung von Gegenleistungen getan werden.

Nishpattyavasthā [niṣpattyavasthā] *f* Bezeichnung für den Zustand (avasthā) der Reife oder Erfüllung (niṣpatti) auf dem Yoga-Weg. Das vierte und letzte von vier Stadien in der Entwicklung eines Yogīs, verbunden mit der Vereinigung mit dem Īshvara, Herrn, wodurch *Jīvanmukti* erreicht wird.
Siehe auch *Avasthā.*

Nishthā [niṣṭhā] *f* Festigkeit, Stetigkeit; Vollkommenheit; Hingabe.

Nīti *f* rechtes Verhalten; moralischer Grundsatz; Staatskunst.

Nītishāstra [nītiśāstra] *n* die Wissenschaft von der politischen Ethik, oder Schriften darüber.

Nitya *adj* ewig, unvergänglich.

Nityananda, Bhagawan [nityānanda, bhagavān] ein Yogī aus der Tradition des Kaschmir-Shivaismus, lebte bis 1961 (das Geburtsdatum ist unbekannt) und war der Lehrer von Swami *Muktananda.*

Nivritti-Mārga [nivṛtti] *m* Weg der Abwendung (nivṛtti) von weltlichen Zielen, um sich ganz der spirituellen Suche zu widmen.

Niyama *m* Zügelung, Selbstbeherrschung, innere Regel oder Disziplin. Bezeichnet die zweite Stufe im Rāja-Yoga des Patañjali.
Diese besteht gemäß Yogasūtra 2.32 aus den folgenden fünf Elementen: Reinheit, Zufriedenheit, Askese, Studium und Hingabe an den Herrn. Weitere Erläuterungen dazu unter den Sanskrit-Begriffen Shauca, Samtosha, Tapas, Svādhyāya, Īshvara-Pranidhāna.

Nyāsa *m* Plazieren, Markieren; die Konzentration auf etwas richten. Im Tantra eine Methode der Meditation, bei der in bestimmten Körperregionen die dort innewohnenden Gottheiten visualisiert und angebetet werden.

Nyāya *m* Regel, Methode, Logik; eines der sechs orthodoxen philosophischen Systeme, Shaddarshana, sucht die Wahrheit der Dinge durch eine hochentwickelte analytische und logische Erforschung zu ergründen. Als Begründer des Nyāya gilt Gotama.

O

Ojas *n* Kraft, Lebenskraft. Eine subtilphysische Kraft, die den ganzen Körper nährt und Gesundheit sowie spirituellen Fortschritt fördert. Die sexuelle Energie, Retas, kann durch Läuterung in Ojas umgewandelt werden, wofür *Brahmacarya* empfohlen wird.

OM auch Omkāra, AUM oder Pranava genannt. Eine heilige Silbe, die für das Absolute steht und das bekannteste Mantra im Hinduismus ist und auch im Buddhismus verwendet wird. Oft steht es am Beginn eines Mantras mit mehreren Worten, z.B. *om namaḥ śivāya,* „Om, Verehrung sei dem Shiva“ oder im tibetischen Buddhismus *om mani padme hum*, „Om, Juwel im Lotos, Hum.“
Viele Upanishaden erläutern die vielfältige Bedeutung dieser heiligen Ursilbe, die von der Maitrāyanīya-Upanishad als „der Klang des klanglosen Absoluten“ bezeichnet wird. Vor allem die Māndukya-Upanishad widmet sich dieser Thematik und erklärt im ersten Vers: „Om ist dieses unvergängliche Wort, Om ist das Universum... Die Vergangenheit, die Gegenwart und die Zukunft – alles, was war, ist und sein wird – ist Om.“
Die Upanishad erklärt weiter, dass Om sich aus den vier Elementen A, U, M und dem Nachklang „Anusvāra“ zusammensetzt, der durch den Punkt über dem Zeichen dargestellt ist. Die vier Elemente werden mit den vier grundlegenden Bewusstseinszuständen (siehe *Avasthā*) in Beziehung gebracht.
Die bildliche Darstellung des Om erfolgt in vielen kalligrafischen Varianten. Auch hier werden bei der esoterischen Interpretation einzelne grafische Elemente den oben erwähnten Bewusstseinszuständen zugeordnet, wobei der Punkt (Bindu) und Halbkreis oben das höchste Bewusstsein abbilden, das über allem steht.
Das regelmäßige Chanten von Om mit seinen machtvollen Schwingungen auf der physischen wie auch feinstofflichen Ebene gilt als wirksame spirituelle Übung, die von vielen Yogīs praktiziert wird.

Omkarananda, Swami [omkārānanda, svāmī] ein indischer Mönch (1929-2000) und Schüler Swami Sivanandas, der in Indien, der Schweiz und Österreich wirkte.
Omkarananda wurde 1929 in einem Vorwort von Hyderabad, Südindien, geboren. Bereits im Alter von 14 Jahren hatte er viele spirituelle Erfahrungen und suchte zwei Jahre später den Ashram von Sivananda im Himālaya auf, wo er zum Mönch geweiht wurde.
Nach etwa zehn Jahren als einer der engsten Schüler und Mitarbeiter Sivanandas folgte er einem unabhängigen Weg und erfuhr von bedeutenden Adepten spezielle vedische und tantrische Initiationen.
Im Jahr 1965 wurde er von einer Schweizer Schülerin Sivanandas nach Winterthur eingeladen, wo er das Divine Light Zentrum gründete. Er fand eine ständig wachsende Anzahl von Schülerinnen und Schülern, darunter einige prominente Persönlichkeiten aus Kultur und Wirtschaft, und veröffentlichte eine Vielzahl von Büchern über Gotterfahrung und Selbstverwirklichung.
Im Jahr 1979 wurde Omkarananda nach einem sehr umstrittenen Indizienprozess vom Schweizer Bundesgericht zu 14 Jahren Haft verurteilt, weil er zusammen mit Schülern Anschläge auf Widersacher seines Zentrums durchgeführt habe. Die Schweizer Zeitung *Tages Anzeiger* wies später in einer Artikelreihe auf eine Reihe von Unstimmigkeiten bei der Beweisaufnahme der Polizei und der Durchführung des Prozesses hin.
Die Arbeit des Divine Light Zentrums wurde indessen fortgesetzt. Nach seiner Freilassung gründete Omkarananda 1982 den Omkarananda Ashram in Rishikesh und 1986 den Omkarananda Ashram Austria in Langen bei Bregenz. In seinen letzten Lebensjahren bemühte er sich um eine juristische Rehabilitierung, doch starb er im Jahr 2000 in Bregenz, bevor es diesbezüglich zu einem letztinstanzlichen Urteil kam.

Omkārāsana *n* die Om-Haltung. omkāra – Om (s.o.); āsana – Haltung.

Om Namo Nārāyanāya [nārāyaṇāya] Om, Verehrung sei dem Göttlichen. Ein bekanntes Mantra, das auch Wandermönche als Gruß austauschen, wenn sie einander begegnen.

Om Tat Sat ein Mantra mit der Bedeutung „Om, Das ist Sein“, d.h. das wahre Sein, Brahman, welches auch als Sat-Cid-Ānanda beschrieben wird, Sein-Bewusstsein-Freude.

Oshadhi [oṣadhi] *f* Pflanze, Heilkraut; Heilmittel im Āyurveda.

P

Pada *n* Fuß, Schritt; Abschnitt, Stufe; Zeichen, Stelle, Wort.

Pāda *m* Pfeiler; Fuß, Bein; Versviertel, Kapitel.

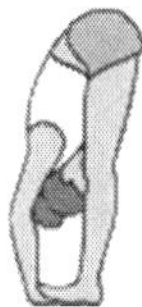

Pādahastāsana *n* Haltung mit den Händen am (unter dem) Fuß.
pāda – Fuß; hasta – Hand; āsana – Haltung.
Vergl. auch Uttānāsana.

Pādāngushthāsana *n* Vorbeuge mit Halten der großen Zehe.
pādāṅguṣṭha – die große Zehe; āsana – Haltung.

Pādapīthāsana *n* Fußbank-Haltung.
pāda – Fuß; pīṭha – Bank; āsana – Haltung.

Padārtha *m* Gegenstand, Objekt; Wortsinn, Bedeutung. Wesen, Essenz.

Pādāsana *n* Fuß-Haltung.
pāda – Fuß; āsana – Haltung.

Pāda-Sevana *n* wörtlich der „Fuß-Dienst". Verehrung der Füße, Dienst zu Füßen des Herrn oder Göttlichen, dem alle Handlungen dargebracht werden.

Padma *n* Lotus, Lotusblume, wird auch als Synonym für *Cakra* gebraucht. Das Lotusblatt, das im Wasser schwimmt, ohne von ihm benetzt zu werden, dient oft als Symbol, um das Ideal des Yogīs zu veranschaulichen, der in der Welt lebt, ohne in sie verstrickt zu sein. In Legende und Dichtung findet das Wort häufig Verwendung und steht für Schönheit, Erhabenheit, Göttlichkeit.

Padmanābha *m* der „Lotus-Nabelige" (padma-nābha), ein Beiname Vishnus, dessen Nabel der kosmische Lotus entsprang, welcher Brahmā und die künftige Schöpfung enthielt.

Padmapurāna [padmapurāṇa] *n* Name eines Purānas der vishnuitischen Tradition.

Padmāsana *n* der Lotussitz, Sitzstellung mit überkreuzten Beinen, so dass die Füße jeweils auf dem anderen Oberschenkel ruhen, gilt als optimale Meditationshaltung.
padma – Lotus; āsana – Sitz.

Pādukā *f* Schuh, Sandale; Fußabdruck eines Gottes oder einer heiligen Person. Im Rāmāyana wird erzählt, wie Rāma sich im Exil befand und sein Halbbruder Bharata an Stelle Rāmas dessen Sandalen auf dem Thron in Ayodhyā plazierte, um Rāmas Gegenwart zu symbolisieren.
In südindischen Tempeln werden Gottheiten oft in Form eines Sandalenpaars verehrt.

Pakshī [pakṣī] *m* Vogel.
Siehe auch *Vögel.*

Pallava Name einer Dynastie, deren Könige vom frühen 4. bis zum späten 9. Jh. in Südostindien herrschten. Sie begründeten die Stadt Mahabalipuram und schufen viele bemerkenswerte Gebäude und Skulpturen.

Pañca fünf.

Pañcabhūta *n* die fünf grobstofflichen Elemente: Erde, Wasser, Feuer, Luft, Äther – Prithivī, Āpah, Agni, Vāyu, Ākāsha.

Pāñcajanya *m* der Name von Krishnas Muschelhorn. Dieses ist benannt nach dem Dämonen Pañcajana, der in einer Muschel lebte und eines Tages den Sohn von Krishnas Waffenlehrer entführte. Krishna befreite den Jungen, tötete den Dämonen und benutzte die Muschel als sein Horn.

Pañcākshara-Mantra [pañcākṣara-mantra] *m oder n* das Mantra mit den fünf (pañca) Silben (akṣara), d.h. das Shiva-Mantra *om namaḥ śivāya*, Om, Verehrung sei dem Shiva.

Pāñcālī *f* ein Name der Draupadī, die aus dem Land Pañcāla stammt.

Pañca-Ma-Kara *m* die fünf „Ms“ oder M-Buchstaben. Bezieht sich auf fünf Wörter, die alle mit „M“ (im Sanskrit ma-kara) beginnen und die fünf Praktiken eines Rituals im Linken Tantra bezeichnen: *madya*, Wein; *māṁsa*, Fleisch; *matsya*, Fisch; *mudrā*, geröstetes Getreide; *maithunā,* Geschlechtsverkehr.
Der Verzehr der ersten vier „M“ regt die sexuelle Kraft an, während die sexuelle Vereinigung selbst zu einer spirituellen Erfahrung wird (siehe *Maithunā).*
Einige Kommentatoren weisen diese Interpretation zurück und erklären,

dass die fünf Ms Chiffren für geheime tantrische Praktiken und Erfahrungen seien, die nichts mit der physischen Bedeutung der Begriffe zu tun haben.
Siehe auch *Vāma-Mārga.*

Pañcānana *m* der mit den fünf Antlitzen, ein Beiname Shivas. Die fünf Antlitze (ānana) stehen symbolisch für die fünf Elemente Erde, Wasser, Feuer, Luft, Äther.

Pañcānga [pañcāṅga] *n* Bezeichnung für den Hindu-Kalender, wörtl. „fünf Teile“, weil fünf Aspekte wie Sonnen-, Mondtage etc. abgehandelt werden. Traditionell liegt dem indischen Kalender der Mond-Monat zugrunde, wobei jeweils zwischen zwei Phasen unterschieden wird: Shukla Paksha sind die hellen vierzehn Tage, wenn der Mond zunimmt, während Krishna Paksha die dunklen vierzehn Tage des abnehmenden Mondes bezeichnet. Die erstere Phase gilt als segensreich für alle Unternehmungen.
Das Mondjahr ist etwas kürzer als das Sonnenjahr, deswegen wird zum Ausgleich alle 2-3 Jahre ein 13. Monat eingeschoben.
Das Jahr hat 6 Jahreszeiten:
Frühling (Vasanta): Hindu-Monate Caitra, Vaishākha. Zeitraum: März – Mai.
Heiße Jahreszeit (Grīshma): Jyeshthā, Āshādha. Zeitraum: Mai – Juli.
Regenzeit (Varsha): Shrāvana, Bhadrapāda. Zeitraum: Juli – September.
Herbst (Sharadā): Āshvina, Kārttika. Zeitraum: September – November.
Winter (Hemanta): Mārgashīrsha, Pausha. Zeitraum: November – Januar.
Kalte Jahreszeit (Shishira): Māgha, Phālguna. Zeitraum: Januar – März.
(Siehe auch die Einzeleinträge zu den Hindu-Monaten Caitra etc.)

Pāñcarātra *m* Name einer vishnuitischen Sekte. Die heiligen Schrifen der Gemeinschaft, die Pāñcarātra Āgamas, betonen die Wichtigkeit der bildlichen Darstellung von Gottheiten und deren Anbetung in dieser Form.

Pañcatantra *n* wörtl. „Fünf Lehrbücher“ (pañca-tantra). Name eines bekannten Werkes, das in Form von Geschichten und Fabeln die Prinzipien der Staats- und Regierungskunst erläutert.

Pañca-Tattva *n* die fünf Prinzipien, ein Synonym für Pañca-Ma-Kara.

Pāndavas [pāṇḍava] im Mahābhārata die fünf Söhne des *Pāndu*: Yudhishthira, Bhīma, Arjuna (die Söhne Kuntīs) sowie Nakula und Sahadeva (die Söhne Mādrīs). Ihre Gegenspieler waren die *Kauravas*.
Siehe auch *Draupadī.*

Pandit (Hindī), **Pandita** (Skrt.)

[paṇḍita] *m* ein Gelehrter, Weiser. In der Bhagavadgītā 4.19 heißt es, der wahre Pandita sei jener, der frei von Begehren ist und selbstlose Werke im Sinne des Karma-Yoga tut.

Pāndu [pāṇḍu] *m* der Vater der fünf Pāndavas, obgleich nicht der physische: Da er aufgrund eines Fluches nicht selbst Kinder zeugen konnte, rief seine Frau Kuntī mithilfe eines Mantras verschiedene Götter an, die zu den Vätern ihrer fünf Söhne wurden. So war z.B. Indra der Vater Arjunas.

Pani [paṇi] *m* Name einer Klasse von Dämonen im Rigveda, die den Göttern und Rishis entgegenwirken und die „Herden der Sonne" stehlen und einpferchen.

Pānini [pāṇini] genialer indischer Grammatiker, der Autor der Ashtādhyāyī, lebte in der Zeit zwischen dem 6. und 4. Jh. v.Chr.
Pānini fasste die Regeln der Sanskrit-Grammatik äußerst knapp und exakt in 3981 Sūtras zusammen. Dabei bediente er sich eine besonderen Formelsprache mit Kürzeln, welche es ihm erlaubte, auch komplexe Regeln in kürzester Form darzustellen.
Obwohl Pānini sich auf einige (nicht mehr existente) Vorarbeiten beruft, gilt sein Werk als einzigartige Schöpfung, deren Details bis auf den heutigen Tag erforscht werden. In Indien zählt er zu den Rishis, d.h. den Seher-Weisen, die ihre Erkenntnisse durch göttliche Inspiration empfingen.
Der bekannteste Kommentar zur Ashtādhyāyī ist das Mahābhāshya des Patañjali, der vermutlich im 2. Jh. v.Chr. lebte.

Pānipātrāsana *n* die Handgefäß-Haltung.
pāṇi – Hand; pātra – Gefäß; āsana – Haltung.
pāṇipātra oder Handgefäß bedeutet, dass die Hände so zusammengelegt werden, dass sie ein Gefäß formen (um z.B. Wasser zu schöpfen).

Pāpa *n* Vergehen, Fehlverhalten, Böses. Die häufige Übersetzung „Sünde" ist korrekt, jedoch problematisch, weil dieser Begriff in besonderer Weise durch die christliche Theologie geprägt ist.
In der Bhagavadgītā 3.36 fragt Arjuna Krishna, was es denn sei, das den Menschen zum Fehlverhalten treibe, woraufhin Krishna antwortet, Begehren (Kāma) und Zorn (Krodha) seien die Kräfte, die dies verursachen und zum Feinde des Menschen werden.

Para... am Anfang eines Wortes bedeutet meist höher, höchste, höchstes, oft jedoch auch „andere, anderer".

Para-Bhakti *f* die höchste Bhakti, jenes höchste Stadium der Gottesliebe, wo der Anbeter aufgrund der Intensität der Hingabe das Bewusstsein seiner selbst und seines Körpers verliert.

Para-Brahman *n* das höchste Absolute, die letztliche Wirklichkeit.

Para-Citta-Jñāna *n* Wissen un das, was im Bewusstsein (citta) eines anderen (para) vor sich geht, „Gedankenlesen". Eine übernatürliche Fähigkeit, die Yogīs erwerben können.
Siehe auch *Siddhi.*

Para-Deha-Pravesha [praveśa] *m* das Eintreten (praveśa) in den Körper (deha) eines anderen (para). Eine übernatürliche Fähigkeit, die Yogīs erwerben können.
Siehe auch *Siddhi.*

Parama... am Anfang eines Wortes bedeutet höchste, höchstes, bestes.

Paramahamsa [paramahaṁsa] *m* wörtl. der höchste Schwan (haṁsa), Bezeichnung für einen Yogī, der spirituelle Befreiung, Mukti, erlangt hat. So wie der Schwan souverän über das Wasser gleitet, bewegt sich der Paramahamsa in der Welt, ohne in sie involviert zu werden.
Manchmal finden sich auch die Schreibweisen Paramahansa oder Paramhansa.

Paramahansa Yogananda siehe *Yogananda, Paramahansa.*

Paramānanda *m oder n* die höchste Glückseligkeit (ānanda), eine Beschreibung des Göttlichen in seinem Aspekt unendlicher Freude.

Paramapada *n* die höchste Stufe (pada), der höchste Zustand der Glückseligkeit.

Paramārtha *m* die höchste Wahrheit, Wirklichkeit; spirituelle Erkenntnis. parama-artha bedeutet wörtlich „das höchste Objekt".

Paramātman *m* das höchste *transzendente* Selbst (ātman), wohingegen Jīvātman das *verkörperte* Selbst ist.

Parameshvara [parameśvara] *m* der höchste (parama) Herr (īśvara), der Herr allen Seins.

Parameshvarī [parameśvarī] *f* die höchste (paramā) Göttin (īśvarī], ein Synonym für die Kundalinī.

Paramparā *f* eine ununterbrochene Folge oder Tradition. Im Yoga Bezeichnung für die kontinuierliche Lehrer-Schüler-Linie, durch die eine bestimmte spirituelle Tradition ständig fortgesetzt wird, so wie im Handwerk bestimmte Fertigkeiten innerhalb einer Familie von Generation zu Generation weitergegeben werden.
Es gibt jedoch auch spirituelle Meister wie Ramana Maharshi, die ihre Verwirklichung unabhängig

und nicht im Rahmen einer Guru-Shishya-Linie erlangten.

Parāshara [parāśara] *m* Name eines Rishis, der einige vedische Hymnen verfasste und der Vater Vyāsas war.

Parashiva [paraśiva] *m* der höchste (para), transzendente Shiva. Shiva als das absolute Bewusstsein.

Parashurāma [paraśurāma] *m* „Rāma mit der Axt", der sechste Avatār Vishnus, Sohn von Jamadagni und Renukā. Seine Mission war es, die gesellschaftliche Ordnung auf der Erde wiederherzustellen, die durch die Arroganz und Tyrannei der Kshatriyas, des Kriegerstandes, gefährdet war. Der Legende nach tötete er am Ende alle Kshatriyas.

Para-Vairāgya *n* die höchste Entsagung (weltlicher Dinge), eine absolute Wunschlosigkeit, wie sie nur infolge einer Samādhi-Erfahrung als möglich gilt.

Para-Vidyā *f* das höchste Wissen, die direkte, absolute Erkenntnis des Brahman durch transzendente Erfahrung. Im Gegensatz dazu ist Apara-Vidyā die relative, indirekte Erkenntnis, die durch den Intellekt und die Sinne erlangt wird.

Paricayāvasthā *f* der Zustand (avasthā) von Erkenntnis (paricaya). In der Hatha-Pradīpikā die dritte von vier Stufen in der Entwicklung eines Yogī, verbunden mit dem Erwachen der Kundalinī, der verborgenen Schlangenkraft, und der Erfahrung reiner Glückseligkeit. Siehe auch *Avasthā*.

Pariā [pariyā, Hindī] *m* Unberührbarer. Siehe *Kaste*.

Paridhāna *n* wörtl. „Herumlegen", bezeichnet eine Praktik des Kreisens der Bauchmuskulatur wie bei der Naulī.

Parighāsana *n* die Eingangstor-Haltung; Torriegel-Haltung; Riegel. parigha – Eingangstor; āsana - Haltung.

Pārijāta *m* Name eines wohlduftenden, paradiesischen Baumes, der beim Quirlen des *Milchozeans* entstand und zunächst Indra gehörte, doch später von Krishna entwendet wurde, um ihn seiner Gattin Satyabhāmā zu schenken.

Parīkshā [parīkṣā] *f* Prüfung, Untersuchung.

Parikshit [parikṣit] der Enkel Arjunas und Nachfolger Yudhishthiras auf dem Thron von Hastināpura. Er war der Sohn von Abhimanyu und Uttarā.
Als ihm aufgrund eines Fluches ein Tod in sieben Tagen bevorstand, verbrachte er diese Zeit damit, einer Rezitation des Urtextes des Bhā-

gavatapurānas zu lauschen, was ihn zur spirituellen Erfüllung führte.

Parināma [pariṇāma] *m* Umwandlung, Verwandlung. Patañjali gebraucht diesen Begriff in Yogasūtra 3.9-16. Dabei werden drei Stufen des Samādhi erläutert:
1. Nirodha-Parināma, die Stillegungswandlung, bei welcher die innere Stille Überhand gewinnt über die Schwingungen äußerer Zerstreuung. 2. Samādhi-Parināma, die Samādhi-Wandlung, bei welcher der Geist sich ausschließlich auf einen Gegenstand konzentrieren kann und somit echte Vertiefung erlangt. 3. Ekāgratā-Parināma, die Fokussierungswandlung, bei welcher der Geist so sehr „einpünktig" (ekāgra) konzentriert und präsent ist, dass es keinen Unterschied zwischen Impressionen der Vergangenheit und Gegenwart mehr gibt.
Siehe auch *Ekāgratā.*

Parināma-Vāda [pariṇāma] *m* die Entwicklungs- oder Umwandlungslehre des Sānkhya, eine Theorie der Involution und Evolution, welche besagt, dass alle Wirkungen latent in der Ursache vorgegeben sind. So sind alle Phänomene unserer realen Welt nur das In-Erscheinung-Treten dessen, was auf einer feinstofflichen Ebene schon vorhanden ist. Alles Erzeugen ist ein Ent-wickeln, alles Zerstören ein Wiedereinwickeln in die Ur-Sache.

Paripūrna [paripūrṇa] *adj* voll, vollständig.

Parivritta [parivṛtta] *adj* gedreht, bezeichnet eine Rumpfdrehung bei verschiedenen Āsanas.

Parivrittaikapāda [parivṛttaikapāda] *adj* mit einem umgedrehten Bein. parivṛtta – gedreht; eka – ein; pāda – Bein.

Parivrittajānushīrshāsana, parivritta-jānu-shīrshāsana *n* gedrehte Knie-Kopf-Haltung (die Kopf-zum-Knie-Haltung).
parivṛtta – gedreht; jānu – Knie; śīrṣa – Kopf; āsana – Haltung.

Parivrittapārshvakonāsana, parivritta-pārshva-konāsana *n,* die gedrehte seitliche Winkelhaltung.
parvṛtta – gedreht; pārśva – seitlich; koṇa – Winkel; āsana – Haltung.

Parivrittatrikonāsana, parivrittatrikonāsana *n*, gedrehte Dreieckshaltung.

parivṛtta – gedreht; trikoṇa - Dreieck; āsana – Haltung.

Parivrittavīrabhadrāsana, parivritta-vīrabhadrāsana *n* gedrehte Heldenhaltung.
parivṛtta – gedreht; vīrabhadra – Held; āsana – Haltung.

Parjanya *n* Regen; der Gott des Regens (oft identifiziert mit Indra).

Pārshva [pārśva] *adj* seitlich, seitwärts. Seitliche Ausrichtung bei Āsanas.

Pārshvakonāsana *n* die seitliche Winkelhaltung.
pārśva – seitlich; koṇa – Winkel; āsana – Haltung.

Pārshvaikapāda [pārśvaikapāda] *adj* mit einem seitlich gedrehten-Bein.
pārśva –seitlich; eka – eins; pāda – Bein.

Pārtha *m* ein Name Arjunas, d.h. derjenige, der von Prithā (Kuntī) abstammt.

Partner-Yoga *m* der Yoga zu Zweit. Identische Yoga-Stellungen werden synchron eingenommen, wobei die Partner sich gegenseitig halten ober abstützten, z.B. beim Natarājāsana, oder es werden von beiden Übenden kongruente Stellungen kombiniert, indem sich z.B. Partnerin A bei der Fisch-Kind-Stellung (Matsyāsana-Bālāsana) rückwärtig über den rund gebeugten Rücken von Partnerin B legt.
Das gemeinsame Üben soll auch zu einer inneren Einheit verhelfen und wird u.a. Eheleuten als Bereicherung des partnerschaftlichen Lebens empfohlen.

Parvan *n* Kapitel, Abschnitt; Gelenk, Knoten.

Parvatāsana *n* Berg-Haltung.
parvata – Berg; āsana – Haltung.

Pārvatī *f* Name der Gemahlin Shivas, Tochter des Himavat, des Herrn der Schneeberge. Ihr Name ist abgeleitet von „Parvata“, Berg, wie ihr Vater auch heißt. Sie trägt auch den Namen Umā.

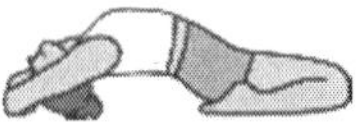

Paryankāsana *n* die Bett-Haltung.
paryaṅka – Bett, Ruhestatt; āsana – Haltung.

Pāshāsana *n* die Schlingen-Haltung.
pāśa – Schlinge; āsana – Haltung.

Pashcimatānāsana *n* Haltung der Rückenstreckung, das Vorbeugen im Langsitz. Identisch mit Pashcimottānāsana.
paśćimā – Rückenpartie von Kopf bis Ferse; Grundbedeutung: Westen, Körperrückseite; tāna – Dehnung, Streckung; āsana – Haltung.

Pashcimottānāsana *n* Haltung der Rückenstreckung, das Vorbeugen im Langsitz. Identisch mit Pashcimatānāsana.
paśćimā – Rückenpartie von Kopf bis Verse; Grundbedeutung Westen, Körperrückseite; uttāna – Dehnung, Streckung; āsana – Haltung.

Pashu [paśu] *m* Vieh, Kuh, Tier, Geschöpf. Im Shivaismus ein Synonym für Jīva, die individuelle Seele. Shiva ist Pashupati, der Herr über alle Geschöpfe.
Im Tantra eine der drei Hauptkategorien von Suchern. Der Pashu-Typus ist noch stark vom Triebleben dominiert. Er sollte Versuchungen aus dem Weg gehen und mit großer Disziplin Rituale der Anbetung und Meditation durchführen, um Stetigkeit und Stabilität zu erlangen.
Siehe auch *Vīra, Divya.*

Pāshupata [pāśupata] *n* Name einer machtvollen Waffe, die Shiva dem Arjuna schenkte; Anbeter, Verehrer Shivas.

Pāshupata-Sekte [pāśupata] die früheste und bedeutendste Schule des Shivaismus, deren Anhänger Shiva als Pashupati, den Herrn über alle Geschöpfe, verehren.

Pāshupata-Brāhmana-Upanishad [pāśupata-brāhmaṇa-upaniṣad] *f* eine Yoga-Upanishad, die eine Art von Nāda-Yoga darlegt, bei dem eine Konzentration auf den Hamsa-Klang erfolgt.
Siehe auch *Ajapa-Mantra.*

Pāshupata-Yoga [pāśupata] *m* Bezeichnung für eine Reihe shivaitischer Lehren, wie sie im Shiva- oder Linga-Purāna dargelegt sind. Ihr Ziel ist die Vereinigung mit Shiva.

Pashyantī [paśyantī] *f* abgeleitet von dem Stamm *paśya*, Sehen, bedeutet es in dem Ausdruck Pashyantī Vāk „das sehende Wort", d.h. das inspirierte Wort, das die Schau der Wahrheit in sich trägt.
Der Begriff Pashyantī steht auch für eine fortgeschrittene Stufe der Nāda-Meditation, bei der das ganze Universum als von Klang erfüllt wahrgenommen wird.

Pātāla *n* die Unterwelt. Das Wort bezeichnet das Unterbewusste des Menschen ebenso wie dunkle Regionen der Unterwelt.

Patañjali *m* Autor des *Yogasūtra,* eines wichtigen Grundlagentextes, der zwischen dem 2. Jh. v. Chr. und dem 4. Jh. n. Chr. entstanden ist.
Über seine Person ist nichts näheres bekannt. Gemäß der Tradition der Hindus war er eine Inkarnation von Ananta, dem König der Schlangen-Rasse, der auch Shesha genannt wird. Da er Yoga auf der Erde verbreiten wollte. fiel er (*pat* – fallen) auf die Handfläche (*añjali*) einer tugendhaften Frau namens Gonikā.
Patañjali ist nicht der Erfinder des Yogas, aber es ist sein großes Verdienst, bereits existierende Lehren in genialer Form zusammengestellt und mit eigenen Elementen bereichert zu haben.
Es gab im alten Indien auch andere bedeutende Persönlichkeiten mit demselben Namen. Der bekannteste unter ihnen ist der Autor des Mahābhāshya, eines sehr wichtigen Kommentars zu der Sanskrit-Grammatik des Pānini, der Ashtādhyāyī. Nach einigen indischen Quellen soll er mit dem Verfasser des Yogasūtra identisch sein, doch wird dies von vielen Gelehrten bezweifelt.
Siehe auch *Rāja-Yoga, Yogasūtra.*

Pativrata *n* ein Gelübde der Treue gegenüber dem Ehegatten.

Pausha [pauṣa] *m* Name des zehnten Monats im Hindu-*Kalender* (Dezember/ Januar).

Pavamāna *adj* sich reinigend; ein Name Somas.

Pāvana *adj oder m, n* reinigend, läuternd; Reinigung; Feuer.

Pavanamuktāsana *n* die Wind-befreiende Haltung.
pavana – Wind; mukta – befreit; āsana – Haltung.

Pavitra *adj* reinigend, rein.

Perīya Purānam [Tamil] „das große Purāna“, heiliger dichterischer Text mit der Lebensgeschichte der 63 *Nayanmars*, im 12. Jh. verfasst von Sekkilar, einem Minister des Chola-Reiches.

Phala *n* Frucht; Wirkung, Ergebnis einer Handlung.

Phalahakāsana *n* die Planken-Haltung.
phalahaka – Planke; āsana - Haltung.

Phālguna *m* Name des zwölften Monats im Hindu-*Kalender (*Februar-März). Auch Name Arjunas.

Pilgerorte, siehe *Pilgerreise.*

Pilgerreise Skrt. Yātrā, Tīrthayātrā. Pilgerreisen haben eine lange Tradition in Indien. Durch sie werden nach dem Glauben der Hindus zum einen die Götter erfreut, zum anderen erwirbt der Reisende Verdienste durch die Reise und wird durch den physischen Kontakt, die Nähe zu einem geheiligten Ort geläutert und gesegnet.
Die bekanntesten und beliebtesten Pilgerorte oder Tīrthas sind die sieben heiligen Flüsse und Städte:
Ganges, Yamunā, Sarasvatī, Godāvarī, Narmadā, Indus, Kāverī sowie Ayodhyā, Gayā, Vārānasī, Mathurā, Hardvār, Ujjain, Dvārakā. Ferner gibt es auch heilige Seen wie den Mānasasarovara am Berg *Kailāsa.*
Im Verlaufe der Pilgerfahrt werden in der Regel die jeweiligen Tempel der heiligen Stätten besucht und oft auch Pradakshinas durchgeführt, d.h. eine volle Umrundung des Tempels oder der gesamten Stätte zu Fuß im Uhrzeigersinn.
Die längste Pilgerroute führt von der Quelle des Ganges im Himālāya bis nach *Rameshvaram* an der Südspitze Indiens.

Pilates, Pilates Yoga ein Übungssystem, das von dem gebürtigen Deutschen Joseph Pilates (1880-1967) nach seiner Auswanderung in die USA entwickelt wurde. Es handelt sich um Körperübungen, die auf der Matte oder an speziellen Geräten fließend ausgeführt werden.
Die Übungen sind zum Teil jenen des Hatha-Yoga sehr ähnlich, aber es gibt Unterschiede in der Art und Ausführung, die z.B. die Atmung und die Ausrichtung des Körperzentrums betreffen. Die Übungen werden von Visualisierungen begleitet, die zu einer größeren Leichtigkeit bei der Ausführung führen sollen.
Pilates selbst hatte Yoga und Zen studiert und war mit deren Lehren gut vertraut. Der Begriff Pilates Yoga erscheint erst in jüngeren Publikationen.

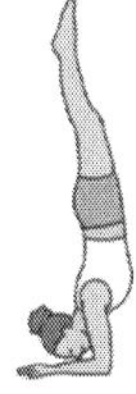

Piñchamayūrāsana, Piñcha Mayūrāsana *n*, die Pfauenfeder-Haltung. piñcha – Feder; mayūra – Pfau.

Pinda [piṇḍa] *n* Klumpen, Kloß. Reisbällchen, das den Ahnen geopfert wird. Im Hatha-Yoga Bezeichnung für den menschlichen Körper.

Pindānda [piṇḍāṇḍa] *n* „Klümpchen-Ei", der Mensch als Mikrokosmos gegenüber dem Makrokosmos Brahmānda (brahma-aṇḍa), dem „Brahmischen Ei". Gemäß einigen Texten spiegelt sich der Makrokosmos exakt im Mikrokosmos wieder, indem z.B. die Himmelsregionen mit dem Kopf in Verbindung stehen und die Regionen der Unterwelt mit Zehen und Knien.

Pingalā [piṅgalā] *f* ein feinstofflicher Nervenkanal, der rechts neben der Wirbelsäule verläuft und am rechten Nasenloch endet. Er wird auch Sūrya-Nāḍī genannt, da die wärmende Energie der Sonne (Sūrya) durch ihn fließt. Pingalā bedeutet wörtlich „die Rötliche, Rotbraune".
Siehe auch *Nāḍī.*

Pishāca [piśāca] *m* Dämon, Oger. Im Veda werden Pishācas zusammen mit Asuras und Rākshasas als feindselige Wesen erwähnt. Sie halten sich bevorzugt in der Dunkelheit und an Bestattungsstätten auf und können sich unsichtbar machen, um von unachtsamen Menschen Besitz zu ergreifen. Schutz und Abwehr dagegen bieten geeignete Mantras.

Pītha [pīṭha] *n* Sitz, Basis; heilige Stätte; Energiezentrum im Körper; auch Synonym für Āsana.

Pitriyāna [pitṛyāna] *n* der Weg (yāna) der Vorväter (pitṛ): Nach dem Tod, der im Hinduismus nur den Übergang in andere Welten markiert, gehen die Verstorbenen Karma-bedingt in jenseitige Welten ein, wo sie die Früchte ihrer guten oder schlechten Taten ernten, bevor sie auf der Erde wiedergeboren werden.
Viele Hindus gedenken täglich ihrer Vorfahren und bringen ihnen in bestimmten Ritualen Opfergaben als Nahrung dar.
Im Gegensatz zum Pitriyāna oder Dakshināyana – dem Weg ins Reich der Toten – führt Devayāna, der Weg der Götter (deva), als Weg des Lichts und der Erkenntnis direkt zum Absoluten, in die spirituelle Befreiung.

Pitta *n* Galle. Im *Āyurveda* einer der drei Humore oder Körpertemperamente, wirkt heiß, scharf oder stechend.

Plāvinī *f* „schwimmend, treibend", Bezeichnung für eine Atemübung, bei welcher der Unterleib reichlich mit Luft gefüllt wird, so dass man auf dem Wasser gleitet wie ein Lotus.

Poonja, Hari Wansh Lal [pūñja]
H.W.L. Poonja (1913-1997) war ein moderner Vertreter des *Advaita Vedanta* und wurde auch Poonjaji oder Papaji genannt. Schon in seiner Kindheit hatte er spirituelle Erfahrungen und Visionen Krishnas.
Im Jahr 1944 begegnete er Ramana Maharshi in Tiruvannamalai und erlebte nach eigener Aussage eine Erleuchtungserfahrung, als der Weise ihm mitteilte, er sei am Ziel angelangt und brauche vorherige Praktiken wie Krishna-Japa, die ständige Wiederholung des Namens Krishnas, nicht weiter fortzuführen.

Später wurde Poonja zu einem bekannten spirituellen Lehrer und bereiste Indien, Europa und Nordamerika. Seit den 1980er Jahren empfing er zahlreiche Sucher zum Satsang in Lakhnau. Auch Andrew *Cohen* gehörte zunächst zu seinen engsten Anhängern, doch trennten sich die Wege der beiden nach einigen Differenzen.
Poonja lehrte einen Weg der direkten und unmittelbaren Erfahrung des höchsten Selbstes, wobei keine Übungen erforderlich seien außer der von Ramana Maharshi empfohlenen Selbst-Erforschung, „Wer bin ich?" Er sagte, er sei kein Guru, obwohl ihn in der Praxis viele Anhänger als solchen behandelten.
Einige seiner Schülerinnen und Schüler wie Gangaji, Eli Jaxon-Bear, Samarpan und Madhukar begründeten die *Satsang*-Bewegung und treten regelmäßig bei Treffen in westlichen Ländern auf.

Power-Yoga (1) ein dynamischer Yogastil, der von dem Amerikaner Bryan Kest begründet wurde. Kest, der zunächst den Ashtānga-Yoga bei K. Pattabhi Jois studiert hatte, möchte möglichst viele Menschen an den Yoga heranführen und bietet seine Kurse auf Spendenbasis an. Sein Ziel ist es, den SchülerInnen zu einem gesünderen und zufriedeneren Lebensstil zu verhelfen und ihnen ein Übungssystem zu vermitteln, das Körper, Geist und Seele voll integriert.
In der Übungspraxis wird der ganze Körper als Einheit gesehen, die Muskeln werden gedehnt und gekräftigt und die Wirbelsäule flexibel gemacht. Tiefe Atmung und eine reichliche Sauerstoffaufnahme fördern die Gesundheit.
Im Vordergrund steht nicht die perfekte Durchführung von Āsanas, sondern die Freude an der Praxis und die richtige Einschätzung der persönlichen Grenzen. So erklärt Kest, „beim Power-Yoga geht es darum, sanft zu uns zu sein", und gerade diese umsichtige Herangehensweise mache den Körper langfristig stark.

Power-Yoga (2) eine Bezeichnung, die als Synonym für den Ashtānga-Vinyāsa-Yoga oder für einige unmittelbar daraus abgeleitete freie Varianten gebraucht wird.

Power Yoga (3) Bezeichnung für verschiedene Formen des Fitness-Trainings, wobei in der einen oder anderen Form Āsanas des Hatha-Yoga verwendet werden, die ursprüngliche spirituelle Zielsetzung aber keine Rolle mehr spielt.

Prabhu *adj und m* stark, mächtig; Herrscher, Meister. Bezeichnung für einige Götter wie Vishnu, Shiva, Brahmā.

Prabodhana *n* Erwachen; Erleuchtung.

Pradakshina [pradakṣiṇa] *m* die Umwanderung (im Uhrzeigersinn) eines Tempels oder heiligen Ortes.

Pradhāna *n* Grundlage, „Hervorbringer". Im Sānkhya die unentfaltete Natur (Prakriti), Urquelle des materiellen und sichtbaren Universums.

Pradyumna *m* ein Epithet des Liebesgottes Kāma.
Name eines Sohnes von Krishna und Rukminī, der mit sechs Jahren von dem Dämonen Shambara entführt und ins Meer geworfen wurde, wo ihn ein Fisch verschluckte. Doch der Fisch wurde gefangen und in Shambaras Haus gebracht. Beim Ausnehmen trat ein hübsches Kind hervor, das die Herrin des Hauses, Māyādevī, liebevoll in ihre Obhut nahm.
Später erfuhr Pradyumna seine wahre Identität, forderte Shambara zum Kampf heraus und besiegte ihn, woraufhin er sich mit Māyādevī in den Palast seines Vaters Krishna begab.

Prahlāda *m* war eine jener Seelen, die als Yogī geboren werden. Schon im Mutterleib hatte er so viel vedische Weisheit aufgenommen, dass er nur Vishnu und nicht seinem leiblichen Vater, den dämonischen König Hiranyakashipu, als höchsten Herrn anerkennen wollte, was ihm viele härteste Prüfungen und Nachstellungen einbrachte. Doch er blieb fest und vergab am Ende sogar noch seinem Vater dessen Untaten.
Prahlāda verkörpert bis heute im Hinduismus den gläubigen Anbeter, der selbst in den schwierigsten Lebenslagen auf Gott und seinen Schutz vertraut. Die Geschichte wird im Vishnu-Purāna erzählt.

Prajāpati *m* der Herr (pati) der Geschöpfe (prajā), der Schöpfer der Welten. In den Veden werden einige Gottheiten „Prajāpati" genannt, später stand der Begriff für Brahmā und seine zehn Söhne, welche die Schöpfung leiten und auch Brahmaputras genannt werden, ebenso auch für weitere Gottheiten, z.B. Vishnu und Vishvakarman, den Architekten der Götter.

Prajñā *f* Bewusstsein, Weisheit, Erkenntnis. Patañjali erläutert den Begriff im Yogasūtra 1.48-49. Prajñā ist die Erkenntnis, die im Samādhi erlangt wird. Sie ist *ṛtambharā*, die Wahrheit tragend, d.h. von der höchsten Wahrheit erfüllt, und unterscheidet sich vom Wissen, das durch Schlussfolgerung oder Tradition erlangt wird.
Der Begriff *ṛta* kann auch mit „göttliche Ordnung" übersetzt werden, es ist jene Ordnung, die der höchsten Wahrheit entspringt.

Prākāmya *n* Wunscherfüllung, eine Siddhi, d.h. eine übernatürliche Fähigkeit, die Yogīs erlangen können.

Prakāsha [prakāśa] *m* Glanz, Licht, eine Eigenschaft des Göttlichen.

Prakriti [prakṛti] *f* Natur, Urnatur, Stoff, Materie. Zusammen mit dem Purusha (Geist, Spirit) eines der beiden Grundprinzipien der Sānkhya-Philosophie.
Prakriti ist der unerschaffene Urgrund aller stofflichen und psychischen Erscheinungsformen. Sie existiert in zwei Zuständen, unentfaltet (avyakta) und manifestiert (vyakta). Im ersteren Zustand ist sie von nicht wahrnehmbarer subtiler Feinheit und birgt das später Werdende als Potential in sich.
Die Manifestation des Stofflichen wird ausgelöst durch eine Störung im Gleichgewicht der *Gunas* oder Konstituenten. Die ursprünglichen unsichtbaren Elemente werden gröber und es bilden sich in einer Stufenfolge der Verdichtung die verschiedenen Elemente wie Buddhi, Ahamkāra, Sinne etc. heraus (siehe *Sānkhya*).
Die Prakriti ist ewig und unerschaffen, jedoch an sich unbewusst und leblos. Erst der *Purusha*, das Bewusstseinslicht, der Zeuge und Betrachter, haucht ihr Leben ein so wie der Strom eine Lampe zum Leuchten bringt.
Siehe auch *Tattva, Parināma-Vāda*.

Prakriti-Laya [prakṛti] *m* Auflösung (laya) in der Prakriti; jemand, der in die Prakriti eingegangen ist. Der Begriff ist in Yogasūtra 1.19 erwähnt und wird unterschiedlich interpretiert. So heißt es zum einen, die in die Prakriti eingegangenen Wesen seien die Götter, die eine Scheinbefreiung erlangt haben und als körperlose Geistwesen zwar unendlich lang leben, sich aber eines Tages wieder reinkarnieren müssen, da ihr Status die Prakriti nicht letztlich transzendiert.
Zum anderen wird der Begriff auf Yogīs bezogen, die in ihrer inneren Versenkung alle äußeren Hüllen hinter sich gelassen haben und bis zur Prakriti in ihrem Urzustand vorgedrungen sind, aber nicht in der Lage sind, den echten befreienden Samādhi zu erfahren.

Pralaya *m* die Auflösung des Universums am Ende eines Schöpfungszyklus. Siehe auch *Yuga*.

Pramāda *m* Unaufmerksamkeit, Nachlässigkeit, Unbesonnenheit, ein Hindernis auf dem Yoga-Weg.

Pramāna [pramāṇa] *n* Maß, Norm, (gültige) Erkenntnismittel. Diese letzteren sind Pratyaksha, Sinneswahrnehmung; Anumāna, logische Schlussfolgerung; Āgama, authentische Bezeugung.

Prāna [prāṇa] *m* Atem, Lebensatem, Lebenskraft. Prāna bedeutet wörtlich „Hervor-Atem“, Pra-Āna, wobei die Wurzel *an*, atmen, zugrunde liegt. Der Begriff kann auch die physische Atemluft bezeichnen,

steht jedoch in Yoga-Texten primär für die alles erfüllende kosmische Energie, die lebensspendende Essenz, die der Atem in den Körper hineinträgt und die in den Nādīs zirkuliert.
Es werden allgemein fünf verschiedene Arten von Prāna unterschieden, in der englischen Literatur meist als „vital airs" bezeichnet, im Deutschen „Lebenshauche":
1. Prāna, der Lebensatem, der die Lebenskraft steuert und sowohl Ein- als auch Ausatmung stützt. 2. Vyāna, die „durchdringende" Energie, die alle Körperteile versorgt. 3. Samāna, die ausgleichende Energie, die in der Unterleibsregion lokalisiert ist und die Verdauung steuert. 4. Apāna, die „Herab"-Energie, die im unteren Teil des Körpers wirkt und die Ausscheidungen reguliert. 5. Udāna, die „Herauf"-Energie, die im oberen Teil des Körpers wirkt und Sprache wie auch spirituelle Entwicklung stützt. (Weitere Ausführungen unter den oben genannten Sanskrit-Begriffen.)
Zusätzlich werden noch fünf Upaprānas oder sekundäre Lebenshauche genannt, *Nāga, Kūrma, Krikara, Devadatta, Dhanamjaya* (siehe dort), welche Funktionen wie Aufstoßen, Gähnen oder Niesen steuern. Siehe auch *Prānāyāma.*

Prāna-Dhāranā [prāṇa-dhāraṇā] *f* das „Prāna-Halten", d.h. Prāna zu Heilungszwecken in bestimmte Körperregionen lenken.

Pranām (Hindī), **Pranāma** [praṇāma] (Sanskrit) *m* Verbeugung, Verneigung mit zusammengelegten Händen. Bei Verehrung des Gurus oder einer Gottheit auch ein Sich-zu-Füßen-Werfen (Pranipāta)

Pranāmāsana *n* Gebetshaltung. praṇāma – Verneigung, Anbetung; āsana – Haltung. Siehe Abb. S. 399.

Prānamaya-Kosha [prāṇamaya-kośa] *m* die zweite der fünf Hüllen (*Kosha*), die das höchste Selbst umgeben, aus Prāna bestehend (prāna-maya). Sie ist die Grundlage des Lebens im Organismus und verknüpft mit der Funktion von Atmung, Drüsen und Kreislauf.

Prāna-Rodha [prāṇa] *m* das Anhalten des Atems.

Prāna-Samyama [prāṇasaṁyama] *m* das Anhalten des Atems; Atemregulierung.

Pranava [praṇava] *m* wörtl. „Summen", von der Wurzel *pra-ṇu.* Bezeichnung für die heilige Silbe *Om.*

Prānāyāma [prāṇāyāma] *m* die Kontrolle (āyāma) des Atems (prāṇa). Das Wort *āyāma* kann auch Ausdehnen, Strecken bedeuten und bezieht sich in diesem Sinn auf ein längeres Anhalten des Atems.
Prānāyāma ist die vierte Stufe im achtgliedrigen Weg des Patañjali und wird im vierten Kapitel der

Hatha-Pradīpikā ausführlich erörtert. Einige dieser Übungen im Bereich der Atemregulierung lösen starke energetische Prozesse aus und sollten deshalb nur unter kundiger Anleitung geübt werden.
Die Wirkungen werden in Hatha-Yoga-Texten beschrieben als gesundheitsfördernd, kräftigend, verjüngend oder spiritualisierend für den Körper.
Vor allem wird durch Atemregulierung auch die innere Ruhe und Stille gefördert, was die Voraussetzung für eine tiefe und stabile Meditation ist. Es wird generell eine enge Verbindung und Wechselwirkung zwischen ruhigem Geist und ruhigem Atem gesehen, weshalb dem letzteren große Bedeutung zukommt. Eine fortgeschrittene Prānāyāma-Praxis führt zur Erweckung der verborgenen Schlangenkraft, Kundalinī.
Zumeist werden drei Phasen bei der Atemregulierung unterschieden: Einatmung oder Pūraka; Atempause oder Kumbhaka; und Ausatmung oder Recaka. Die Pause nach dem Einatmen heißt Antara-Kumbhaka, nach dem Ausatmen Bāhya-Kumbhaka.
Ferner wird unterschieden zwischen Sahita-Kumbhaka, dem willentlichen Anhalten des Atems, und Kevala-Kumbhaka, dem von selbst eintretenden Atemstillstand. (Siehe weitere Ausführungen unter den genannten Sanskrit-Begriffen).
Einige bekannte Prānāyāma-Praktiken sind *Anuloma, Bhastrikā, Bhrāmarī, Kapālabhāti, Mūrchā, Nādī-Shodhana, Plāvinī, Shītalī, Sītkārī, Sūrya-Bhedana, Ujjāyī, Viloma* (siehe dort, auch *Prāna*).

Pranidhāna [praṇidhāna] *n* Hingabe, Überantwortung.
Siehe auch *Īshvara-Pranidhāna.*

Pranipāta [praṇipāta] *m* sich einer Respektsperson oder einer Gottheit zu Füßen werfen als Zeichen der Demut und Verehrung.

Prapatti *f* Hingabe, Überantwortung. Die vorbehaltlose Hingabe an das Göttliche, wobei persönliche Ziele jeglicher Art zurückgestellt werden, um ganz im Einklang mit dem Willen des Höchsten zu leben und zu handeln.

Prāpti *f* „Erlangung“, die übernatürliche Fähigkeit, Siddhi, sich unbegrenzt zu weiten und so überallhin zu gelangen.

Prārabdha-Karma *n* die Früchte von Handlungen der Vergangenheit, einschließlich früherer Geburten, die in der Gegenwart effektiv geworden sind bzw. gerade wirksam werden. prārabdha heißt wörtlich „begonnen“.
Siehe auch *Karma.*

Prārthanāsana *n* Gebetshaltung.
prārthanā - Gebet; āsana – Haltung.

Prasāda *m* Klarheit, Reinheit, Ruhe; die Gnade oder der Segen Gottes; Nahrung, die zuerst dem Göttlichen als Opfergabe dargebracht wird und dadurch gesegnet und von spiritueller Kraft erfüllt ist.
Auch Nahrung, von der zunächst der Guru oder ein Heiliger gekostet hat, gilt als Prasāda. Im Hindī sagt man Prasād.

Prasamkhyāna [prasaṁkhyāna] *n* Meditation, hoher ekstatischer Zustand.

Prasārita *adj* gedehnt, gestreckt, gespreizt.

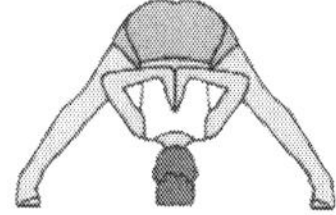

Prasāritapādottānāsana *n* Vorbeuge (wörtl. Dehnungshaltung) mit gespreizten Beinen.
prasārita – gespreizt; pāda – Bein; uttāna – Dehnung; āsana – Haltung.

Prasava *m* Geburt, Entwicklung. Beim Evolutionsvorgang das Hinausströmen (pra-sava) der Elemente in die vielfältigen Erscheinungsformen des Universums.
Siehe auch *Pratiprasava.*

Prashna-Upanishad [praśna-upaniṣad] eine Upanishad, in der sechs tiefschürfende metaphysische Fragen (prashna) an einen Rishi gerichtet werden, z.B. „Woher kommt das Leben, wie gelangt es in den Körper?“

Prashvāsa [praśvāsa] *m* Atmung, Ausatmung. In Yogasūtra 1.31 hat das Wort eine negative Bedeutung, d.h. fehlerhaftes Atmen.

Pratibhā *f* Licht, Glanz, intuitive Erkenntnis.

Pratibimba-Vāda *m* die Lehre (vāda) vom Spiegelbild (pratibimba), d.h. die Lehre, dass der Jīva, die individuelle Seele, eine Wiederspiegelung des Brahman in der Sphäre von Avidyā, Unwissenheit, ist.

Pratiloma *adj* wörtl. „gegen das Haar“, gegen den Strich oder Strom.

Pratiloma-Prānāyāma [prāṇāyāma] *m* wechselweises Einatmen durch je ein Nasenloch, Ausatmung durch beide geöffneten Nasenlöcher.
Siehe auch *Anuloma-Prānāyāma.*

Pratipaksha-Bhāvanā [pratipakṣa] *f* die Vorstellung (bhāvanā) des Gegenteils (pratipakṣa). Eine Methode, die Patañjali in Yogasūtra 2.33 erwähnt: negative Gedanken und Gemütszustände werden durch ihr positives Gegenstück ersetzt, z.B. Hass durch Liebe.

Pratiprasava *m* Gegenströmung,

Zurückfluss. Die Wiedereinfaltung der Elemente (welche durch *Prasava* ent-faltet wurden) beim Yogī, der vor der letztlichen spirituellen Befreiung steht. Der Vorgang resultiert – bei einer bestimmten Form von Verwirklichung – in der Auflösung des physischen Körpers.
Siehe auch *Videha-Mukti.*

Pratishthā [pratiṣṭhā] *f* Basis, Festigkeit, Stabilität, Stärke; Haus, Residenz.

Pratyabhijñā *f* das Wiedererkennen (prati-abhi-jñā). Die Erkenntnis der Identität von Seele, Gott und Erscheinungswelt.
Im nordindischen Shivaismus das Sich-Wiedererkennen als Shiva seitens der individuellen Seele. Shiva steht hier für die einzige Wirklichkeit, das höchste, unendliche Selbst, durch dessen Shakti oder Wirkkraft das Universum in Erscheinung tritt.

Pratyāhāra *m* Zurückziehen, Abziehen, von der Wurzel *prati-ā-hṛ.* Die fünfte Stufe im achtgliedrigen Pfad des Patañjali, das Abziehen der Sinne von ihren Objekten, wodurch der Geist von Ablenkungen befreit wird und sich unbeeinträchtigt auf die Meditation vorbereiten kann.

Pratyaksha [pratyakṣa] *n* Wahrnehmung, direkte Wahrnehmung durch die Sinne; das, was direkt vor Augen, prati-akṣa, ist. In der Yoga-Philosophie eines der drei gültigen Erkenntnismittel (Pramāna) neben Anumāna (Schlussfolgerung) und Āgama (authentische Überlieferung).

Pratyaya *m* Begriff, Gedanke, Vorstellung, Bewusstseinsinhalt.

Pravritti [pravṛtti] *f* Ursprung, Entstehen. Das Entfalten dessen, was vorher latent war (und was am Ende durch Pralaya aufgelöst wird). Auch Aktivität, geistige Tätigkeit. Pravritti-Mārga ist der nach außen gerichtete Weg des Handelns und Schaffens in der Welt.

Prayāga, Prayāg *m* wörtl. „Opferort“; Name einer der sieben *heiligen Städte* der Hindus, am Zusammenfluss von Ganges und Yamunā gelegen, heißt auch Allahabad. Eine bedeutende religiöse Feier wird jährlich im Januar-Februar begangen, und alle zwölf Jahre findet hier das *Kumbhamelā* statt.

Prāyashcitta [prāyaścitta] *n* Sühne, Buße, Wiedergutmachung für ein Fehlverhalten. Diese kann sich auf ein ethisches Vergehen beziehen oder auch auf ein fehlerhaft durchgeführtes Ritual, eine nachlässig befolgte spirituelle Disziplin. Die Wiedergutmachung erfolgt durch eine gewissenhaft befolgte Buße-Übung.

Prayatna *m* Anstrengung, Bemühung; Anspannung.

Prema, Preman *m oder n* Liebe, reine Liebe, Gottesliebe. (Prema ist der Nominativ, Preman der Stamm des Wortes. Vergl. Yogī, Yogin.)

Preta *m* Bezeichnung für Seelen, die nach dem Tod in jenseitigen Übergangswelten weilen, bevor sie mit ihren Ahnen vereint werden.

Prithā [pṛthā] *f* ein Name Kuntīs.

Prithivī [pṛthivī] *f* Erde, das Element Erde. Eines der fünf Elemente der materiellen Welt. Auch die Göttin Erde, Mutter aller Geschöpfe.
Siehe auch *Bhūta*.

Priya *adj oder n* lieb, nett; Gunst, Freundlichkeit.

Psychic being [saikik bi:ing] das seelische Wesen, das psychische Wesen; ein von Sri Aurobindo geprägter Begriff. Siehe *Seele*, letzter Absatz.

Pūjā *f* Anbetung, Verehrung. Die (oft tägliche) rituelle Anbetung einer Gottheit, unter Verwendung von Wasser und Opfergaben wie Reiskörnern und Blumen, Honig, Milch oder *Ghee*, Weihrauchstäbchen und anderen Dingen, wobei heilige Mantras gechantet werden.

Pūjārī *m* Priester, Opferpriester.

Punarjanman *n* die Wiedergeburt. Der Gedanke der Reinkarnation wird bereits in der Brihadāranyaka-Upanishad ausgeführt, die zu den ältesten Upanishaden gehört. Dort heißt es in Kap. IV.1-7:
„Ein Mensch guter Taten wird gut, ein Mensch schlechter Taten wird schlecht... Der Mensch handelt gemäß den Wünschen, denen er anhängt. Nach dem Tode geht er in die nächste Welt ein und trägt die subtilen Impressionen seiner Handlungen mit sich. Nachdem er die Früchte seiner vergangenen Taten geerntet hat, kehrt er wieder in diese Welt des Tuns zurück..."
Siehe auch *Janman, Karma.*

Punya [puṇya] *n* Verdienst, das durch gute Taten erworben wurde, d.h. Handlungen, die ganz und gar im Einklang mit dem Dharma stehen.

Pur *f* Stadt, Festung, Burg.

Pura *n* Stadt, Festung, Burg.

Pūraka *m* wörtl. „auffüllend"; die Einatmung, und damit verbunden die Aufnahme von *Prāna.*

Purāna [purāṇa] *n* Purāna bedeutet „alt" und bezeichnet eine Literaturgattung alter Erzählungen. Diese beinhalten Mythen, Legenden, Historie, Gedanken zu Schöpfung und Weltuntergang ebenso wie Astrologie, Magie, Medizin und spirituelle Philosophie.

Es gibt 18 Mahāpurānas (d.h. große und wichtige Purānas), die in drei Gruppen von jeweils sechs vishnuitischen, shivaitischen und Brahma-Purānas unterteilt werden. Zu den bekannteren Texten gehören das Bhāgavata-, Vishnu-, Mārkandeya- und Kūrma-Purāna.
All diese Texte sind in Versen geschrieben und stellen der äußeren Form nach jeweils einen Dialog zwischen einem erleuchteten Lehrer und seinem Schüler dar. Ihr wichtigstes Element ist die Gottesanbetung, wobei Vishnu, Shiva oder Brahmā im Mittelpunkt stehen.
Siehe auch *Bhāgavata-Purāna.*

Purandara [puraṁdara] *m* der, der die Festungen zerstört; ein Name Indras, der gegen die Kräfte des Bösen vorgeht.

Purī *f* „Stadt“, eine heilige Stadt am Golf von Bengalen, ein wichtiges Zentrum der Vishnuiten, bekannt für seinen *Jagannātha*-Tempel und ein Wagenfest mit zahllosen Besuchern.

Pūrna [pūrṇa] *adj* voll, ganz, ganzheitlich. Ein Wortelement in Āsana-Bezeichnungen.

Pūrnahridayāsana *n* Haltung vollen Herzens.
pūrṇa – voll; hṛdaya – Herz; āsana – Haltung.

pūrnam adah pūrnam idam [pūrṇam adaḥ pūrṇam idam] ein bekanntes Mantra der Upanishaden: “Fülle ist Jenes (Transzendente), Fülle ist dies hier” (die relative Welt).

Pūrnāvatāra [pūrṇāvatāra] *m* der „volle“ Avatār, Bezeichnung für die vierte, siebte und achte Inkarnation *Vishnus,* in der er die volle Lebensspanne von Geburt bis zum Tod eine göttliche Verkörperung war und all seine Kräfte manifestierte. Die Teilinkarnation heißt *Amshāvatāra.*

Pūrna-Yoga [pūrṇa] *m* Sanskrit-Bezeichnung für den *Integralyoga.*

Pūrnimā [pūrṇimā] *f* die Vollmondnacht. Auch eine Bezeichnung für Feste, die an diesem Tag gefeiert werden.
Siehe auch *Gurupūrnimā.*

Purohita *m* der „Voran-gestellte“ (puro-hita), Beauftragte. Der Familienpriester, der auch am Königshof wichtige Rituale leitet und Ratgeber des Königs ist.

Puru *m* Name eines Königs der Monddynastie, Bruder Yadus und Sohn Yayātis.

Purūravas *m* Name eines Königs im alten Indien, der die Apsarā *Urvashī* heiratete, jedoch aufgrund bestimmter Umstände nur zeitweilig mir ihr zusammen leben konnte.

Purusha [puruṣa] *m* Mensch; Geist (Spirit), reines Bewusstsein, transzendentales Selbst. Der Begriff wird im Vedānta als Synonym für den Ātman gebraucht. In der Sānkhya-Philosophie, die auch dem Yoga zugrunde liegt, ist Purusha neben der *Prakriti* eines der beiden dualen Urprinzipien Geist-Natur, aus deren Zusammenwirken alle geistigen und physischen Vorgänge erklärt werden.
Der Purusha ist, wie die Prakriti, unerschaffen und ewig. Er ist das höchste Selbst, das reine, absolute Bewusstsein, welches der Prakriti Leben einhaucht, so wie der Strom eine Lampe zum Brennen bringt. Er ist der Zeuge und Zuschauer, der die Entwicklungen und Wandlungen in der Prakriti betrachtet, ohne jedoch in sie involviert zu werden. So wird er auch im Yogasūtra 1.3 der Seher, *Drashtri*, genannt.
Während die Prakriti stets als nur eine bezeichnet wird, gibt es, je nach Quelle, verschiedene Auffassungen darüber, ob es nur einen Purusha gibt oder zahllose Purushas, die jeweils den Individuen zugeordnet sind.
Eine Brücke zwischen den beiden Positionen schlägt eine Textstelle im Mahābhārata 12.338.2-3. Dort erklärt der Rishi Vaishampāyana, dass die Anhänger von Yoga und Sānkhya an viele Purushas glauben, nicht an die Lehre von einem. Doch er wolle das Konzept des Einen Purusha *als Ursprung der Vielen* erläutern.
Siehe auch *Sānkhya.*

Purushārtha [puruṣārtha] *m* wörtl. Ziel (artha) des Menschen (puruṣa). Der Begriff bezieht sich meist auf vier grundsätzliche Ziele im Leben, die der Mensch anstreben kann: Artha, materielles Wohlergehen; Kāma, „Wünsche", d.h. sinnliche Erfüllung; Dharma, rechtes Leben; Moksha, spirituelle Befreiung. (Siehe auch die vier Sanskrit-Begriffe.)

Purushottama [puruṣottama] *m* der höchste (uttama) Purusha. Er wird in der Bhagavadgītā 15.13 beschrieben als das höchste Selbst (Paramātmā), der unvergängliche Herr (Īshvara), der die drei Welten erfüllt und sie aufrechterhält. So ist er ein unendliches Wesen, zugleich immanent und transzendent.

Pūrva *adj und n* früher, vorausgegangen. Osten; Vorderteil des Körpers.

Pūrva-Mīmāmsā pūrvamīmāṁsā] *f* Erörterung des ersten oder vorderen Teils des Veda, Name eines philosophischen Systems, das dem Jaimini zugeschrieben wird. Während in diesem Teil die tiefere Bedeutung des Rituals ergründet wird, befasst sich die Uttara-Mīmāṁsā mit dem späteren Teil des Veda, d.h. den Upanishaden.
Im Sprachgebrauch ist Pūrva-Mīmāmsā gleichbedeutend mit Mī-

māmsā, während Uttara-Mīmāmsā gleichbedeutend mit Vedānta ist.

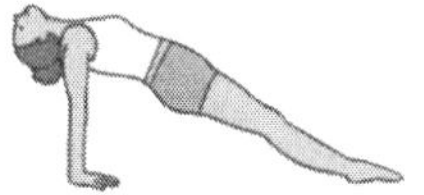

Pūrvottānāsana *n* die Vorderteil-Streck-Haltung; Streckung der Vorderseite des Körpers.
pūrva – Vorderteil des Körpers; uttāna – gestreckt; āsana – Haltung.

Pūshan [pūṣan] *m* Name einer vedischen Gottheit, ursprünglich mit der Sonne verbunden und daher Wachender über alle Dinge, der auf Reisen führt und auf dem Weg zur anderen Welt geleitet. Auch Bringer von Wohlstand.

Pūshā-Nādī [pūṣā-nāḍī] *f* einer der feinstofflichen Nervenkanäle (*Nādī*), durch welche die Lebenskraft im Körper fließt. Er endet am rechten Ohr.

Pushkara [puṣkara] *n* blauer Lotus; Name eines bekannten Pilgerortes, der heute Pokhar heißt.

Pushpa [puṣpa] *n* Blume, Blüte.

Pushpaka [puṣpaka] *n* Name der fliegenden Luftkutsche Kuberas, die ihm von Rāvana geraubt wurde, der sie ständig benutzte, bis Rāma ihn erlegte. Rāma reiste daraufhin mit der Luftkutsche zurück in sein Königreich und gab sie dann Kubera zurück.
Siehe auch *Vimāna, Rāmāyana.*

Pushti [puṣṭi] *f* Gesundheit, Wohlergehen; Nahrung.

Pūtanā *f* Name einer Dämonin, die als Amme Krishna im Säuglingsalter töten wollte. Doch er sog so stark an ihren Brüsten, dass sie selbst starb.

Putra *m* Sohn.

R

Rādhā *f* die bekannteste der Gopīs, der Hirtenmädchen von Vrindāvan, Krishnas auserwählte Geliebte. Ihre Geschichte wird u.a. im Brahmavaivarta-Purāna und dem Gītagovinda erzählt. Rādhā verkörpert als Symbol absolute und vollständige Liebe zum Göttlichen. Ihre leidenschaftliche Hingabe an Krishna hat im Laufe der Jahrhunderte zahllose indische Frauen inspiriert.

Rāga *m* Leidenschaft, Anhaftung, Zuneigung. Im Yogsūtra einer der fünf Kleshas oder Leidursachen, das Gegenstück ist *Dvesha.*
In der indischen Musik steht der Begriff Rāga für verschiedene Tonfolgen, die jeweils eine bestimmte Grundstimmung ausdrücken.

Rāghava *m* Nachkomme des *Raghu.*

Raghu *m* Name eines Königs der Sonnendynastie, welcher ein Urgroßvater Rāmas war. Letzterer trägt auch den Namen Raghupati, d.h. „Herr der Raghus".

Rāhu *m* Name eines Asuras, der gemäß der Legende für die Sonnen- und Mondfinsternis verantwortlich ist. Beim Quirlen des *Milchozeans* verstellte er sich als Gott, um am Amrita teilhaben zu können. Aber Sonne und Mond (Sūrya und Soma) verrieten ihn an Vishnu, der ihn enthauptete. Doch etwas Amrita war bereits in seinen Mund gelangt, so dass sein Haupt unsterblich wurde und seither ewig versucht, Sonne und Mond zu verschlingen, um sich zu rächen.

Rāja-Danta *m* der „königliche Zahn", das Zäpfchen am Gaumen, das bei bestimmten Praktiken wie dem *Lambikā-Yoga* eine Rolle spielt.

Rājakapotāsana, Rāja-Kapotāsana *n* die Königstauben-Haltung.

rāja – König; kapota – Taube; āsana – Haltung.
Siehe auch Abb. *Ekapādarājakapotāsana.*

Rājan *m* König. Der Nominativ ist Rājā, in Komposita oder zusammengesetzten Wörtern erscheint Rāja (mit kurzem a).

Rājarshi [rājarṣi] *m* königlicher Rishi, ein Seher aus königlichem Geschlecht; auch ein Kshatriya, der durch große Askeseübungen zum Rishi geworden ist.

Rajas *n* der zweite der drei Gunas oder Grundeigenschaften, gekennzeichnet durch Leidenschaft, Bewegung, Aktivität. Rajas überwindet Tamas, Trägheit, hat aber nicht die Ruhe, Klugheit und Ausgeglichenheit von Sattva und kann sich auch in Form negativer Energien oder irrelevanter Tätigkeiten entfalten, wie etwa beim „Aktionismus".
Die Aussprache ist „Radschas", das Sanskrit-Adjektiv lautet *rājasa*, im Englischen meist übersetzt mit rajasic, deutsch rajasisch, von Rajas geprägt.

Rājasūya *m* ein königliches Opfer, das der König im alten Indien bei seiner Krönung durchführen ließ.

Rāja-Yoga *m* der „königliche Yoga", aufgezeichnet von Patañjali im Yogasūtra. Der Begriff als solcher wurde allerdings erst lange nach Patañjali geprägt.
Der Rāja-Yoga besteht aus den acht Stufen des Ashtānga-Yoga, d.h. Yama, Niyama, Āsana, Prānāyāma, Pratyāhāra, Dhāranā, Dhyāna und Samādhi.
Siehe ausführliche Erläuterungen unter diesen Sanskrit-Begriffen und eine zusammenfassende Darstellung im folgenden:
Yama steht für fünf allgemeine ethische Gebote: Gewaltlosigkeit, Wahrhaftigkeit, Nichtstehlen, reine Lebensweise und Begierdelosigkeit.
Niyama beinhaltet fünf Regeln oder Observanzen: körperliche und geistige Reinheit, Zufriedenheit, spirituelle Praxis, Studium der heiligen Schriften, Hingabe an Gott.
Āsana bezeichnet jene Körperhaltungen, die für die Praxis der Meditation förderlich sind.
Prānāyāma ist die Praxis der Atemregulierung, wodurch Prāna harmonisiert wird.
Pratyāhāra ist das Abziehen der Sinne von ihren Objekten, was den Geist von Ablenkungen befreit.
Dhāranā ist die Fixierung des Geistes auf einen bestimmten Gegenstand, bei dem er längere Zeit kontinuierlich verweilt.
Dhyāna bezeichnet die eigentliche Meditation, bei der die innere Sammlung noch weiter intensiviert wird.
Samādhi ist die tiefste Form der Sammlung, das vollständige Einheitsbewusstsein, bei dem letztlich der Gegenstand der Meditation und

der betrachtende Geist verschmolzen sind.
Siehe auch *Yogasūtra*, mit weiteren Ausführungen zu den Zielen und Methoden des Rāja-Yoga.

Rākinī [rākiṇī] *f* Name eine tantrischen Göttin.

Rākshasa [rākṣasa] *m* Dämon, gottfeindliches Wesen. Sie sollen zumeist nachts unterwegs sein und werden deshalb auch Nishācara (Nacht-Gänger) genannt.
Siehe auch *Asura, Pishāca.*

Rāma, Rāmacandra *m* der Sohn von König Dasharatha, Held im Epos Rāmāyana und siebte Inkarnation von Vishnu auf Erden.
Der Zweck seiner Inkarnation war es, den Dämonen-König Rāvana auszuschalten, der seine Frau Sītā entführte. Rāma und Sītā verkörpern für viele Hindus das Ideal einer vollkommenen Partnerschaft von Mann und Frau.
Der spirituelle Werdegang Rāmas wird im Yoga-Vāsishtha geschildert. Siehe auch *Rāmāyana.*

Rama, Swami [rāma, svāmī] indischer Yogī (1925-1996), der außerhalb Indiens vor allem in den USA wirkte, wo er 1971 das Himalayan International Institute of Yoga Science and Philosophy gründete. In den darauf folgenden Jahren stellte er sich einer amerikanischen Forschungseinrichtung zur Verfügung, um messbare Auswirkungen von Yoga-Übungen wissenschaftlich zu erfassen.
Seine Lehre, die ihre Grundlagen im Vedānta und im Yoga hat, wird durch einige Zentren zum Teil auch in Europa verbreitet.

Ramakrishna, Sri [rāmakṛṣṇa, śrī] der bekannteste indische Yogī und Heilige des 19. Jhs (1836-1886), wird von vielen Hindus als Avatār verehrt.
Ramakrishna wurde am 18. Februar 1836 in einem Dorf in Westbengalen geboren. Da seine Eltern mittellose Brahmanen waren, erhielt er nur wenig Schulbildung, doch er erwies sich als sehr begabt und lernte schnell Lesen und Schreiben ebenso wie die heiligen Gesänge.
Bereits im Alter von fünf Jahren hatte er sein erstes ekstatisches Erlebnis. Der herrliche Anblick eines gewitterschwarzen Himmels, unter dem ein Zug weißer Kraniche vorüberflog, überwältigte ihn so sehr, dass er, von unsagbarer Freude

erfüllt, das Bewusstsein verlor und von einem Bauern nach Hause gebracht werden musste.

In seiner Jugend widmete er sich vor allem dem Malen von Heiligenbildern und dem Chanten von Liedern, die an Götter und Göttinnen gerichtet waren.

Im Jahr 1856 wurde er Priester in der großen Anlage des Kālī-Tempels von Dakshineshvar, und es begann für ihn eine Zeit extremer Askese-Übungen, begleitet von zahlreichen Visionen und mystischen Erfahrungen.

Drei Jahre später leitete seine Mutter (sein Vater war schon vor langem gestorben) im Einklang mit den damaligen Bräuchen die Ehe mit der fünfjährigen Sarada Devi in die Wege und hoffte, dass Ramakrishna sich in Zukunft weniger intensiv seiner inneren Verzückung hingeben würde. Doch er kehrte nach Dakshineshvar zurück und die Erfahrungen dauerten fort. Eine brahmanische Nonne führte ihn nun in die Lehre des Tantra ein und verkündete alsbald, er sei eine Inkarnation Gottes, was wenig später von zwei angesehenen Gelehrten bestätigt wurde.

Im Jahr 1864 wurde Ramakrishna elf Monate lang von dem Wanderasketen Tota Puri in die Lehren des Vedānta eingeführt und gelangte schließlich in einer tiefen inneren Erfahrung zur Realisation des Absoluten Einen, auf dessen Hintergrund die Welt wie eine Illusion erscheint. Doch trotz dieser monistischen Erfahrung blieb er weiter ein Anbeter und Verehrer der göttlichen Mutter.

Im Jahr 1872 zog Sarada Devi nach Dakshineshvar, doch wurde die Ehe nicht physisch vollzogen, sondern die beiden lebten, in vollkommenem Einverständnis, in einer spirituellen Gemeinschaft. Sarada kümmerte sich um sein leibliches Wohl und vermochte sogar in gewissem Grad seine Samādhi-Erfahrungen zu teilen. Bald wurde sie Śrī Mā genannt, „die heilige Mutter", und sie sollte bis zu ihrem Lebensende (1920) viele Sucher auf ihrem Weg unterstützen.

In den Jahren 1864-1874 durchlebte Ramakrishna in einzigartiger Weise die verschiedenen Wege der Weltreligionen, verstand die Essenz ihrer Lehren und begegnete in inneren Erfahrungen Mohammed und Christus (siehe auch *Jesus als Yogī*, Abs. 2).

In den folgenden Jahren kam es zu Begegnungen mit vielen bedeutenden indischen Persönlichkeiten und Gottsuchern. Ständig wuchs nun die Zahl seiner Anhänger und eine Gruppe von zwölf Jüngern bildete einen engeren Kreis um ihn. Am bekanntesten von ihnen wurde Narendra Nath Dutta, der den Namen Swami *Vivekananda* erhielt und später die Ramakrishna Mission begründete. Durch seine Reisen nach Amerika und Europa verbreitete er die Botschaft vom Yoga erst-

mals im Westen.
Im Jahr 1885 begann Ramakrishna unter einer unheilbaren Kehlkopferkrankung zu leiden und verließ am 16. August 1886 im Kreise seiner Jünger seinen Körper. Seine Mission auf Erden war es, der Menschheit zu zeigen, dass eine universelle Wahrheit allen Religionen und spirituellen Wegen zugrunde liegt, welche in Verbindung mit aufrichtiger Hingabe den Sucher zur Gottverwirklichung führt.
Obwohl Ramakrishna exemplarisch viele Wege beschritt, galt seine persönliche Vorliebe dem Pfad der Bhakti, der Anbetung der göttlichen Mutter in der Gestalt von Kālī. Aber einige seiner Schüler wie Vivekananda besaßen einen herausragenden Intellekt und waren in der Lage, die vielfältigen Themen und Begriffe der indischen Spiritualität auch den Menschen im Westen zugänglich zu machen.

Ramalinga, Swami [rāmaliṅga, svāmī] bedeutender südindischer Yogī (1823-1874), der insbesondere aufgrund seiner Verwirklichung im Bereich der Körpertransformation bekannt wurde.
Ramalinga wurde im Jahr 1823 in einem Dorf in der Nähe der kleinen Stadt Chidambaram geboren, welche südlich von Puducherry in Tamil Nadu liegt. Bereits in jungem Alter verfasste er inspirierte Verse zum Lobe Gottes, und mit zwölf Jahren vertrat er einmal seinen älteren Bruder beim Religionsunterricht so eindrucksvoll, dass er gebeten wurde, noch weitere Vorträge zu halten.
Etwa um das Jahr 1860 zog er in ein anderes Dorf, das im Zentrum der drei Tempel von Chidambaram liegt, und begründete dort vielerlei Aktivitäten für seine Mitmenschen. Er lehrte, dass die Liebe, welche anderen Wesen entgegenbracht wird, auch Liebe für Gott ist, da er in ihnen allen gegenwärtig sei. Zahlreichen Besuchern in seinem Zentrum konnte er durch körperliche und seelische Heilung helfen.
Im Laufe der Zeit verfasste Ramalinga zahlreiche Hymnen und Gedichte, in denen er seine spirituelle Sehnsucht und seine vielfältigen Erfahrungen zum Ausdruck brachte. Diese wurden im Jahr 1867 von einem seiner Anhänger unter dem Titel „Thiruvarulpa“, Das göttliche Lied der Gnade, zusammengestellt. Das Buch ist in klangvollen Versen geschrieben und gilt als eines der bedeutendsten literarischen Werke der Tamil-Sprache. Darin beschreibt

Ramalinga auch sehr detailliert die verschiedenen Stadien seiner Verwirklichung und Transformation.
Nach eigenem Bekunden wurde sein Körper zunächst zu einem reinen oder goldenen Körper (Shuddha-, Suvarna-Deha), dann zu einem Körper der Gnade (Pranava-Deha), welcher sichtbar, aber nicht fühlbar war, und schließlich zu einem göttlichen gnostischen Körper (Jñāna-Deha). Es wird berichtet, dass mehrere Versuche, ihn zu fotografieren, scheiterten. Selbst ein bekannter Fotograf, der aus Madras anreiste, konnte nur seine Kleider ablichten.
Als wesentliche Voraussetzungen für die Transformation benannte er Paropakāram, universelle Achtung für das Leben (para-upakāra, Dienst an anderen, Güte, Mitgefühl) und Satvichāram, hingabevolle Meditation (sat-vicāra). Insbesondere die Entwicklung des Mitgefühls für andere sei die beste Voraussetzung, um die Gnade Gottes zu empfangen.
Im Jahr 1871 veranlasste Ramalinga seine Schüler, einen von ihm entworfenen „Tempel der Weisheit" zu bauen, der bereits ein halbes Jahr später fertiggestellt wurde und bis heute existiert. In seiner äußeren Gestalt bildet der Tempel symbolisch den spirituellen Werdegang ab, wie ihn Ramalinga erlebte.
Am 30. Januar 1874 informierte der Yogī seine Schüler, „ich bin jetzt in diesem Körper und werde nach einer Weile in alle Körper Seiner Schöpfung eintreten." Daraufhin zog er sich in sein Zimmer zurück, ließ die Tür verschließen und kündigte an, man werde das Zimmer später leer vorfinden.
Als seine Schüler draußen saßen und ihre Gesänge an das höchste Gnaden-Licht, Arul Perun Jyoti, richteten, trat plötzlich ein violetter Lichtstrahl aus dem Zimmer hervor, was für die Schüler ein Zeichen war, dass Ramalinga in den kosmischen Körper übergegangen war. Als man etwas später die Tür öffnete, war der Raum tatsächlich leer.
Einige Tage späer untersuchten britische Polizeibeamte den Vorgang sehr gründlich und konnten keinerlei Hinweis darauf finden, dass die von den Schülern berichtete Geschichte unwahr sei – Ramalinga blieb für das Auge der Menschen auf immer verschwunden.

Ramana Maharshi [ramaṇa maharṣi] einer der bedeutendsten indischen Yogīs des 20. Jhs. (1879-1950), wurde im Westen bekannt durch den Schrifsteller Paul Brunton, der in seinem Buch *In Search of Secret India* („Yogis – Verborgene Weisheit Indiens“) erstmals einer großen Leserschaft von ihm berichtete.

Ramana Maharshi wurde am 30. Dezember 1879 in Tiruchuli, Tamil Nadu geboren. Schon in jungem Alter war er sehr religiös eingestellt und suchte regelmäßig Tempel auf. Aber er verbrachte auch viel Zeit mit seinen Freunden und gewann aufgrund seiner robusten Gesundheit stets bei sportlichen Wettbewerben und Spielen.

Eines Tages fiel ihm das Periya-Purānam in die Hände, ein Buch in der Tamil-Sprache, das die Lebensgeschichte von 63 tamilischen Heiligen und Weisen erzählt. Er las das ganze Buch durch, und es hinterließ einen tiefen Eindruck in ihm.

Im Alter von siebzehn Jahren hatte er eines Tages eine überwältigende innere Erfahrung, als er still und allein im Hause seines Onkels in Madurai saß. Obwohl er gesund und kräftig war, überkam ihn eine plötzliche unerklärliche Todesangst. Da fragte er sich: „Jetzt ist der Tod gekommen; was bedeutet es? Was ist es, das stirbt? Dieser Körper stirbt.“ Er legte sich wie in Leichenstarre auf den Boden, hielt den Atem an und verharrte in völliger Stille, während er sich ausmalte, wie sein toter Körper verbrannt und zu Asche würde. Aber gleichzeitig erkannte er: „Ich bin Geist jenseits des Körpers, der stirbt. Aber der transzendente Geist kann nicht vom Tod berührt werden. Ich bin der unsterbliche Geist.“

Venkataraman – so hieß er damals – sprach mit niemandem über diese Erfahrung und führte noch sechs Wochen lang sein normales Leben weiter, obgleich es ihm immer schwerer fiel, diese äußere Rolle zu spielen, die nicht mehr seinem inneren Gefühl entsprach. Eines Tages verließ er dann abrupt seine Familie und teilte ihr in einer kurzen Notiz mit, sie sollten sich nicht um ihn sorgen und keine Nachforschungen anstellen. Daraufhin reiste er nach Tiruvannamalai zum heiligen Berg Arunachala, der den Hindus als Verkörperung Shivas gilt und fortan eine zentrale Rolle im Leben des Maharshi spielte. Von 1896 bis zu seinem Ableben entfernte er sich nie weiter als zwei Meilen von dieser spirituellen Basis.

Venkataraman gab nun seinen letzten Besitz auf – einige wenige Rupien -, ließ sich den Kopf scheren und trug fortan meist nur einen Lendenschurz. In tiefer Trance meditierte er im Tempelbezirk am Berg in einer düstren, fensterlosen Zelle voller Ungeziefer, das sich in seine Schenkel fraß, ohne dass er etwas spürte. Nach einiger Zeit, als sein Körper sich in einem kritischen Zustand befand, brachten zwei Sādhus ihn an einen anderen Ort, und später meditierte er in Höhlen des Berges.

Allmählich bildete sich ein kleiner

Kreis von Anhängern um ihn, die erkannten, dass er eine ganz besondere Verwirklichung in sich trug. Unter ihnen waren auch Gelehrte, und einer von ihnen gab Venkataraman den Namen Bhagavān Shrī Ramana Maharshi. *Bhagavān* und *Shrī* sind Ehrentitel, und Ramana ist abgeleitet von Venkataramana, d.h. „der geliebte (Gott) von Venkata", welches der Name eines heiligen Berges in Tirupati ist. Maharshi bedeutet „großer Seher".

Zunächst sprach der Maharshi kaum, aber seine starke Ausstrahlung war wie eine wortlose Lehre für die Menschen, die zu ihm kamen. Die stille Kraftübermittlung sollte auch in späteren Jahren, als er sich auf längere Gespräche einließ, seine wertvollste Gabe für Besucher bleiben. Es entstand ein Ashram, in dem er frei zugänglich unter den Bewohnern lebte und sich zum Teil auch an einfachen Arbeiten beteiligte.

Im Laufe der Zeit wuchs seine Bekanntheit, und Tausende von Pilgern strömten nach Tiruvannamalai, um den Weisen zu sehen. Die meiste Zeit verbrachte er in einer kleinen Halle im Zentrum des Ashrams, wo er die Fragen der Besucher beantwortete. Seine Schriften bestehen fast ausschließlich aus der Aufzeichnung dieser Gespräche, obwohl er auch einige kurze Texte schrieb und Werke z.B. von Shankara aus dem Sanskrit übersetzte.

In den Gesprächen geht es immer wieder um die Frage „Wer bin ich?" und sie verlaufen aus der Sicht des Lesers in gewisser Weise monoton. Tatsächlich wird diese Form der Selbst-Erkundung auch wirkungslos bleiben, wenn sie nur intellektuell, nicht aus einem aufrichtig forschenden Bewusstsein heraus erfolgt. Für den Maharshi, der ständig im spirituellen Selbst lebte, war sie ein Mittel, um die Sucher innerlich anzusprechen und etwas Tieferes in ihnen wachzurufen. So antwortete er etwa auf die Frage eines Besuchers:

„Das wirkliche Ich oder das Selbst ist nicht der Körper. Noch sind es die fünf Sinne oder die Organe des Handelns. Weder ist es Prāna oder das Denken, auch nicht der tiefe Schlafzustand, in dem dies alles nicht mehr erkannt wird... Nachdem all dies ausgeschaltet ist und du sagen kannst ‚Dies bin ich nicht!', ist das einzige, was zurückbleibt, das wahre Ich, und das ist Bewusstsein."

In ähnlicher Weise verlaufen zahllose Gespräche, wobei der Maharshi im einen oder anderen Fall auch einmal auf konkretere Themen einging. So empfahl er z.B. die Umwanderung des Arunachala als spirituell hilfreich, wies aber gleichzeitig darauf hin, dass der wahre heilige Berg sich im Inneren befinde. Obgleich er seinen Anhängern erlaubte, ihn als Guru zu behandeln und vor ihm *Pranām* zu machen, lehnte

er es andererseits ab, sich als Guru oder auch nur als Lehrer zu bezeichnen. Tatsächlich war er selbst auch nie durch einen Guru initiiert worden.
Die Verwirklichung des Maharshi war jene des Ātman, des spirituellen Selbstes, und er verkörperte diese Realisation in einzigartiger Weise jahrzehntelang ohne Fluktuationen, begleitet von einer sehr starken Ausstrahlung. Einige berühmte westliche Persönlichkeiten wie der Schriftsteller Arthur Osborne fühlten sich zu ihm hingezogen und suchten seinen Ashram auf.
Es kam auch der weltbekannte französische Fotograf Henri Cartier-Bresson, der kurz vor dem Mahāsamādhi des schwer erkranken Maharshi mehrere Aufnahmen von ihm machte und dann Zeuge eines Naturwunders wurde. Bresson berichtete später, wie er sich gerade im Freien vor seinem Haus aufhielt, als Freunde ihn auf einen stark leuchtenden Meteor mit Lichtschweif hinwiesen, der ganz anders aussah als jeder Meteor, den er je gesehen hatte. „Er bewegte sich langsam über den Himmel, erreichte den Gipfel des Arunachala und verschwand dann hinter ihm. Aufgrund dieser einzigartigen Erscheinung wurde uns gleich dessen Bedeutung bewusst und wir blickten auf unsere Uhren: Es war 20.47 Uhr.“ Daraufhin rannten die Freunde zum Ashram und stellten fest, dass der Meister in derselben Minute seinen Körper verlassen hatte.
„Jenes, welches geboren ist, muss einmal enden“, sagte der Maharshi einmal in einem Gespräch. „Die Illusion geht nur mit dem Ego einher. Es erhebt sich und fällt. Aber die Wirklichkeit erhebt sich oder fällt nie. Sie bleibt ewig.“ Der Meister, der dies realisiert hat, sagt es dem Schüler, der über die Worte meditiert und schließlich das Selbst realisiert. Das immergegenwärtige Selbst brauche keine Anstrengung, um verwirklicht zu werden – die Verwirklichung ist bereits da und nur die Illusion ist zu beseitigen.

Rāmānanda bedeutender Heiliger des 15. Jhs., der eine Bhakti-Bewegung in Nordindien initiierte. Zu seinen vielen bekannten Schülern gehörten Kabir und Ravidas.

Rāmanavamī *f* „der Neunte Rāmas“, Bezeichnung für den Geburtstag des Gottes Rāma, der am neunten Tag einer bestimmten Mondkonstellation stattfindet in den Monaten März-April.
Neun Tage lang werden, vor allem in Nordindien, Episoden aus dem Leben Rāmas zitiert und seine zahllosen Anhänger verehren ihn in vishnuitischen Tempeln oder bei Prozessionen.

Rāmānuja ca. 1055-1137, Begründer des Vishisthādvaita, des qualifizierten (mit Eigenschaften versehenen) Monismus. Nach dieser Philosophie sind die Einzelseelen mit dem Brahman weder direkt identisch noch getrennt von ihm, sie finden ihre Erfüllung in der Selbsthingabe an das Brahman. Die materielle Welt und die Menschen werden als Körper Brahmans gesehen und sind als solche real und von ihm beseelt.

Als Mittel zur Erlösung dienen Meditation und vor allem Bhakti – für Rāmānuja war Liebe zu Gott das höchste Ideal. In seiner Lehre verband er den Vedānta mit dem Vishnuismus und stellte die Anbetung des Īshvara in den Mittelpunkt. Sein literarisches Hauptwerk ist das Shrībhāshya, ein Kommentar zum Brahmasūtra, der für die Vaishnavas zu einem wichtigen Grundlagentext wurde.

Rāmāyana [rāmāyaṇa] *n* die Lebensgeschichte (ayana) des Rāma. Das Rāmāyana, verfasst von Vālmīki, ist neben dem Mahābhārata eines der beiden großen indischen Epen. Eine ältere Version geht vermutlich auf das 4. Jh. v. Chr. zurück, woraufhin der Text mehrfach überarbeitet worden ist.

Das Werk erzählt in 24 000 Doppelversen das Leben des Helden Rāma und seiner Frau Sītā. Aufgrund eines Komplotts seiner Stiefmutter Kaikeyī muss Rāma auf den Thron in Ayodhyā verzichten und mit seiner Frau in die Verbannung gehen. Während sie im Wald leben, wird Sītā eines Tages von dem Dämonenkönig Rāvana entführt. Daraufhin zieht Rāma, unterstützt vom Affenkönig Sugrīva und dessen Heeresführer Hanumān, gegen ihn in den Krieg und kann Sītā am Ende befreien.

Hauptmotive des Epos sind der erfolgreiche Kampf der von Rāma angeführten Truppen gegen die Kräfte des Bösen und die unbeirrbare Liebe seiner Frau Sītā, die vielen schweren Prüfungen ausgesetzt ist. So muss sie einige Zeit nach ihrer Befreiung ins Exil gehen, weil die sittenstrenge Bevölkerung daran zweifelt, dass sie während der Gefangenschaft bei Rāvana rein geblieben ist, und Sītās Verbannung gegen Rāmas Willen durchsetzt.

Rāma führt auch den Namen Rāmacandra, d.h. „Rāma-Mond", obwohl er nicht der Mond-, sondern der *Sonnendynastie* angehört. Vielleicht erklärt sich der Name so, dass er eine ruhige, sanfte Ausstrahlung wie das Mondlicht hatte.

Siehe auch *Hanumān, Rāma, Rāvana, Sītā, Sugrīva, Vālmiki.*

Rāmcaritmānas [Hindī] *m* ein beliebtes und vielgelesenes Werk des Dichters Tulsīdās, in dem in bewegender Weise die Lebensgeschichte Rāmas erzählt wird.

Ramdas, Swami [rāmdās, svāmī] indischer Mantra-Yogī und Bhakta (1884-1963), der als Weg zu Gott die ständige Wiederholung des Namens Rām (Hindī, für Sanskrit

Rāma) empfahl. Er gründete im Jahr 1928 den Ananda Ashram und schrieb einige Bücher.

Ramdev, Swami [rāmdev, svāmī], auch bekannt unter dem Namen Bābā Rāmdev; indischer Swāmī und Yogī (geb. 1965), der durch TV und Video in weiten Kreisen Indiens bekannt wurde.
Swami Ramdev wurde im nordindischen Staat Haryana geboren und widmete sich nach dem Grundschulbesuch dem Studium des Yoga und Sanskrit. Bald wurde er zum berühmten Lehrer, der viele Bevölkerungsschichten für den Yoga zu erreichen versucht. Als Medium der Unterweisung nutzt er die in Nordindien weit verbreitete Hindi-Sprache und spricht auch Sanskrit-Wörter konsequent wie im Hindī aus, z.B. Yoga als Yog. Dies ist Teil seiner Bemühung, Yoga auch den weniger gebildeten Interessenten zugänglich zu machen.
Ramdev gründete den Divya Yoga Mandir Trust, der nicht nur Yoga-Unterweisungen zum Ziel hat, sondern auch vielfältige ayurvedische Behandlungen anbietet. Ramdev erhebt den Anspruch, durch seine Unterweisungen und seine Medizin zahllose Menschen von teils schweren und chronischen Erkrankungen geheilt zu haben.

Rameshvaram, **Ramesvaram** eine kleine Insel an der Südspitze Indiens, bekannter Pilgerort, der mit Ereignissen aus dem Leben von Rāma und Shiva in Verbindung gebracht wird.
Auf der Insel finden sich riesige Tempelanlagen, die eine unvorstellbare Fülle von künstlerischen Feinarbeiten und Dekorationen enthalten.

Rasa *m* Essenz, Saft, Geschmack, Genuss. Im Bhakti-Yoga ist Rasa die Erfahrung höchster Freude bei der Hingabe an das Göttliche. Rāsa-Līlā, das Rāsa-Spiel, bezeichnet Krishnas Tanz mit den Gopīs: im Zentrum stehend, verfielfältigt er sich so viele Male, dass er jeder Gopī die Hand hält und sich so jede von ihnen als seine Auserwählte betrachtet.
Rasa bezeichnet auch Amrita, den Nektar der Unsterblichkeit, dessen Fluss durch Bestreichen des Zäpfchens am Gaumen mit der Zunge herbeigeführt wird.

Rasāyana *n* Lebenselixier, Heilmittel, die die Lebenskraft stärken und dem Altern entgegenwirken.

Rati *f* Liebe, Zuneigung, Genuss;

Sexualität. Name der Göttin der Liebe. Im Vishnuismus Rādhās leidenschaftliche Liebe zu Krishna.

Ratna *n* Juwel, Edelstein.

Rāvana [rāvaṇa] *m* Dämonenkönig, der die Insel Lankā beherrschte, nachdem er seinen Halbbruder Kubera vertrieben hatte.
Aufgrund großer Askese-Leistungen hatte Rāvana von Brahmā die besondere Gunst erlangt, unverwundbar durch Götter zu sein, nicht jedoch durch einen Gott in menschlicher Form. So konnte ihn schließlich Rāma als menschliche Inkarnation Vishnus besiegen und erlegen, wobei er von einer Armee von Affen, Bären und halbgöttlichen Wesen unterstützt wurde.
Der heftige und langwährende Kampf zwischen Rāma und Rāvana, zwischen „Gut" und „Böse", wird im *Rāmāyana* beschrieben und ist ein Hauptmotiv des Epos.

Ravidas [ravidās] indischer religiöser Führer, der im 15. Jh. lebte und eine bedeutende Rolle in der vishnuitischen Bhakti-Bewegung spielte. Er wird vor allem in Nordindien verehrt, weiter südlich auch in der Region von Mahārāshtra.
Obwohl Ravidās als Ledermacher einer niederen Kaste angehörte, fand er auch viel Respekt und Bewunderung in höheren Gesellschaftsschichten. Wie es heißt, gehörte *Mirabai* zu seinen Schülerinnen. Viele seiner Hindī-Texte wurden in die heilige Schrift der Sikhs, den Guru Granth Sahib, aufgenommen.

Recaka, Rechaka *m* die Ausatmung. Neben Kumbhaka und Pūraka eine der drei Phasen des Prānāyāma.

Rechter Tantra, siehe *Dakshina-Mārga.*

Reinkarnation, Wiedergeburt siehe unter *Punarjanman.*

Renukā [reṇukā] *f* die Frau des Rishis Jamadagni und Mutter des Avatārs Parashurāma.

Retas *n* sexuelle Energie. Sie kann durch Sublimation in *Ojas* verwandelt werden. Auch ein Synonym für *Bindu.*

Revanta *m* Name eines Sohnes des Sonnengottes Sūrya, Anführer der Guhyakas, Waldgeister. Revanta wird zum Schutz gegen die Gefahren im Wald angerufen.

Ribhu [ṛbhu] *m* im Veda menschliche Kräfte, die kraft ihrer Opfer in die Sonnenwelt aufgestiegen sind und Unsterblichkeit erlangt haben. Sie helfen den Menschen, in gleicher Weise den Aufstieg in die höheren Welten zu vollbringen.

Rigveda [ṛgveda] *m* das Wissen

(veda) in Versen (ṛg), der älteste der vier vedischen Texte und zugleich auch das älteste Zeugnis der indischen Literatur. Aus Sicht der westlichen Indologie entstand der Rigveda zwischen 1500 und 1000 v. Chr., während die indische Tradition von einem wesentlichen älteren Ursprung ausgeht. So setzen manche Gelehrte aufgrund astronomischer Berechnungen, für die es einige Daten und Anhaltspunkte in den Versen gibt, eine Zeit von bis zu 5000 v.Chr. an.
Der Text umfasst 1028 Hymnen oder Sūktas in zehn Liederkreisen (Mandalas). Das Wort „Yoga" erscheint bereits in der Bedeutung „Disziplin" und es finden sich auch schon die ersten Grundlagen späterer spiritueller Lehren. Da diese jedoch meist sehr bildhaft und in Symbolen vorgetragen werden und nicht in intellektueller Sprache, sind sie weniger zugänglich als in späteren heiligen Schriften wie den Upanishaden.
In seinem Werk *Das Geheimnis des Veda* hat Sri Aurobindo aufgezeigt, wie die tiefere, mystische Bedeutung des Rigveda erschlossen werden kann.
Siehe auch *Veda.*

Rishi [ṛṣi] *m* Seher, Weiser, inspirierter Dichter. Die vedischen Rishis sahen die mantrischen Hymnen in ihrer inneren Schau.
Der Begriff Rishi wird bis auf den heutigen Tag auch als Ehrentitel für bedeutende Heilige, Weise und Dichter gebraucht.
Siehe auch *Brahmarshi, Devarshi, Maharshi* und *Rājarshi.*

Rishikesh-Reihe Bezeichnung für eine Folge von Āsanas im *Sivananda-Yoga.* Rishiskesh ist ein Ort im Himālaya, wo sich viele spirituelle Zentren befinden, darunter auch der Sivananda-Ashram.

Rishyashringa [ṛśyaśṛṅga] *m* Name eines Asketen und Weisen, Sohn des Rishi Vibhāndaka. Er wuchs allein mit seinem Vater im Wald auf. Als im Lande Anga eine große Trockenheit das Land verwüstete, ließ ihn der König bringen, woraufhin reichlich Regen das Land wieder fruchtbar machte. Daraufhin vermählte der König Rishyashringa zum Dank mit seiner Tochter Shāntā.

Rita [ṛta] *n* Wahrheit, göttliche Ordnung. Ein wichtiger Begriff aus der vedischen Zeit, der die universelle Harmonie zum Ausdruck bringt, welche direkt auf das höchste Göttliche zurückgeht.

Ritambharā Prajñā [ṛtaṁbharā] *f* die wahrheits-tragende (ṛtam-bharā) Erkenntnis, oder Erkenntnis voll der ewigen Ordnung (d.h. jenseits menschlicher Kategorien). Gemäß Yogasūtra 1.47-48 entsteht sie als Resultat des Nirvicāra-Samādhi.

Rucikāsana *n* die Rucika-Haltung. Rucika – Name eines Sehers; āsana – Haltung.

Rückenbeschwerden die Linderung oder Heilung von Rückenbeschwerden gehört zu den wichtigsten Erfolgen der Yoga-Therapie. Einige Yoga-Schulen bieten speziell Kurse mit dieser Zielrichtung an, und es wurden auch Buchtitel zu dem Thema herausgegeben, wie etwa „Yoga gegen Rückenschmerzen" etc.
Siehe auch *Yoga-Therapie.*

Rudra *m* der „heulende, schreckliche", Gott der Stürme in den Veden, später identisch mit Shiva.

Rudra-Granthi *f* einer der drei *Granthis*, welche den Fluss der Lebenskraft in der *Sushumnā* blockieren. Er liegt im *Ājñā-Cakra.*

Rudrāksha [rudrākṣa] *n* Rudras Auge (akṣa), das dritte Auge oder Ājñācakra.

Rudrāksha [rudrākṣa] *m* „Rudraäugig", Bezeichnung für die getrockneten Beeren des Baumes Elaeocarpus Granitus; Rosenkranz.

Rudrāksha-Mālā [rudrākṣa-mālā] *f* Rosenkranz.

Rukminī [rukmiṇī] *f* Name einer Gemahlin Krishnas. Ursprünglich sollte sie den König Shishupāla heiraten, doch sie liebte heimlich Krishna und bat ihn, sie zu entführen. Dies gelang ihm nach einem Kampf mit ihrem Bruder Rukmin. Später hatte er zehn Söhne und eine Tochter mit ihr.

Rūpa *m* Form, Gestalt, Bild, Schönheit.

S

Sa Vorsilbe mit der Bedeutung: zusammen, mit; ähnlich, gleich.

Sabīja-Dhyāna *n* Meditation mit stummer Wiederholung eines Mantras. sa-bīja bedeutet „mit Bīja-(Mantra)".

Sabīja-Prānāyāma [prāṇāyāma] *m* Prānāyāma mit stummer Wiederholung eines Mantras.

Sabīja-Samādhi *m* Samādhi „mit Keim", d.h. Objekt. Der Geist des Meditierenden wird eins mit dem Gegenstand der Konzentration, aber es bleibt noch das Bewusstsein eines Objektes bestehen. Die höhere Stufe ist der Nirbīja-Samādhi, „ohne Keim".
Siehe auch *Asamprajñāta-Samādhi.*

Saccidānanda *m oder n* Sein-Bewusstsein, Glückseligkeit: sat-cit-ānanda, wobei *sat* aufgrund eines Lautgesetzes zu *sac* und *cit* zu *cid* wird. Es finden sich häufig auch andere Schreibweisen wie Satchidānanda oder Sachchidānanda, die etwas abweichen vom heutigen Standard der Indologie (vergl. Chakra statt Cakra etc.).
Sein, Bewusstsein und Glückseligkeit sind im Vedānta die drei Grundaspekte des höchsten Absoluten.
Siehe auch *Sat, Cit, Ānanda.*

Sacharow, Boris Schüler Sivanandas (1899-1959), der als Exilrusse ca. 1939 im Zentrum Berlins die erste deutsche Yoga-Schule begründete, in der regelmäßig Yoga-Kurse nach modernem Verständnis abgehalten wurden. Erst 1943 ging diese Lehrtätigkeit kriegsbedingt vorübergehend zu Ende.
Im Jahr 1947 erhielt Sacharow von Swami Sivananda das Diplom der Divine-Life Society sowie den (selten vergebenen) Titel „Yogīrāj". Seine Tätigkeit führte er nunmehr in Bayreuth und Nürnberg fort, wo er eine ständig wachsende Anzahl von Schülern gewann und sich bemühte, den Yoga in seinem wahren philosophischen und wissenschaftlichen Kern zu bewahren. Er verfasste einige Buchtitel und Lehrbriefe zum Yoga und legte viele noch heute verwendete deutsche Āsana-Übersetzungen vor. Sacharow starb 1959 bei einem Autounfall.

Sad-Asad-Viveka *m* Unterscheidung zwischem dem Wahren (sad) und dem Unwahren (asad).

Sadā-Shiva [sadāśiva] *m* der ewige,

unvergängliche Shiva. Shiva in seiner Form als reines Bewusstsein und höchste Wirklichkeit.

Sadguru *m* der wahre Guru, ein Lehrer, der eine authentische spirituelle Verwirklichung hat und auf dieser Basis andere unterweist.

Sādhaka *m*, **Sādhikā** *f* jemand, der Sādhanā übt.

Sādhana *n,* **Sādhanā** *f*, spirituelle Praxis, Übung, Methode. Nach der Lehre der meisten Yoga-Meister ist eine bewusst befolgte Übungspraxis notwendig, um das Ziel der Gottverwirklichung zu erreichen. Übungen wie Āsana, Prāṇāyāma, Dhyāna, Japa, oder die regelmäßige Lektüre inspirierter Schriften werden zur Sādhanā, wenn sie beständig und mit spiritueller Zielsetzung durchgeführt werden.

Sādhana-Pāda *m* der zweite Teil des Yogasūtra von Patañjali, erläutert die Mittel und Wege spiritueller Verwirklichung.

Sādhu *m,* **Sādhvī** *f*, ein Sucher, welcher der Welt entsagt hat, um zur Gottverwirklichung zu gelangen. Das Wort bezeichnet auch allgemein Heilige oder Mönche.

Sagara *m* Name eines mythischen Königs der Sonnendynastie in Ayodhyā.

Sāgara *m* das Meer; der Ozean des irdischen Daseins.

Sagarbha-Dhyāna *n* Meditation in Verbindung mit der stillen Wiederholung eines Mantras. sa-garbha bedeutet wörtlich „mit Embryo“ oder „mit Keim“; in diesem Fall ist die Bedeutung Keim-(Mantra).

Saguna-Brahman [saguṇa] *n* das Brahman mit Eigenschaften, d.h. das Absolute in der sichtbaren, manifestieren Form, zusammengesetzt aus den drei Gunas.
Siehe auch *Nirguna-Brahman.*

Sahadeva *m* einer der fünf *Pāndavas*, der Zwillingsbruder von Nakula.

Sahaja *adj* natürlich, angeboren, spontan; von saha-ja, wörtl. zusammen geboren, gleichzeitig entstehend. Viele Weise lehren, dass Wahrheit natürlich und ursprünlich in uns sei, während die Unwissenheit eine Verschleierung durch Gemüt und Denken ist. Insofern ist Erleuchtung oder Gottverwirklichung nicht etwas Fernes, das nur durch viel Anstrengung zu erreichen ist, sondern etwas sehr Naheliegendes. Siehe auch *Sahaja-Samādhi.*

Sahaja-Samādhi *m* spontaner, natürlicher Samādhi, welcher ständig bestehen bleibt, auch während man äußeren Tätigkeiten nachgeht. Diese Verwirklichung bedeutet, dass der

Yogī gleichzeitig in der Welt des Relativen und des Absoluten voll präsent ist. Ramana Maharshi sagte von sich, dass er ständig im Sahaja-Samādhi sei.

Sahasra-Nāman *n* tausend Namen. Von vielen Gottheiten gibt es nicht weniger als tausend Sanskrit-Namen, die von manchen Anbetern als Teil ihrer Sādhanā täglich wiederholt werden.

Sahasrāra-Cakra *n* Das Cakra mit den tausend (sahasra) Speichen (ara), so benannt, weil tausend(e) Nādīs oder feinstoffliche Nervenkanäle von ihm ausstrahlen. Ein anderer Name ist Sahasradala-Padma, der tausendblättrige Lotus.
Dieses Cakra, oft auch Kronen-Cakra genannt, liegt am oberen Ende der *Sushumnā* und wird entweder am Brahmarandhra lokalisiert, d.h. der feinstofflichen Öffnung zum Brahman am Scheitelpunkt des Kopfes, oder oberhalb des Kopfes. Damit nimmt es eine besondere Stellung gegenüber den anderen sechs Cakras ein, welche die Bezeichnung Shat-Cakra tragen und zum Teil auch ohne dieses siebte Cakra genannt werden.
Die tausend Blätter dieses Zentrums sind in zwanzig Ebenen mit je fünfzig Blättern angeordnet, wobei jedes Blatt einen der fünfzig Buchstaben des Sanskrit-Alphabets enthält und die einzelnen Buchstaben den Lotus gleichsam ringförmig umkreisen. Seine spezifische Keimsilbe ist OM, doch es enthält auch alle anderen. Die Farbe ist blau, umgeben von einem goldenen Licht.
In der Fruchthülle der Lotusblüte liegt das Candra-Mandala, die „Mond-Region", von der ein nektarinenfarbenes Licht ausgeht. Das Mandala enthält ein leuchtendes Dreieck, in dem sich Shūnya findet, die Leere, auch Parama-Bindu genannt, der höchste Urkeim, die Stätte transzendentaler Bewusstseinsglückseligkeit.
Letztere wird erfahren, wenn die Kundalinī in ihrem Aufstieg dieses höchste Zentrum erreicht, wenn „Shiva und Shakti sich vereinen", wie es in symbolischer Sprache heißt. Die Abb. enthalten oft auch das Zeichen „OM" im Zentrum.

Sahita-Kumbhaka *m oder n* eine Technik der Atemkontrolle. Man unterscheidet dabei Sagarbha- und Nigarbha-Kumbhaka. Sa-garbha, „mit Keim", d.h. mit OM, wird mit gleichzeitiger Rezitation der Silbe AUM praktiziert, indem mit „A" eingeatmet, mit „U" der Atem an-

gehalten und mit „M“ ausgeatmet wird. Beim Nigarbha erfolgt diese Übung ohne Rezitation.
Sahita-Kumbhaka bedeutet wörtlich kombiniertes Kumbhaka, von *sahita*, verbunden mit, zusammen mit. Siehe auch *Kumbhaka*.

Sai Baba von Shirdi [bābā] indischer Heiliger (gest. 1918), der von vielen Indern als Avatār verehrt wird. Er stand jenseits aller Religionen und lebte eine Zeit lang abwechselnd in einem Hindu-Tempel und einer muslimischen Moschee.
Es wird berichtet, dass Sai Baba oft Wunder wirkte und bestimmte Siddhis manifestierte, wie z.B. das gleichzeitige Erscheinen mit demselben Körper an verschiedenen Orten.
Sathya Sai Baba hat sich als Reinkarnation des Shirdi Sai Baba bezeichnet.

Sākshātkāra, m, **Sākshātkārana** [sākṣātkāraṇa] *n* das direkte Erkennen, die unmittelbare Wahrnehmung von Dingen im Samādhi, ohne das Medium der Aufnahme von Sinneseindrücken.
sākṣāt ist abgeleitet von sa-akṣa, mit Auge, sichtbar. So bedeutet sākṣātkāra etwa „vor Augen führen“.

Sākshin [sākṣin] *m* Zeuge, Beobachter; das Zeugen-Selbst, der Purusha, der allem unbeteiligt zuschaut, ohne selbst involviert zu werden.

Sālamba, Sālambana *adj* mit Unterstützung, mit Abstützung (sa-ālamba). Ein Wortelement in einigen Āsana-Bezeichnungen.

Sālamba Sarvāṅgāsana, siehe *Sarvāṅgāsana.*

Sālamba Shīrshāsana, siehe unter *Shīrshāsana.*

Sama *adj* gleich. Das Wort kommt häufig in der Bhagavadgītā vor in der Bedeutung „gleich“ sein gegenüber Dualitäten wie Hitze und Kälte, Lob und Tadel, Erfolg und Misserfolg.
Sama-Buddhi ist die „Gleich-Gesinntheit“ desjenigen, der Gold und einen Klumpen Erde als gleich ansieht (weil er frei von Begehren ist).
Sama-Darshin oder „gleich sehend“ ist jemand, der alles als gleichwertig ansieht, weil es desselben göttlichen Ursprungs und Wesens ist.
Sama-tvam bedeutet wörtl. Gleichheit und steht für Gleichmut, Aus-

geglichenheit. In Bhagavadgītā 2.48 heißt es, *samatvam yoga ucyate*, „Gleichmut ist Yoga“.

Samādhāna *n* Aufmerksamkeit, Konzentration, tiefe Meditation. Auch Synonym für Samādhi.

Samādhi *m* Sammlung, Versenkung, Ekstase, Einheitserfahrung, überbewusster Zustand. Von *sam-ā-dhā*, die ganze Aufmerksamkeit auf etwas richten. Der Begriff bezeichnet auch die heilige Grabstätte eines Yogī.
Samādhi ist die achte Stufe des Ashtānga-Yoga des Patañjali und wird von ihm u.a. in Yogasūtra 1.17-23 und 3.3 erläutert.
Es werden allgemein zwei Stufen des Samādhi unterschieden, der bewusste, Samprajñāta, und der überbewusste, Asamprajñāta. Die erstere trägt auch die Bezeichnung Sabīja, mit Keim, mit Objekt, oder Savikalpa, mit Differenzierung (von Subjekt und Objekt bei der Versenkung). Bei dieser Stufe ist der Geist des Meditierenden so intensiv auf den Gegenstand der Konzentration gerichtet, dass er mit diesem eins wird, aber es existiert noch das Bewusstsein eines Objekts.
Die zweite Stufe heißt auch Nirbīja, ohne Keim oder Objekt, oder Nirvikalpa, ohne Differenzierung (von Subjekt und Objekt): die Vorstellung eines Objekts wird in vollkommener Identifikation mit dem höchsten Selbst gelöscht. Wenn man lange in diesem absoluten Zustand verharrt, so heißt es, werden die Samskāras, die unterbewussten Impressionen, Wünsche etc. aufgelöst, die bei der ersten Stufe des Samādhi zwar unter Kontrolle sind, aber noch weiter im Keim bestehen bleiben und wieder hervortreten können, solange sie nicht völlig beseitigt sind. Der Asamprajñāta-Samādhi bewirkt also letztlich die Loslösung von allen Karma-Ketten und führt zur eigentlichen spirituellen Befreiung. Als seine höchste Form wird in Yogasūtra 4.29 der *Dharma-Megha-Samādhi* genannt.
Beim bewussten oder Samprajñāta-Samādhi werden die folgenden Unterformen unterschieden:
Nirvicāra-Vaishāradya; Nirvicāra-Samāpatti; Savicāra-Samāpatti; Nirvitarka-Samāpatti; Savitarka-Samāpatti.
Siehe auch *Mahāsamādhi.*

Samādhi-Parināma [pariṇāma] *m* siehe *Parināma*, Abs. 2.

Samakonāsana *n* gerade Winkelhaltung.
sama – gleich, gerade; koṇa – Winkel; āsana – Haltung.

Samāna *m* einer der fünf Lebens-

hauche, die „ausgleichende" Energie, die in der Unterleibsregion loaklisiert ist und die Verdauung steuert. Das Wort ist abgeleitet von *sam-an*, „zusammen-atmen".
Siehe auch *Prāna.*

Samanu eine fortgeschrittene Atem- und Meditationstechnik, die mit einem Bīja-Mantra praktiziert wird. Ihr voraus geht Nirmanu, eine Reinigungstechnik in Form von sechs Waschungen.

Samāpatti *f* Zusammentreffen, in einen Zustand gelangen. Sich völlig auf einen Gegenstand konzentrieren und ihn innerlich voll erfassen. Das Wort wird oft als Synonym für (Samprajñāta-)Samādhi gebraucht.

Sama-Rasa *m* wörtlich „gleiche Essenz"; Gleichgestimmtheit, sich körperlich im Einklang mit dem Göttlichen befinden.

Samarpana [samarpaṇa] *n* Darbietung, Darbringung, sich ganz dem Göttlichen überantworten.

Sama-Samsthāna [saṁsthāna] *n* die „Gleich-Haltung", ein Āsana, bei dem die Füße angezogen und daraufhin Fersen und Zehen aneinander gedrückt werden.

Samāsana *n* gleiche oder symmetrische Haltung.
sama – gleich; āsana – Haltung.

Samasthiti *f* aufrechte Haltung.

Samatva, Samatā *n bzw. f* Gleichmut, Ausgeglichenheit; gilt als wichtige Qualität im Yoga. In der Bhagavadgītā 2.48 heißt es: *samatvam yoga ucyate,* „Gleichmut ist Yoga".

Sāma-Veda *m* der Veda der Lieder, eine der vier vedischen *Samhitās.* Mit den Liedern des Sāma-Veda wird die Darbringung des Soma-Opfers begleitet. Fast alle Verse dieses Veda sind dem Rig-Veda entnommen, jedoch anders angeordnet.
Siehe auch *Veda.*

Samāvesha [samāveśa] *m* Eintreten; im Kaschmir-Shivaismus das ekstatische Eintreten ins göttliche Bewusstsein.

Samavritti-Prānāyāma [samavṛtti-prāṇāyāma] *m* eine Atemtechnik, bei der Einatmung, Ausatmung und Luftanhalten jeweils gleich lange dauern. Von *sama-vṛtti,* gleiche Bewegung.

Sambandar bekannter shivaitischer Heiliger und Dichter, lebte im 7. Jh. in Südindien und war einer der vier bedeutendsten *Nayanmars.* Er verfasste eine Reihe devotionaler Hymnen und bekehrte den jainistischen König von Madurai, Nedurāman, zum Shivaismus.

Samcita-Karma [saṁcita] siehe *Sañcita-Karma.*

Samdhyā [saṁdhyā] *f* Vereinigung, Verbindung, Gelenk; Morgen- oder Abenddämmerung. Die Übergänge der drei Abschnitte Morgen, Mittag, Abend gelten den Hindus als heilige Zeit, in der besondere spirituelle Praktiken wie das Mantra-Rezitieren durchgeführt werden.
Samdhyā in der Bedeutung „Zwielicht" wird mythologisch als Tochter Brahmās und Gattin Shivas betrachtet.

Samgīta [saṁgīta] *n* Musik, vokalische und instrumentale.

Samhāra [saṁhāra] *m* Sammlung, Zurückziehen, Einsammeln, Beendung. Die Zerstörung des Universums am Ende eines Kalpa oder Weltenzyklus. Das Wort wird auch als Synonym für *Laya* gebraucht.

Samhitā [saṁhitā] *f* Textsammlung, Kompendium. Die Textsammlungen des Rig-, Sāma-, Yajur- und Atharvaveda tragen diese Bezeichnung, aber sie wird auch für andere Schriften verwendet wie z.B. die Gheranda- oder Shiva-Samhitā.

Samiti *f* Gemeinschaft, Versammlung, Vereinigung.

Samkalpa [saṁkalpa] *m* Wille, Entschlossenheit, Absicht, Ziel, Wunsch, Vorstellung.

Samkatāsana *n* die geschlossene Haltung; auch: schwierige oder gefährliche Haltung.
saṁkaṭa – geschlossen, eng, undurchdringlich; kritisch, gefährlich; āsana - Haltung.

Sāmkhya siehe *Sānkhya.*

Samkīrtan [Hindī], **Samkīrtana** [saṁkīrtana] *n* das Rezitieren und Chanten heiliger Lieder, das gemeinsame Singen des göttlichen Namens.

Samnyāsa, Samnyāsin etc. korrekt und üblich ist auch die Schreibweise Sannyāsa, Sannyāsin etc.

Samnyāsa [saṁnyāsa] *m* Entsagung. Im System der vier Lebensstufen (Āshrama) die letzte Stufe, verbunden mit der Aufgabe aller Bindungen an irdische Dinge, um sich ausschließlich dem Göttlichen zuzuwenden.
In Bhagavadgītā 18.2 wird Samnyāsa definiert als „Verzicht auf Handlungen, die mit Wünschen verbunden sind". In 8.2 heißt es, Yoga sei Entsagung: „Niemand wird wirklich ein Yogī, der nicht Samkalpa (nachsinnenden Gedanken und Vorstellungen die Zukunft betreffend) entsagt hat."

Samnyāsa-Yoga [saṁnyāsa] *m* Yoga der Entsagung.

Samnyāsin, Samnyāsī [saṁnyāsin,

saṁnyāsī] *m* jemand, der Samnyāsa praktiziert, d.h. der Welt und allem Irdischen entsagt, in Besitzlosigkeit lebt und ganz auf sein Ziel spiritueller Befreiung konzentriert ist.

Sampatti *f* Erfolg, Erfüllung; Wohlstand, Wohlergehen; Segnung.

Sampradāya *m* Tradition, Überlieferung von einem Lehrer zum nächsten.

Samprajñāta-Samādhi [saṁprajñāta] *m* der bewusste Samādhi, wird auch Sabīja- (mit Keim, Objekt) oder Savikalpa-Samādhi (mit Differenzierung von Subjekt und Objekt) genannt.
In Yogasūtra 1.17 heißt es, dieser Samādhi sei verbunden mit Vitarka (Erwägung), Vicāra (Ergründung), Ānanda (Seligkeit) und Asmitā (höherem Ichbewusstsein).
Weitere ausführliche Erläuterungen unter *Asamprajñāta-Samādhi* und *Samādhi.*

Samrambha-Yoga {saṁrambha] *m* Yoga des Hasses. In der vishnuitischen Tradition kann auch ein Mensch zum Göttlichen gelangen, der es intensiv hasst – weil seine Gedanken, unfreiwillig, ständig auf es gerichtet sind und er am Ende die Eigenschaften dessen annimmt, worauf er sich konzentriert.

Samsāra [saṁsāra] *m* wörtlich „Fluss", der Kreislauf der Geburten, dem jeder Mensch zwangsläufig unterliegt, bis er die spirituelle Befreiung erlangt. Im Samsāra entfalten sich die Gesetze von Karma und Reinkarnation, und es wird das Leid erfahren, das durch Unwissenheit und Anhaftung verursacht ist.
Das Wort bezeichnet, aus der Perspektive der Ātman-Verwirklichung, die vergängliche Welt der Erscheinungen, in der alles ständig im Fluss ist und nichts von Dauer und Bestand.

Samshaya [saṁśaya] *m* Zweifel, gilt als Hindernis auf dem Yoga-Weg in dem Sinne, dass die von Yogīs und Weisen bezeugten Glaubenswahrheiten in Frage gestellt werden.
Gemäß der Nyāya-Philosophie kann Zweifel jedoch auch konstruktiv sein, wenn er sich auf Konventionen und Gebräuche des Alltagslebens richtet und wenn sich durch ihn der Horizont für eine tiefere Erkenntnis der Dinge eröffnet.
Auch im spirituellen Bereich kann es einen konstruktiven Zweifel geben, wenn z.B. ein Sucher nichtakzeptable Verhaltensweisen eines falschen Gurus hinterfragt, weil er in seiner Seele spürt, dass etwas nicht stimmig ist.

Samskāra [saṁskāra] *m* aktivierende oder formende Kraft. Das Wort ist abgeleitet von der Wurzel *sam(s)kṛ*, zusammenfügen, und bezeichnet die zahllosen Impressio-

nen, die unser tägliches Denken, Handeln und Fühlen im Unterbewusstsein hinterlässt. Die Gesamtheit der Impressionen bildet das Karma, welches ständig neue Aktionen und Reaktionen auslöst.
Durch die Yoga-Praxis wird die Mechanik dieser Abläufe beeinflusst, indem die Samskāras allmählich an Kraft verlieren und schließlich, auf der höchsten Stufe des Samādhi, gelöscht werden.
Samskāra bezeichnet auch besondere, wichtige Zeremonien, wie sie bei der Geburt, *Upanayana* etc. durchgeführt werden.
Siehe auch *Asamprajñāta-Samādhi; Samādhi.*

Samskrita siehe *Sanskrit*

Samtosha, Santosha [saṁtoṣa, santoṣa] *m* Zufriedenheit, einer der fünf *Niyamas.*

Samvid [saṁvid] *f* Bewusstsein, Gewahrheit. Ein Synonym für *Cit.*

Samyama [saṁyama] *m* Sammlung, Konzentration, Kontrolle, Selbstbeherrschung. Gemäß Yogasūtra 3.4 bezeichnet Samyama die Gesamtheit der drei Yoga-Stufen Dhāranā, Dhyāna und Samādhi.
Das Wort steht auch für eine besondere Form der Konzentration, die zur Erkenntnis übersinnlicher Dinge führen kann.

Samyoga [saṁyoga] *m* Verbindung, Einheit. Die Verbindung des Sehers (Drashtri, Purusha) mit dem Sichtbaren (Drishya, Prakriti) wird in Yogasūtra 2.17 als Ursache des menschlichen Leids genannt. Die Ursache dieser Verknüpfung ist Unwissenheit (Avidyā) und wird beseitigt durch wahre Erkenntnis oder Prajñā (Yogasūtra 2.24-27).

Sanātana-Dharma *m* die ewige Lehre oder Religion, eine traditionelle indische Bezeichnung für den Hinduismus.

Sanatkumāra *m* „ewiger Jüngling" (sanat-kumāra), bedeutender Yogī und Weiser der vedischen Zeit, einer von sieben Brüdern, welche „geistgeborene Söhne" des Schöpfergottes Brahmā genannt werden. Ihre Namen werden in Mahābhārata 12.327.64-65 wie folgt aufgezählt: Sana, Sanatsujāta, Sanaka, Sanandana, Sanatkumāra, Kapila, Sanātana.

Sañcita-Karma, Samcita-Karma [saṁcita] *n* angesammeltes Karma; die Gesamtsumme aller karmischen Belastungen, die heranreifen und sich auf die Zukunft eines Menschen auswirken können.
Siehe auch *Karma.*

Sanga [saṅga] *m* Zusammenkommen, Treffen, Begegnung; Anhaftung. Die erstere Bedeutung erscheint in Satsanga, Begegnung mit den Guten oder Weisen (sat).

Sanga in der Bedeutung „Anhaftung“ (engl. attachment) gilt als großes Hindernis im Yoga. Das Gegenteil ist Asanga, Loslassen (detachment), welches in vielen Texten als wichtige Qualität empfohlen wird.
Die Bhagavadgītā spricht das Thema u.a. in 2.47-48 an und erklärt in einem viel zitierten Ausspruch: *yogasthaḥ kuru karmāṇi saṅgaṁ tyaktvā dhanañjaya* – Aus dem Yoga heraus tue deine Werke ohne Anhaftung, Arjuna.

Sankatāsana siehe *Samkatāsana.*

Sānkhya [sāṁkhya] *n* in der indischen Philosophie eines der sechs orthodoxen Systeme (Shaddarshana), wurde von *Kapila* begründet und beinhaltet eine kosmische Evolutions- wie auch spirituelle Befreiungslehre.
Das Wort Sānkhya bedeutet Zahl, Aufzählung (weil 25 Tattvas oder Grundprinzipien aufgezählt werden), oder „Ergründung“.
Als wichtigstes Grundlagenwerk gilt die Sānkhyakārikā des Īshvarakrishna, die in 73 Versen aphorismenähnlich die Philosophie des „klassischen Sānkhya“ (es gab auch ein ursprüngliches, früheres) darlegt.
Das Sānkhya-System erklärt das Zusammenwirken von Mensch und Kosmos mit Hilfe von 25 Tattvas oder Grundkategorien, von denen die beiden wichtigsten Purusha und Prakriti sind. Der Purusha ist Geist, Spirit, reines freies Bewusstsein, während Prakriti die Natur ist, der unerschaffene Urgrund aller stofflichen und psychischen Erscheinungsformen.
Leid und Schmerz des Menschen existieren allein auf der Ebene der Prakriti und resultieren aus der Identifikation mit ihr. Sānkhya ist der Weg, um sich von dieser Identifizierung zu befreien und zu der Erkenntnis zu gelangen, dass Purusha und Prakriti gesondert sind.
Die weiteren 23 Tattvas gehören der Prakriti an und entstehen bei der Schöpfung des Universums, die durch eine Störung im Gleichgewicht der *Gunas* ausgelöst wird. In einer Stufenfolge zunehmender Verdichtung der ursprünglich unsichtbaren Elemente bilden sich dann die folgenden Tattvas heran:
Buddhi (oder Mahat), die Vernunft, das Organ der Unterscheidung; Ahamkāra, der Ich-Macher, der die Wahrnehmung zwischen Ich und Außenwelt herausbildet. Aus ihm gehen zum einen elf Sinne hervor und zum anderen fünf sogenannte *Tanmātras* oder feine Elemente.
Die Sinne sind Manas, das sinnengebunde Denken; die fünf Erkenntnisvermögen oder Jñānendriyas von Hören, Fühlen, Sehen, Schmecken und Riechen; die fünf Tatvermögen oder Karmendriyās von Sprechen, Greifen, Gehen, Entleeren und Zeugen. Die Tanmātras wiederum sind die subtilen Energieformen von

Klang, Berührung, Sehen, Geschmack, Geruch. Aus ihnen leiten sich die groben Elemente (Mahābhūtas) der sichtbaren Welt ab: Äther, Luft, Feuer, Wasser, Erde.
Der Begriff „Sānkhya" trägt nicht immer diese „klassische" Bedeutung. Besonders in frühen Texten wird er oft in Verbindung mit Yoga genannt, wobei zum Teil nur einige geringfügige Differenzierungen vorgenommen werden oder auch eine Verschmelzung zum „Sānkhya-Yoga" erfolgt.
In der Bhagavadgītā 5.4-5 steht Sānkhya für Jñāna, Erkenntnis, und Yoga für den Weg der Werke, Karma-Yoga. Beide führen zum selben Ziel (der spirituellen Befreiung) und die wahre Erkenntnis besitzt jener, „der Sānkhya und Yoga als eins erkennt".
Siehe auch *Purusha, Prakriti, Parināma, Guna* sowie *Evolution, Ishvara, Jñāna-Yoga, Pradhāna.*

Sānkhya-Kārikā [sāṁkhyakārikā] *f* Name eines Grundlagenwerks des *Sānkhya* in 73 Versen, verfasst von Īshvarakrishna. Hierbei handelt es sich um die älteste systematische Darstellung der Sānkhya-Philosophie.

Sānkhya-Sūtra [sāṁkhyasūtra] *n* Name eines Sānkhya-Textes, der Kapila, dem Begründer der Sānkhya-Philosophie, zugeschrieben wird, tatsächlich aber wahrscheinlich erst im 14. oder 15. Jh. n.Chr. verfasst wurde.

Sankīrtan siehe *Samkīrtan.*

Sannyāsa, Sannyāsin, Sannyāsī etc. siehe *Samnyāsa* etc.

Sanskrit, Samskrita [saṁskṛta], *n* wörtl. „zusammengefügt"; verfeinert, veredelt. Die Sprache der heiligen Schriften des Hinduismus und der Quellentexte des Yoga wie z.B. Bhagavadgītā, Yogasūtra und Hatha-Pradīpikā.
Viele Sanskrit-Begriffe wurden aufgrund ihrer spezifischen, kaum übersetzbaren Inhalte in das Fachvokabular westlicher Sprachen übernommen, insbesondere Yoga, Karma, Guru, Āsana, Prānāyāma, Cakra und Kundalinī.
In der Yoga-Literatur werden – trotz der zum Teil schwierigen Namen – die Āsanas oft mit ihren Original-Sanskrit-Bezeichnungen aufgeführt, weil nur dadurch eine präzise und zweifelsfreie Zuordnung der vielfältigen Haltungen erfolgen kann.
Hinzu kommt die besondere Qualität des Sanskrit, seine natürliche Nähe zum spirituellen Bereich. Wer „Shīrshāsana" oder „Siddhāsana" übt (statt Kopfstand und vollkommenen Sitz), bekommt eher ein Gefühl für die tiefere Dimension seines Übens, indem er durch die Klänge dieser Worte an deren Ursprung und Kontext erinnert wird.
In den heiligen Schriften Indiens

heißt es, dass die Seher oder Rishis die Sanskrit-Mantras in ihrer inneren Erfahrung hörten oder sahen und dass die von ihnen überlieferten Worte die Schwingung des göttlichen Urklangs in sich tragen und dadurch eine besondere Kraft haben, uns zur höchsten Wahrheit zu führen.
Die vielfältigen Aspeke der Sanskrit-Sprache werden erörtert in dem Buchtitel *Erlebnis: Sanskrit-Sprache (Mantra – Yoga – Linguistik).*
Siehe auch *Mantra, Nāda.*

Sant Kirpal Singh indischer Mystiker und spiritueller Meister (1894-1974), lehrte die Einheit aller Religionen und das Recht eines jeden Menschen auf Selbst- und Gotterkenntnis. Viele Schüler und Angehörige verschiedener Religionen suchten seinen Ashram in Delhi auf. Er unternahm mehrere Reisen in den Westen und wurde dreimal hintereinander zum Präsidenten der World Fellowship of Religions gewählt.
Sant Kirpal Singh unterrichtete den Surat Shabd Yoga, den „Yoga des himmlischen Tonstromes“, welcher dem Mantra- und Nāda-Yoga verwandt ist (siehe auch *Shabda*). Nach dieser Lehre projizierte das Absolute, welches ursprünglich frei von allen Attributen ist, sich selbst in die Form und nahm als erstes die Eigenschaften von Licht und Ton an.
In diesem Zusammenhang wird auch auf heilige Schriften anderer Religionen verwiesen und Johannes 1.1. zitiert: „Am Anfang war das Wort, und das Wort war bei Gott, und Gott war das Wort.“ Ebenso wird die heilige Silbe OM der Upanishaden angeführt.
So sind der transzendente Ton und das transzendente Licht die ersten Offenbarungen Gottes auf dem Weg einer sich ständig verdichtenden Manifestation. Wenn es nun gelingt, den Urton in uns selbst zu entdecken, wird dies zu einem Weg, der von Nām (Name, Wort) zurück zur Quelle führt, zum Namenlosen und Formlosen, Anām.

Saptamātrikās [saptamātṛkā] *f* die „sieben Mütter“. Sieben Muttergottheiten, die jeweils die Shaktis von männlichen Gottheiten sind:
Maheshvarī - Maheshvara (Shiva); Vaishnavī - Vishnu; Brāhmanī - Brahmā; Kaumārī - Kumāra (Kārttikeya); Indrānī - Indra; Cāmundā - Shiva; Varāhī - Vishnu. (maheśvarī, vaiṣṇavī, brāhmaṇī, kaumārī, in-

drāṇī, cāmundā, varāhī).
Die sieben Gottheiten werden bereits im Rigveda erwähnt, obwohl dort noch nicht einzeln benannt. In Abbildungen erscheinen sie in einer Reihe nebeneinander sitzend, mit den Schutzgottheiten Vīrabhadra und Ganesha oder Kārttikeya.

Saptarshi [saptarṣi] *m* sieben Seher (sapta-rishi). Nach einer alten vedischen Überlieferung lenken in jedem Manvantara, Weltenzyklus, sieben Seher von einer unsichtbaren Ebene her den Lauf der Welt.

Saramā *f* im Rigveda eine Himmelshündin, die Indra und den Göttern gehört und die von den Panis gestohlenen Kühe wiederfindet.

Sarasvatī *f* wörtl. die „Fließende", die Göttin der Wissenschaft, der Kunst und des Redeflusses, mythische Schöpferin der Sanskrit-Sprache.
Name eines Flusses, der in alter Zeit der größte Strom Indiens war, jedoch ca. 2000 v. Chr. austrocknete.

Sarasvatī-Cālana *n* das Aktivieren der Sarasvatī, im Kundalinī-Yoga die Praxis, die Lebensenergie in den zentralen Nervenkanal, Sushumnā-Nādī, zu lenken.

Sarasvatī-Nādī [nāḍī] *f* ein feinstofflicher Nervenkanal, der – je nach Quelle – vor oder hinter dem zentralen Kanal, der Sushumnā, liegt, an der Zunge endet und die Sprachfunktion steuert.
Siehe auch *Nādī.*

Sarga *m* Schöpfung, die Schöpfung des Universums.

Sārī [Hindī] *f* Bezeichnung für das viele Meter lange Tuch, das indische Frauen kunstvoll gewickelt als Bekleidung tragen.

Sarpāsana *n* Schlangen-Haltung.
sarpa – Schlange; āsana – Haltung.

Sārūpya *n* Gleichheit, Ähnlichkeit, Angleichung. Wenn ein Sucher sich dem Göttlichen öffnet und viel über es meditiert, nimmt er etwas von dessen Eigenschaften auf und gleicht sich ihm an.

Sarva *adj* alle, alles; vollständig.

Sarva-Bhūta-Hita *n* das, was für alle Wesen (sarva-bhūta) gut ist (hita).
Gemäß Bhagavadgītā 12.4 hat der Weise stets das Wohl aller Wesen im Auge.

Sarvajña *adj* allwissend.

Sarva-Jñātva, Sarva-Jñātritva [jñātṛtva] *n* All-Wissenheit, resultiert aus der Erkenntnis der Verschiedenheit von Purusha und Prakriti (Yogasūtra 3.49).
Siehe auch *Samyoga.*

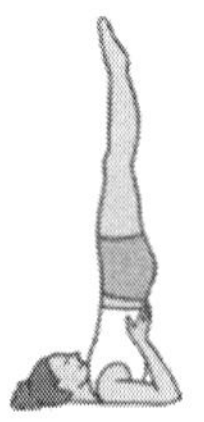

Sarvāṅgāsana *n* die „Alle-Glieder-Haltung", der Schulterstand.
sarva – alle, jeder; aṅga – Glied; āsana – Haltung.
sarvāṅga, „alle Glieder", bedeutet „der ganze Körper".
Auch Sālamba Sarvāṅgāsana genannt, der gestützte Schulterstand.

Sat *n* Sein, das wahre Sein, die Wahrheit, Wirklichkeit.
Siehe auch *Asat, Saccidānanda.*

Sat-Cit-Ānanda Sein, Bewusstein, Glückseligkeit. Siehe *Saccidānanda.*

Satchidananda, Swami [satcidānanda, svāmī] ein bedeutender amerikanischer Yogī indischer Herkunft (1914-2002), der einen integralen Yoga lehrte.
Satchidananda wurde 1914 unter dem Namen C.K. Ramaswamy Gounder in Tamil Nadu, Südindien, geboren. Er war zunächst als Manager in der Industrie tätig, doch unternahm er nach dem frühen Tod seiner Frau im Alter von 28 Jahren eine Pilgerreise durch Indien, suchte viele bedeutende Yogis und Weise auf und fand schließlich seinen Guru in Swami Sivananda, der ihn zum Sannyāsin weihte.
Satcidananda leitete zunächst einen Ashram Sivanandas auf Sri Lanka, wo er einige Modernisierungen einführte. 1966 besuchte er auf Einladung des Künstlers Peter Max New York, zog bald darauf in die USA um und nahm nach einiger Zeit die amerikanische Staatsbürgerschaft an. 1966 hielt er die Eröffnungsrede beim berühmten Rock-Festival in Woodstock. Er gründete das Integral Yoga Institute in New York und den Satcidananda Ashram in Yogaville, Virginia. Im Jahr 2002 starb er in seiner Heimat in Tamil Nadu.
Siehe auch *Integraler Yoga, vorletzter Abs.*

Sat-cit-ānanda *m* siehe *Saccidānanda.*

Sathya Sai Baba [bābā] indischer Heiliger (1926-2011), der von seinen Anhängern als Avatār verehrt wird. Er wurde am 23.11.1926 unter dem Namen Ratnakaran Sathyanarayan Raju in Puttarparthi, Südindien, geboren. Schon mit neun Jah-

ren erklärte er, er sei eine Reinkarnation des Sai Baba von Shirdi, der acht Jahre vor seiner Geburt seinen Körper verlassen hatte.
Sathya Sai Baba wurde alsbald zu einer bekannten spirituellen Persönlichkeit, wozu auch beitrug, dass er – gemäß den Berichten seiner Anhänger – vielerlei kleine Wunder vollbrachte.
In Puttaparthi findet sich heute eine moderne Kleinstadt, Prashānti Nilayam, wo sich regelmäßig Tausende von Pilgern zum Darshan des Meisters versammeln. Zu den Institutionen gehört ein komplettes Schul- und Universitätssystem, das überkonfessionell und kostenfrei ist und sich an spirituellen Idealen orientiert.
Sathya Sai Baba ließ auch ein hochmodernes Krankenhaus errichten, in dem selbst völlig mittellose Patienten behandelt werden, und er führte ein Projekt durch, mit dessen Hilfe viele hundert Dörfer mit Wasser versorgt wurden.
Er betont die Einheit aller Religionen und will den Menschen, die zu ihm kommen, helfen, in ihrer jeweiligen Glaubensrichtung zur wahren Erfüllung zu gelangen. Berichten zufolge hat er allein in Indien einige Millionen Anhänger, auch im Ausland gibt es eine Reihe von Zentren.

Satī *f* eine gute, tugendhafte Frau; im späteren Hinduismus eine Frau, die ihrem Ehegatten durch Selbstverbrennung in den Tod folgt, wofür der angloindische Begriff „Suttee" geprägt wurde.

Satkārya-Vāda *m* die Lehre (vāda) von der (schon vorher) existierenden Wirkung (sat-kārya). Diese Lehre geht davon aus, dass die Wirkungen bereits in der Ursache vorhanden sind – alles Werden ist das In-Erscheinung-Treten von etwas, das auf einer feinstofflichen Ebene bereits existiert, so wie etwa der Text einer Rede erst im Kopf existiert, bevor er dann hörbar wird.

Satprem der bekannteste westliche Schüler von Sri Aurobindo und der Mutter, geb. in Paris (1923-2007). Sein Buchtitel *Sri Aurobindo oder das Abenteuer des Bewusstseins* gilt als sehr gute Einführung in den Integralyoga.
Von 1961-73 führte er mit der Mutter Gespräche über die Transformation des Menschen und der Erde, die später von ihm unter dem Titel *Mutters Agenda* veröffentlicht wurden.

Sein autobiographischer Roman *Vom Körper der Erde oder der Sannyasin* erzählt von seinem abenteuerlichen Leben, in dessen Verlauf er, auf der Suche nach der Freiheit der Seele, im Gewand eines Wandermönches durch Indien zog, was mit zahlreichen inneren und äußeren Extremerfahrungen verbunden war.

Satsang (Hindī), **Satsanga** (Sanskrit) [satsaṅga] *m* Begegnung (saṅga) mit dem Guten oder Weisen (sat). Der Kontakt mit Menschen, die eine spirituelle Verwirklichung haben, hat einen positiven, „ansteckenden" Einfluss auf den Aspiranten und wird deshalb häufig als wichtiges Mittel der persönlichen Entwicklung empfohlen. Beim Satsang werden meist Fragen zur Sādhanā erörtert, woran sich eine Meditation anschließt.
Der Begriff „Satsang" steht auch für eine Neo-Advaita-Bewegung, die von Anhängern des Inders *H.W.L. Poonja* begründet wurde.

Sattva *n* Sein, Existenz, Wahrheit, Güte. Einer der drei *Gunas* oder Grundeigenschaften der Natur, steht für das Lichtvolle und Reine, für Ausgeglichenheit, Besonnenheit und Harmonie. Ein „sattvischer" (sāttvika) Mensch ist geprägt durch das Element Sattva, d.h. ausgeglichen und besonnen.
Siehe auch *Guna.*

Satya *n* Wahrheit, Wahrhaftigkeit. Eine der fünf ethischen Leitlinien (*Yama*) der ersten Stufe des Rāja-Yoga (Yogasūtra 2.30). Auch in vielen anderen Texten wird die Bedeutung von Satya hervorgehoben, das als essentielles Attribut des Göttlichen gilt.
So heißt es im Mahānirvāna-Tantra 4.75: „Keine Tugend ist größer als Wahrhaftigkeit, keine Sünde größer als Unwahrheit."
Der offizielle Leitspruch des freien und unabhängigen Indiens lautet: *satyam eva jayate* – Wahrheit obsiegt.

Satyabhāmā *f* Name einer Lieblingsgemahlin Krishnas. Ihr zu Liebe ließ er sich auf einen Kampf mit Indra ein und holte aus dessen Himmel den *Pārijāta*-Baum, um ihn in ihren Garten zu pflanzen.

Satyaloka *m* die Wohnstätte der Wahrheit (satya-loka), auch Brahmāloka genannt. Eine himmlische Region jenseits der Wiedergeburt.
Siehe auch *Loka.*

Satyananda Sarasvati, Paramahamsa [satyānanda sarasvatī, paramahaṁsa] Satyananda (1923 -2009) war ein Schüler von Sivananda, bevor er einen eigenständigen Yoga-Weg, den Satyānanda-Yoga begründete, der die vedische Tradition von Upanishaden und Bhagavadgītā mit dem Hatha-Yoga und tantrischen Elementen verknüpft.

Wichtigste Bestandteile dieses Übungssystems sind der Kriyā-Yoga, bestehend aus bestimmten Körperstellungen, Atemübungen, Mudrās und Bandhas, sowie Yoga-Nidrā, (wörtl. Yoga-Schlaf), eine Tiefenentspannung von Körper und Geist in Verbindung mit Visualisierungen aus der tantrischen Tradition. Satyananda gründete 1963 die Bihar School of Yoga, die heute eine international renommierte Institution für Forschung und Ausbildung im Yoga ist.

Satyavān *m* im Mahābhārata Name des Gatten von Sāvitrī.

Satya-Yuga *m* das Zeitalter der Wahrheit, auch Krita-Yuga genannt. Siehe *Yuga.*

Saumanasya *n* Heiterkeit, ergibt sich als Frucht von Shauca, Reinheit (Yogasūtra 2.41).

Saundarya *n* Schönheit, Lieblichkeit.

Saurāsana *n* Sonnenhaltung.
saura – Sonnen-; āsana – Haltung.

Savicāra-Samāpatti *f* eine Form des *Samprajñāta-Samādhi*, bei der die Konzentration auf einen feinstofflichen (nicht materiell sichtbaren) Gegenstand erfolgt wie z.B. ein Mantra. Sa-vicāra bedeutet wörtlich „mit Nachsinnen, mit Konzentration auf".
Siehe auch *Savitarka-Samāpatti, Samādhi.*

Savikalpa-Samādhi *m* im Vedānta die Entsprechung für den bewussten oder *Samprajñāta-Samādhi.* Sa-vikalpa bedeutet mit (sa) Differenzierung (vikalpa) von Subjekt und Objekt, d.h. es bleibt in Form der Subjekt-Objekt-Beziehung noch eine (geringfügige) Dualität erhalten, die beim *Nirvikalpa-Samādhi* aufgehoben wird.
Siehe auch *Vikalpa* (letzter Abs.), *Samādhi.*

Savitarka-Samāpatti *f* ein Samādhi mit (sa) Reflexion (vitarka). Die niedrigste Form des bewussten oder *Samprajñāta-Samādhi*, wobei die Konzentration auf einen materiellen Gegenstand wie ein Götterbild erfolgt.
Siehe auch *Savicāra-Samāpatti, Samādhi.*

Savitri, Savitā [savitṛ] *m* der Beweger, Anreger, Beleber. Name einer Sonnengottheit, die manchmal mit Sūrya identifiziert wird, zum Teil jedoch auch differenziert als die belebende und energetisierende Kraft in Sūrya betrachtet wird. Savitri ist einer der Ādityas und hat goldene Hände, Arme und goldenes Haar.
Siehe auch *Sāvitrī.*

Sāvitrī *f* „Lichtstrahl", abgeleitet von Savitṛ, Sonne. Name eines hei-

ligen Verses (Rig-Veda 3.62.10), der auch als *Gāyatrī* bekannt ist und sich an Savitṛ richtet.
Im Mahābhārata Name der Tochter von König Ashvapati und Gemahlin von Satyavān. Sri Aurobindo benannte nach ihr sein großes spirituelles Epos *Savitri* (siehe Aurobindo, Sri, letzter Absatz).
Sāvitrī hatte als junge Frau eine so starke, göttliche Ausstrahlung, dass kein Prinz es wagte, um ihre Hand anzuhalten. So schickte ihr Vater sie schließlich zur eigenen Gattenwahl hinaus, und sie wählte den Prinzen Satyavān, obwohl der Götterbote Nārada ihm einen sicheren Tod in nur einem Jahr prophezeite.
Als zur gegebenen Zeit der Todesgott Yama kommt und Satyavāns Seele mit sich in die Unterwelt führt, folgt Sāvitrī ihm unerschrocken und ringt ihm in einem inspirierten und beherzten Dialog die Zusage ab, Satyavān wieder freizugeben, woraufhin dieser wieder aus dem Todesschlaf erwacht.

Savyasācin *m* derjenige, der den Bogen mit der linken Hand führt; ein Name Arjunas und Krishnas.

Sāyana [sāyaṇa] *m* Name eines gelehrten Brahmanen (14. Jh.), dem über einhundert Werke zugeschrieben werden, insbesondere Kommentare über den Veda.

Schwangerschaft siehe *Yoga für Schwangere.*

Seele Die folgenden Wörter geben in der Sanskrit-Sprache den Begriff „Seele“ wieder:
Antarātman, Antaryāmin, Ātman, Jīva, Purusha.
Der westliche Seelenbegriff bezieht sich nicht nur auf das unsterbliche, göttliche Selbst im Menschen, sondern er steht zum Teil auch für sein Gemüt und sein Innenleben.
Sri Aurobindo hat für seinen *Integralyoga* den Begriff *psychic being* [saikik bi:ing] geprägt, was mit „seelisches Wesen“ oder „psychisches Wesen“ übersetzt wird. Während der Ātman als immer gleiches, unsterbliches Selbst jenseits von Geburt und Tod ist, begibt sich das psychische Wesen gleichsam als Entsandter des Ātman in die vergängliche Welt des Werdens und entwickelt sich von Leben zu Leben weiter, übt einen zunehmenden Einfluss auf das Denken, Fühlen und Handeln des Menschen aus, bis alles bereit ist für die Vereinigung mit dem Göttlichen.
Zur Verbindung mit der vedischen Tradition erklärt Sri Aurobindo: „Das psychische Wesen lässt sich in indischer Sprache beschreiben als der Purusha im Herzen oder der Caitya-Purusha.“
(Caitya, abgeleitet von Cit, bedeutet „individuelle Seele“.)

Selbst siehe *Ātman, Purusha* (höchstes Selbst), *Ahamkāra* (persönliches Selbst, Ich-Bewusstsein).

Sen, Keshab Chandra (1838-1884) Gründer eines Zweiges des *Brahmo Samāj.*

Setubandhāsana *n* Brücken-Bau-Stellung; Brücke. Siehe Abb. unten. setu – Brücke; bandha – Bau, Errichtung; āsana – Haltung.

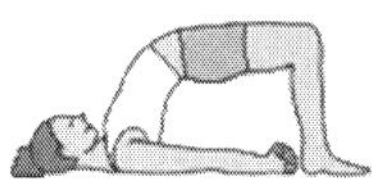

Setubandhasarvāngāsana, setubandha-sarvāngāsana *n* die Brücken-Bau-Alle-Glieder-Haltung; die Brücke, Schulterbrücke.
setu – Brücke; bandha – Bau; sarvānga – alle Glieder (sarva aṅga); āsana – Haltung.
Siehe auch *Sarvāngāsana.*

Sevā *f* Dienst, uneigennützige Arbeit für andere, als Gabe dem Göttlichen dargebracht. Guru-Sevā, d.h. dem persönlichen Lehrer zu Diensten zu sein, war traditionell Programm der Schülerschaft.

Sexualität [Skrt. Rati] siehe *Bindu, Brahmacarya, Luna-Yoga, Maithunā, Neo-Tantra, Ojas, Pañca-Ma-Kara, Rati, Retas, Shaktismus, Vāma-Mārga, Vajrolī-Mudrā.*

Shabda [śabda] *m* Klang, Ton, Schwingung, Wort. Shabda hat zwei Aspekte, den hörbaren Klang, Dhvani, und das subtile innere Klangelement, Sphota, welches im *Mantra-Yoga* eine bedeutende Rolle spielt.
Der Urgrund aller Klänge ist nach der tantrischen Lehre Shabda-Brahman, das Ton- oder Wort-Brahman. Die Verdichtung zum gehörten Wort erfolgt in vier Stufen:
1) Para-Shabda, der höchste Klang, der noch nicht hörbar ist, aber an der Schwelle zur Manifestation steht. Er wird im Mūlādhāra-Cakra lokalisiert. 2) Pashyanti-Shabda, d.h. der „sehende" Klang oder das sehende Wort, so benannt, weil er mit der Schau der höchsten Wahrheit verbunden ist. Dieser wird dem Nabelzentrum zugeordnet. 3) Madhyama-Shabda, der mittlere Klang, welcher die elementaren Töne der fünfzig Silben (Varnas) des Sanskrit beinhaltet und zwischen Nabel- und Kehlkopfzentrum liegt. Dieser Ebene entspringen die Mantras der Rishis. 4) Vaikhara-Shabda, der manifestierte Klang, der sich in gesprochener Sprache äußert und im Kehlkopfzentrum lokalisiert wird.
Siehe auch *Nāda, Mantra.*

Shacī [śacī] *f* der Name von Indras Gattin; Sprache, Rede, Beredsamkeit.

Shadanga-Yoga [ṣaḍaṅga] *m* ein sechsgliedriger (shad-anga) Yoga, der in der Maitrāyanīya-Upanishad 6.18 und anderen Texten in verschiedenen Varianten erwähnt wird.

Im Vergleich zum Ashtānga-Yoga fehlen die ersten beiden Stufen, Yama und Niyama, werden jedoch implizit vorausgesetzt. Das Ziel, der Samādhi, ist identisch, aber die vorangehenden Stufen variieren etwas.

Shaddarshana [ṣaḍdarśana] *n* die sechs klassischen, orthodoxen indischen Philosophie-Systeme, von denen sich jeweils zwei inhaltlich nahe stehen: Nyāya – Vaisheshika; Sānkhya – Yoga; Mīmāmsa – Vedānta. All diese Systeme haben gemeinsam, dass sie grundsätzlich die Autorität der Veden anerkennen und sich im Einklang mit deren Lehren befinden. Dies gilt nicht oder nur teilweise für die nichtorthodoxen Systeme: Buddhismus, Jainismus und Materialismus (des Cārvāka).

Shaiva [śaiva] *adj oder m* den Shiva betreffend; Anhänger des Shivaismus.

Shaiva-Siddhānta [śaiva] *m* die Shiva-Lehre, Bezeichnung für den südindischen Shivaismus. Dieser basiert zum Teil auf den 28 nordindischen Āgamas in Sanskrit, hat sich jedoch eine sehr umfangreiche eigene Literatur in der Tamil-Sprache geschaffen. Die erste systematische Darstellung, das *Shiva-Jñāna-Bodham*, entstand im 13. Jh.
Der Shaiva-Siddhānta ähnelt dem *Vishishtādvaita-Vedānta* des Rāmānuja, indem er von einer leicht differenzierten Verschiedenheit (nicht jedoch absoluten Identität) von Gott, individueller Seele und unbewusster Natur ausgeht. Diese drei werden benannt als Pashupati (Shiva), *Pashu* und Pāsha, wörtlich „Fessel". Shivas Gemahlin, seine Shakti, heißt Ambā.
Siehe auch *Shivaismus.*

Shaivismus siehe *Shivaismus.*

Shākhā [śākhā] *f* Zweig, Zweig einer Veda-Schule.

Shākta [śākta] *m* ein Anbeter der Shakti.
Siehe auch *Shakti, Shaktismus.*

Shakti [śakti] *f* Kraft, Macht, Energie; das dynamische, feminine Schöpfungsprinzip verkörpert in der Gemahlin des Gottes Shiva. Dieser ist ohne seine Shakti nicht zur Aktion und Manifestation fähig. So heißt es im Shiva-Purāna: „Wie der Mond nicht leuchtet ohne Mondlicht, so leuchtet Shiva nicht ohne die Shakti".
Sie wird in Indien unter vielen Namen wie Ambā, Durgā oder Kālī verehrt. In einigen Texten werden einzelne Aspekte der Shakti benannt, z.B. Kriyā-Shakti, die Kraft zu handeln; Icchā-Shakti, die Willens-Kraft oder der Wille zur Manifestation; oder Jñāna-Shakti, die Erkenntniskraft. Wichtig ist auch die *Kundalinī-Shakti.* Im Tantra

wird jedem *Cakra* eine spezielle Shakti mit eigenem Namen zugeordnet.
Das Wort bezeichnet auch die Partnerin bei sexuellen Praktiken im Tantra.

Shakti-Pāta, Shakti-Nipāta [śakti] *m* die Herabkunft von Kraft, die Übertragung der spirituellen Kraft oder Shakti vom Meister auf die SchülerIn. Die Übertragung erfolgt durch einen Blick oder durch körperliche Berührung mit der Hand oder dem Fuß, oder durch ein Mantra. Siehe auch *Dīkshā.*

Shakti-Cala-Mudrā, Shakti-Cālana-Mudrā [śakti] *f* eine Mudrā zur „Kraft-Erweckung" mittels einer besonderen Atemtechnik.

Shaktismus eine der drei Hauptrichtungen der Anbetung des Göttlichen im Hinduismus, neben dem Vishnuismus und dem Shivaismus. Verehrt wird das Göttliche in seiner weiblichen Form, Shakti, als der aktive und dynamische Aspekt des transzendenten Höchsten.
Als sexuelle Kraft bringt die Shakti neues Leben hervor und führt die männlich-weiblichen Polaritäten zusammen. Deshalb verwendet der Shaktismus oft sexuelle Symbole wie *Linga* oder *Yonī* und stellt Gottheiten in körperlicher Vereinigung dar.
Die sexuellen Ausdrucksformen der Shāktas oder Anhänger des Shaktismus spielen nicht immer konkret auf die physische Vereinigung an, sondern beziehen sich zum Teil auch auf innere Prozesse. Die Grundlagentexte des Shaktismus sind die Tantras.

Shakuni [śakuni] Name eines negativen Helden im Mahābhārata. Er war der Schwager von König Dhritarāshtra und Ratgeber von dessen Sohn Duryodhana, den er bei der Entwicklung von hinterlistigen Plänen gegen die Pāndavas unterstützte.

Shakuntalā [śakuntalā] *f* die Tochter der Apsarā Menakā und des Rishi Vishvāmitra. Das Motiv ihrer Liebesbeziehung mit König Dushyanta ist eines der bekanntesten der Sanskrit-Literaturgeschichte und wurde von Kālidāsa auf der Grundlage einer Episode im Mahābhārata in seinem Drama Abhijñānashakuntala dichterisch umgesetzt, welches Goethe so beeindruckte, dass er es in einigen Versen pries.
Nach ihrer Geburt wurde Shakuntalā im Wald ausgesetzt und von dem Weisen Kanva gefunden und adoptiert. Eines Tages entdeckte sie König Dushyanta in der Einsiedelei und schloss eine spontane Ehe mit ihr, doch erst nach einer Reihe von teils widrigen, teils günstigen schicksalhaften Ereignissen konnten die beiden in glücklicher Liebe endgültig vereint werden.
Shakuntalā war die Mutter von

Bharata, dem Stammvater der Pāndavas und Kauravas, nach dem Indien benannt wurde.

Shālā [śālā] *f* Haus, Raum. Sitz einer Institution.

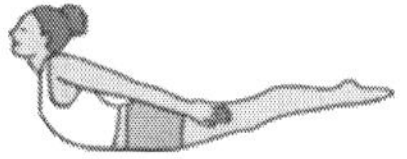

Shalabhāsana *n* die Heuschrecken-Haltung. śalabha – Heuschrecke; āsana – Haltung.
Die Haltung wird oft auch mit unten am Rumpf angelegten Händen geübt.

Shama [śama] *m* Stille, Frieden, Gelassenheit; Nicht-Handeln; ungeteilte Konzentration auf den Gegenstand der Meditation. In der Bhagavadgītā 6.3 wird Shama gegenüber dem Karma-Yoga als höhere Stufe des fortgeschrittenen Yogī bezeichnet.

Shāmbhavī-Mudrā [śāṁbhavī] *f* die Shiva-Mudrā. *śāṁbhavī* ist abgeleitet von *śaṁbhu*, welches ein Name Shivas ist. Eine Mudrā, deren Techniken gemäß den Quellentexten wie Gheranda-Samhitā geheimgehalten werden sollen. Ein wesentliches Element scheint darin zu bestehen, den Blick nach innen zwischen die Augen zu richten.

Shambhu [śambhu] *adj oder m* freudvoll, Freude bringend. Name Vishnus, Shivas und Brahmās.

Shāndilya-Upanishad [śāṇḍilya-upaniṣad] *f* eine Yoga-Upanishad, benannt nach dem Weisen Shāndilya. Der Text beschreibt u.a. einen achtfachen Pfad, Ashtānga-Yoga, der jedoch nicht mit jenem des Patañjali identisch ist. So gibt es z.B. jeweils 10 Yamas und Niyamas und verschiedene Formen von Pratyāhāra, Dhāranā und Dhyāna.

Shankara, Shankarācārya, auch Shankarāchārya [śaṁkara, śaṁkarācārya] *m* einer der bedeutendsten Philosophen und Heiligen Indiens (788-820). *śam-kara* bedeutet heil-bringend und ist auch einer der vielen Namen Shivas, als dessen Teilinkarnation er gilt.
Shankara wurde als Brahmanensohn in einem Dorf an der südwestlichen Malabar-Küste geboren. Schon mit zehn Jahren kannte er alle wichtigen vedischen Schriften, schrieb Kommentare dazu und debattierte mit den bekanntesten Gelehrten des Landes.
Doch er strebte auch nach spiritueller Verwirklichung und beschloss nach dem Tod seines Vaters, allen weltlichen Dingen zu entsagen, um sich ganz der Wahrheitssuche zu verschreiben. Am Ufer der Narmadā begegnete er dem berühmten Philosophen und Rishi Gaudapāda, der ihn zur Mönchsweihe an seinen eminenten Schüler Govindapāda verwies. Dieser unterrichtete Shan-

kara in Meditation und Yoga, und der junge Aspirant erlangte sehr rasch eine bedeutende innere Entwicklung und Ātman-Realisation.
Shankara zog daraufhin im ganzen Land umher, um seine Philosophie zu verbreiten, und es gelang ihm, die bedeutendsten Gelehrten Indiens zu seinen eigenen Schülern zu machen. Er betonte die Überlegenheit eines klösterlichen Lebens der Entsagung gegenüber dem Ideal des Haushälters und gründete viele Orden, die bis heute existieren. Sein Leben endete in Kedarnāth im Himālaya, als er erst 32 Jahre war.
Shankaras Philosophie ist der Advaita Vedānta, eine Lehre der absoluten Nicht-Zweiheit, die er zusammenfasste mit den Worten: „Nur Brahman ist wirklich, die Welt ist Schein, das Selbst ist nichts als Brahman allein." Man spricht auch vom Māyāvāda, der Lehre von der Māyā oder Kraft der Illusion, welche die Welt der Vielheit und des Wandels erschafft, die unserem normalen Wachbewusstsein als real erscheint.
Shankaras Weg der Verwirklichung ist ein Yoga der Erkenntnis, die beständige Kontemplation und Meditation über das wahre, unsterbliche Selbst, den Ātman.
Zu seinen bedeutendsten Schriften zählen sein Kommentar zu den Vedāntasūtras des Bādarāyana, d.h. sein Brahmasūtrabhāshya oder Shārīrakabhāshya, ferner die Texte Ātmabodha (Erkenntnis des Selbst), Vivekacūdāmani (Kronjuwel der Unterscheidung), Tattvabodha (Erkenntnis der Wahrheit) und Upadeshasāhasrī (tausendfältige Unterweisung).

Shankha [śaṅkha] *m oder n* Seemuschel, Muschelhorn. Der Klang des Shankha gilt als heilbringend, indem er Unglück abwendet. Einige Götter wie insbesondere Vishnu tragen ihn als Attribut.
Shankha ist auch der Name eines Asuras, den Vishnu in seiner Inkarnation als Fisch-Avatār tötete, nachdem er die Veden entwendet hatte.

Shankinī-Nāḍī [shaṅkinī-nāḍī] *f* einer der feinstofflichen Nervenkanäle im Körper. Er endet in der Analregion.

Shanmukhī-Mudrā [ṣaṇmukhī] die „Mudrā der sechs Öffnungen". Eine Praktik des *Nāda-Yoga*, bei der Ohren, Augen und Nasenlöcher mit den Daumen, Zeigefingern bzw. Mittelfingern verschlossen werden, um den inneren Klang, Nāda, zu hören.

Shānta [śānta] siehe *Bhāva*.

Shāntā [śāntā] *f* Name der Gattin *Rishyashringas.*

Shāntanu [śāṁtanu] *m* Name eines Königs der Monddynastie, er war der Vater Bhīshmas.

Shānti [śānti] *f* Stille, Frieden, spiritueller Frieden. Das Wort wird oft am Ende eines Mantras als Anrufung verwendet:
om śāntiḥ śāntiḥ śāntiḥ.

Sharana [śaraṇa] *n* Zuflucht, Schutz; Haus, Heiligtum.

Sharad, Sharadā [śaradā] *f* der Herbst im Hindu-Kalender (*Pañcānga*); Jahr.

Sharīra [śarīra] *n* Körper, Leib, Hülle. Das Wort bezeichnet nicht nur den physischen Körper des Menschen, sondern auch drei Hüllen, die das Selbst, den Ātman, umgeben:
1) Sthūla-Sharīra, der grobstoffliche Leib, der dem Annamaya-Kosha entspricht. 2) Sūkshma-Sharīra oder Linga-Sharīra, der feinstoffliche Körper, der sich zusammensetzt aus Prānamaya-Kosha, Manomaya-Kosha sowie Vijñānamaya-Kosha. 3) Kārana-Sharīra, der Kausalkörper oder die Ursache-Hülle, welche dem Ānandamaya-Kosha entspricht.
Siehe auch *Deha, Kosha.*

Shashānkāsana *n* Mond-Haltung.
śaśāṅka – Mond; āsana – Haltung.

Shashāsana *n* Kaninchen-Haltung; Hase.
śaśa – Kaninchen, Hase; āsana – Haltung.

Shastra *n* Waffe, Instrument. Anrufung, Rezitation.

Shāstra [śāstra] *n* Lehre, Lehrbuch. Das Wort bezieht sich meist auf die heiligen Schriften Indiens in der vedischen Tradition, worin ein allgemeiner Kodex für das rechte Verhalten im alltäglichen und spirituellen Leben dargelegt ist.
Siehe auch *Dharmashāstra.*

Shatapatha-Brāhmana [śatapatha-brāhmaṇa] *n* das Brāhmana mit hundert Abschnitten, eines der bekanntesten und interessantesten *Brāhmanas*, das hauptsächlich für rituelle und Opferzwecke bestimmt ist, jedoch auch viele (oft eigenartige) mythologische Legenden enthält. Es gehört zur Traditionslinie des weißen *Yajurveda.*

Shat-Cakra-Bheda [ṣaṭ] *m* das Durchstoßen (bheda) der sechs feinstofflichen Zentren (shat-cakra) durch die Kundalinī, die verborgene Schlangenkraft.

Shat-Karma [ṣaṭ] *n* sechs Reinigungsübungen im Hatha-Yoga. Diese bestehen aus *Dhautī, Vasti, Neti, Naulī, Trātaka, Kapāla-Bhāti.* (Siehe unter diesen Sanskrit-Begriffen).

Shatka-Sampatti [ṣatkasampatti] *f* die sechs Errungenschaften oder Erfolge. Diese werden von Shankara u.a. in seinem Werk *Tattvabodha* als eine von vier Vorbedingungen erwähnt, die ein Vedānta-Schüler erfüllen sollte. Die drei anderen sind Mumukshatva, das Verlangen nach spiritueller Befreiung; Viveka, Unterscheidungsvermögen, und Vairāgya, Nicht-Anhaftung, Leidenschaftslosigkeit.
Die sechs Errungenschaften sind: 1) Shama, innere Ruhe, Gelassenheit im Gemüt; 2) Dama, Beherrschung der Sinnesorgane; 3) Uparama, die Erfüllung der eigenen Pflichten, d.h. die Praxis von Shravana, Manana und Nididhyāsana; 4) Titikshā, das geduldige Ertragen von Gegensätzen; 5) Shraddhā, Glaube an die heiligen Schriften und Vertrauen in den Guru; 6) Samādhāna, die Fähigkeit zur Sammlung und Kontemplation.

Shatrughna [śatrughna] *m* Name eines Halbbruders von Rāma; er war der Sohn von König Dasharatha und Sumitrā und ein Zwillingsbruder Lakshmanas.

Shauca [śauca] *n* Reinheit, Reinigung. Das Wort beinhaltet innere und äußere Reinheit und wird in Yogasūtra 2.32 als einer der fünf *Niyamas* erwähnt.
In 2.40 heißt es, dass aufgrund von Reinheit *Jugupsā* entstehe – ein Begriff, der sehr verschieden interpretiert und übersetzt wird.

Shavāsana [śavāsana] *n* die Totenhaltung, identisch mit Mritāsana; völlig reglose Haltung.
śava – Toter; āsana – Haltung.

Shayanāsana *n* die Ruhe-Haltung.
śayana – ruhend, liegend; Bett.
āsana – Haltung.

Shesha [śeṣa] *m* Name einer tausendköpfigen kosmischen Schlange, die auch Ananta, „Unendlich" heißt. Am Ende eines Weltzeitalters, so die Legende, bleiben nur Vishnu und Shesha (wörtl. „Überrest"), um dann nach einer Pause, während der Vishnu auf der Riesenschlange ruht, die neue Schöpfung zu beginnen.

Shibi [śibi] *m* Name eines legendären Königs, der für seine Selbstlosigkeit bekannt war. Als eines Tages Agni in Gestalt einer Taube von Indra in Gestalt eines Falken verfolgt wurde und bei Shibi Zuflucht suchte, schnitt dieser so viel Fleisch aus seinem Körper, wie die Taube wog, um Indras Ansprüche auf seine „rechtmäßige" Nahrung zu befriedigen.

Shikhā [śikhā] *f* Haarlocke am Scheitelpunkt des Kopfes, wie sie häufig bei der Mönchsweihe belassen bleibt.

Shikhandin [śikhaṇḍin] *m* Name eines Sohnes von König Drupada, der als Frau geboren, jedoch aufgrund eines Fluches in einen Mann verwandelt wurde.
Im Mahābhārata-Krieg vermochte er Bhīshma zu besiegen, weil dieser ihn als Frau betrachtete und es ablehnte, gegen ihn zu kämpfen.

Shikshā [śikṣā] *f* Phonetik, Lautlehre, eine der sechs Wissenschaften des Vedānga, welche die richtige Aussprache und Betonung der vedischen Texte lehrt.
Das Wort bedeutet auch allgemein Studium, Erkenntnis, Kunst, Lehre.

Shīla [śīla] *n* Charakter, Disposition, Verhalten.

Shilpa [śilpa] *n* Kunst, Baukunst; die schönen Künste, Handgewerbe, Dekoration, Gestaltung.
Siehe *Kunst*.

Shilpashātra [śilpaśāstra] *n* Name eines Grundlagenwerks der Architektur und Baukunst.

Shirdi Sai Baba siehe *Sai Baba von Shirdi*.

Shīrshapādāsana *n* Kopf-Fuß-Haltung, Fuß-am-Kopf-Haltung.
śīrṣa – Kopf; pāda – Fuß; āsana – Haltung.

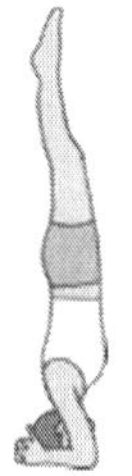

Shīrshāsana *n* der Kopfstand.
śīrṣa – Kopf; āsana – Haltung.
Auch Sālamba Shīrshāsana genannt, der gestützte Kopfstand.

Shishira [śiśira] *m od n* die kalte Jahreszeit im Hindu-*Kalender*.

Shishupāla [śiṣupāla] *m* Name eines Königs der Cedis, der Krishna verfeindet war und von ihm erlegt wurde.

Shishya [śiṣya] *m* Schüler, Student; insbesondere der Schüler eines spirituellen Meisters.
Traditionell bestand in Indien eine enge Beziehung zwischen Guru und Shishya, wobei der letztere oft im Haushalt des Meisters wohnte und ihm dort zu Diensten war. Dadurch sollte er charakterlich reifen und auf natürliche Weise in das spirituelle Leben hineinwachsen. Auch hatte der Lehrer die Gelegenheit, den Schüler aus der Nähe besser kennenzulernen und ihn entsprechend seinen Anlagen und Fähigkeiten gezielt zu fördern.
Siehe auch *Guru*.

Shitakārī [śitakārī] *f* Synonym für *Shītalī.*

Shītalī [śītalī] *f* „die Erfrischende, Kühlende", eine von acht Techniken des Prānāyāma. Dabei wird die Zunge zum Röhrchen geformt und die Luft dann in den Unterleib eingesogen, was kühlend wirkt. Nach kurzer Pause wird die Luft durch beide Nasenlöcher ausgeatmet. Die Übung soll eine heilende Wirkung bei Verdauungsstörungen haben.

Shīt-Krama [śīt] *m* der „Shīt-Vorgang", eine Atemtechnik, bei der Wasser durch den Mund eingesogen und durch die Nase ausgestoßen wird, wobei ein shīt-ähnlicher Klang entsteht.

Shiva [śiva], dt. auch Schiwa *m* der Verheißungsvolle, Wohlwollende, Name eines Gottes. Shiva ist neben Vishnu und Brahma einer der drei Götter des klassischen hinduistischen Dreigestirns.
Seine Aufgabe ist jene der Auflösung, Umwandlung und Zerstörung dessen, was überlebt ist. Beim spirituellen Sucher bricht er Widerstände gegen das Licht und die Wahrheit und entfernt den Schleier der Unwissenheit. So gilt er auch besonders als Gott der Yogīs und Asketen.
Sein Symbol ist das *Linga*, das oft in Verbindung mit der *Yonī* dargestellt wird, dem Symbol seiner Shakti oder Gemahlin.
Shiva hat viele weitere Namen wie Shankara, der Heilbringende, oder Natarāja, der König des Tanzes, ein Motiv, das häufig in der Kunst abgebildet wird. Das Shiva-Purāna zählt insgesamt 1008 Namen auf, ebenso auch eine Passage im Mahābhārata, Anushāsana-Parva.
Sein Reittier ist der Bulle Nandī und die wichtigsten Attribute sind Trishūla, der Dreizack, Damaru, eine Art Trommel, Rudrākshamālā, der Kranz mit Gebetsperlen, Parashu, die Axt, und Schlangen.
Eine der bekanntesten Legenden über sein Leben erzählt, wie er einst in intensive Askese-Übungen vertieft war und ihn Kāmadeva, der Gott der Liebe, abzulenken versuchte, um Leidenschaft in ihm zu erwecken.
Doch Shiva versengte Kāmadeva, so heißt es in der Legende, mit einem bloßen Blick aus seinem dritten Auge (auf der Stirnmitte).
Shivas Gefährtin trägt vielerlei Namen, welche verschiedene As-

pekte ihres Wesens zum Ausdruck bringen, wie *Devī, Durgā, Shakti, Pārvatī.*
Siehe auch *Shivaismus, Ardhanārīshvara.*

Shivaismus, auch Shaivismus eine der drei Hauptrichtungen der Gottesverehrung im Hinduismus, neben Vishnuismus und Shaktismus.
Shiva wird von den Shivaiten oder Shaivas als das höchste, transzendente Wesen verehrt, er ist für sie Schöpfer, Erhalter und Zerstörer des Universums.
Die beiden Hauptschulen des Shivaismus sind der südindische *Shaiva-Siddhānta* und die nordindische *Pratyabhijñā.* Diese und andere Schulen haben eine umfangreiche Literatur in der Sanskrit- und Tamil-Sprache hervorgebracht und maßgeblich zur Entwicklung des (insbesondere asketisch ausgerichteten) Yoga wie auch des Tantra beigetragen.
Siehe auch *Shiva, Shakti, Shaktismus, Kaschmir-Shivaismus.*

Shiva-Linga [śiva-liṅga] *n* siehe *Linga.*

Shiva-Mantra *n oder m* das wichtigste Mantra des Shivaismus:
om namaḥ śivāya – Verehrung sei dem Shiva.

Shivananda, Swami siehe *Sivananda, Swami.*

Shiva-Purāna [śiva-purāṇa] *n* ein Purāna der Shiva-Tradition, mit über 24 000 Versen in sieben Kapiteln. Im ersten Kapitel wird u.a. ein Mantra-Yoga mit Rezitation des Shiva-Mantras erläutert.

Shiva-Rātri *f* die Shiva-Nacht, Bezeichnung für eine bestimmte Mondkonstellation im Januar-Februar-März, welche als heilbringend und spirituell segensreich gilt und zu den wichtigsten Feiertagen im Hindu-Kalender zählt.
In Verbindung mit vielerei Ritualen und Pūjās wird Shiva von seinen Anhängern im ganzen Land verehrt, wobei der Abfolge von Tag und Nacht, Geburt und Tod, Schöpfung und Auflösung gedacht wird und somit auch der Vergänglichkeit des Lebens.

Shiva-Samhitā [śiva-saṁhitā] *f* einer der drei wichtigsten Grundlagentexte des Yoga neben der Hatha-Pradīpikā und der Gheranda-Samhitā. Der Text ist vermutlich im 14. Jh. entstanden und umfasst 645 Verse in fünf Kapiteln. Manche Gelehrte datieren den Text auch im späten 17. Jh.
Das dritte Kapitel behandelt die Themen Prāna, Prānāyāma und Āsana, während das vierte die Mudrās erläutert. In den anderen Kapiteln werden viele weitere spirituelle und esoterische Themen angesprochen.

Shiva-Sūtra [śiva-sūtra] *n* ein Quellentext des Kaschmir-Shiva-ismus, verfasst im 9. Jh. von Vasugupta. 77 Sūtras erläutern im Aphorismenstil die Grundlagen des Yoga.

Shiva-Svarodaya [śiva-svarodaya] *m* ein shivaitisches Werk in 395 Versen, das den Fluss der Lebenskraft durch die drei feinstofflichen Kanäle Idā-, Pingala- und Sushumnā-Nādī abhandelt.
Svara ist der Klang, der durch den Atem verursacht wird, und steht hier für Prāna. svara-udaya bedeutet wörtlich Klang-Hervorbringung.

Shiva-Yoga-Ratna [śiva] *n* Juwel des Shiva-Yoga, ein Werk von Jñānaprakāsha über den südindischen Shivaismus, das verschiedene Yoga-Themen erläutert.

Shiva-Yoga-Sāra [śiva] *m* Essenz des Shiva-Yoga, ein Werk von Jñānaprakāsha über die Yoga-Lehren des südindischen Shivaismus.

shivo'ham [śivo'ham] „ich bin Shiva", ein Mantra, in dem das begrenzte menschliche Bewusstsein mit dem höchsten absoluten Bewusstsein gleichgesetzt wird. Aufgrund eines Lautgesetzes wird *śivaḥ aham* zu *śivo'ham.*

Shleshman [śleṣman] *m* Schleim. Im Āyurveda einer der drei *Doshas* oder Humore im Körper.

Shodhaka [śodhaka] *m* der „Reiniger", im Shivaismus die göttliche Kraft, die den Anbeter reinigt.

Shoka [śoka] *m* Sorge, Kummer, Angst. Der Name „Ashoka" bedeutet Nicht-Sorge, frei von Sorge.

Shraddhā [śraddhā] *f* Glaube, Vertrauen; insbesondere der Glaube an das Göttliche, an die heiligen Schriften, in denen es offenbart ist, oder an den spirituellen Meister, der als sein Mittler wirkt.
In Yogasūtra 1.20 wird Shraddhā als eine von fünf Qualitäten genannt, die helfen, die höchste spirituelle Verwirklichung zu erlangen.
In der Bhagavadgītā 4.39 heißt es: „Wer Glauben (Shraddā) hat, erlangt Wissen (spirituelle Erkenntnis, Jñāna).

Shrāddha [śrāddha] *n* eine Zeremonie zu Ehren verstorbener Verwandter im Anschluss an die vorangehenden Bestattungsrituale. Dabei werden Pindas, Reisbällchen, und Wasser dargebracht, um den verstorbenen Verwandten auf dem Weg zu der Welt ihrer Vorfahren, Pitris, Nahrung zu spenden.

Shramana [śramaṇa] *m* Asket, Mönch, Anbeter. Wörtl. jemand, der eine Anstrengung (shrama) unternimmt. Speziell Bezeichnung für eine Gruppe von Asketen, die sich um 500 v. Chr. in der Region von Allahābād bildete und zu der u.a.

auch Buddhisten und Jainas gehörten.

Shrautasūtra [śrautasūtra] *n* Name eines Werkes, das sich mit den vedischen Opferzeremonien befasst.

Shravana [śravaṇa] das Hören; das Hören und Aufnehmen der heiligen Lehren, woran sich Manana, das kritische Reflektieren, anschließt, gefolgt von *Nididhyāsana.*

Shrāvana [śrāvaṇa] *m* Name des fünften Monats im Hindu-*Kalender* (Juli /August).

Shreyas [śreyas] *adj und n* besser, schöner; am besten. Das, was verheißungsvoll und glückbringend ist, was spirituellen Segen bringt.

Shrī [śrī] *f* Reichtum, Fülle, Würde, Schönheit, Segen. Ein Name Lakshmīs. Ehrentitel für Heilige, Weise und Yogīs. oft auch in der Schreibweise „Sri".

Shri Ma Anandamayi siehe *Ananda Moyi Ma.*

Shri Aurobindo siehe *Aurobindo, Sri.*

Shrī-Cakra [śrī] *n* Synonym für *Shri-Yantra.*

Shrīnātha [śrīnātha] *m* der Gemahl von Shrī, ein Name Vishnus.

Shrila Prabhupada siehe *Bhaktivedanta Swami.*

Shrītattvanidhi [śrītattvanidhi] *m*, Shrī-Tattva-Nidhi, „Erhabener Schatz der Tattvas". Eine Abhandlung aus dem 19. Jh. über die Ikonographie von Göttergestalten, verfasst im südind. Karnataka.
Darin enthalten ist auch ein wichtiger Abschnitt mit Anleitungen und Abbildungen zu 122 Hatha-Yoga-Haltungen, basierend auf der *Hathābhyāsapaddhati.*
Die Stellungen enthalten neben Sitzpositionen auch Handstände sowie Rückbeugen und Übungen am Seil. Als Autor gilt Krishnaraja Wodeyar, der damalige Maharaja von Mysore.
T. Krishnamacharya, der Mitte des 20. Jhs. am Palast von Mysore Yoga unterrichtete und dort unter anderem B.K.S. Iyengar und K. Patabhi Jois unterwies, soll vom Shrītattvaniddhi beeinflusst worden sein, das auch dynamische Wiederholungen einiger Āsanas enthielt.
Der Zweck der Übungen war, den Körper für die schwierigen Reinigungsübungen des *Shat-Karma* zu kräftigen.

Shrī-Vidyā [śrī] *f* die „gesegnete Erkenntnis", bezeichnet eine bedeutende Tradition der Göttinnen-Verehrung im südindischen Shaktismus und steht auch für deren wichtigstes Mantra.

Shrī-Yantra [śrī] *n* das „gesegnete Yantra", oder „Yantra des Erhabenen". Das bekannteste Yantra (mystische Diagramm) im Tantra, es symbolisiert als Bild die kosmische Schöpfung, die aus dem *Bindu* hervorgeht.
Das Shrī-Yantra besteht im inneren Kern aus neun Dreiecken, die einander überlagern und um den Bindu, Punkt, konzentriert sind. Die vier mit der Spitze nach oben weisenden Dreiecke stehen für Shiva, die fünf nach unten weisenden Dreiecke für die Shakti, seine Wirkkraft. Daraus ergeben sich insgesamt 43 kleine Dreiecke, denen bestimmte Gottheiten zugeordnet sind, die manchmal auch in Form von Devanāgarī-Schriftzeichen bezeichnet werden.
Die Dreiecke sind umgeben von zwei Kreisen mit acht bzw. sechzehn Lotusblüten und vier konzentrischen Kreisen. Den äußeren Rahmen bildet eine rechteckige Struktur aus je drei parallelen Linien, welche das schützende Welt-Haus, Bhū-Griha, symbolisiert.

Shruti [śruti] *f* wörtlich „Hören"; Offenbarung. Das Wort bezeichnet heilige Texte, die nach dem Glauben der Hindus nicht von Menschen geschaffen wurden, sondern direkten göttlichen Ursprungs sind und von den Rishis in ihrer inneren Schau gehört oder gesehen wurden.
Dazu zählen die vier vedischen Samhitās, die Brahmanas und die Upanishaden.
Siehe auch *Smriti.*

Shubha [śubha] *adj und n* leuchtend, schön, glückverheißend; Glück, Reichtum, Segen.

Shuddha [śuddha] *adj* rein, fehlerlos.

Shuddha-Advaita-Vedānta [śuddha] *m* der reine, d.h. unverfälschte Advaita-Vedānta, der von *Vallabha* begründet wurde.

Shūdra [śūdra] Angehöriger des vierten Standes (*Caturvarna*), in der traditionellen Hindu-Gesellschaft die Kaste der Dienenden und ungelernten Hilfskräfte.

Shuka [śuka] der Sohn des Mahābhārata-Autors Vyāsa, ein Siddha-Yogī, der als vollkommene Seele geboren wurde und schon in jungem Alter mühelos die spirituelle Befreiung erreichte. In einer Textpassage (Mbhr. 12.19.9) wird ihm die Fähigkeit des Äther-Reisens, *Ākāshagamana,* zugeschrieben.

Shuklapaksha [śuklapakṣa] *m* die

helle Hälfte des Monats, in der das Mondlicht Tag für Tag zunimmt.

Shukrācārya [śukrācārya] *m* Name eines Sohnes von Bhrigu, der ein Ratgeber der Daityas (Asuras) war.

Shunahshepa [śunaḥśepa] *m* Name eines vedischen Rishis. Im Aitareya-Brāhmana wird die folgende Legende über ihn erzählt: Ein König namens Harishcandra war kinderlos und gelobte, er würde, wenn er einen Sohn bekäme, diesen dem Gott Varuna opfern.
Alsbald wurde ihm Rohita geboren, doch der König umging die zugesagte Opferung immer wieder. Als sie schließlich stattfinden sollte, weigerte Rohita sich und ging in die Wälder, wo er einen mittellosen Brahmanen traf, der drei Söhne hatte.
Es wurde vereinbart, dass einer der drei, Shunahshepa, an Rohitas Stelle geopfert werden sollte. Doch konnte sich Shunashepa durch die Rezitation von Lobeshymnen an verschiedene Götter retten und wurde anschließend als Ziehsohn in die Familie des Opferpriesters Vishvāmitra aufgenommen.

Shūnya [śūnya] leer; nicht-seiend.

Shūnyatā [śūnyatā] *f* Leere, Leerheit, ein wichtiger Begriff insbesondere im Buddhismus, wo Shūnyatā vielfältig interpretiert wird und u.a. für das Absolute steht, das frei von Dualität und äußeren Formen ist.
In der Hathapradīpikā 8.51 findet sich der Begriff Shūnyāshūnyam als Synonym für Samādhi und bezeichnet einen Zustand der gleichzeitigen Leere und Nicht-Leere (śūnya-aśūnyam).
Shūnyāvasthā ist der Zustand (avasthā) der Leere, in dem der Geist frei von Bewegungen ist und deshalb im höchsten Selbst, Ātman, aufgehen kann wie ein Fluss im Meer.
Im Einzelfall bedeutet Shūnyatā auch Geistesabwesenheit im Sinne mangelnder Konzentration.

Shūrā-Nādī [śūrā-nāḍī] *f* Name eines feinstofflichen Nervenkanals, der zwischen den Augenbrauen mündet.

Shūrpanakhā [śūrpanakhā] *f* im Rāmāyana die Schwester Rāvanas, die sich in Rāma verliebte, jedoch von ihm abgewiesen wurde. Sie stiftete letztlich Rāvana an, Sītā zu entführen, was den großen Kampf zwischen Rāma und Rāvana verursachte.

Shvāsa [śvāsa] *m* Atmung, Einatmung; auch schweres oder fehlerhaftes Atmen.

Shvetaketu [śvetaketu] *m* Name eines jungen Yogī, der in der *Chāndogya-Upanishad* von seinem Vater über die kosmische Einheit aller Dinge belehrt wird.

Shvetāmbara [śvetāmbara] *m* ein Weiß-Gekleideter, Name einer Jaina-Sekte.
Siehe auch *Dschainismus.*

Shvetāshvatara-Upanishad [śvetāśvatara-upaniṣad] *f* eine wichtige Upanishad, die bedeutende Grundlehren des Yoga und Advaita-Vedānta enthält. Ihre theistische Metaphysik gleicht jener der Bhagavadgītā.
Die Erkenntnis des höchsten Selbstes, Purusha, wird als spiritueller Weg zur Befreiung vom Kreislauf der Geburten gewiesen.
Über den Ursprung der Welt heißt es in der Upanishad: „Der Eine war ohne Form und Gestalt; dann wurde er vielfältig durch den Yoga seiner eigenen Kraft."
Siehe auch *Upanishad.*

Shyāma [śyāma] *adj oder m* schwarz, dunkel, blau. Ein Name Krishnas.

Siddha *adj oder m* vollkommen, vollendet; ein vollkommener Yogī, der die spirituelle Befreiung, Moksha, erreicht hat. Zum Teil werden auch die Begriffe Siddha-Yogī oder Siddha-Purusha (vollendeter Weiser) verwendet.
Die weibliche Form lautet Siddhāṅganā, aus Siddha-aṅganā, d.h. „vollkommene Frau".
Siehe auch *Siddha-Tradition.*

Siddhānta *m* Lehre, Lehrsatz; Schlussfolgerung; von siddha, vollkommen, und anta (Ende, Schlussfolgerung).

Siddhārtha Gautama *m* die Sanskrit-Bezeichnung für Buddha. siddhārtha (aus siddha-artha) bedeutet „jemand, der sein Ziel erreicht hat", Gautama ist ein Eigenname.
Siehe auch *Buddhismus und Yoga.*

Siddhāsana *n* der vollkommene Sitz; Siddha-Sitz. Eine ideale Meditationshaltung, in welcher der Buddha häufig abgebildet wird: die Beine werden an den Knöcheln überkreuzt, der Rücken ist gerade und der Blick zwischen den Augenbrauen fixiert.
In der Hatha-Pradīpikā 2.26 f. wird diese Haltung als äußerst wertvoll dargestellt: Ein Yogī, der dieses Āsana „zwölf Jahre übt, sich maßvoll ernährt und sich dem Studium des Ātman widmet, erlangt den Zustand des Samādhi".
siddha – vollkommen; āsana – Sitz, Haltung.

Siddha-Siddhānta-Paddhati *f* „der Weg der Lehren der Siddhas", ein Werk des frühen Hatha-Yoga, das dem Goraksha zugeschrieben wird.

In sechs Kapiteln und 353 Versen werden Themen wie shivaitische Philosophie, esoterische Aspekte des menschlichen Körpers, Cakras, Kundalinī, Shakti und Prasāda, die Gnade des Gurus, zum Teil sehr ausführlich abgehandelt.

Siddha-Tradition in Nord- und in Südindien gab es zwei Siddha-Traditionen, denen 84 bzw. 18 große Meister zugerechnet wurden, die zum Teil über große übernatürliche Kräfte verfügten und hoch angesehen waren. Zu ihnen gehörten die Hatha-Yoga-Meister Matsyendra und Goraksha ebenso wie die Weisen Agastya und Vālmīki.
Über die südindische Tradition berichtet Marshall Govindan in seinem Buch *Babaji, Kriya Yoga und die 18 Siddhas.*
Gemäß Yogasūtra 3.32 wird eine innere Schau, ein inneres Sehen der Siddhas (Siddha-Darshana) möglich durch Konzentration (*Samyama*) auf das Ājñā-Cakra oder Stirnzentrum.

Siddhi *f* Erfolg, Vollendung; Verwirklichung, Befreiung; übernatürliche Fähigkeit. Im spirituellen Kontext sind die „Siddhis" jene übernatürlichen Kräfte, die einige Yogīs im Laufe ihrer Sādhanā erwerben, wie Hellsichtigkeit, Telepathie, Levitation, Materialisierung, Bilokation (gleichzeitiges Erscheinen mit zwei Körpern an verschiedenen Orten), Ätherreisen, Heilkräfte etc.
Während einige Yogīs den Gebrauch dieser Kräfte strikt oder teilweise ablehnen, setzen andere sie ein, um ihren Schülern auf deren Weg zu helfen. So wird z.B. häufig in der spirituellen Literatur berichtet, dass ein Yogī oder eine Yoginī telepathisch den Hilferuf von SchülerInnen empfing und sie dann in der einen oder anderen Weise aus der Not befreite.
Aus der Sicht von Yogīs sind diese Fähigkeiten nicht notwendigerweise „übernatürlich" oder „paranormal", sondern Gesetzmäßigkeiten anderer Bewusstseinsebenen, zu denen sie Zugang haben.
Auch außerhalb von Yoga und Esoterik gibt es Menschen mit „Siddhis", wie z.B. Schachspieler, die mühelos Tausende von Großmeisterpartien in ihrem Gedächtnis speichern, oder Mathematik-Genies, die sekundenschnell komplizierte Berechnungen im Kopf durchführen, wozu sonst nur Computer in der Lage sind.
Im spirituellen Bereich wurde von zahlreichen Lehrern davor gewarnt, Siddhis zu egoistischen Zwecken einzusetzen (um etwa Ruhm und Anerkennung zu erlangen), weil dies zu einem Hindernis auf dem Weg werden könne.
Das Yogasūtra behandelt die Thematik der Siddhis ausführlich im 3. Kapitel, Vibhūti-Pāda.
Siehe auch *Ākāshagamana, Animan, Divya-Cakshu, Divya-Shrota, Kāya-Siddhi, Laghiman, Magie, Para-*

Citta-Jñāna, Prākāmya, Prāpti, Samyama.

Sikh-Religion eine Religion, die von Guru Nānak (1469-1538) begründet wurde und eine Synthese aus Hinduismus und muslimischer Sufi-Mystik darstellt. Die Hauptlehren der Sikhs sind im Ādi-Granth („Erstes Buch") fixiert, welches einige Anhänger täglich rezitieren. Auch der Mantra-Yoga mit der Wiederholung des göttlichen Namens, von den Sikhs Nāma-Mārga (Weg des Namens) genannt, spielt eine große Rolle ebenso wie die Verehrung der zehn Gurus der von Nānak begründeten Linie.
Die Spiritualität der Sikhs ist eher weltzugewandt und lehnt strenge Entsagung oder unnatürliche Askese ab. Sie glauben an das Gesetz des Karma, an Reinkarnation und Evolution und kennen nicht die Kastendifferenzierungen der Hindus. Alle Sikhs führen als zweiten Namen „Singh", Löwe, nach Guru Govind Singh, der eine Sikh-Bruderschaft begründete.

Simhāsana *n* der Löwensitz.
siṁha – Löwe; āsana – Sitz.

Sindhu *m oder f* Fluss, Strom. Im Rigveda und in anderen alten Quellen ein Name für den Fluss Indus.

Sītā *f* die Frau des Helden Rāma im Epos Rāmāyana, sie wird in Indien als Ebenbild der vorbildlich treuen Gattin verehrt, die trotz großer Prüfungen unbeirrt an ihm festhält.
Siehe auch *Rāmāyana.*

Sitār [Hindī] *m* (im dt. Sprachgebrauch meist *f*) das bekannteste indische Saiteninstrument. Es besteht aus einem halbkugelförmigen Resonanzkörper an sehr langem Hals mit beweglichen Bünden.

Sīt-Kārin, Sīt-Kārī *adj* den Laut „sīt" machend, eine Atem-Übung, bei der beim Einatmen durch den Mund ein „sīt"-ähnliches, zischendes Geräusch verursacht wird. Die Ausatmung erfolgt geräuschlos durch die Nase.

Ardha-Padmāsana

Sitz-Haltungen. Insbesondere die folgenden Āsanas gewährleisten eine stabile Sitzposition für die Meditation und andere Übungen: *Ardhapadmāsana, Muktāsana, Padmāsana, Siddhāsana, Sukhāsana, Svastikāsana, Vajrāsana.*

Sivananda, Swami [śivānanda, svāmī] einer der bedeutendsten Yogīs des 20. Jhs. (1887-1963).

Sivananda wurde am 8. September 1887 als Kind einer Brahmanen-Familie in dem südindischen Dorf Pattamadai, Tamil Nadu, geboren und erhielt den Namen Kuppusvami. Schon in sehr jungem Alter fühlte er sich von den Wandermönchen angezogen, die häufig seine Heimatregion aufsuchten.

Nach einem Studium der Medizin arbeitete er zunächst zehn Jahre als Arzt in Malaysia und versorgte dort vor allem Inder, die unter schwierigen Bedingungen auf den Gummiplantagen arbeiteten.

Als er in Indien zurück war, erwachte in ihm eine so starke spirituelle Sehnsucht, dass er Beruf und Besitz aufgab, um als Mönch durch das Land zu ziehen. 1924 begegnete er in Rishikesh Swami Vishvananda Sarasvati, der ihn zum Sannyasin weihte und in einen auf Shankara zurückgehenden Orden aufnahm.

Während er nun seiner Sādhanā nachging, kümmerte er sich gleichzeitig auch um kranke Sādhus und vollbrachte den sebstlosen Dienst an ihnen als Gabe für das Göttliche. Er praktizierte Āsanas, Prānāyāma und andere Übungen und meditierte viele Stunden täglich.

1939 gründete Sivananda die Divine Life Society zur Verbreitung spirituellen Wissens und zur Förderung sozialer und medizinischer Einrichtungen. Im selben Jahr erschien sein erstes Buch *Die Praxis des Yoga*, weitere 200 sollten später folgen. Dazu gehören Kommentare zur Bhagavadgītā, den Upanishaden und dem Yogasūtra ebenso wie zahlreiche Titel zur Praxis von Yoga und Vedānta.

Im Jahr 1948 wurde die Yoga Vedanta Forest Academy zur Verbreitung des Yoga gegründet, und zwei Jahre später begann Sivananda mit einigen Schülern Reisen durch ganz Indien und nach Sri Lanka zu unternehmen, um den Menschen seine Botschaft einer lebendigen Gottverwirklichung zu bringen. Dabei trat er auch in öffentlichen Veranstaltungen auf und erreichte viele Zuhörer durch Radiosendungen.

Im Alltag unterwies er seine Schüler durch sein persönliches Beispiel, sein einfaches Leben mit Gebet, Gesang und Yoga-Übungen. „Diene, liebe, gib, läutere dich, meditiere und verwirkliche" - dies wurde sein bekanntester, oft zitierter Merkspruch.

Im Laufe der Zeit wurden weltweit Angehörige verschiedener Religi-

onsgemeinschaften zu Schülern Sivanandas. Zu Weihnachten ließ er Europäer die Feier im Ashram in Rishikesh organisieren, und ermutigte Hindus, Christen, Muslime oder Parsen in gleicher Weise, ihren jeweiligen Praktiken mit Aufrichtigkeit nachzugehen. Während der Ferienzeiten wurde im Ashram für die Besucher ein gemeinsames Sādhanā-Programm erstellt mit Mantra-Chanten, Meditation, Āsanas sowie selbstloser Arbeit.
Am 14. Juli 1963 ging Sivananda nach kurzer Erkrankung in den Mahāsamādhi und verließ seinen Körper.
Obwohl er viele Schüler in Europa und Amerika hatte, war er nie in den Westen gereist. Doch 1957 hatte er seinen Schüler Swami *Vishnudevananda* nach Amerika entsandt, wo er mehrere Yoga-Vedānta-Zentren gründete, später u.a. auch in Berlin, Wien und Reith bei Kitzbühel.
Weitere bekannte Schüler Sivanandas sind die Swamis Chidananda, Krishnananda sowie Venkateshananda und Satchidananda. Letzterer gründete 1967 in New York das Integral Yoga Institute.
Entgegen den orthodoxen hinduistischen Bräuchen lud Sivananda auch Kastenlose in seinen Ashram ein und unterwies persönlich Frauen. Als erste westliche Schülerin nahm er 1956 die deutschstämmige Swami *Sivananda Radha* in seinen Orden auf.
Siehe auch *Sivananda-Yoga.*

Sivananda Radha, Swami [śivānanda rādhā, swāmī] eine bedeutende spirituelle Lehrerin (1911-1995) und die bekannteste westliche Schülerin von Swami Sivananda. Sie wurde 1911 als Ursula Sylvia Hellmann in Berlin geboren. Während des 2. Weltkriegs floh sie nach London und emigrierte 1951 nach Kanada, wo sie bis an ihr Lebensende wirkte.
Während einer Indien-Reise lernte sie 1956 Swami Sivananda in Rishikesh kennen und wurde ein Jahr später von ihm zum Sannyāsin geweiht, wobei sie den Namen Swami Sivananda Radha Saraswati erhielt.
Bald darauf kehrte sie nach Kanada zurück und wurde dort als spirituelle Lehrerin bekannt. Oft wies sie darauf hin, dass Werte wie Liebe und Demut unerlässlich als Grundlage für eine ernsthafte Yoga-Praxis seien.
Swami Sivananda Radha gründete einige Yoga-Zentren wie den heute noch bestehenden Yashodara-Ashram und veröffentlichte Bücher über

Hatha-, Kundalinī- und Mantra-Yoga.

Sivananda-Yoga *m* Sivananda begründete auf der Grundlage des Vedānta einen Yoga der Synthese, der die drei Wege der Bhagavadgītā - d.h. den Yoga der Werke, Erkenntnis und Liebe - ebenso beinhaltet wie Rāja- und Hatha-Yoga. Der Begriff Sivananda-Yoga bezeichnet allerdings oft nur eine speziell von ihm verwendete Āsana-Folge.
Für Swami Vishnudevananda standen im Mittelpunkt seiner Unterweisungen an den Yoga-Vedānta-Zentren die fünf Prinzipien: richtige Körperübungen, richtige Atmung und Entspannung; vegetarische Ernährung sowie positives Denken und Meditation. Bei den Körperübungen folgen auf den Sonnengruß (*Sūrya-Namaskār*) die Āsanas der „Rishikesh-Reihe":
Shīrshāsana, Sarvāngāsana, Halāsana, Matsyāsana, Pashcimottānāsana, Bhujangāsana, Shalabhāsana, Dhanurāsana, Ardhamatsyendrāsana, Kākāsana, Pādahastāsana und Trikonāsana.
Daran schließen sich zehn bis fünfzehn Minuten Entspannung an, wodurch sich die Wirkung der Übungen vertiefen soll. Auch das bewusste Atmen spielt bei der Durchführung der Āsanas eine wichtige Rolle.
Der Swami verbreitete das Motto: „Gesundheit ist Reichtum, geistiger Frieden ist Glück, Yoga zeigt den Weg."

Skanda *m* ein Name *Kārttikeyas*, des Kriegsgottes.

Skandāsana *n* die Kriegsgott-Haltung.
skanda – Kārttikeya, Name des Kriegsgottes; āsana – Haltung.

Smarana [smaraṇa] *n* Erinnern, Erinnerung; das Erinnern im Sinne des ständigen Denkens an das Göttliche. Auch die lautlose Wiederholung eines Mantras.

Smaya *m* Stolz, Hochmut; Überheblichkeit aufgrund des Zugangs zu höheren Ebenen und der Erlangung übersinnlicher Kräfte.

Smriti [smṛti] *f* Erinnerung, Tradition; Achtsamkeit. Der Begriff steht für eine Gattung von Texten, die zwar nicht der *Shruti*, der direkten göttlichen Offenbarung, angehören, aber spirituelle Lehren enthalten, welche mit ihr im Einklang stehen und daher auch als authentisch gelten.
In diesen Smriti-Schriften wurde die ursprüngliche, reine vedische Lehre im Laufe der Zeit modifiziert und in Verbindung mit Mythen und Geschichten anschaulicher und zugänglicher dargestellt. Dazu zählen das Rāmāyana, das Mahābhārata, die Purānas und einige andere Texte.

In Yogasūtra 1.20 bedeutet Smriti Erinnerung, Achtsamkeit, d.h. Beständigkeit bei der Übung der inneren Sammlung, der Konzentration auf das wahre Selbst, welches eine Voraussetzung für das Erlangen des höchsten Samādhis ist.
Siehe auch *Vritti.*

Snāna *n* Bad, Baden, rituelle Waschung. Das Bad ist vielen Hindus zugleich auch ein Akt innerer Reinigung, der auf religiöse Praktiken wie das Morgengebet vorbereitet. In einigen Texten wie dem Garuda-Purāna werden verschiedene Formen der rituellen Reinigung detailliert beschrieben.
Als höchste Erfüllung gilt das Bad in den heiligen Wassern des *Ganges*, das für die Gläubigen mit einer Befreiung von ihren Sünden verbunden ist und zu einer bewegenden inneren und äußeren Erfahrung wird. Wenn das Wasser anderer Herkunft ist, so kann es beim Reinigungsritual innerlich als Ganges-Wasser visualisiert werden.

so'ham ein wichtiges Mantra der Upanishaden und des Advaita-Vedānta mit der Bedeutung „Er (bin) ich", d.h. das persönliche, begrenzte Ich bringt sein Einssein mit dem Höchsten Absoluten zum Ausdruck.
saḥ (er) und aham (ich) werden nach einem Lautgesetz zu *so'ham.*
Siehe auch *Ajapa-Mantra.*

Soma *m* Nektar, Trank der Unsterblichkeit; Mond; Name einer vedischen Gottheit.
Der „Soma-Wein" wird bereits im Rigveda (z.B. 1.4.2) erwähnt und wurde von der Indologie oft als Rauschmittel oder Droge interpretiert. Sri Aurobindo hat jedoch in seinem Werk *Das Geheimnis des* Veda überzeugend dargelegt, dass die vedischen Rishis mit diesem Begriff vielmehr den Wein der Unsterblichkeit bezeichnet haben, d.h. Amrita, was dem griechischen Ambrosia entspricht. Es ist der göttliche Ānanda, die Wonne, die verborgen allem Sein zugrundeliegt. Auch im Tantrismus stand der Soma-Saft als Chiffre für die spirituelle Erfahrung des *Amrita.*
Soma bedeutet auch Mond, besonders in seinem Aspekt als Gott der Heilkräuter.

Sonnendynastie, Sūryavamsha Name einer Dynastie, die von Ikshvāku in Ayodhyā begründet wurde. Er war Sohn des Manu Vaivasvata, welcher der Sohn des Sonnengottes Vivasvat war.
Rāma, der König von Ayodhyā, war ein Abkömmling Ikshvākus.
Die Sonnendynastie ist neben der *Monddynastie* eine der beiden großen Abstammungslinien der Könige im alten Indien.

Soruba-Samādhi *m* der vollendete Samādhi; Unsterblichkeit. In der südindischen *Siddha-Tradition*

Bezeichnung für einen Zustand der höchsten Verwirklichung, bei dem das Göttliche bis ins Physische hinab den ganzen Menschen erfüllt und transformiert.
Soruba ist ein Wort der Tamil-Sprache, abgeleitet von Sanskrit *sarūpa*, was „mit Form" oder auch „schön, ansehnlich" bedeutet.
Den Siddhas gilt dieser Samādhi „mit Form" als höchste Verwirklichung, weil er mit einem unsterblichen Lichtkörper verbunden ist, den der Yogī nach Belieben manifestieren und sichtbar machen kann. Von *Babaji* und *Ramalinga* wird berichtet, dass sie diese Verwirklichung erreichten. Siehe auch *Samādhi.*

Spanda *m* Pochen, Schwingen, Schwingung. Im Kaschmiri-Shivaismus eine Bezeichnung für die Erfahrung der Schwingung der höchsten, transzendenten Glückseligkeit.

Sparsha [sparśa] *m* Berührung, Kontakt; Tastsinn, Tasten.
Siehe auch *Indriya.*

Sphota [sphoṭa] *m* das subtile innere Klangelement, siehe *Shabda.*

Sri Aurobindo siehe *Aurobindo, Sri.*

Sri Ma Anandamayi siehe *Ananda Moyi Ma.*

Srishti [sṛṣṭi] *f* Schöpfung, Entstehung; die Entfaltung des Universums aus seinem Urzustand.

Sri Sri Ravi Shankar international aktiver spiritueller Lehrer, wurde 1956 in Bengalore, Südindien, geboren. Gemäß biografischen Quellen konnte er bereits in jungem Alter Verse aus der Bhagavadgita zitieren und ging oft in tiefe Meditation.
Ende der 1970er Jahre wurde er zu einem der engsten Schüler von *Maharishi Mahesh Yogi* und Lehrer für Transzendentale Meditation. Im Jahr 1982 empfing er eigenen Berichten zufolge während einer inneren Einkehr die Technik „Sudarshana Kriyā", eine spezielle rhythmische Atemübung. Im selben Jahr gründete er die „Art of Living Foundation", um diese Technik an Aspiranten aus aller Welt weiterzugeben, wobei es zum Bruch mit der TM kam.
Anfang der 1990er Jahre fügte Ravi Shankar seinem Namen den Ehrentitel „Sri Sri" hinzu, um die Namensidentität mit dem weltbekannten Musiker Ravi Shankar zu vermei-

den. Er begründete nun weitere Organisationen und förderte weltweit Projekte im gesundheitlichen und sozialen Bereich und entwickelte Anti-Stress-Programme für Menschen im Wirtschaftsleben.
Sri Sri Ravi Shankar erhielt viele öffentliche Ehrungen, darunter auch den Ehrentitel „Yoga-Shiromani" (Kronjuwel des Yoga), der ihm im Jahr 1986 vom indischen Staatspräsidenten verliehen wurde.

Städte, heilige Städte siehe *Pilgerreise.*

Stairya *n* Festigkeit, Stetigkeit, Standhaftigkeit.

Sthāna *n* Ort, Platz; Stehen, Feststehen. Der Ort, wo man Yoga übt. Auch Stellen im Körper, auf die man sich während der Meditation konzentriert.

Sthāpatya-Veda *m* die Wissenschaft der *Architektur*, ein Upaveda. Sthāpatya ist abgeleitet von *sthāpayati,* errichten.

Sthira *adj* fest, still, unbeweglich. In Yogasūtra 2.46 heißt es: *sthirasukham āsanam:* Die Sitzhaltung (sei) stabil (und) angenehm.

Sthitaprajña *adj oder m* fest begründet (sthita) in der Weisheit (prajña bzw. prajñā). Ein Begriff aus der Bhagavadgītā 2.54, bezeichnet den Yogī, der im wahren Selbst weilt, frei von Begehren ist und unbeirrt von den Dualitäten der Erscheinungswelt.

Sthitāsana *n* stehende Haltung.
sthita – stehend; āsana – Haltung.

Sthiti *f* Zustand, Bewahrung, Erhaltung, Festigkeit. Auch Trägheit, *Tamas.*

Sthūla *adj* grob, grobstofflich, materiell.

Sthūla-Dhyāna *n* Meditation über eine „grobstoffliche" Form, z.B. die bildliche Darstellung einer Gottheit.

Sthūla-Sharīra [śarīra] *n* der grobstoffliche Körper, d.h. der vergängliche physische Leib des Menschen, *Annamaya-Kosha.*
Siehe auch *Sharīra.*

Stūpa *m* Hügel, Haufen; kuppelförmiges Bauwerk; Schrein.

Styāna *n* Trägheit, Stumpfheit, Faulheit, ein Hindernis auf dem Yoga-Weg.

Subhadrā *f* Name einer jüngeren Schwester Krishnas, welche Arjuna mit ihrem eigenen und Krishnas Einverständnis aus Dvārakā entführte und heiratete.

Subrahmanya [subrahmaṇya] *adj oder m* „nett zu den Brahmanen", ihnen lieb. Name Shivas; Name

Murugans, einer wichtigen Gottheit in Tamil Nadu.

Sudarshana, Sudarshana-Cakra [sudarśana, sudarśanacakra] *n* Name einer machtvollen Waffe Vishnus, die unendliche Kraft und Geschwindigkeit symbolisiert.

Sugrīva *m* Name eines Affenkönigs im Rāmāyana. Nachdem er sein Königreich an seinen Bruder verloren hatte, setzte Rāma ihn wieder ein, woraufhin Sugrīva seinerseits Rāma im Kampf gegen Rāvana unterstützte. Sein Heerführer war *Hanumān.*

Sukha *adj oder n* glücklich, angenehm; Glück, Freude. Im Paar mit *duhkha*, Unglück, Leid, steht Sukha für die relative Freude, Vergnügen, aber es kann in anderen Zusammenhängen auch die spirituelle Glückseligkeit bezeichnen.
Die Bhagavadgītā unterscheidet in 18.36-39 drei Arten von Sukha: Freude, die jeweils durch die *Gunas* Sattva, Rajas bzw. Tamas geprägt ist. Die sattvische ist die höchste: Sie beginnt zwar mit dem Schmerz der Entsagung und Disziplin, aber am Ende erfährt der Sucher den Nektar spiritueller Erfüllung.
Siehe auch *Sthira.*

Sukhāsana *n* der angenehme Sitz, Schneidersitz; die Shiva-Samhitā bezeichnet ihn jedoch als identisch mit dem Svastikāsana, Kreuzsitz. sukha – angenehm, leicht, bequem; āsana – Haltung.
Siehe Abb. im Āsana-Lexikon.

Sūkshma [sūkṣma] *adj* fein, feinstofflich.

Sūkshma-Sharīra [sūkṣma-śarīra] *n* der feinstoffliche oder subtilphysische Körper. Dieser existiert parallel zum physischen Körper, Sthūla-Sharīra, überdauert dessen Tod und bildet die Basis für eine künftige Inkarnation.
Der feinstoffliche Körper ist verbunden mit den Funktionen von Denken, Wollen, Empfinden und Erkennen. Er besteht aus den *Prānamaya-*, *Manomaya-* und *Vijñānamaya-Koshas.*
Siehe auch *Sharīra.*

Sumitrā *f* im Rāmāyana eine Gattin von Rāmās Vater, König Dasharatha, und Mutter von Lakshmana und Shatrughna.

Sundarar berühmter tamilischer shivaitischer Heiliger (8. Jh.). Bei seinen Wanderungen von Shiva-Tempel zu Shiva-Tempel sang er ständig Loblieder des Gottes. Als ein König in Kerala von Sundarars Ruhm hörte, suchte er ihn auf, woraufhin sie zu Freunden wurden und gemeinsam eine Pilgerreise unternahmen.
Als er später des Lebens überdrüssig wurde und Shiva um Befreiung bat, sandte dieser ihm – so heißt es

in der Überlieferung – einen weißen Elefanten, um ihn zu sich zu bringen. Siehe auch *Nayanmars.*

Supramental, das Supramental(e) ein von Sri Aurobindo verwendeter Begriff, engl. *supermind.* In Sri Aurobindos System ist das Supramental eine Ebene, über welche das höchste Absolute, Sat-Cit-Ānanda, die Schöpfung organisiert. Es ist eine Mittlerkraft zwischen den beiden Sphären des Unendlichen und Endlichen und hat an beiden Teil. So ist das Supramental „die Wahrheit oder Real-Idee, inhärent in aller kosmischen Kraft und Existenz", welche die Beziehung zur Welt des Werdens, der Manifestation, herstellt und diese lenkt und bestimmt.
Sri Aurobindo nennt das Supramental auch das dynamische Wahrheitsbewusstsein, Gnosis, die unendliche Weisheit und der unendliche Willen des göttlichen Schöpfers. Die Realisation des Supramentals durch eine größere Anzahl von Menschen auf Erden würde für die Welt ein Zeitalter des Lichts und der Wahrheit bedeuten, da letztere sich – nicht mehr eingeschränkt durch das Mental (mind) – effektiv entfalten könnten.
Siehe auch *Aurobindo, Sri; Integralyoga.*

Supta *adj* liegend, hingestreckt.
Ein Wortelement in Āsana-Bezeichnungen.

Suptabaddhakonāsana, Supta-baddha-konāsana *n*, die liegende Winkelhaltung.
supta – liegend; baddha – gebunden; kona – Winkel; āsana – Haltung.

Surabhī *f* die „wohlduftende", Name der Kuh *Kāmadhenu*, die alle Wünsche erfüllen konnte.

Sūradāsa, Sūrdās *m* der bekannteste Schüler von Vallabha (ca. 1483-1563). Gemäß der Tradition komponierte er einhunderttausend Verse, doch nur einige Tausend blieben erhalten in der Sammlung Sūrasāgara.

Surat Shabd Yoga siehe *Sant Kirpal Singh.*

Sūrya *m* Sonne, Sonnengott; vedischer Sonnengott. In seinem Wagen, der von sieben Pferden gezogen wird, schwebt er über das Firmament und spendet der Welt Licht. Sein Kutscher ist Aruna.
Im Hatha-Yoga hat der Begriff eine besondere esoterische Bedeutung in Form eines subtilphysischen Gebildes, das sich auf der Höhe des Nabels befindet und den *Amrita*, Nektar der Unsterblichkeit, verschlingt

und in Gift verwandelt, was durch bestimmte Techniken verhindert werden soll.

Sūrya-Bheda, Sūrya-Bhedana *m bzw. n* das „Durchstoßen der Sonne", d.h. Einatmung durch das rechte Nasenloch, an dem der feinstoffliche Nervenkanal *Sūrya-Nādī* endet, durch den die wärmende Energie der Sonne fließt. Die Ausatmung erfolgt durch das linke Nasenloch, wo die Idā-Nādī (oder Candra-Nādī) endet.

Sūrya-Cakra *n* das „Sonnen-Rad", ein feinstoffliches Nervengeflecht zwischen Nabel und Herz.

Sūrya-Nādī [nāḍī] *f* die Sonnen-Nādī, identisch mit der *Pingala-Nādī.*

Sūrya-Namaskār *m* (Hindi), Sūrya-Namaskāra (Sanskrit) *m* der „Sonnengruß", eine am Morgen durchgeführte dynamische Übung von zwölf Hatha-Yoga-Stellungen wie Vorwärtsbeuge und Hundestreckung. Diese Übung dient der Gesundheit und Energetisierung und ist in vielen Varianten in Buchtiteln beschrieben. Sūrya Namaskār gehört nicht der älteren indischen Tradition an, sondern wurde vermutlich erst in jüngerer Zeit entwickelt.
Siehe auch das Schaubild „Sūrya Namaskār" im Anhang.

Sūryavamsha [sūryavaṁśa] *m* die *Sonnendynastie.*

Sūryayantrāsana *n* Sonnenuhr-Haltung.
sūrya-yantra – Sonnen-Instrument, Sonnenuhr; āsana – Haltung.

Sushruta-Samhitā [suśruta-saṁhitā] *f* einer der wichtigsten Quellentexte der altindischen Medizin neben der Caraka-Samhitā. Der Text geht wahrscheinlich auf das 3. Jh. zurück und ist auch unter dem Namen Āyurvedaprakāsha bekannt.
Siehe auch *Āyurveda.*

Sushumnā-Nādī [suṣumnā-nāḍī] *f* der wichtigste feinstoffliche Nervenkanal, verläuft im Inneren der Wirbelsäule von deren Basis bis zur Krone des Kopfes, d.h. vom *Kanda* zum *Brahmarandhra.* In dieser Nādī steigt die Kundalinī, die verborgene Schlangenkraft, auf, wenn sie erweckt wird.
suṣumnā bedeutet wörtlich „liebenswürdig, freundlich, gnädig".
Siehe auch *Nādī.*

Sushupti [suṣupti] *f* Schlaf, Tiefschlaf. Ein traumloser Schlaf, in dem keine Gewahrheit eines persönlichen Ichs oder des Körpers existiert.
Siehe auch *Avasthā.*

Sūtra *n* Faden, Leitfaden, Richtschnur, Aphorismus. Alle Quellentexte der sechs klassischen Philosophie-Systeme Indiens (*Shad-*

darshana) sind in Sūtra-Form verfasst, so auch das Yogasūtra. In einem sehr kurzen, komprimierten Stil werden tiefgründige Inhalte vermittelt, deren Bedeutung sich oft nur mithilfe eines kundigen Kommentars oder eigener Erfahrung erschließt.
Die Sūtra-Autoren brachten es zu einer großen Meisterschaft in der Kunst dieses Stils, ähnlich wie ein genialer Mathematiker komplexe Sachverhalte in einer einzigen Formel zum Ausdruck bringt. Da die Überlieferung in alten Zeiten vor allem durch das Auswendig-Lernen der Texte erfolgte, wurde durch die Kürze eines Textes auch gleichzeitig seine möglichst exakte und unverfälschte Weitergabe erreicht.
Im Buddhismus steht der Begriff Sūtra vor allem für die Lehrreden des Buddha.

Sva als Vorsilbe bedeutet eigen, eigene etc., „innewohnend".

Svabhāva *m* die eigene Natur (svabhāva), das eigene innere Wesen oder die persönliche Veranlagung. Eine stabile spirituelle Entwicklung kann nur erfolgen, wenn sie im Einklang mit der persönlichen Natur des Suchers und seinem inneren Gesetz voranschreitet.
Siehe auch *Svadharma*.

Svacchanda-Yoga *m* der Yoga des „eigenen Willens" (sva-chandas), im Shivaismus Bezeichnung für den Zustand der spirituellen Befreiung nach Erkenntnis der höchsten Wirklichkeit.

Svadharma *m* der eigene Dharma, das eigene Gesetz wahren Handelns im Einklang mit der persönlichen Natur und Veranlagung, Svabhāva. In der Bhagavadgītā 18.47 heißt es dazu:
„Besser erfüllt man seinen eigenen Dharma unvollkommen als jenen eines anderen gut. Wenn man in Übereinstimmung mit dem Gesetz der eigenen Natur handelt, wird einem keine Sünde zuteil."

Svādhishthāna-Cakra [svādhiṣṭhāna] *n* das zweite *Cakra* oder feinstoffliche Energiezentrum auf der Höhe der Geschlechtsorgane oder etwas oberhalb von ihnen. Die wörtl. Bedeutung ist „eigene Heimstatt", sva-adhiṣṭhāna. Seine Keimsilbe ist Vam, als Farbe wird karmesinrot genannt, und die Form ist ein Lotus mit sechs Blütenblättern und einem Halbmond. Das Tiersymbol ist das Krokodil, die zugeordneten

Gottheiten sind Vishnu und die Göttin Rākinī und das Grundelement oder Tattva ist Wasser.
Eine Meditation über dieses Cakra, so heißt es, führt zur Meisterschaft über die Sinne und über Regungen wie Begierde und Zorn.

Svādhyāya *m* wörtlich das eigene (sva) Studium (adhyāya). Das Studium der Veden und anderer heiliger Schriften, welches oft mit gleichzeitigem leisen Sprechen der Texte erfolgt, damit sie sich gut einprägen. Es handelt sich weniger um ein intellektuelles Lernen als vielmehr um ein Kontemplieren und Meditieren über den spirituellen Gehalt der Schriften.
Das Yogasūtra 2.1 nennt Svādhyāya zusammen mit *Tapas* und *Īshvarapranidhāna* als Bestandteil des Kriyā-Yoga. In 2.32 wird Svādhyāya als einer der fünf Niyamas aufgeführt, wobei zu den oben genannten Elementen noch Shauca, Reinheit, und Samtosha, Zufriedenheit, hinzukommen.

Svāhā ein vedischer Opferruf mit der Bedeutung „möge Segen darauf ruhen".

Svāmin, Svāmī [dt. und engl. auch häufig Swami] *m* Herr, Besitzer. In dem Sinne „Herr über sich selbst" eine Bezeichnung für Mönche, die dem jeweiligen Namen vorangestellt wird. Das Wort erscheint auch, nachgestellt, als Ehrentitel eines Meisters oder Heiligen.

Svapna *m* Traum, Traumzustand (während des Schlafes); einer der vier *Avasthās*. Das Wort steht zudem auch als Synonym für Nidrā, Schlaf.

Svara *m* Ton, Klang; auch das Geräusch, das durch das Atmen verursacht wird.

Svarāj n, **Svarājya** *n* Herrschaft über sich selbst; Selbstbeherrschung, die auf der Erkenntnis des höchsten Selbstes beruht. Auch politische Unabhängigkeit.

Svarga *m* der Himmel, die Himmelsregion, Wohnsitz der Götter.

Svarloka *m* die Himmelsregion Indras, eine Welt reinen Lichts.
Siehe auch *Loka.*

Svarūpa *n* die eigene Form, Gestalt (sva-rūpa); das Wesen einer Sache, deren ursprüngliche Natur; Festigkeit, Beständigkeit.

Svāsthya *n* Gesundheit, Wohlbefinden.

Svastikāsana *n* die glückbringenden Haltung; Kreuzsitz.

svastika – glückbringend; āsana – Haltung.

Svatantra *adj* unabhängig, ungebunden.

Svātmārāma Yogīndra der Autor der Hatha-Pradīpikā, lebte wahrscheinlich im 14. Jh. oder 15. Jh.

Svayambhū *m* der Selbstseiende. Ein Name Brahmās, Vishnus und Shivas.

Svayamvara [svayaṁvara] *m* Eigenwahl; die Wahl eines Bräutigams seitens einer Prinzessin in einer Versammlung von Brautwerbern, denen zumeist eine schwierige Aufgabe gestellt wird, um die begehrte Braut zu gewinnen.
So gewann Arjuna Draupadī durch sein besonderes Geschick im Bogenschießen.

Sveda *m* Schweiß, Schweißausbruch, tritt bisweilen im Anfangsstadium des Prānāyāma auf.

Swami siehe *Svāmin.*

Swami Vivekananda siehe *Vivekananda, Swami.*
Andere Namen, die mit „Swami" beginnen, sind in gleicher Weise verzeichnet.

Symbolik siehe *Rigveda*, Abs. 2.

T

Tablā [Hindī] *m* kleine Schellentrommel.

Tādāsana *n* Berg-Haltung.
tāḍa – Berg; āsana – Haltung.

Taittirīya-Upanishad [upaniṣad] *f* eine der ältesten Upanishaden, benannt nach dem vedischen Lehrer Tittiri, geht vermutlich auf das 6. Jh. v. Chr. zurück. Sie erläutert in drei Abschnitten die spirituellen Grundlagen der Phonetik, den Weg zur Selbsterkenntnis und die Erkenntnis des Brahman.
Diese Upanishad enthält als erste die Lehre von den fünf *Koshas* oder Hüllen, die das Selbst umgeben.

Tālu *n oder m* der Gaumen, im Hatha-Yoga eine Region, die im subtilphysischen Körper von Bedeutung ist. So erwähnen einige Texte ein Tālu-Cakra, oder auch das Tālu-Mūla, die Gaumenwurzel, welche zu den Marmas oder sensitiven Körperzonen gehört.
Siehe auch *Rāja-Danta*.

Tamas *n* Dunkelheit, Trägheit. Einer der drei *Gunas* oder Konstituenten. Tamas gehört der Ebene der Unwissenheit an und äußert sich in Achtlosigkeit, Müßiggang, Mutlosigkeit oder übermäßiger Besorgtheit.
Die Überwindung von Tamas erfolgt durch die Entwicklung von Rajas, d.h. aktive Energien, sowie Sattva, Klugheit und Ausgeglichenheit.
In der physischen Schöpfung ist Tamas jedoch ein notwendiges Element, indem es der Materie Solidität und Stabilität verleiht.
Das Adjektiv lautet *tāmasa*, d.h. tamasisch, träge.

Tambūrā [Hindī] siehe *Tānpurā*.

Tāndava [tāṇḍava] *m oder n* Shivas kosmischer Tanz mit heftigen Gesten und Bewegungen, welcher die Schöpfung initiierte.

Tanmātra *n* wörtl. „nur das“, „nur das Wesentliche“, von *tad* und *mātra*. Der Begriff ist vielleicht auch entstanden aus Tanu-Mātra,

feinstoffliche Materie.
Im Sānkhya Bezeichnung für die feinstofflichen Elemente, die subtilen Energieformen von Klang, Sehen, Berührung, Geschmack, Geruch oder Shabda, Rūpa (wörtl. Form), Sparsha, Rasa, Gandha. Aus ihnen leiten sich die groben Elemente, Mahābhūtas, ab, d.h. Äther, Luft, Feuer, Wasser, Erde oder Ākāsha, Vāyu, Tejas, Āpah, Prithivī.

Tānpurā [Hindī] *m* obertonreiches Saiteninstrument zur Begleitung insbesondere von Vokalmusik, aber auch von bestimmten Saiteninstrumenten; gleicht in der Form der Sitār, hat jedoch keine Bünde.

Tantra *n* System, Methode; Lehrbuch; Gewebe. Mystische und spirituelle Texte, in denen – oft in Form eines Dialogs zwischen Shiva und seiner Gefährtin Durgā - Themen wie Kosmologie, Ritual, Magie, Mantra-Wissenschaft und Kundalinī-Yoga erläutert werden.
Die tantrischen Texte werden zum Teil auch Āgamas genannt und sind in vishnuitische, shivaitische und Shākta-Āgamas unterteilt, je nachdem ob Vishnu, Shiva oder die Shakti, die göttliche Wirkkraft, im Mittelpunkt stehen. Die letztere Gruppe ist die wichtigste und bekannteste, zum Teil wird sie im Sprachgebrauch auch ganz mit Tantra gleichgesetzt.
Inhaltlich geht es im Kern um drei Dinge: Sādhanā oder spirituelle Praxis; Siddhi, d.h. das Resultat und die Verwirklichung aufgrund der Sādhanā; und schließlich die Philosophie als solche. Diese lehnt sich an jene der Upanishaden an und glaubt an die Identität der individuellen Seele mit Shiva-Shakti, welche dem Brahman der Upanishaden entsprechen. Shakti ist nicht nur der Name der Gattin Shivas, sondern im höchsten Sinn die Bezeichnung für die göttliche Mutterkraft, die, stets eins mit dem göttlichen Herrn, ihre Energien im unendlichen Spiel des Werdens entfaltet.
Grundsätzliches Ziel des Tantra ist es, den Menschen zur spirituellen Vollkommenheit zu führen, indem er sich der göttlichen Kräfte, die in ihm schlummern, bewusst wird. Zu diesem Zweck werden einige besondere Praktiken in Form von Riten und Meditationen eingesetzt.
Im Laufe der Zeit haben sich zwei verschiedene Schulen herausgebildet, Vāma-Mārga oder Vāmācāra und Dakshina-Mārga oder Dakshinācāra. Der erstere Weg, der „Linke Pfad“, versucht selbst die sexuellen Energien im Menschen für den spirituellen Weg einzusetzen, indem diese elementaren Kräfte, die aus herkömmlicher Sicht ein Hindernis für die Verwirklichung sind, erhöht und sublimiert werden. Dadurch soll die körperliche Vereinigung letztlich zu einem Akt der Vereinigung von Seelen werden, die in höchster Transzendenz die Shiva-Shakti-

Einheit realisieren. In diesem Sinne ist der Vāma-Mārga ein Weg des Ānanda, der göttlichen Glückseligkeit.
Eine andere Ausrichtung hat der „Rechte Pfad", Dakshina-Mārga. Dieser ist auf rechte Erkenntnis und Urteilskraft (im Umgang mit den Kräften der Natur) ausgerichtet und enthält als ein spirituelles Kernelement die aufrichtige Hingabe an die göttliche Mutter in ihren mannigfachen Formen. Auch Meditation, Visualisierungen und Japa, die Wiederholung des Mantras, spielen eine wichtige Rolle.
Ein dritter Weg innerhalb des Tantra ist der Kaula-Mārga oder Kaula-Weg, von dessen Anhängern vor allem der Kundalinī-Yoga entwickelt wurde.
Der tantrische Yogī, der Moksha oder Befreiung verwirklicht hat, kann seine Realisation mittels Einweihung an entsprechend qualifizierte SchülerInnen weitergeben, wobei eine direkte Übertragung des göttlichen Funkens erfolgt. Dies kann durch Handauflegen oder durch die Initiation in ein Mantra geschehen. Tatsächlich erklären viele spirituelle LehrerInnen, dass in diesem Zeitalter die Wiederholung des Mantras das wichtigste und wirksamste Mittel zur Verwirklichung sei.
Bekannte tantrische Texte sind das Kulārnava-Tantra und das Mahānirvāna-Tantra. Letzteres hat mit seinen philosophischen und ethischen Lehren einen großen Einfluss ausgeübt.
Grundsätzlich hat der Tantrismus ein neues Kapitel in der spirituellen Entwicklung Indiens eröffnet, indem eine lange asketische Phase mit ihrer Weltverneinung und oft sehr negativen Sicht des menschlichen Körpers überwunden wurde: die Tantriker betrachteten den Körper vielmehr als Tempel des Göttlichen und als wertvolles Instrument für dessen Verwirklichung. So wurde auch der Boden für die Entwicklung des Hatha-Yoga bereitet.
Siehe auch *Shaktismus, Neo-Tantra* sowie *Divya, Pashu* (Abs. 2) und *Vīra.*

Tanz [Skrt. Nātya] nach altem indischen Mythos erschuf Shiva die Welt durch seinen kosmischen Tanz (*Tāndava*). Das älteste Lehrbuch des Tanzes ist das *Bharata-Nātyashāshtra,* welches auch die Grundlagen von Drama und Musik abhandelt.
Die wichtigsten klassischen Tanzstile sind *Bharata-Nātyam, Katthak* und *Kathakali.* Es gibt viele weitere Tanzstile mit regionaler oder überregionaler Bedeutung wie Odissi im Staate Orissa oder das Tanzdrama Kuchipudi aus Andhra Pradesh, welches akrobatische Elemente beinhaltet. Auch Manipuri (benannt nach der Stadt Manipur) und Moniniyattam (Kerala) gehören zu den bekannteren klassischen Stilen.
In modernen indischen Filmen wer-

den in die Haupthandlung zumeist Musik- und Tanzszenen eingearbeitet, die bei der Bevölkerung sehr populär sind. Die hier verwendeten Tanzstile sind jedoch weniger klassisch-indisch als arabisch-orientalisch inspiriert.

Tao-Yoga *m* ein von dem Thailänder Mantak Chia begründeter Yoga der Selbstheilung und der Selbstfindung für Körper, Geist und Seele. Dabei werden verschiedene Meditationstechniken ebenso wie Atem-, Körper- und Entspannungsübungen eingesetzt, welche die im Menschen wirkenden Energieströme erfahrbar machen und stärken und Blockaden auflösen.
Bei diesem Übungsweg wird viel Wert auf Ausgeglichenheit und Ausgewogenheit gelegt, d.h. eine Balance von körperlicher Erdung und innerer Öffnung in der Meditation, um einen stabilen, ganzheitlichen Entwicklungsprozess zu fördern.

Taparloka *m* eine transzendente Region, bewohnt von Entsagenden (Vairāgins), die von weltlichen Begehren befreit sind.
Siehe auch *Loka.*

Tapas *n* Hitze, innere Glut, Askese, spirituelle Praktik, Reinigung. Tapas ist ein wichtiger Begriff in den spirituellen Texten des alten Indiens. Häufig steht er für extreme Übungen, die sich Asketen in der Einsamkeit des Waldes oder der Berge ohne Rücksicht auf ihr körperliches Wohlergehen auferlegen, um so durch strikte Selbstdisziplin und Selbstbeherrschung ihr Ziel der Befreiung zu erreichen.
Eine andere Bedeutung erhält Tapas bei Patañjali. In Yogasūtra 2.1 erwähnt er es als Teil des *Kriyā-Yoga (1).* Hier steht Tapas nicht für extreme körperliche Proben, sondern für positive spirituelle Praktiken und geistige Übungen wie Anbetung etc. Es ist auch einer der fünf *Niyamas* (2.32). In Sūtra 2.43 wiederum heißt es, dass durch Tapas Unreinheit beseitigt und die Vollkommenheit von Körper und Sinnen erlangt werde.
Die Bhagavadgītā erläutert in den Versen 17.14-17 das Tapas von Körper, Sprache und Geist, śārīram-, vāṅmayam-, mānasam-tapas. Diese Diszplin beinhaltet 1) die Verehrung der Götter, Brahmanen, der Lehrer und Weisen sowie Reinheit, Aufrichtigkeit, *Brahmacarya* und *Ahimsā*; 2) eine Sprache, die „wahr, angenehm und nutzbringend ist“, sowie die Praxis des Veda-Studiums, Svādhyāya; 3) Frohsinn und Gelassenheit, Güte, Maunam (die Praxis der Stille) und Selbstbeherrschung.
Die Bhagavadgītā distanziert sich von jenen Formen der Askese, die mit persönlichem Ehrgeiz um des Ruhmes willen unternommen werden („ich bin der größte aller Tapasvins“) oder die mit grausamer

Selbsttortur oder auch dem Wunsch verbunden sind, anderen Schaden zuzufügen (durch die erworbenen inneren Kräfte).

Tapasvin, Tapasvinī *m bzw. f* ein Mann bzw. eine Frau, die Tapas üben.

Tapasyā *f* intensive Sādhanā, konzentrierte spirituelle Anstrengung.

Tārā *f* Stern, Planet, Fixstern. Name der Gattin Brihaspatis.

Tāraka *m* der (transzendente) Erlöser, Befreier.

Tāraka-Yoga *m* ein Yoga, der in der Advaya-Tāraka-Upanishad gelehrt wird. Bestimmte Lichterscheinungen während der Meditation werden als Manifestation des transzendenten Erlösers, Tāraka, interpretiert. Während diese Erscheinungen oder Zeichen (Lakshya) mit der körperlichen Befreiung in Verbindung gebracht werden, ist die (noch höhere) Verwirklichung des Selbstes unkörperlich und über-mental, *amanaska*.

Tarka *m* Reflexion, Besinnung; Schlussfolgerung im Einklang mit den Lehrsätzen der Tradition, Āgama.

Tat Das, Jenes. In den vedischen Texten ein Synonym für das Absolute, das Göttliche, z.B. in dem Ausspruch *tat tvam asi,* „Das bist du", der Chāndogya-Upanishad VI.8.7. *tat sat* bedeutet „das ist das Sein", d.h. das wahre Sein.

Tattva *n* das „Das-Sein", die „Dasheit", die Wahrheit, Wirklichkeit, das Wesen einer Sache; Element. Im Sānkhya Bezeichnung für die 25 Grundprinzipien oder Kategorien des Universums: Purusha, Prakriti, Buddhi, Ahamkāra, die 11 Sinnesinstrumente und die je 5 fein- und grobstofflichen Elemente.
Eine ausführliche Erläuterung der Tattvas unter *Sānkhya,* Abs. 4-6.

tat tvam asi „das bist du", siehe *Tat.*

Tattva-Vaishāradī [tattva-vaiśāradī] *f* Name eines Kommentars von Vācaspati Mishra zum *Yoga-Bhāshya,* welches wiederum ein Kommentar zum Yogasūtra ist.

Tattvavid *m* einer, der die Wirklichkeit kennt, ein Weiser, der weiß, dass das Selbst jenseits aller Werke steht und doch in sie involviert ist (Bhagavadgītā 5.8).

Tatzky, Boris renommierter Vertreter des „Yogas der Energie", welcher Mitte des 20. Jhs. von Roger Clerc und Lucien Ferrer in Frankreich begründet wurde.
Tatzky wurde in den 1960er Jahren zum Schüler Roger Clercs und arbeitete drei Jahrzehnte mit ihm

zusammen. Das Ziel seines Yogas ist es, „sich bewusst zu werden, dass das ganze Universum reine Energie ist." Dies solle man sich nicht nur vorstellen, sondern wirklich innerlich erfahren und sich so in einer wechselseitigen Beziehung mit der Energie des ganzen Universums empfinden.
Grundlagen dieses Weges sind der klassische Hatha-Yoga sowie der Text der Hatha-Yoga-Pradīpikā. Bei mehreren Indienreisen suchte Tatzky insbesondere Dhirendra Brahmachari und T.K.V. Desikachar zur Weiterbildung auf. Tatzky bekleidet auch einige leitende Positionen in Yoga-Institutionen.

Tejas *n* Glanz, Leuchten, Strahlen; Feuer; die spirituelle Ausstrahlung, die infolge intensiver Yoga-Praxis auftritt.

Tejobindu-Upanishad [upaniṣad] *f* die Upanishad des Licht-Punkts (tejas-bindu). Eine Yoga-Upanishad, benannt nach der Quelle des Lichts, dem „Licht-Punkt, welcher der Ātman (das Selbst) des Universums ist, seinen Sitz im Herzen und die Größe eines Atoms hat."
Die Upanishad erläutert Themen wie *Jīvanmukti* und *Videhamukti* und einen fünfzehnfachen Pfad, Pañcadashānga-Yoga.

Tempel, Skrt. Mandira, Devamandira, Devālaya, Devagriha u.a. Die letzten drei Begriffe bedeuten alle „Wohnstätte (eines) Gottes oder einer Gottheit". Als solche ist der Tempel auch ein Pilgerort, den der Anbetende aufsucht, um Gaben für die Gottheit darzubringen und ihren Segen zu empfangen.
Oft liegen die Tempel an sorgfältig ausgewählten Orten und sind nach bestimmten, Feng-Shui-ähnlichen Prinzipien konstruiert (*Architektur*), um zu dynamischen Kraftzentren zu werden. Der Besuch des Tempels ist für sich selbst ein Ritual, das bestimmten Regeln folgt, welche z.B. die Abfolge des Beschreitens der einzelnen Tempelbezirke festlegen oder die Art der Gaben, welche dargebracht werden.
Im Zentrum des Tempels findet sich das Garbhagriha, das innerste Sanktuarium mit dem heiligen Götterbild, in dessen Vorraum ein Priester bereitsteht, um die von den Besuchern gebrachten Blumen, Kokosnüsse, Bananen etc. darzubieten. Die Anbetenden haben hier das Darshana der Gottheit, begegnen ihr von Angesicht zu Angesicht und teilen ihre Wünsche und Gebete mit. Einige Tempelanlagen, besonders in Südindien, umfassen ein riesiges Areal, teils mit Wohnstätten für die Brahmanen, Schulen und kleinen Geschäften.
Siehe auch *Rameshvaram, Tiruvannamalai.*

Therapie siehe *Yoga-Therapie.*

Tiere [Skrt. Pashu, u.v.a. Begriffe]

Tiere spielen im Hinduismus traditionell eine große Rolle und werden in vielfältiger Weise verehrt.
Am bekanntesten ist die „heilige Kuh“, ein Symbol für Fülle und Fruchbarkeit, deren Bedeutung schon während der ältesten vedischen Zeit herausragend war.
Auch die Affen werden sehr von den Hindus verehrt, weil sie dereinst unter Hanumāns Führung dem Rāma halfen, seine entführte Frau Sītā zurückzugewinnen.
Elefanten stehen als Symbol für souveräne Kraft, Weisheit und Fruchtbarkeit. Der Gott Ganesha mit seinem Elefantenkopf ist einer der prominentesten des Hindu-Pantheons.
Viele Tiere fungieren als Tragtiere (Vāhana) von Göttern: So ist z.B. Garuda – ein Adler-ähnlicher Vogel – Vishnus Träger, während der Bulle Shiva trägt, der Büffel Yama, den Todesgott, und der Pfau den Kriegsgott Kārttikeya.
Die Göttin Durgā wird auf einem Löwen reitend oder stehend abgebildet, während Sarasvatī vom Schwan getragen wird.
Vishnu inkarniert sich in seinen ersten vier Geburten als Fisch, Schildkröte, Eber und schließlich Löwenmensch, Narasimha.
Siehe auch *Affe, Hund, Kuh, Mriga.*

Tilaka *m* ein kleines rundes Stirnzeichen, das hinduistische Frauen und Angehörige bestimmter religiöser Gemeinschaften als Zeichen der Hingabe an das Göttliche tragen. Der Tilaka steht als Symbol für das innere, „dritte Auge“, d.h. das Ājñā-Cakra.
Auch andere Stirnzeichen werden so bezeichnet. So tragen die Shivaiten drei horizontale Striche auf der Stirn, während die Vishnuiten an einem vertikalen Zeichen in der Stirnmitte zu erkennen sind.
Als Material wird ein rotes Pulver (Kumkum) verwendet, oder Asche oder Sandelholzpaste.

Tīrtha *m* ein heiliger Badeplatz, Pilgerort, Tempel. Das Wort wird auch in der Bedeutung „inneres Zentrum“ gebraucht und bezeichnet dann die Cakras.

Tīrthamkara [tīrthaṁkara] *m* Furt-Bereiter, Bezeichnung für die geistigen Führer der Jainas, von denen es 24 gab.
Siehe auch *Jainismus.*

Tiru ein Wort aus der Tamil-Sprache, das in südindischen Namen dieselbe Bedeutung wie Sanskrit *Shrī* hat.

Tirumala bekannter vishnuitischer Pilgerort in Andhra Pradesh, Südindien. Der Tempel ist Venkateshvara, einem Aspekt Vishnus gewidmet und wird täglich von vielen Tausenden Anbetern besucht.

Tirumūlar ein bekannter Yogī (1. Jh.) des südindischen Shivaismus,

Autor des Tiru-Mantiram, eines wichtigen spirituellen Werkes der Tamil-Literatur. In 3000 klangvollen und poetisch anspruchsvollen Versen handelt der Autor viele philosophische, ethische und den Yoga betreffende Themen ab.

Tiruppan ein bedeutender südindischer Heiliger und Anbeter Vishnus. Da er einer Kaste der Unberührbaren angehörte, durfte er den örtlichen Tempel nicht betreten. Doch er verbrachte seine Tage damit, am Ufer des Kaveri-Flusses inspirierte Lieder zum Lobe Vishnus zu singen.
Nach einiger Zeit fand er schließlich doch Zugang zum Tempel, nachdem Vishnu den Tempelpriester, der Tiruppan verachtete, in einer Vision anwies, den aufrichtigen Anbeter auf seinen eigenen Schultern in das innerste Heiligtum zu tragen.

Tiruvannamālai Stadt in Tamil Nadu, am Fuß des Berges Arunachala, wo auch der Ramana Ashram von *Ramana Maharshi* liegt.
Der Arunachaleshvara-Tempel in Tiruvannamalai ist einer der größten und meistbesuchten Südindiens und ist Shiva als dem Herrn des Arunachala geweiht. Der Legende nach soll der Gott einst auf dem Berg in Form einer Feuersäule erschienen sein und das Zeichen des *Linga* erschaffen haben.

Tithi *m oder f* ein Mond-Tag, der 30ste Teil eines Mond-Monats.

Titibhāsana *n* die Feuerfliegen-Haltung, Insekten-Haltung.
titibha – Feuerfliege, Insekt; āsana – Haltung.

Titikshā [titikṣā] *f* Duldsamkeit, Gleichmut gegenüber dem Leid.

Tolāsana *n* die Gleichgewichtshaltung.
tola – Gleichgewicht; āsana - Haltung.

Tolle, Eckhard spiritueller Lehrer und Buchautor, wurde international bekannt durch seinen Titel *Jetzt – die Kraft der Gegenwart.*
Tolle hatte im Alter von 29 Jahren eine tiefgreifende innere Erfahrung, die zu seinem spirituellen Erwachen im Jetzt führte. Sie befreite ihn von der Last des grübelnden Nachsinnens, das ständig in die Vergangenheit und Zukunft schweift und eine schwere Krise in ihm ausgelöst hatte.
Nach einigen Jahren der Integration dieser Erfahrung, die mit unendlichem Frieden und hoher Wachsamkeit verbunden war, trat er 1997 mit der englischen Ausgabe des genannten Buchtitels an die Öffentlichkeit. Tolle, der in Deutschland geboren wurde und gelegentlich zu Vorträgen hierher kommt, lebt gegenwärtig in Kanada.

Transformation siehe *Aurobindo,*

Sri; Mutter, Die; Satprem; Rāmalinga sowie *Hatha-Yoga, Abs. 6 und 8.* Siehe auch *Parināma* (Verwandlung).

Trātaka [trāṭaka] *n* eine Konzentrationsübung, bei der der Blick auf einen inneren oder (meist) äußeren Punkt gerichtet wird. Eine von sechs Reinigungsübungen, *Shat-Karma.*

Tretā-Yuga *n* Name eines der vier *Yugas* oder Weltzeitalter.

Tri-anga, Tryanga [aṅga] Drei-Glieder-... (in Āsana-Bezeichnungen).

Trika *m* Triade, Bezeichnung für eine wichtige monistisch-shivaitische Haupttradition des Kaschmir. Der Name Tri-ka (wörtl. Dreibildend) bezieht sich auf die drei philosophischen Grundkategorien dieses Systems: Shiva, die höchste Wirklichkeit; Shakti, seine Wirkkraft im Universum; und Nara, der Mensch, inkarniert in der Welt der Unwissenheit und Gebundenheit.
Ein Kernelement dieses Trika, welches ursprünglich von Abhinava Gupta entwickelt wurde, ist die Wiedererkennungslehre, *Pratyabhijñā.*
Siehe auch *Kaschmir-Shivaismus.*

Trikonāsana *n* die Dreieckshaltung.
trikoṇa – Dreieck; āsana – Haltung.
Siehe auch die Abb. *Parivritta-Trikonāsana.*

Trikūta [trikūṭa] *n* der „dreifache Gipfel“, der Punkt zwischen den Augenbrauen, wo die drei *Nādīs* Sushumnā, Idā und Pingalā zusammentreffen.

Triloka *m* die drei Welten der hinduistischen Kosmologie, d.h. Himmel, Erde und Unterwelt.

Trimārga *m* der dreifache Weg, die drei Yoga-Wege der Liebe, Werke und Erkenntnis (Bhakti, Karma, Jñāna), wie sie in der Bhagavadgītā dargelegt werden.

Trimūrti *adj* „drei-förmig“, drei Formen habend: die Dreiheit von Brahmā, Vishnu und Shiva, welche für die Prinzipien von Schöpfung, Erhaltung und Zerstörung stehen. Die bildliche Darstellung zeigt einen Körper mit drei Köpfen, in der Mitte Brahmā, rechts Vishnu und links Shiva.

Tripura *n* Name einer „dreifachen Festung“ der Asuras. Nach einem Mythos hatte Brahmā jedem der drei Söhne des Asuras Tāraka eine am Himmel schwebende Stadt geschenkt, die jedoch missbraucht wurden, um ständig die Götter anzugreifen. Schließlich konnte Shiva sie aber zerstören.

Tripurā *f* einer der Namen von Shivas Shakti, seiner göttlichen

Gefährtin. Sie führt diesen Namen, weil sie den Dämonen Tripura erlegte.

Tripurā-Rahasya *n* „das Geheimnis der Tripurā", ein bedeutender Text, welcher der Göttin Tripurā gewidmet ist und u.a. die verschiedenen Formen von Samādhi erläutert. Als dessen höchste Stufe wird der *Sahaja-Samādhi* dargestellt.

Trishikhi-Brāhmana-Upanishad [triśikhi-brāhmaṇa-upaniṣad] *f* bedeutet wörtlich die Drei-Haarbüschel-Brāhmana-Upanishad, benannt nach einem Brahmanen, der drei Haarbüschel trug. Sie vertritt die Philosophie des Advaita-Vedānta und legt einen achtfachen Yoga-Weg dar, welcher im wesentlichen mit jenem des Patañjali übereinstimmt. Insbesondere werden Themen erläutert wie die vier *Avasthās,* oder *Āsanas, Prānāyāma, Nādi-Shodhana* und *Samādhi.*

Trishnā [tṛṣṇā] *f* Lebensdurst, das starke Verlangen nach der Erfahrung der Sinnesobjekte.
Siehe auch *Abhinivesha.*

Trishūla [triśula] *n* der Dreizack, ein Attribut Shivas.

Trivikrama *m* derjenige, der drei Schritte zurücklegt. Ein Beiname Vishnus, der gemäß einer Legende in seiner Inkarnation als Vāmana (Zwerg) Himmel, Erde und Unterwelt in nur drei Schritten durchmessen konnte.

Trivikramāsana *n* die Drei-Schritt-Haltung.
tri – drei; vikrama – Schritt; āsana – Haltung.

TriYoga, TriYoga Flows® ein Übungssystem, das zu Beginn der 1980er Jahre von der Amerikanerin Kali Ray entwickelt wurde. Aufgrund innerer Eingebung, inspiriert durch eine lebendige Kundalinī-Erfahrung, manifestierte ihr Körper spontan eine Reihe von Āsanas und Mudrās, ohne diese bewusst zu kennen - ein Phänomen, das in der indischen Tradition als Kriyāvatī bekannt ist.
Der TriYoga versucht den spontanen Fluss des Prāna, der Lebenskraft, zu erwecken, indem er Körperstellungen, Atmung und Mudras dynamisch und fließend miteinander verbindet, weswegen auch von Triyoga Flows gesprochen wird. Der Körper wird in einem natürlichen Fortschritt von zunächst einfachen Übungen an schwierigere herangeführt. Ziel ist es, von der Anstrengung in die Mühelosigkeit zu gelangen und ganz im Flow aufzugehen, eins zu sein mit dem Atem und mit dem Universum.
Der Begriff *Tri*-Yoga steht für das Streben nach der *Drei*-Einheit von Körper, Geist und Seele.

Tryambaka *m* drei-äugig; ein Name Shivas.

Tukārām *m* Name eines religiösen Dichters (erste Hälfte des 17. Jh.) im westlichen Indien, dessen Lieder noch heute bei vielen Hindus beliebt sind.

Tuladandāsana *n* die Balance-Stock-Haltung.
tula – Waage; daṇḍa – Stock, Stab; āsana – Haltung.

Tulāsana *n* die Waagen-Haltung, Gleichgewichtshaltung.
tulā - Waage; āsana – Haltung.

Tulasī [Sanskrit], **Tulsī** [Hindī] *f* eine basilikumähnliche Pflanze, die von den Vishnuiten als heilig verehrt wird.

Tulsidās [Hindī] *m* Name eines Dichters, Heiligen und Philosophen (1532-1623). Er war Autor des Rāmacaritamānasa („See der Taten Rāmas"), eines auch heute noch vor allem in Nordindien überaus populären Epos.
Hierbei handelt es sich um eine eigenständige Version des *Rāmāyana,* in Awadhi geschrieben, einem Hindī-Dialekt. Mit größter Virtuosität erreichte es der Dichter, das ursprünglich in Sanskrit verfasste Werk Vālmikis, welches vorher nur wenigen Gelehrten zugänglich war, dem Volk sprachlich und inhaltlich nahe zu bringen.

Turīya, auch **Caturtha** *n* wörtl. „das Vierte", d.h. der vierte Bewusstseinszustand, *Avasthā,* der über die drei anderen, Wachen, Träumen und Tiefschlaf, hinausgeht.
Der Begriff steht für den Zustand des Absoluten Bewusstseins jenseits aller relativen Erfahrung und Erkenntnis. Es das unsagbare göttliche Einheitsbewusstsein, welches dem Zustand des Samādhi entspricht. Die Māndūkya-Upanishad erläutert diesen vierten Zustand in Vers 6 und 12.

Tushti [tuṣṭi] *f* Zufriedenheit, Gleichmut.

Tvam du, siehe *Tat.*

Tvashtri, Tvashtā [tvaṣṭṛ, tvaṣṭā] *m* in den Veden der göttliche Handwerker und Künstler, welcher die Welt mit all ihren Dingen und Geschöpfen gestaltet.
Siehe auch *Vishvakarman.*

Tyāga *m* Entsagung, Loslassen, Aufgabe (aller Bindungen). Der Begriff kann für die asketische Weltentsagung stehen, aber auch, im Sinne des Karma-Yoga, den Verzicht auf die *Früchte* aller Handlungen bezeichnen (Bhagavadgītā 18.2).
Derjenige, der Tyāga praktiziert, heißt Tyāgin oder Tyāgī.

Tyāgarāja *m* Name eines südindischen Musikers und Komponisten (1767-1847), der einige Hundert devotionale Lieder schrieb, von denen viele heute noch beliebt sind und gesungen werden. Siehe auch *Musik.*

U

Ubhayapādāngushthāsana *n* Stellung mit Halten der beiden großen Zehen.
ubhaya – beide; pādāṅguṣṭha - große Zehe; āsana – Haltung.

Uccaihshravas [uccaiḥśravas] *m* das göttliche Urpferd (siehe *Ashva*). Der Name bedeutet wörtlich „langohrig“ oder „laut wiehernd“

Udāna *m* der „Herauf-Atem“, die „Herauf-Energie“, einer der fünf *Prānas* oder Lebenshauche. Udāna wirkt im oberen Teil des Körpers und stützt Sprache und spirituelle Entwicklung. Er wird auch mit der Verdauung oder den Funktionen des Aufstoßens und Schluckens in Verbindung gebracht. Als Sitz werden – je nach Quelle - Brustraum, Kehle oder Gaumen genannt.

Uddīyāna-Bandha [uḍḍīyāna] *m* der „Hochflugsverschluss“, von uddīyāna, Auffliegen, Hochfliegen. Ein *Bandha*, bei dem das Zwerchfell mittels Kontraktion des Unterleibs angehoben wird, wodurch die unteren Organe zur Wirbelsäule hin gedrückt werden. Dies hat zur Folge dass der „Vogel“ Prāna, die Lebenskraft, dazu gebracht wird, „aufzufliegen“, d.h. in der Sushumnā, dem zentralen Nervenkanal, aufzusteigen. Uddīyāna-Bandha wird in der Regel nach dem Ausatmen praktiziert.

Ugrāsana *n* die machtvolle Haltung.
ugra – machtvoll, edel, heftig; āsana – Haltung.

Ugrasena *m* der Vater *Kamsas,* der vom letzteren seines Thrones beraubt, jedoch später von Krishna wieder als Herrscher eingesetzt wurde.

Ujjain, Ujjayinī eine der heiligen *Städte* Indiens, gelegen in Madhya Pradesh am Fluss Sipra. Die Stadt hat eine reiche kulturelle Tradition und wurde bekannt durch ihren König Vikramāditya, der vor 2000 Jahren ganz Nordindien beherrscht haben soll und an dessen Hof zahlreiche hervorragende Dichter und Gelehrte wirkten. In Ujjain findet sich ein bekannter Shiva-Tempel, der Mahākāla.

Ujjāyī *f* wörtl. die Siegreiche. Eine Atemtechnik, die so benannt ist, weil sie Körper und Muskeln mit unerschöpflicher Energie versorgt. Es findet sich auch die Erklärung, dass Lunge und Brust aufgebläht werden wie bei einem siegesstolzen Kämpfer.
Bei geschlossenem Mund wird sehr langsam einige Sekunden lang durch beide Nasenlöcher eingeatmet, dann in derselben Weise ausgeatmet. Gleichzeitig wird bei diesem Vorgang ein bestimmter Reibelaut in der Kehle erzeugt, der mit dem Rauschen der Meeresbrandung verglichen wird.

Umā *f* ein Name von Shivas Gattin Pārvatī, Tochter des Himavat.

Unmanī *f* Zustand der Verzückung, Ekstase; Samādhi.

Upādhi *m* eine begrenzende Eigenschaft wie z.B. Name und Form, die dem unendlichen Absoluten in der relativen, menschlichen Erfahrung auferlegt wird. Nur in der höchsten Stufe des Samādhi wird Es in seiner Un-Endlichkeit wahrgenommen.

Upādhyāya *m* ein Lehrer, der weltliches oder spirituelles Wissen vermittelt, ohne aber die Rolle eines Gurus zu spielen, der die Verantwortung für einen Schüler und dessen Entwicklung übernimmt.

Upāmshu [upāṁśu] *adj* leise, mit leiser Stimme. Siehe *Japa*, Abs. 4.

Upanayana *n* wörtl. das „Herbeiführen", d.h. des Schülers zum Guru. Eine Einweihungszeremonie, bei der ein Junge die heilige Schnur, Yajñopavīta, erhält und damit eine neue, spirituelle Geburt, durch die er zum „Zweimalgeborenen", Dvija, wird. Die Zeremonie steht nur den Brahmanen, Kshatriyas und Vaishyas offen und wird, je nach Kaste und Tradition, zwischen dem 8. und 12. Lebensjahr durchgeführt.

Upanishad [upaniṣad] *f* Bezeichnung für heilige Schriften Indiens, die der vedischen Offenbarung (Shruti) zugerechnet werden und die Grundlage des Vedānta bilden.
upa-ni-ṣad bedeutet „nahe sitzen bei" (einem Lehrer). Dies bezieht sich auf die alte Tradition der spirituellen Unterweisung durch den unmittelbaren Kontakt und das gesprochene Wort.
Allgemein werden 108 Upanishaden genannt, obwohl weitere Werke unter diesem Namen existieren. Shankara hat sechzehn von ihnen als „authentisch" anerkannt, d.h. als echte vedische Offenbarung. Die folgenden zehn wurden von ihm und vielen anderen prominenten Autoren übersetzt oder kommentiert, was ihre herausragende Bedeutung im Gesamtkorpus der Upanishaden unterstreicht:
Aitareya, Brihadāranyaka, Chān-

dogya, Īshā, Katha, Kena, Mundaka, Māndūkya, Prashna und Taittirīya (siehe dort).
Einige der Grundlehren der Upanishaden lauten: *sarvam khalvidam brahma*, „wahrlich, alles ist Brahman, das höchste göttliche Wesen"; *aham brahmāsmi*, „ich bin Brahman", d.h. die Einzelseele ist eins mit dem Unendlichen; *tat tvam asi*, „Das bist du", d.h. du selbst bist Es, das Absolute; *ekam advitīyam*, „Eines ohne ein Zweites", es gibt nichts außer dem Einen Absoluten.
Neben der Hauptlehre von der Identität von Ātman und Brahman findet sich in einigen Texten auch bereits die Lehre von Karma und Reinkarnation und die Erkenntnis, dass diese Gesetzmäßigkeiten durch bestimmte spirituelle Übungen wie Meditation oder Entsagung überwunden werden können. In den *Yoga-Upanishaden* wird speziell der Yoga als Weg zur Befreiung beschrieben.
Aufgrund eines Lautgesetzes können die einzelnen Upanishaden in zweifacher Schreibweise erscheinen, z.B. Kena-Upanishad oder Kenopanishad: das auslautende *a* verschmilzt mit dem anlautenden *u* zu *o*.

Upaprāna [upaprāṇa] *m* Bezeichnung für fünf sekundäre Lebenshauche, welche Funktionen wie Aufstoßen, Augenschließen, Niesen oder Gähnen steuern.
Siehe unter *Nāga, Kūrma, Krikara, Devadatta, Dhanamjaya,* auch *Prāna.*

Upāsana *n,* **Upāsanā** *f* Anbetung, Verehrung.

Upasarga *m* Hindernis, Problem; Hindernis auf dem Yoga-Weg.
Siehe auch *Vighna.*

Upaveda *m* untergeordneter oder sekundärer Veda. Es gibt deren vier: Āyurveda, Heilkunde; Gandharvaveda, Musik und Tanz; Dhanurveda, Bogenschießen und Kampfkunst; Sthāpatyaveda, Architektur.

Upavishtha [upaviṣṭha] sitzend. Ein Wortelement in Āsana-Bezeichnungen.

Upavishthakonāsana *n* sitzende Winkel-Haltung; die Vorbeuge im Grätschsitz.
upaviṣṭha – sitzend; koṇa - Winkel; āsana – Haltung.

Upekshā [upekṣā] *f* Nichtbeachten, Ignorieren; Gleichmut, Geduld.

Ūrdhva *adj* hoch, erhoben, aufrecht, nach oben weisend. Ein Wortelement in Āsana-Bezeichnungen.

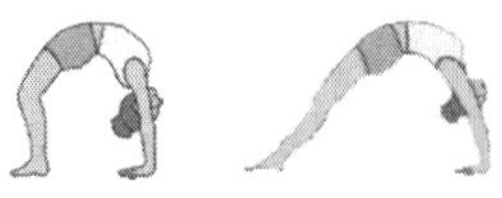

Ūrdhvadhanurāsana, ūrdhva-dhanur-āsana *n*, der nach oben gerichtete Bogen, das Rad.
ūrdhva – nach oben; dhanuḥ - Bogen; āsana – Haltung
Abb. 1 ist identisch mit *Cakrāsana.*

Ūrdhva-Mukha mit erhobenem Gesicht oder Kopf.

Ūrdhvamukhashvanāsana *n* ūrdhva-mukha-shvan-āsana Hundestreckung mit Kopf nach oben.
ūrdhva – oben, nach oben; mukha – Gesicht, Kopf; śvan – Hund; āsana – Haltung.
Im Gegensatz zum ähnlichen *Bhujaṅgāsana* wird das Becken leicht angehoben.

Ūrdhvaprasārita-Ekapādāsana *n* die „nach oben gestreckt-ein-Bein-Haltung"; stehender Spagat.
ūrdhva – oben, nach oben; prasārita – gestreckt; eka-pāda – ein Bein; āsana – Haltung.

Ūrdhvaprasārita Ekapādashīrshāsana, *n* der „nach oben gestreckt-ein-Bein-Kopfstand"; der Kopfstand mit *einem* nach oben gestreckten Bein.
ūrdhva – oben, nach oben; prasārita – gestreckt; eka-pāda – ein Bein; śīrṣāsana – Kopfstand.

Ūrdhva-Retas *n* der psychophysische Vorgang, durch den die Geschlechtskraft mittels *Brahmacarya* aufwärts gelenkt wird. Jemand, der diese Praktik beherrscht. Siehe auch *Retas, Ojas.*

Urvashī [urvaśī] *f* himmlische Nymphe (Apsarā), die aufgrund eines Fluches einige Zeit auf der Erde leben musste, wo sie König Purūravas heiratete. Als Bedingung für die Ehe hatte sie gefordert, dass er sich nie nackt vor ihr zeigen dürfe.
Eines Nachts verstieß er jedoch gegen dieses Gebot, um ihr in einer Notsituation rasch zur Hilfe zu eilen, und wurde, unbekleidet, vom Licht eines Blitzes angestrahlt.
Daraufhin kehrte Urvashī, die von Purūravas schwanger war, in ihre Himmelsheimat zurück, erlaubte ihm jedoch, sie einmal jährlich zu besuchen und weitere Kinder zu zeugen.
Der Dichter Kālidāsa verarbeitete diese Sage in seinem Drama „Vikramorvashī".

Ushas, Ushā [uṣas, uṣā] *f* die vedische Göttin der Morgenröte. Sie wird im Rigveda beschrieben als schöne, immer junge Frau, Tochter des Himmels, Geliebte der Sonne und Schwester der Nacht. Einige Hymnen an diese Göttin zählen zu den schönsten und inspiriertesten im Rigveda.

Ushtrāsana *n* die Kamel-Haltung.
uṣṭra – Kamel; āsana – Haltung.

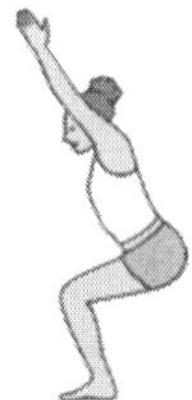

Utkatāsana *n* angehobene Stellung; auch: heftige oder mächtige Stellung.
utkaṭa – hoch, angehoben; mächtig, heftig; āsana – Stellung.

Utkutakāsana *n* die hockende Stellung, Hocke.
utkuṭaka – hockend; āsana - Stellung.

Utsāha *m* Bemühung, Anstrengung; Stärke, Willenskraft. Im Yoga die aufrichtige persönliche Anstrengung, die nach Auffassung der meisten LehrerInnen unerlässlich ist, damit die *Sādhanā* fruchtbar wird.

Uttama *adj* höchster, bester, höchstes, bestes.

Uttāna *adj* gestreckt, ausgebreitet; auf dem Rücken liegend. Ein Wort-Element in Āsana-Bezeichnungen.

Uttānāsana *n* gestreckte Haltung; Vorbeuge aus dem Stand.
uttāna – gestreckt; āsana – Haltung.

Uttarā *f* die Gattin von Arjunas Sohn Abhimanyu und Mutter des berühmten Königs *Parikshit.*

Utthāna *n* Levitation. Siehe *Laghiman.*

Utthita *adj* erhoben, ausgedehnt, gestreckt, ausgeweitet.
Ein Wortelement in Āsana-Bezeichnungen.

Utthitatrikonāsana, utthita-tri-konāsana *n* gestreckte Dreieckshaltung; seitliche Beuge aus dem Stand.
utthita – gestreckt; tri-koṇa - Dreieck; āsana – Haltung.

V, W

Vāc, Vāk *f* Sprache, Rede, Wort, Ton. Im Rig-Veda die Göttin der Sprache, Trägerin der Offenbarung, welche die Rishis oder Seher empfangen.

Vācaspati Mishra [miśra] bedeutender Gelehrter (9. Jh.), der brillante Kommentare zu den philosophischen Systemen des Hinduismus schrieb, darunter auch die Tattva-Vaishāradī, ein Kommentar zum *Yoga-Bhāshya.*

Vācika-Japa *m* gesprochene, d.h. hörbare Mantra-Wiederholung.
Siehe *Japa*, Abs. 4.

Vāhana *n* Fahrzeug; Tragtier einer Gottheit. So wird Vishnu von Vogel Garuda getragen, Shiva vom Bullen Nandī, Brahmā vom Schwan (Haṁsa) und Indra vom Elefanten Airāvata.

Vaidya *m* ein Gelehrter, Wissender; ayurvedischer Arzt.

Vaidyanātha *m* Herr der Ärzte; ein Name Shivas.

Vaikhānasa-Smārta-Sūtra *n* ein Werk des 4. Jhs., das die Pflichten der Waldeinsiedler (Vaikhānasa) erläutert und einige wichtige Ausführungen zum Yoga der Asketen enthält.

Vaikharī-Japa *m* Synonym für *Vācika-Japa.*

Vaikuntha [vaikuṇṭha] *m od n* Himmelsregion in einer transzendenten Welt, Vishnus Wohnsitz; wird geografisch z.T. dem Berg *Meru* zugeordnet.
Vaikuntha wird als ein paradiesischer Ort beschrieben, in dem es nicht Schmerz und Tod, Leid und Sorge gibt.

Vairāgya *n* Loslösung, Nicht-Anhaftung, Leidenschaftslosigkeit (vi-rāga), Verzicht auf das Begehren weltlicher Dinge. Dieser Verzicht kann aufgrund einer bewussten Disziplin erfolgen oder sich automatisch als Resultat einer spirituellen Entwicklung ergeben.
Das Yogasūtra erklärt in 1.12, dass die Stillegung der *Vrittis*, die in 1.1. als Ziel des Yoga dargestellt ist, durch *Abhyāsa*, Übung, und durch Vairāgya erfolgt. Der letztere Begriff wird definiert als „die Bewusstheit der Selbstbeherrschung desjenigen, der frei ist vom Begehren nach gesehenen und gehörten

Dingen.“
Die Bhagavadgītā erklärt in 6.35, dass der Geist (Manas) schwer zu beherrschen sei, aber durch Abhyāsa und Vairāgya könne die Kontrolle gelingen.

Vaishākha [vaiśākha] *m* Name des zweiten der zwölf Monate im Hindu-*Kalender* (April/Mai).

Vaisheshika [vaiśeṣika] *n* eines der sechs Philosophie-Systeme des Hinduismus (*Shaddarshana*), das von Kanāda begründet wurde. Es ist eher rational-wissenschaftlich ausgerichtet, beinhaltet jedoch auch das Ziel spiritueller Befreiung. Diese erfolgt auf dem Weg der Erkenntnis mittels einer systematischen Analyse von sechs Daseinskategorien.

Vaishnava, Vaishnavismus siehe *Vishnuismus.*

Vaishvānara [vaiśvānara] *adj oder m* wörtl. „alle Menschen betreffend“, universell, universelles Wesen. Im Vedānta Bezeichnung für den Wachzustand des Menschen, identisch mit *Jāgrat.* Auch Bezeichnung für Agni und für das Verdauungsfeuer.

Vaishya [vaiśya] *m* Angehöriger des dritten Standes, in der Regel Händler, Kaufleute und Bauern.
Siehe auch *Varna.*

Vaivasvata *adj* zur Sonne (Vivasvat) gehörig, sonnengeboren.
Siehe auch *Manu.*

Vajra *n* Donnerkeil, Diamant, Name der Waffe Indras.
Das Wort steht auch symbolisch für Kraft, Stärke und als esoterische Bezeichnung für das männliche Geschlechtsorgan.

Vajrāsana *n* die Diamant-Haltung, der Diamant-Sitz.
vajra – Diamant; āsana – Haltung.

Vajra-Deha *m* der diamantene Körper, im Hatha-Yoga Bezeichnung für einen transformierten, „unverwüstlichen“ Körper.

Vajrolī-Mudrā *f* eine sehr spezialisierte Hatha-Yoga-Technik zur Bewahrung und Aufwärtslenkung der Geschlechtskraft auch nach der körperlichen Vereinigung. Sie wird in der Hatha-Pradīpikā V.136-141 beschrieben und kann von Yoginīs und Yogīs in ähnlicher Weise praktiziert werden. Wenn sie vervollkommnet wird, so heißt es in Vers 141, führt sie zum transformierten, göttlichen Körper (Dehasiddhi) und zu materiellem und spirituellem Erfolg. Siehe auch *Bindu.*

Vakrāsana *n* Dreh-Haltung, halber Drehsitz.
vakra – krumm, gedreht; āsana – Haltung.

Vāk-Siddhi *f* die Vollkommenheit oder Kraft der Sprache. Bezeichnung für eine besondere Fähigkeit von Yogīs, etwas (auf die Zukunft Bezogenes) mit einer solchen Kraft und Konzentration zu sagen, dass es sich zwangsläufig in der Realität verwirklicht.

Vālakhilyāsana *n* die Vālakhilya-Haltung; Variante der Taubenhaltung, Kapotāsana.
vālakhilya – Bezeichnung für eine Gruppe von vedischen Rishis; āsana – Haltung.

Vallabha, Vallabhāchārya vishnuitischer Heiliger und Philosoph (1479-1531). Er begründete den Pushti-Mārga, den Weg der Fülle der Gnade des Göttlichen, und den Shuddhādvaita-Vedānta, den Reinen (d.h. unverfälschten) Nicht-Dualismus.
Nach Vallabhas Philosophie ist die Seele und ihre Beziehung zur Welt real, aber ihr Aspekt des Ānanda, der Glückseligkeit, ist verschleiert. Ein Hauptmittel der spirituellen Befreiung ist Bhakti, Verehrung Krishnas, in einem Geist der Teilhabe an dessen göttlichem Spiel in der Welt. Dabei kann der Anbeter verschiedene Rollen einnehmen wie jene des Dienenden oder von Vater-Mutter, Liebhaber oder Gefährte.
Vallabhas Hauptwerke wie *Anubhāshya* und *Siddhāntarahasya* enthalten eine theistische Auslegung des Vedānta, die etwa zwischen Shankaras Advaita Vedānta und Rāmānujas Vishishtādvaita Vedānta angesiedelt ist. Er schrieb auch einen wichtigen Kommentar zum Vedāntasūtra.

Vālmiki Name des Verfassers des großen Epos *Rāmāyana.* Der Legende nach war er zunächst ein Straßenräuber, wurde jedoch von Nārada veranlasst, ein neues Leben zu beginnen. So wurde er zum herausragenden Dichter und zum Einsiedler.
In seinem Epos *Rāmāyana* tritt er auch selbst als Akteur auf. Während ihrer Zeit der Verbannung besucht *Sītā* ihn und bringt in seiner Einsiedelei die beiden Zwillinge Kusha und Lava zur Welt.

Vāmācāra *m* der Linke Pfad im Tantra, siehe *Vāma-Mārga.*

Vāmadevāsana *n* die Vāmadeva-Haltung. vāmadeva – vedischer Rishi; āsana – Haltung.

Vāma-Krama *m* die „linke Abfolge“. Eine Atemtechnik, bei der wiederholt durch das linke Nasenloch ein- und durch das rechte ausgeatmet wird.

Vāma-Mārga *m* der Linke Pfad im Tantra. Dieser versucht, selbst die sexuellen Energien im Menschen für den spirituellen Weg einzusetzen, indem diese elementaren Kräfte, die aus herkömmlicher Sicht ein Hindernis für die Verwirklichung sind, erhöht und sublimiert werden. Dadurch soll die körperliche Vereinigung letztlich zu einem Akt der Vereinigung von Seelen werden, die in göttlicher Transzendenz ihre Einheit realisieren.
Siehe auch *Tantra, Pañca-Ma-Kara, Vajrolī-Mudrā.*

Vāmana *m* Zwerg. Vishnus Inkarnation als Zwerg (Vāmanāvatāra). Als der Dämon Bali übermächtig die drei Welten beherrschte, erschien Vishnu vor ihm in der Gestalt eines Zwergen und ließ sich als ein Willkommensgeschenk versprechen, so viel Land zu erhalten, wie er in drei Schritten beschreiten könnte. Daraufhin verwandelte er sich in einen Riesen (*Trivikrama*) und beschritt in nur zwei Schritten Himmel und Erde, beließ Bali aber (weil er auch gute Verdienste hatte) die Herrschaft über die niederen Welten, Patāla, indem er seinen dritten Schritt auf Balis Kopf setzte und ihn dorthin hinabdrückte.

Vamana-Dhautī *f* eine Reinigungstechnik mittels Erbrechen (vamana), welches durch übermäßige Wasseraufnahme nach einer Mahlzeit herbeigeführt wird.

Vānaprastha *m* Einsiedler, Waldeinsiedler. Das dritte von vier Stadien (*Āshrama*) im Leben eines Hindus, wobei in der Abgeschiedenheit des Waldes ein intensiver Weg der spirituellen Suche unter Einhaltung bestimmter Regeln beschritten wird.

Vānarāsana *n* die Affen-Haltung. vānara – Affe; āsana – Haltung.

Varadamudrā *f* die Mudrā oder Geste des Wunschgewährenden oder Segen spendenden (vara-da). Handgeste mit nach unten weisenden Fingern.

Varāha *m* Eber. Vishnus Inkarnation als Eber (Varāhāvatāra). In den Purānas wird berichtet, dass der Dämon Hiranyāksha einst die Erde im Meer versenkte. Daraufhin tötete Vishnu den Dämonen, tauchte zum Meeresgrund und hob die Erde mit seinen Hauern wieder empor.

Varāha-Upanishad [upaniṣad] *f* eine der Yoga-Upanishaden, welche Themen wie Vedānta, Hatha-, Mantra-, Laya- und Kundalinī-Yoga abhandelt.

Vārānasī *f* der alte Sanskrit-Name von Benares. Siehe unter *Gangā.*

Vārisāra-Dhautī *f* eine Reinigungstechnik mittels (sāra) Wasser (vāri). Dabei wird der Mund vollständig mit Wasser gefüllt, das langsam geschluckt und schließlich durch den Anus ausgeschieden wird. Dies gilt als eine der wirksamsten Dhautī-Techniken.

Varna [varṇa] *m* Klasse, Stand; Gestalt, Form; Eigenschaft; Silbe, Laut, Ton. Insbesondere Bezeichnung für das hinduistische Ständesystem: Brāhmana, Priester, Gelehrter; Kshatriya, Feldherr, Politiker, Beamter; Vaishya, Händler, Bauer; Shūdra, Dienender.
Die Bhagavadgītā stellt klar, dass der Weg zur spirituellen Vollkommenheit allen offensteht, die die Pflichten ihrer jeweiligen Lebenssituation (Dharma) erfüllen und dem Göttlichen als Gabe darbringen.
Im Mantra-Yoga steht Varna für Klang oder Silbe.
Siehe auch *Kaste*.

Varshā [varṣā] *f* die Regenzeit im Hindu-Kalender (*Pañcānga*).

Varuna [varuṇa] *m* vedische Gottheit, der Schöpfer und Erhalter von Himmel und Erde, Hüter der kosmischen Ordnung, einer der Ādityas. In den Purānas ist Varuna Herr der Gewässer.

Varunā-Nādī, Varunī-Nādī [varuṇa, varuṇī] *f* eine Nādī oder ein feinstofflicher Nervenkanal, welcher mit der Funktion der Ausscheidung von Urin in Verbindung gebracht wird.

Vāsanā *f* Wunsch, Begehren, Impuls; Neigung; Vorstellung, Eindruck, Erinnerung. Im Yoga Bezeichnung für latente Impressionen im Unterbewusstsein in Form verborgener Wünsche, Ambitionen etc. Der Begriff ist eng verwandt mit *Samskāra*, wird auch als Synonym für diesen Begriff gebraucht.

Vasanta *m* der Frühling im Hindu-Kalender (*Pañcānga*).

Vashitva [vaśitva] *n* Meisterschaft, Selbstbeherrschung. Eine *Siddhi* oder eine übernatürliche Fähigkeit, seinen Willen durchzusetzen.

Vasishtha [vasiṣṭha] ein bekannter vedischer Rishi, der einige Hymnen des Rig-Veda verfasste. Auch Name eines berühmten Weisen, der in verschiedenen Texten der späteren vedischen Literatur erwähnt wird.
Siehe auch *Vishvāmitra.*

Vasishthāsana, Variante „Utthita“

Vasishthāsana *n* die Vasishtha-Haltung; Seitstütz.
vasiṣṭha – vedischer Rishi; āsana – Haltung. Siehe auch *Backcover.*

Vāso-Dhautī *f* eine Reinigungstechnik mittels eines Tuches (vāsa). Das Tuch wird langsam heruntergeschluckt und wieder herausgezogen. Die Technik, manchmal auch nur „Dhautī" genannt, soll verschiedene Krankheiten des Unterleibs und Hautprobleme heilen.

Vasti *m oder f* Blase, Unterleib; Einlauf, Enema; Injektionsspritze. Eine von sechs Reinigungsübungen im Hatha Yoga (*Shat-Karma*). Beim Jala-Vasti taucht man bis zum Nabel in Wasser (Jala) ein, führt den Utkatāsana durch und aktiviert und löst dann wieder den Schließmuskel des Anus. Dies soll Nieren-, Magen- und Darmprobleme heilen.
Beim Shushka-Vasti (trockener Einlauf) begibt man sich in den Pashcimottānāsana und führt dann die oben beschriebenen Kontraktionen durch. Dies heilt Verstopfung und regt die Verdauung an.
Bei wiederum einer anderen Form des Vasti wird ein Röhrchen in den Anus eingeführt und dadurch Wasser angesaugt.

Vastu *n* Ding, Objekt; Platz, Ort.

Vāstuvidyā *f* die Bau-Wissenschaft, siehe *Architektur*.

Vasudeva *m* Krishnas Vater, der Ehegatte von Devakī. Er war der Bruder Kuntīs, der Mutter der Pāndavas, die somit Krishnas Vettern waren.

Vāsudeva *m* ein Name Krishnas, „der Sohn des Vasudeva".

Vāsuki *m* Name eines Königs der Schlangen (Nāgas), Sohn der Kadrū. Beim Quirlen des *Milchozeans* diente er als Zugseil.

Vasus *m* Name vedischer Gottheiten (acht an der Zahl), die Indra zu Diensten waren.

Vāta *m* Wind, Luft; eines der fünf materiellen Elemente (*Bhūta*). Im Āyurveda einer der drei *Doshas* (Humore oder Energieprinzipien) verbunden mit den Eigenschaften leicht, trocken, fein, kalt und flüchtig.
Im Yoga wird der Begriff teils auch als Synonym für Prāna verwendet.

Vāta-Sāra-Dhautī *f* Reinigung mittels (sāra) Luft (vāta). Eine Reinigungstechnik im Hatha-Yoga. Dabei saugt man Luft mit dem krähenförmig gespitzten Mund ein, füllt den Magen mit ihr und presst sie schließlich durch den Anus aus. Diese Technik soll viele Krankheiten heilen und die Verdauung anregen.
Siehe auch *Shat-Karma*.

Vātāyanāsana *n* Pferd-Haltung.
vātāyana – Pferd (aus vāta-ayana, „schnell wie der Wind"); āsana – Haltung.

Vātsyāyana *m* Autor des Erotik-

Lehrbuchs *Kāmasūtra.*

Vātsalya *n* Liebe, Zuneigung, besonders Kindesliebe.
Siehe auch *Bhāva.*

Vāyavī-Dhāranā-Mudrā [dhāraṇā] *f* eine Technik, bei der man sich über zweieinhalb Stunden intensiv auf das Wind-Element konzentriert, was die Lebenskraft anregt und die übernatürliche Fähigkeit des Ätherreisens (Ākāshagamana) herbeiführen soll.

Vāyu *m* Luft, Wind, Atem; Gott des Windes. Im Yoga auch ein Synonym für Prāna.
Vāyu-Siddhi ist die Meisterschaft über das Element „Luft" und führt zur übernatürlichen Fähigkeit der Levitation (Laghiman).
Vāyu-Sādhana wird in der Shiva-Samhitā als Synonym für Prānāyāma gebraucht.

Veda, Weda, Pl. Vedas, Veden *m* Wissen, spirituelle Erkenntnis. Der Begriff „Veden" umfasst im weitesten Sinne die Gesamtheit der alten heiligen Schriften der Hindus, die von den Rishis oder Sehern als göttliche Offenbarung, Shruti, geschaut wurden.
Am Anfang dieser Literatur stehen die sogenannten Samhitās, d.h. wörtlich „Sammlungen", an die sich im Laufe der Zeit die Brāhmanas, Āranyakas und Upanishaden anschlossen.
Hinzu kommen die Sūtras des Vedānga, welche nicht mehr als Teil der ewigen Wahrheiten der höchsten Offenbarung gelten, sondern als *Smriti*, d.h. Texte, die von Menschen verfasst wurden.
Im allgemeinen Sprachgebrauch bezieht sich der Begriff Veden oft nur auf die Samhitās. Am bekanntesten ist die Rig-Veda-Samhitā, die aus 1028 Hymnen besteht und in zehn Bücher gegliedert wird. Ferner gibt es noch die Samhitās des Sāma-, Yajur- und Atharva-Veda. Während der Rig-Veda spirituelle Hymnen wie auch Schöpfungsmythen enthält, finden sich im Sāma-Veda liturgische Lieder, die überwiegend auf den Rig-Veda zurückgehen und die Darbringung des Soma-Opfers begleiten. Der Yajur-Veda enthält mantrische Opfersprüche und der Atharva-Veda magische Zaubersprüche des Feuerpriesters Atharvan.
Siehe auch *Rigveda, Brāhmanas, Āranyakas, Upanishaden, Vedānga.*

Vedānga [vedāṅga] *m* wörtl. Glied des Veda, Anhang zum Veda. Bezeichnung für Texte, die die vedische Literatur abschließen und Themen wie Ritualistik, Metrik und Phonetik behandeln. Sie wurden als Sūtras verfasst, d.h. als Leitfäden, die in einer besonderen, leicht zu memorierenden Sprache geschrieben sind. Ihr Zweck ist es, ergänzendes Wissen für das Veda-Studium bereitzustellen.

Vedānta *m* Ende (anta) oder Essenz des Veda. Der Begriff bezeichnet sowohl die Upanishaden als auch die Lehren, die sich auf sie gründen, ebenso wie die Bhagavadgītā.
Als Lehre ist der Vedānta eines der sechs philosophischen Systeme des Hinduismus (Shaddarshana). Sie wurde im Brahmasūtra des Bādarāyana zusammengefasst, wobei Themen wie Ātman, Brahman und ihr Verhältnis zueinander im Mittelpunkt stehen.
Es werden die folgenden drei Hauptzweige des Vedānta unterschieden: 1. Der Advaita-Vedānta (Nichtzweiheit, Monismus), dessen bekanntester Repräsentant Shankara ist. 2. Der Vishishtādvaita-Vedānta (die qualifizierte Nichtzweiheit) des Rāmānuja. 3. Der Dvaita-Vedānta (dualistischer Vedānta) des Madhva. (Siehe auch weitere Erläuterungen unter diesen Sanskrit-Begriffen.)
Der Vedānta wurde seit Ende des 19. Jhs. von den Swāmīs der Ramakrishna Mission im Westen verbreitet und fand viel Anklang bei amerikanischen und europäischen Studenten indischer Spiritualität. Ein maßgeblicher Repräsentant war *Swami Vivekananda.*

Vedānta-Sūtra *n* Name der Aphorismen der Vedānta-Philosophie, die Vyāsa oder Bādarāyana zugeschrieben werden. Sie heißen auch Brahma-Sūtra oder Shārīraka-Sūtra. In diesem Werk werden die Lehren der Upanishaden über Ātman und Brahman zusammengefasst. Bedeutende Philosophen wie Shankara, Rāmānuja u.a. schrieben Kommentare zum Vedānta-Sūtra.

Vedāntin *m* Anhänger des Vedānta.

Vedavid *m oder adj* ein Veda-Kenner.

Vedi, Vedī *f* Altar, Opferstelle.

Venkateshvara [veṅkateśvara] *m* ein Name Vishnus, „der Herr von Venkata" (eines heiligen Berges in Tirupati).

Venugopāla *m* der Kuhhirte mit der Flöte (venu), ein Name Krishnas.

Vibhishana [vibhiṣaṇa] *m* Name eines Bruders des Dämonen *Rāvana.* Er lehnte dessen Aktionen und Krieg gegen Rāma ab, woraufhin er aus Lankā verbannt wurde und sich Rāma anschloss, der ihn später zum neuen König von Lankā ernannte.

Vibhūti *f* Offenbarung, Manifestation; Kraft, Macht; heilige Asche.
Der dritte Teil des Yogasūtra heißt Vibhūti-Pāda und handelt von übernatürlichen Kräften, die sich im Verlaufe der Yoga-Praxis einstellen können. In diesem Zusammenhang ist Vibhūti ein Synonym für *Siddhi.*
In der Bhagavadgītā 10.16 steht der Begriff für die göttlichen Kräfte, die Teil von Krishnas Wesen sind und

mit denen er die Welt erfüllt.
Vibhūti bezeichnet auch die universelle Kraft in einem Menschen, die ihn zu einer außergewöhnlichen Person der Weltgeschichte werden lässt, welche den Lauf der Dinge voran bringt. Dies können progressive Politiker sein ebenso wie Dichter, Denker und Künstler, die ihre Epoche entscheidend mit neuen Gedanken, Entwürfen und Visionen prägen.
Der Begriff bedeutet zudem „heilige Asche", welche Asketen als Symbol der Entsagung auf ihren Körper streichen. Ihr werden auch Heilwirkungen zugeschrieben.

Vicāra *m* Nachdenken, Reflexion; Prüfen, Erforschen. Dies bezieht sich insbesondere auf tiefgründige Fragen wie z.B. „Wer bin ich", „Wozu existiere ich", „Welches ist der Ursprung aller Dinge?"
Der Sa-Vicāra-Samāpatti ist ein Samādhi-mit-Reflexion über einen subtilphysischen Gegenstand wie z.B. ein Mantra.

Vicāranā [vicāraṇā] *f* Ergründen, Erforschen.

Videha *adj oder m* körperlos, ohne Körper (vi-deha). Der Begriff erscheint u.a. in Yogasūtra 1.19 und bezieht sich auf Wesen, die in einem Samādhi-ähnlichen Zustand glücklich in feinstofflichen Sphären weilen und dort die Früchte guten Karmas genießen, bevor sie sich schließlich erneut reinkarnieren.

Videha-Mukti *f* die Befreiung „ohne Körper". Eine spirituelle Befreiung, die in dem Moment eintritt, wo der Körper verlassen wird. Daraufhin leben die befreiten Wesen in subtilphysischen Regionen fort.
Der Begriff bedeutet auch Befreiung durch die Erkenntnis, nicht der Körper zu sein, oder eine so intensive innere Vereinigung mit dem Absoluten, dass kein Körperbewusstsein mehr existiert.
Siehe auch *Jīvanmukti.*

Vidhi *m* Regel, Gesetz, Anweisung.

Vidura *m* im Mahābhārata der Sohn Vyāsas von einem Dienstmädchen. Er war bekannt für seine Ausgeglichenheit und Weisheit und beriet die Kauravas ebenso wie die Pāndavas.

Vidyā *f* Wissen, Weisheit, Erkenntnis. Man unterscheidet zwischen Apara-Vidyā, der niederen Erkenntnis, welche durch intellektuelles Studium erlangt wird, z.B. im Bereich der Wissenschaften und Gelehrsamkeit, und Para-Vidyā, der höheren Erkenntnis, die auch Brahma-Vidyā genannt wird und für eine eigene, direkte spirituelle Erfahrung des Höchsten steht.
Siehe auch *Avidyā.*

Vighna *m* Hindernis, Schwierigkeit; ein Hindernis auf dem Yoga-Weg, wie z.B. Trägheit, Zweifel, Begierde, Überheblichkeit oder Missbrauch von übernatürlichen Kräften.

Vijñāna *n* Erkenntnis, Einsicht, Urteilskraft, Wissen; Bewusstsein (vor allem im Buddhismus). Das Wort bezeichnet, je nach Literatur und Zusammenhang, sowohl weltliches Wissen und intellektuelles Erkennen als auch höhere, spirituelle Erkenntnis. Diese beiden Erkenntnisformen können ineinander übergehen, wenn, wie z.B. in der Sānkhya-Philosophie, eine systematische analytische Ergründung zur spirituellen Erkenntnis hinführt.
Im Vedānta steht der Begriff für eine besondere Verwirklichung, bei der das Brahman nicht im Samādhi erfahren wird, sondern „mit offenen Augen" in der Welt der Erscheinungen wahrgenommen wird, welche nichts anderes sind als die Manifestation des Höchsten.

Vijñānamaya-Kosha [kośa] *m* eine der fünf Hüllen, die das höchste Selbst umgeben, die Intelligenz-Hülle, welche Denken und Wollen ermöglicht.
Siehe auch *Kosha.*

Vijñāna-Bhairava-Tantra *n* eine wichtige Schrift des *Kaschmir-Shivaismus.* Sie wurde im 8. Jh. bekannt, existierte aber schon vorher. Vijñāna ist hier eine Bezeichnung für den höchsten Bewusstseinszustand, der gleichgesetzt wird mit Bhairava, einem Namen Shivas. Hauptthema des Textes sind 112 Techniken der Meditation zur Erlangung des Samādhi.

Vijñāna Bhikshu [bhikṣu] ein Vedānta-Gelehrter (1525-1580), der viele umfassende und brillante Kommentare zu wichtigen Texten verfasste, darunter auch zum Brahma-Sūtra, Sānkhya-Sūtra und Yoga-Sūtra. Er vertrat einen theistischen Vedānta, welcher der spirituellen Philosophie der Bhagavadgītā und der Purānas nahe steht und sich von Shankaras Māyāvāda distanziert.

Vikalpa *m* Vorstellung, falsche Vorstellung, Einbildung, Phantasie; Unterscheidung, Differenzierung.
Der Begriff wird in Yogasūtra 1.9 als eine der (fünf) Vrittis erwähnt: Vikalpa bedeutet, dem Wort-Wissen zu folgen, ohne dass eine entsprechende Realität dahinter steht. Dies will sagen, dass wir, wenn wir ein Wort (oder Wörter) hören, sofort unsere Schlussfolgerungen ziehen und übereilig reagieren, ohne die Geduld zu haben, den tieferen Gehalt zu erschließen.
In Sa-vikalpa-Samādhi bedeutet Vikalpa „Unterscheidung, Differenzierung", d.h. mit Differenzierung von Subjekt (Meditierender) und Objekt (Gegenstand der Meditation.)

Vikāra *m* Umwandlung, Transformation, Modifikation. Die Um-

wandlung einer Substanz in eine andere wie z.B. Wasser zu Eis.
Nach der Umwandlungslehre der Sānkhya-Philosophie (Parināma-Vāda) geht die gesamte Erscheinungswelt mittels Vikāra aus dem Urgrund der Natur, aus der Prakriti hervor, indem die einzelnen Tattvas oder Grundprinzipien sich herausbilden.

Vikramāditya *m* berühmter König im alten Indien, der an seinem Hofe in *Ujjain* viele herausragende Dichter und Gelehrte versammelte.

Vikshepa [vikṣepa] *m* Zerstreuung, Ablenkung, Verwirrung, ein Hindernis auf dem Yoga-Weg.
In der Vedānta-Philosophie ein Synonym für *Adhyāropa*, Überdeckung.

Viloma-Prānāyāma [prāṇāyāma] *m* Prānāyāma „gegen den Strom", oder „gegen den Strich" (vi-loma). Eine Atemübung, bei der Ein- und Ausatmung nicht kontinuierlich, sondern mit Pausen erfolgen.

Vimāna *m od n* Himmelswagen, selbstangetriebenes Raumschiff der Götter, mit dem sie durch die Himmelsregionen reisen.
Auch der Dämonenkönig Rāvana im Rāmāyana besaß ein solches Raumschiff, das den Namen Pushpaka trug. Er hatte es dem Gott Kubera entwendet und benutzte es, bis er von Rāma besiegt und erlegt wurde. Rāma und Sītā reisten schließlich darin von Srī Lankā in ihre Heimat zurück.

Vīnā [vīṇā] *f* ein klassisches indisches Saiteninstrument, mit zwei großen Kürbissen als Klangkörper. Man unterscheidet zwischen der nordindischen Rudra Vīnā und der südindischen Sarasvatī Vīnā. Die letztere gleicht einer langen Mandoline und wird zum Spielen waagerecht auf die Erde gelegt oder auf die Knie gestützt.

Vinatā *f* eine der beiden Frauen des Weisen *Kashyapa* und Mutter Garudas.

Vināyaka *m* ein Beiname Ganeshas, „derjenige, der die Hindernisse wegräumt".

Viniyoga *m* Anwendung, individuelle Anwendung. Ein von T. Krishnamacharya herangebildeter Übungsstil, der von seinem Sohn und Schüler T.K.V. Desikachar weiterentwickelt wurde.
Viniyoga bedeutet die individuelle Ausrichtung der Übungen auf den Einzelnen, indem optimal auf dessen Konstitution und Disposition ebenso wie auf seine persönliche Zielsetzung eingegangen wird.
So können bestimmte Übungen je nach Alter und Fitness variiert werden, um den Körper nicht zu überfordern, oder es werden einzelne Āsanas für bestimmte therapeuti-

sche Zwecke zusammengestellt.
Auch Übende, die z.B. aufgrund einer Schwangerschaft oder aufgrund von Knieproblemen körperlich eingeschränkt sind, sollen so die Möglichkeit erhalten, Yoga mit Gewinn und Freude zu praktizieren.
Eine wichtige Rolle bei der Ausführung der Āsanas spielt das richtige, gut abgestimmte Zusammenwirken von Körper und Atem. Auch Meditation und Studium des Yogasūtra sind Teil des Viniyoga-Weges.

Vinyāsa-Krama *m* wörtl. Bewegungs-Abfolge; der korrekte, stufenweise Aufbau einer Übungsfolge.
Zum Begriff „Vinyāsa" siehe auch *Ashtānga-Vinyāsa-Yoga*, Abs. 2.

Vipāka *m* Reifung, Erfüllung, Vollendung. Das Heranreifen (und Sichtbarwerden) der Früchte des Karma.

Viparīta *adj* umgekehrt, nach innen gekehrt.

Viparīta-Karanī-Mudrā [karaṇī] *f* die Umkehrhaltung, Umkehrübung. Eine Körperstellung, die in der Gheranda-Samhitā als Kopfstand mit ausgestreckten Händen beschrieben wird, bei B.K.S. Iyengar als Kombination aus Setubandhasarvāngāsana (Brücke) und Sarvāngāsana (Schulterstand).
Bei S. Yesudian Schulterstand mit leicht angewinkelten Beinen.

Viparyaya *m* Irrtum, falsche Auffassung, Fehler; in Yogasūtra 1.8 als eine der fünf Vrittis aufgeführt. Es ist eine fehlerhafte Erkenntnis aufgrund irrtümlicher Wahrnehmung oder Deutung. Dies gilt z.B., wenn man in der Dunkelheit ein Seil sieht und dies fälschlich für eine Schlange hält.

Viplava *m* Zerstreuung, Verwirrung.

Vīra *adj oder m* mutig, Held. Im Tantra Bezeichnung für eine der drei Hauptkategorien von Suchern. Der Vīra steht bereits stark unter dem Einfluss spiritueller Ideale. Er kann die Herausforderung annehmen, inmitten von Objekten der „Versuchung" zu leben, und so zunehmend Gleichmut und Selbstbeherrschung entwickeln, um seine Gedanken mehr und mehr unter allen Lebensumständen auf das Göttliche zu richten.
Siehe auch *Divya, Pashu* (Abs. 2).

Vīrabhadra *m* Name eines mythischen Helden, siehe *Daksha.*

Vīrabhadrāsana *n* die Vīrabhadra-Haltung; Krieger.

vīrabhadra – Name eines mythischen Helden; āsana – Haltung.

Virāga *m* Nicht-Anhaftung; ein Synonym für *Vairāgya.*

Viraha *m* Trennung, Schmerz der Trennung oder des Getrenntseins (vom Göttlichen).

Virañcyāsana *n* die Virañci-Haltung, Virañci-Stellung.
virañci – Eigenname; āsana - Haltung.

Vīrāsana *n* der Heldensitz.
vīra – Held; āsana, Sitz, Haltung.

Vīrashaiva [vīraśaiva] *m* Name einer südindischen shivaitischen Sekte, die im 12. Jh. von Basava gegründet wurde. Er trat für eine Aufhebung des Kastendenkens und für eine Gleichheit der Geschlechter ein.
Nach seiner Lehre manifestiert sich Shiva mit Hilfe seiner Shakti in allen Individuen, die jedoch das Bewusstsein der Einheit mit ihm aufgrund von Unwissenheit verlieren. Durch Meditation über das Shiva Linga und andere Praktiken kann es aber zurückerlangt werden.

Vīrya *n* Kraft, Stärke, Willenskraft, Energie. In Yogasūtra 1.20 als eine Voraussetzung für das Erlangen des Samādhi erwähnt. In 2.38 heißt es, Vīrya werde durch *Brahmacarya* erreicht.

Visarga *m* Schöpfung, Erschaffung; Abschied, Trennung; spirituelle Befreiung. In der Sanskrit-Grammatik Bezeichnung für einen Hauchlaut (meist) am Ende eines Wortes, wie z.B. *śāntiḥ* (siehe *Shānti*).

Vishāda [viṣāda] *m* Verzweiflung, Enttäuschung, Verzagtheit.
Das erste Kapitel der Bhagavadgītā heißt Arjuna-Vishāda-Yoga, d.h. der Yoga der Mutlosigkeit Arjunas.
Siehe auch *Bhagavadgītā.*

Vishama-Vritti-Prāṇāyāma [viṣama-vṛtti-prāṇāyāma] *m* ein Prāṇāyāma, bei dem die Dauer von Einatmung, Ausatmung und Luftanhalten unterschiedlich ist.
viṣama bedeutet „ungleich“ oder „unregelmäßig“; vṛtti steht hier für (Atem-)Bewegung.

Vishaya [viṣaya] *m* Gegenstand, Objekt, Sinnesobjekt.

Vishesha [viśeṣa] *adj oder m* besonders, speziell; Differenz, Unterschied; Gattung, Art.

Vishishtādvaita [viśiṣṭādvaita] *n* der qualifizierte oder „mit Eigenschaften versehene“ Monismus (vishishta-advaita). Eine von *Rāmānuja* begründete Lehre, in der er den Vedānta mit dem Vishnuismus verband und die Anbetung des Īshvara in den Mittelpunkt stellte. Nach seiner Philosophie sind die Einzelseelen mit dem Brahman weder direkt identisch noch getrennt von ihm, sie finden ihre Erfüllung in der Selbsthingabe an das Brahman.

Vishnu, Wischnu [viṣṇu] wörtl. alldurchdringend; eine der drei Gottheiten der Hindu-Trinität, neben Shiva und Brahmā. Seine Funktion ist vor allem die des Erhaltens und Bewahrens von Welt und Universum.

Vishnu ist die höchste Gottheit des Vishnuismus, er inkarniert sich zehnmal als Avatār auf Erden als Matsya, Fisch; Kūrma, Schildkröte; Varāha, Eber; Narasimha, Löwenmensch; Vāmana, Zwerg; Parashu-Rāma, Rāma mit der Axt; Rāma; Krishna; Buddha; Kalki. (Siehe Details unter den jeweiligen Sanskrit-Namen).

In seinen Inkarnationen nimmt Vishnu jeweils bestimmte evolutionäre Aufgaben wahr, um den Lauf der Erde voranzubringen und die Kräfte des Dharma gegenüber dem Bösen zu unterstützen.

Die Inkarnation des Kalki steht noch bevor: Am Ende des Kali-Yuga wird Vishnu auf einem weißen Schimmel reitend erscheinen und für die Menschheit ein neues Zeitalter des Lichts und der Wahrheit einläuten.

Vishnu wird auch als Anantashayana beschrieben, d.h. auf den Windungen der Schlange Ananta, Unendlichkeit, ruhend. In Darstellungen gleitet er oft auf den Meereswassern, die den nicht-manifestierten Kosmos vor bzw. nach der Schöpfung symbolisieren. Seinem Nabel entspringt ein Lotus mit Brahmā darin, Symbol der kreativen Kraft Vishnus.

Er weilt in *Vaikuntha*, seine Gemahlin ist Lakshmī, sein Traggefährt der Vogel Garuda. Oft wird er, als Zeichen seiner Allmacht, mit vier Armen dargestellt, in denen er Muschelhorn, Wurfscheibe, Keule und Lotus hält; seine typische Handpose ist auch die Abhayamudrā. Auf der Brust trägt er den Juwel Kaustubha. Siehe auch *Vishnuismus*.

Vishnudevananda, Swami [viṣṇu-devānanda, swāmī] der bekannteste Schüler Swami Sivanandas im Westen (1927-1993), begründete weltweit zahlreiche Sivananda Yoga Vedanta Zentren.
Vishnudevananda (auch: Vishnu-Devananda) wurde 1927 in Kerala, Südindien, geboren. Nach einer kurzen Laufbahn in der indischen Armee begab er sich zu Swami Sivananda in Rishikesh und wurde im Alter von zwanzig Jahren von ihm als Mönch in seinen Ashram aufgenommen.
Vishnudevananda erwarb sehr schnell fortgeschrittene Kenntnisse des Hatha-Yoga und unterrichtete zahllose indische und westliche Schüler an der Yoga Vedanta Forest Academy.
Im Jahr 1957 ging er auf Weisung Sivanandas nach Nordamerika und eröffnete zunächst in Kanada, dann auch an vielen anderen Orten Yoga Vedanta Zentren. 1969 begründete er eine zertifizierte Yoga-Lehrer-Ausbildung, die weltweit von vielen Tausenden SchülerInnen absolviert wurde. Im Jahr 1989 erschien sein bekannter Buchtitel *Das große illustrierte Yoga-Buch* in deutscher Sprache.
Siehe auch *Sivananda-Yoga.*

Vishnu-Granthi [viṣṇu] *m* einer der „Knoten" im subtilphysischen System, welche den Fluss der Lebenskraft, Prāna, blockieren. Je nach Quelle wird dieser Granthi in der Kehle, im Herzen oder auch im Mūlādhāra-Cakra lokalisiert.

Vishnuismus, auch Vaishnavismus eine der drei Hauptrichtungen der Gottesverehrung im Hinduismus, neben Shivaismus und Shaktismus.
Die Vishnuiten sehen *Vishnu* als höchstes göttliches Wesen, das sich u.a. als *Rāma* und *Krishna* auf Erden inkarniert hat. Ein frühes Dokument des Vishnuismus ist die Bhagavadgītā, die im 11. Kapitel schildert, wie Arjuna die Vision von Vishnu-Krishna als Allgott erfährt, in dessen Leib die ganze Welt mit ihren Göttern und Wesen vereinigt ist.
Einen großen Höhepunkt erlebte der Vishnuismus nach der Jahrtausendwende mit den einflussreichen Lehren von *Rāmānuja* und seinen Schülern ebenso wie durch das Bhāgavata-Purāna und weitere Texte, deren Hauptthemen *Bhakti* und Bhakti-Yoga sind.

Vishnu-Purāna [viṣṇu-purāṇa] *n* eines der Hauptpurānas, das neben vielen anderen Themen ausführlich die Inkarnationen Vishnus abhandelt und auch den Yoga-Weg als einen Weg der Meditation anspricht.

Vishuddha-Cakra, auch Vishuddhi-Cakra [viśuddha, viśuddhi] *n* eines der feinstofflichen Energiezentren im menschlichen Körper, das in der Kehlkopfregion lokalisiert wird, wörtl. das *Cakra* der Reinheit.
Seine Form ist ein Lotus mit sechzehn Blütenblättern, die symbolisch für die Nādīs oder feinstofflichen Energiebahnen stehen, welche von diesem Cakra ausgehen. Die Farbe wird als grau oder auch weiß angegeben.
Dieses Cakra ist mit dem Element Äther, der Göttin Shākinī sowie der Gottheit Sadā-Shiva verbunden. Die Keimsilbe ist HAM, das Tiersymbol der Elefant mit sechs Stoßzähnen und das Grundelement oder Tattva Äther, Ākāsha.

Vishva [viśva] *adj oder n* alles, alle; ganz, universell; die Schöpfung, das Universum.

Vishvakarman [viśvakarman] *m* der „All-Macher", All-Schöpfer, Ur-Architekt des Universums, Sohn Brahmās und Schöpfer des Sthāpatya-Veda, der Wissenschaft von der Baukunst. Er ist der Schutzpatron von Handwerk und Kunstgewerbe und wird dementsprechend verehrt.
Spätere Texte wie die Purānas oder das Mahābhārata enthalten zum Teil abweichende Aussagen über Vishvakarman, seinen Ursprung und seine Funktionen, im Vergleich zu den ältesten vedischen Quellen. So wird z.B. in den letzteren noch differenziert zwischen *Tvashtā* und Vishvakarman, während sie in späterer Mythologie bisweilen verschmelzen.
Siehe auch *Architektur*.

Vishvāmitra [viśvāmitra] *m* bekannter indischer Weiser, der als Angehöriger der Krieger-Kaste (Kshatriya) geboren wurde, jedoch aufgrund intensiver Askeseübungen zum Brahmanen und bedeutenden Rishi wurde.
Im Rigveda wird er als Autor einiger Hymnen genannt, darunter auch des Gāyatrī-Mantra.
Im Mahābhārata und Rāmāyana wird von seiner großen Rivalität mit dem Rishi Vasishtha berichtet, wobei er verbissen danach strebte, zum größten aller Seher zu werden. Am Ende kam es jedoch zur Aussöhnung zwischen den beiden dank der Geduld und Großherzigkeit von Vasishtha.
Siehe auch *Menakā*.

Vishvāmitrāsana *n* die Vishvāmitra-Haltung.
viśvāmitra – vedischer Rishi; āsana – Haltung.

Vishvanātha [viśvanātha] *m* der Herr des Universums, Name Shivas.

Vishvarūpa [viśvarūpa] *adj* alle Formen besitzend, allgegenwärtig. Eine Gottheit in ihrer universellen Gestalt, insbesondere Vishnu, der sich im 11. Kapitel der Bhagavadgītā Arjuna in seiner All-Form offenbart.

Vishvodarā-Nādī *f* [viśvodarā-nāḍī] die „Welt-Magen-Nādī" (viśva-udarā-nāḍī). Ein wichtiger Energiekanal, durch den die Lebenskraft, Prāna, im Körper fließt. Diese Nādī wird insbesondere mit der Nahrungsaufnahme in Verbindung gebracht.
Der Name könnte sich dadurch erklären, dass die Nabelregion als Zentrum des menschlichen Mikrokosmos gilt.

Vīta-Rāga *adj* frei von Leidenschaft oder Anhaftung.

Vitarka *m* Nachdenken, Reflektieren; Beurteilen; Zweifel, negative, grübelnde Gedanken. Yogasūtra 2.33 empfiehlt, negative Gedanken duch eine positive Gegenvorstellung zu neutralisieren.
Siehe auch *Savitarka-Samāpatti.*

Vitrishna [vitṛṣṇa] *adj* ohne Durst, ohne Verlangen.

Vivarana [vivaraṇa] *n* eine Kurzform für Yoga-Bhāshya-Vivarana, d.h. ein Kommentar zum Yoga-Bhāshya.
Dieses bedeutende Werk wird Shankara zugeschrieben und enthält viele geistreiche Ausführungen und Interpretationen.

Vivarta *m* Umwandlung, Transformation. Im Advaita-Vedānta die scheinbare Umwandlung einer Substanz in eine andere. So wird Brahman zur Erscheinungswelt, ohne jedoch im Wesen davon berührt zu werden, da es an sich unwandelbar ist.

Vivasvat *m* leuchtend, strahlend; die Sonne, Sonnengottheit. Einer der acht Ādityas oder Söhne der Aditi. Gemäß den Epen war er der Vater des Manu Vaivasvata.
Siehe auch *Ikshvāku.*

Viveka *m* Unterscheidung, Unterscheidungskraft, Urteilskraft; spirituelle Erkenntnis, Weisheit. Die Fähigkeit, zwischen dem Wahren, Wirklichen, Ewigen (Sat) und dem Unwahren, Unwirklichen, Vergänglichen (Asat) zu unterscheiden. Viveka gilt allgemein als wichtige Voraussetzung für eine fruchtbare spirituelle Suche.

Vivekaja-Jñāna *n* Erkenntnis, geboren aus (*ja*) Urteilskraft (*Viveka*). Diese besondere Art der Erkenntnis wird in Yogasūtra 3.52-54 als ein Mittel zur spirituellen Befreiung, Kaivalya, dargestellt.

Viveka-Khyāti *f* die Erkenntnis (Khyāti) aufgrund von Urteilskraft (*Viveka*). Ein Synonym für Vivekaja Jñāna (s.o.).

Vivekananda, Swami [vivekānanda, svāmī] einer der bedeutendsten Yogīs des 19. Jhs. (1863-1902), der bekannteste Schüler von Ramakrishna. Er brachte als erster Yoga in den Westen, d.h. die Lehre vom Karma-, Bhakti, Jñāna- und Rāja-Yoga.
Vivekananda wurde am 12. Januar 1863 unter dem Namen Narendranāth Datta in Kalkutta geboren. Schon als Schüler zeigte er sich hochbegabt und hatte ein brillantes Gedächtnis, doch in ihm schlummerte auch eine starke spirituelle Sehnsucht, die ihn im Alter von achtzehn Jahren zu Ramakrishna führte. Gleich zu Beginn der Begegnung fragte er den großen Yogī und Heiligen, ob er Gott geschaut habe, und zum ersten Mal bekam er eine klare, bejahende Antwort auf diese Frage, die er schon vielen spirituellen Persönlichkeiten gestellt hatte. „Ja, ich habe Gott gesehen, so wie ich dich vor mir sehe", versicherte Ramakrishna dem sehr skeptisch eingestellten Jüngling und verhalf ihm bald darauf durch bloße Berühung mit Hand oder Fuß (*Shakti-Pāta*] zu eigenen tiefen Samādhi-Erfahrungen.
Nachdem Ramakrishna im Jahr 1886 seinen Körper verlassen hatte, entsagte Vivekananda der Welt und gründete zusammen mit einigen anderen Mönchen den Ramakrishna-Orden, der später zur Ramakrishna-Mission wurde und viel dazu beitrug, die Lehren des Hinduismus im Westen zu verbreiten. Daraufhin wanderte Vivekananda jahrelang durch ganz Indien und erlebte dabei die große materielle Armut des Landes ebenso wie dessen spirituelle Reichtümer.
Eines Tages hörte er vage von einem „Parlament der Religionen" in Chicago und reiste daraufhin ohne Einladung nach Amerika. Nach einigen Schwierigkeiten konnte er mithilfe einer wohlhabenden Amerikanerin noch seine Zulassung zu dem Kongress erreichen und hielt am 11. September 1893 eine mitreißende Rede, ein Plädoyer für die

Einheit und Toleranz der Religionen.
Seine inspirierte Rede wurde von den Zuhörern mit großem Applaus aufgenommen und auch die Zeitungen feierten den bislang völlig unbekannten Mönch als brillanten Exponenten indischer Spiritualität. Daraufhin folgten viele Vortragsreisen durch Amerika, in deren Verlauf er die Glanz- und Schattenseiten der fremden Kultur kennenlernte. Furchtlos sagte er bei Gelegenheit den Zuhörern seine Meinung, auch wenn sie unbequem war, und blieb stets seiner Seele treu.
Alsbald begann er auch Kurse abzuhalten und unterrichtete zunächst in kleinem Kreis Rāja- und Jñāna-Yoga. Im Jahr 1895 reiste er erstmals nach England, wo er zum Teil ein tieferes Interesse an seinen Lehren vorfand. Seine bekannteste Schülerin dort wurde Margaret Noble, die später als Sister Nivedita bekannt wurde.
Vivekananda hatte alsbald einen großen Kreis von Anhängern und unterwies sie unermüdlich in den Grundlehren von Yoga und Vedānta. Seine Schriften beruhen überwiegend auf Vorträgen, die er im Westen hielt.
Trotz seiner inzwischen angeschlagenen Gesundheit führte er ständig seine vielfältigen Aktivitäten und Reisen fort. Im Sommer 1886 suchte er Erholung in den Schweizer Alpen, deren Atmosphäre ihn an den geliebten Himālaya erinnerte. Zu dieser Zeit traf ein Brief des renommierten Indologen Prof. Paul Deussen ein, der ihn nach Deutschland einlud. Über Heidelberg, Köln und Berlin reiste Vivekananda nach Kiel, wo es zu einer überaus glücklichen Begegnung zwischen dem Yogī und dem Vedānta-Gelehrten kam, die sich fließend auf Sanskrit unterhielten.
Nach vier Jahren im Westen kehrte Vivekananda schließlich in seine Heimat zurück. Durch die Anerkennung im Westen war seine Autorität in Indien enorm gewachsen, und er nutzte sie jetzt zur Förderung seiner Ziele, widmete sich verstärkt humanitärer Arbeit und anderen Projekten.
Als Vivekananda 1899 wieder in den Westen reiste, war er voller Tatendrang. Er verbrachte ein Jahr in den USA, wo Swami Abhedananda mit Erfolg einige Vedānta-Institute begründet hatte. Vivekananda hielt dort zahlreiche Vorträge und gründete weitere Zentren. Durch Schenkung erhielt er ein großes Anwesen bei Santa Clara, wo Swami Turiyananda, ein Mönch mit hervorragenden Sanskrit-Kenntnissen, in einem Ashram viele Aspiranten ausbildete.
Doch Vivekananda löste sich im Inneren allmählich vom Leben, fühlte, dass seine Mission bald erfüllt sein würde. „Der Guru [als Teil meiner Persönlichkeit]... ist verschwunden“, schrieb er in einem Brief, „ich bin nur noch der Junge,

wie er einst unter dem Banyan-Baum von Dakshineswar staunend Ramakrishnas Zauberworte getrunken hat. Das ist meine wahre Natur!"
Im Jahr 1900 nahm er jedoch eine Einladung nach Paris an, um auf einem Kongreß für Religionsgeschichte zu sprechen. Zurück in Indien, stürzte er sich wieder in Aktivitäten und ging bis an die Grenzen seines Körpers. Kritisch beobachtete er die Arbeit der Jünger Ramakrishnas, predigte Dienst und Nächstenliebe, forderte auf, Gott in den Armen und Kastenlosen zu sehen.
Am 4. Juli 1902 verließ er – nach tiefer innerer Versenkung – seinen Körper. Jeder, der heute im Westen Yoga praktiziert, kann auf Swami Vivekananda als den Pionier zurückblicken, der in dieser Hemisphäre ein Feld für den Yoga schuf, das dann von anderen, die nach ihm kamen, weiter kultiviert und entwickelt wurde.

Vivekin *m* jemand, der Urteilskraft oder Erkenntnis hat. In Yogasūtra 2.15 jemand, der die grundsätzliche Leidhaftigkeit aller weltlichen Erfahrungen erkannt hat.

Vögel [Skrt. Pakshī, Khaga u.v.a Begriffe] einige Flugtiere dienen als Traggefährte von Göttern, so wird Vishnu vom Adler-ähnlichen Garuda getragen, Brahmā vom Hamsa, der Wildgans, Lakshmī von der Eule und Sarasvatī vom Pfau. Allgemein gelten Vögel aufgrund ihrer Nähe zu den Himmelsregionen auch als Boten der Götter.

Vrata *n* Gelöbnis, Gelübde. Wille, Gesetz. Das freiwillige Befolgen bestimmter Lebens- und Verhaltensregeln.

Vriksha [vṛkṣa] *m* Baum. Insbesondere alte und große Bäume haben einen hohen Stellenwert im Hinduismus und werden oft verehrt. Sie werden wie lebendige Wesenheiten wahrgenommen, die Empfindungen haben, von denen Kraft ausgeht und in denen Halbgötter wie die Nāgas oder Yakshas hausen.
Als besonders heilig gelten der *Banyan* und *Ashvattha*.

Vrikshāsana *n* die Baum-Haltung. vṛkṣa – Baum; āsana – Haltung.

Vrindāvan (Hindī), **Vrindāvana** (Sanskrit) *n* der Wald (vana) und das Weideland von Vrindā, wo Krishna seine Kindheit mit den Gopīs verbrachte.

Vrisha, Vrishabha [vṛṣa, vṛṣabha] *m* Bulle, ein Epithet verschiedener

Götter. Das Wort „Bulle“ wird im Sanskrit oft auch in der Bedeutung „hervorragend, erstklassig“ verwendet.

Vrishāsana *n* die Bullen-Haltung. vṛṣa – Bulle; āsana – Haltung.

Vrishcikāsana *n* Skorpion-Haltung. vṛścika – Skorpion; āsana – Haltung.

Vritra [vṛtra] *m* der Verdecker, Hinderer; Riesenschlange. In der vedischen Mythologie eine dämonische Kraft, die dem Licht und der Wahrheit entgegenwirkt und die Wasser des Lebens zurückhält.

Vritti [vṛtti] *f* Verhaltensweise, Tätigkeit, Zustand. Gedankenwelle, Geistes- oder Gemütsbewegung, Modifikation.
Patañjali definiert Yoga in Yogasūtra 1.2 als das Stillegen der Citta-Vrittis oder Bewegungen des Geistes. Swami Vivekananda vergleicht in einem Bild Citta, das Bewusstsein, mit einem See, und die Vrittis, Gedankenschwingungen, mit Wellen auf dem See. Die Bewegung der Wellen trübt das Wasser. Erst wenn sie innehält, wird das Wasser klar und transparent, so dass es möglich wird, das höchste Selbst auf dem Grund wahrzunehmen.
In Yogasūtra 1.5 führt Patañjali aus, dass es fünf Arten von Vrittis gibt, von denen einige leidvoll (Klishta) und andere leidlos (Aklishta) sind: Pramāna, richtige Erkenntnis; Viparyaya, Irrtum; Vikalpa, Einbildung; Nidrā, Schlaf; Smriti, Erinnerung.
Das Zur-Ruhe-Bringen der Vrittis (Nirodha), ist die Voraussetzung für die Erlangung des Samādhi und die spirituelle Befreiung.

Vyādhi *m* Krankheit, Leid.

Vyāghrāsana *n* die Tiger-Haltung. vyāghra – Tiger; āsana – Haltung.

Vyāhriti [vyāhṛti] *f* Äußerung, Rede, Sprache, Aussage. Auch das Rezitieren der Namen der sieben Welten Bhūr, Bhuvar (oder Bhuvaḥ), Svar, Mahar, Janar, Tapar, Satya. Die ersten drei werden auch die großen Vyāhritis genannt und von Brahmanen beim täglichen Gebet im Anschluss an das „Om“ gesprochen.

Vyakta *adj oder n* offenbart, manifestiert. Das Manifestierte, die Erscheinungswelt.

Vyakti *f* Offenbarung, Manifestation, der ganze erschaffene Kosmos.

Vyāna *m* eine der fünf Arten von *Prāna*, die „durchdringende Energie". Sie lässt die Kraft, die durch die Aufnahme von Nahrung und Atem gewonnen wird, im ganzen Körper zirkulieren.

Vyāsa *m* Name eines legendären Weisen des alten Indiens, der u.a. als Kompilator der Veden, des Mahābhārata und der Purānas gilt und gemäß der Tradition auch das Yoga-Bhāshya verfasst haben soll.
Obwohl diese oft von nur einem Vyāsa ausgeht, handelt es sich tatsächlich um verschiedene Weise mit demselben Namen.
Siehe auch *Yoga-Bhāshya*

Vyoman *n* Himmel, Äther.

Vyutkrama *m* „Umkehrung"; eine Atemtechnik, bei der Wasser langsam durch die Nase eingezogen und durch den Mund ausgestoßen wird.

Wilber, Ken bedeutender amerikanischer spiritueller Lehrer und Autor, geb. 1949 in Oklahoma City.
Wilber ist ein Vertreter integraler Philosophie und führt in seinem Denken Disziplinen wie Wissenschaft, Religion, Mystik und Meditation zusammen. Der Begriff „integral" verweist zugleich auch auf eine ganzheitliche Wahrnehmung des Menschen als Körper, Geist und Seele.
Signifikante Einflüsse auf Wilbers Denken hatten u.a. Sri Aurobindo, der Advaita Vedanta und tibetische Buddhismus, Teilhard de Chardin, Alfred N. Whitehead sowie einige deutsche Mystiker und Philosophen.
Wilber verfasste ca. 20 Bücher, die in viele Sprachen übersetzt wurden, seine wichtigsten Werke erschienen auch in deutscher Übertragung.

Y

Yādava *m* ein Nachkomme des Yadu; auch ein Name Krishnas.

Yadu *m* Name eines Königs im alten Indien, gemäß den Epen der Sohn von König Yayāti. Er begründete die Dynystie der Yādavas, der auch Krishna angehörte.

Yajña *m* Opfer, Ritual; Darbringung; Hingabe, Verehrung, Anbetung. Schon in den alten vedischen Texten spielten Opferrituale eine wichtige Rolle, sie waren ein Mittel, um den Einzelnen und die Gemeinschaften mit den Göttern in Verbindung zu bringen und deren Segen zu erlangen.
Bereits in den Upanishaden wird der innere, spirituelle Aspekt des Opfers deutlich herausgearbeitet, d.h. die Gabe des eigenen Seins und Lebens an das Göttliche.
Krishna erläutert das Thema „Yajña“ in der Bhagavadgītā insbesondere in der Passage 4.23-35 und beschreibt vielfältige Formen der Opferhandlung: Gaben, die den Göttern dargebracht werden, das Opfer der Sinne „im Feuer des Yoga der Selbstbeherrschung“ oder auch jenes von Reichtum, Askese oder Gelübde. Besser als die materiellen Gaben, welche materielle Früchte bringen, ist das „Weisheitsopfer“ (Jñāna-Yajña). Diese letztere Form, das Handeln aus der Erkenntnis des höchsten Selbstes heraus, führt zu Moksha, spiritueller Befreiung.
Das deutsche Wort „Opfer“, verknüpft mit Assoziationen des Leids und der Entsagung, kann die Bedeutung des Sanskrit-Begriffes nur unzureichend wiedergeben.

Yajñavalkya Name eines bekannten Weisen in der Brihadāranyaka-Upanishad. Er lebte mit seinen beiden Frauen in einer Waldeinsiedelei und lehrte u.a. die Grundprinzipien von Karma und Reinkarnation.
Es gab später auch andere Yogīs und Weise desselben Namens.

Yajñopavīta *n* die Zeremonie der Bekleidung mit der heiligen Schnur oder dem heiligen Faden beim *Upanayana*, wobei die Schnur über die linke Schulter gelegt wird und unter der rechten hängt.
Auch der Faden selbst heißt Yajñopavita. Er soll den Träger daran erinnern, dem Dharma zu folgen.

Yajur-Veda *m* eine der vier vedischen Samhitās, enthält mantrische Opfersprüche, die oft mit Versen des Rigveda identisch sind und die

der Hauptpriester, Adhvaryu, während der heiligen Handlungen rezitierte.
Man unterscheidet zwei verschiedene Textsammlungen, die Taittirīya-Samhitā und die Vājasaneyi-Samhitā. Die erstere heißt auch „schwarzer“ Yajurveda, weil hier Abschnitte aus der Samhitā und den zugehörigen Brāhmanas vermischt sind, während der weiße, Shukla, die jüngere und bereinigte Version ist.
Siehe auch *Veda*.

Yaksha [yakṣa] *m* Name einer Gattung von halbgöttlichen Wesen, die als Diener Kuberas, selten auch Vishnus, auftreten. Sie sind in der Regel eher wohlwollende Wesen, spielen bisweilen aber auch die Rolle böswilliger Geister oder Dämonen.
Nach dem Volksglauben behausen sie heilige Bäume (*Vriksha*) und schützen von dort her die Dorfgemeinschaft.

Yama (1) *m* wörtlich „Zügelung“; ethische Leitlinie oder Disziplin. Das erste Glied im achtfachen Pfad des Patañjali, das fünf allgemeine ethische Gebote beinhaltet:
Ahimsā, Gewaltlosigkeit; Satya, Wahrhaftigkeit; Asteya, Nichtstehlen; Brahmacarya, reine Lebensweise (oder Enthaltsamkeit); Aparigraha, Begierdelosigkeit.
Diese Eigenschaften sollen in Gedanke, Wort und Tat praktiziert werden.
Siehe auch weitere Erläuterungen unter den oben genannten Sanskrit-Begriffen, sowie *Ashtānga-Yoga, Rāja-Yoga.*

Yama (2) *m* im Hinduismus der Gott des Todes, König der Unterwelt und der Toten, der über ihre Seelen richtet und sie in die Welt der Vorfahren, Pitriloka, geleitet.
Yamas Aussehen ist furchterregend, er hat blutunterlaufene Augen und hervorstehende Fangzähne und führt Stab und Schlinge mit sich.

Yamunā *f* heiliger Fluss Indiens, welcher dem Himālaya entspringt und bei Allahabad (Prayāga) mit dem Ganges zusammenfließt.

Yantra *n* Stütze, Säule; Maschine, Instrument, Werkzeug; mystisches Diagramm. Das Wort bezeichnete ursprünglich mechanische Vorrichtungen in der Architektur und Astronomie, wurde im Tantra jedoch zur „Stütze“ der Meditation und Vorlage von Visualisationen.
Als geometrische Figuren spiegeln die Yantras kosmische oder menschliche Energiemuster wieder oder stehen symbolisch für die angebetete Gottheit. Eine typische Form beinhaltet ein Rechteck als äußeren Rahmen, worin sich Dreiecke, Kreise oder Lotusblüten finden und im Zentrum der *Bindu*, der Mittelpunkt als Zellkern.
Anders als bei den Mandalas des

Buddhismus handelt es sich meist um relativ einfache geometrische Formen und Strukturen. Am bekanntesten ist das *Shrī Yantra*, das nur aus einander überlagernden Dreiecken und dem Bindu besteht.
Yantras können als visuelle Entsprechung der Mantras bezeichnet werden. Während der göttliche Urklang sich in den letzteren verkörpert, findet das Urlicht in den Formen des Yantra Ausdruck. Yogīs sahen sie in ihrer Meditation und teilten sie ihren Schülern als Mittel für ihre spirituelle Entwicklung mit. Alle verwendeten Formen verkörpern Energien der inneren und äußeren Welten.
Auf der höchsten Stufe der Yantra-Meditation wird nur eine innere Form visualisiert, und auch sie wird schließlich aufgelöst, um den Geist zur Erfahrung des reinen Bewusstseins jenseits von Subjekt und Objekt hinzuführen.
Viele indische Frauen bemalen bis auf den heutigen Tag Böden, Straßenpflaster oder Hauswände mit Yantra-Mustern, was besonders an Festtagen Glück und Segen bringen soll.

Yashasvinī-Nādī [yaśasvinī-nāḍī] *f* einer der feinstofflichen Nervenkanäle (*Nādī*), durch welche die Lebenskraft im Körper fließt. Er endet am linken Ohr.

Yashodā [yaśodā] *f* Krishnas Pflegemutter, die Gemahlin des Kuhhirten Nanda, zu dem Krishna gebracht wurde, um ihn vor dem Tyrannen Kamsa zu schützen.

Yashtikāsana *n* die Stab-Haltung. yaṣṭikā - Stab, Stock; āsana - Haltung.

Yāska *m* Autor des *Nirukta*, des ältesten uns überlieferten etymologischen Werkes. Er lebte ca. im 5. Jh. v.Chr., mit Sicherheit vor dem Grammatiker Pānini, der sich auf ihn bezieht. Yāska selbst gründet seine Arbeit auf vedischen Wortsammlungen, die von verschiedenen Vorgängern erstellt wurden, jedoch nicht mehr erhalten sind.

Yati *m* Asket, asketischer Yogī.

Yatna *m* Anstrengung, Bemühung.

Yātrā *f* Pilgerreise.

Yesudian, Selvarajan [selvarājan] indischer Yogī (1916-1998), einer der ersten und bedeutendsten Botschafter des Yoga in Europa, unterrichtete in Zürich vier Jahrzehnte lang zahlreiche Schüler auch aus

Deutschland und anderen Ländern.
Selvarajan Yesudian wurde im Jahr 1916 in Südindien geboren. In seiner Kindheit war er ein schmächtiger Junge, der sehr anfällig für Krankheiten war und deshalb nicht recht an Sport und Spielen der anderen teilnehmen konnte, obgleich sein Vater Arzt war.
In der großen häuslichen Bibliothek fand er auch viele wertvolle Yoga-Titel und begann alsbald selbst Hatha-Yoga-Übungen zu erproben, um dadurch seine Gesundheit zu stärken. Doch er überanstrengte sich und war am Ende tief verzweifelt, weil nun auch diese Chance dahin schien, den Körper zu kräftigen.
Eines Tages jedoch entdeckte er, geführt von einer inneren Stimme, in einem Mango-Hain außerhalb der Stadt einen Hatha-Yoga-Meister, der ihn als Schüler aufnahm. Innerhalb kurzer Zeit entwickelte Yesudian nun einen kräftigen Körper und strahlte große Lebensfreude aus.
Viele Jahre später fühlte er sich nach Europa hingezogen. Als er sich von seinem Meister verabschiedete, prophezeite dieser ihm, er werde an der Begegnung der beiden Welten von Ost und West mitwirken.
Im Jahr 1936 reiste Yesudian nach Ungarn, um dort Medizin zu studieren. Nach einiger Zeit wurde er an der Universität gebeten, über die indischen Systeme der Körper- und Geistesentwicklung zu referieren, und so gab er erste Einführungen in den Hatha- und Rāja-Yoga, die begeistert aufgenommen wurden.
Es folgten einige kleine Artikel in Zeitungen, und schließlich kam es zu der Veröffentlichung des Buches *Sport und Yoga*, das zu einem der meistgelesenen Yoga-Titel aller Zeiten werden sollte und heute noch in immer neuen Auflagen erscheint.
Allerdings war dem jungen Inder aufgrund seiner zurückhaltenden Natur ursprünglich gar nicht an dieser ständig wachsenden Publizität gelegen, doch „des Schicksals Plan wollte es anders", wie er später kommentierte.
In Ungarn lernte er Elisabeth Haich kennen, eine hochgebildete Künstlerin und Mystikerin (1897-1994), die auch bestens mit den heiligen Schriften Indiens und der Yoga-Philosophie vertraut war. In ihrem Künstler-Atelier wurde die erste Yoga-Schule in Ungarn eröffnet.
Aufgrund der schwierigen politischen Lage nach dem Zweiten Weltkrieg wollten die beiden das Land verlassen und nach Kalifornien auswandern, doch sie reisten zunächst zu einem kurzen Aufenthalt in die Schweiz. Dies war im November 1948, und alle Umstände fügten sich so, dass Yesudian mit Elisabeth Haich dort blieb und schließlich in Zürich eine floriende Yoga-Schule eröffnete.
Dort gab er einige Jahrzehnte lang persönlich Unterricht und führte zahlreiche Aspiranten, auch aus Deutschland, mit seiner speziellen Herangehensweise in den Yoga ein

(siehe *Yesudian-Yoga*).
In den neunziger Jahren reduzierte Yesudian allmählich seinen Unterricht und widmete sich die letzten Jahre seines Lebens vor allem seinen künstlerischen und literarischen Arbeiten. Gleichzeitig förderte er auch einige soziale Aktivitäten und Projekte in Indien. Im Jahr 1998 verließ er seinen Körper.

Yesudian-Yoga *m* Yesudian hatte sich nicht als Guru betrachtet (obwohl viele ihn als solchen verehrten) und hatte auch keine Diplom-Kurse für LehrerInnen angeboten. So ist der „Yesudian-Yoga" nicht als System fixiert und lässt große Spielräume für eigene Elemente und Entwicklungen der Lehrenden. Einige Grundprinzipien können jedoch festgehalten werden:
Es wird mit geschlossenen Augen geübt, was die Konzentration erhöhen und den Prāna-Fluss verbessern soll. Der Lehrende sagt die Übungen Bewegung für Bewegung an, und anschließend wird jeweils eine Bekräftigungsformel gesprochen, die einen positiven Gedanken beinhaltet. Die Übungsfolge beginnt und endet mit einer geführten Tiefenentspannung.
Die Schüler erhalten ein Übungsblatt, auf dem das Zitat (aus spirituellen Texten etc.) abgedruckt ist, zu dem der Lehrende gesprochen hat, und zudem eine Liste der Übungen, die durchgeführt wurden und auch in der Woche zu Hause weiter geübt werden sollen.
In der nächsten Woche folgen dann andere Übungen, wobei insgesamt ca. 100 Āsanas auf dem Programm stehen. Ziel des Yogas ist es, mit Hilfe der Āsanas und anderer Übungen Körper und Geist für die Verwirklichung des Ātman, des wahren Selbstes, vorzubereiten.
Große Vorbilder auf dem spirituellen Weg sah Yesudian in Swami Vivekananda und Ramana Maharshi, die er am häufigsten in seinen Vorträgen zitierte und von denen Porträts in seiner Yoga-Schule hingen.

Yoga *m* Vereinigung, Verbindung. Vereinigung mit dem Göttlichen; Kontrolle von Geist und Sinnen.
Das Wort ist abgeleitet von der Wurzel *yuj*, anjochen, anschirren, und ist etymologisch verwandt mit dt. „Joch".
Die Bedeutung „Geisteskontrolle" findet sich bereits in der Taittirīya-Upanishad (2.4.1), die vermutlich auf das 6. Jh. v. Chr. zurückgeht. Einige Jahrhunderte später wurden in der Bhagavadgītā erstmals ausführlich die Wege des Karma-, Bhakti-, Jñāna- und Dhyāna-Yoga dargestellt.
Etwas später folgte im Yogasūtra des Patañjali eine sehr systematische und anspruchsvolle Präsentation des (später so benannten) Rāja-Yoga, der in acht Schritten oder Stufen zur spirituellen Befreiung führt.

Spätere Entwicklungen sind in den Yoga-Upanishaden und den Werken des Tantra und Hatha-Yoga dokumentiert. Erste Abbildungen von Āsanas oder Yoga-Haltungen finden sich allerdings bereits auf den Siegeln der *Indus-Kultur.*

Der Hatha-Yoga wurde im 20. Jh. von Meistern wie Krishnamacarya und vielen seiner Schüler weiter entwickelt, während Sri Aurobindo mit dem Integralyoga ein neues System schuf, das gleichwohl in seinem Fundament auf vedische Grundelemente zurückgreift.

Die meisten Yoga-Systeme erfahren ständig eine gewisse Evolution, indem im Einklang mit dem Zeitgeist und regionalen Erfordernissen des kulturellen und gesellschaftlichen Umfelds Modifikationen vorgenommen werden und neue Übungsstile entstehen.

In der westlichen Öffentlichkeit wird der Begriff Yoga meist mit den Körperübungen des Hatha-Yoga in Verbindung gebracht, da diese Übungen große Popularität erlangten und zum Teil auch, insbesondere in den USA, von prominenten Schauspielern, Musikerinnen oder auch Politikern praktiziert werden. In diesem Kontext ist der Yoga häufig eher der Rubrik Fitness und Wellness zuzuordnen oder auch den Bereichen von Therapie, Rückenschulung und Mentaltraining, in denen er ebenfalls viel Anerkennung und Verbreitung gefunden hat. Insgesamt ist festzustellen, dass der Begriff Yoga heute zwar oft von seiner ursprünglichen spirituellen Bedeutung und Zielsetzung abgekoppelt ist, jedoch durchweg mit einer gesunden, positiven Lebensgestaltung und Lebenshaltung in Verbindung gebracht wird.

Weitere detaillierte Ausführungen unter den oben genannten Sanskrit-Begriffen wie Hatha-, Rāja-, Karma-, Bhakti-, Jñāna-Yoga etc.

Siehe auch im Anhang, *Die Frühgeschichte des Yoga.*

Yoga aus der Reinheit der Seele ein von Heinz *Grill* entwickelter Schulungsweg.

Yoga-Bhāshya [bhāṣya] *n* die „Yoga-Erläuterung", der Titel eines Kommentars zum Yogasūtra, als dessen Autor *Vyāsa* gilt. Obwohl es sich um den ältesten Kommentar (ca. 5. Jh.) zum Yogasūtra handelt, wird z.T. vermutet, dass der Autor nicht direkt der Schüler-Linie von Patañjali angehörte, sondern eher in einer Sānkhya-Tradition stand.

Neuere Studien des Indologen Philipp A. Maas gelangen demgegenüber jedoch zu der Schlussfolgerung, dass Patañjali selbst der Autor dieses Kommentars war.

Siehe auch im Anhang *Die Frühgeschichte des Yoga / Yogasūtra.*

Yogācārya *m* ein Lehrer oder Meister des Yoga.

Yoga-Cintāmani [cintāmaṇi] *m,*

„Juwel des Yoga". Ein Werk des Shivananda Sarasvati mit Advaita-Vedānta-Ausrichtung, entstanden im frühen 17. Jh.

Yoga-Cūdāmani-Upanishad [yoga-cūḍāmaṇi-upaniṣad] *f* die „Upanishad vom Kronjuwel des Yoga". Eine Yoga-Upanishad in 121 Versen, von denen die ersten 71 Theorie und Praxis des Hatha-Yoga erörtern. Auch ein sechsfacher Pfad, Shadanga-Yoga, wird dargestellt.

Yogadandāsana *n* Yoga-Stab-Haltung.
yoga – Yoga; daṇḍa – Stab; āsana – Haltung.

Yoga-Darshana [darśana] die „Yoga-Sicht", Yoga-Philosophie. Ein Begriff, der sich auf die Yoga-Philosophie des Patañjali und seiner Kommentatoren bezieht.

Yoga der Energie siehe *Tatzky, Boris.*

Yoga für Schwangere besonders in größeren Städten werden Spezialkurse für schwangere Frauen angeboten. Dabei wird meist in kleinen Gruppen unterrichtet, um besser auf die Bedürfnisse der Einzelnen eingehen zu können.
Als wichtig für Schwangere gelten sanfte Dehnungen und tiefes Atmen. Durch besondere Übungen werden Wirbelsäule, Bänder und Sehnen, die mit dem zunehmenden Gewicht des Babys stark beansprucht sind, gedehnt und gekräftigt. Die durch Yoga erworbene gute körperliche Verfassung soll die Chancen auf eine komplikationsfreie Geburt erhöhen.
Das Angebot der spezialisierten Yoga-Lehrerinnen wird in der Regel nicht als Konkurrenz zu den Vorbereitungskursen von Hebammen verstanden, sondern als hilfreiche Ergänzung.

Yoga-Kundalī-Upanishad [yoga-kuṇḍalī-upaniṣad] *f* eine Yoga-Upanishad in 171 Versen, welche den Kundalinī-Yoga aus der Sicht des Advaita-Vedānta abhandelt. Kundalī ist ein Synonym für Kundalinī.

Yoga-Lehrerin, Yoga-Lehrer ein Berufsbild, das sich in der zweiten Hälfte des 20 Jhs. in Europa und Amerika etabliert hat, als eine ständig wachsende Nachfrage nach Yoga-Unterricht entstand.
Die Yoga-Lehrenden üben ihren Beruf in Voll- oder Teilzeit aus und bieten häufig Kurse in einer bestimmten Tradition an wie z.B. Sivananda, Iyengar, Desikachar, Yesudian etc.
In manchen Fällen werden auch ganz neue Übungsstile unterrichtet, welche die Lehrenden aus der eigenen Erfahrung heraus entwickelt haben, um etwa bestimmte therapeutische Wirkungen zu erzielen.
In der Regel wird der Unterricht in

Gruppen durchgeführt, wobei die SchülerInnen vorab für einen Kurs bezahlen. Die Ausbildung zur Yoga-Lehrerin erfolgt durch Schnellkurse ebenso wie durch mehrjährige Ausbildung an einem Institut oder auch auf der Grundlage eines längeren Studiums bei einer erfahrenen Yoga-LehrerIn.
In Deutschland sind ca. 80-90% aller Yoga-Lehrenden Frauen.
Siehe auch Internet-Adressen im Service-Teil.

Yoga-Mārga *m* der Yoga-Weg.

Yoga-Mudrā *f* eine Körperhaltung, bei der aus dem Padmāsana heraus der Oberkörper vornüber gebeugt wird, bis die Stirn den Boden berührt. Gleichzeitig werden die Arme hinter dem Rücken verschränkt und die Hände gefaltet.

Yogānanda *m* Yoga-Freude, oder Glückseligkeit des Yoga.

Yogananda, Paramahansa [yogānanda, paramahaṁsa] einer der bekanntesten Yogīs des 20. Jhs. (1893-1952), wurde insbesondere durch seine *Autobiographie eines Yogi* bekannt.
Yogananda wurde am 5. Januar 1893 in Gorakhpur geboren, einer kleinen Stadt im Nordosten Indiens in der Nähe des Himalaya. Seine Eltern, die Schüler des Kriyā-Yogīs Lahiri Mahasaya waren, gaben ihm den Namen Mukunda Lal Ghosh. Als Lahiri das Kind segnete, prophezeite er der Mutter, dass Mukunda als Yogī viele Seelen in das Reich Gottes führen würde.
Yogananda lernte schon in seiner Kindheit und Jugend viele bedeutende Yogīs und Weise in der Region kennen und wurde schließlich Schüler von Sri Yukteswar, der seinerseits ein Schüler von Lahiri Mahasaya war. Er weihte ihn in die Techniken des Kriyā- Yoga ein und nahm ihn in einen auf Shankara zurückgehenden Orden auf. Zu diesem Zeitpunkt erhielt Mukunda auch seinen Namen Paramahansa Yogananda.
Im Jahr 1917 gründete Yogananda in Ranchi ein Yoga-Zentrum und reiste drei Jahre später in die USA, um an einem religiösen Kongress teilzunehmen. Kurz vor seiner Abreise erschien ihm der Mahāvatār Babaji und erklärte ihm, er sei erwählt worden, die Botschaft des Kriyā-Yoga im Westen zu verbreiten. Kriyā-Yoga werde langfristig in alle Länder der Welt gelangen und helfen, die Nationen zusammenzu-

führen, und es den Menschen ermöglichen, mit einer wirksamen Methode zur Gottverwirklichung zu gelangen.
Über zehn Jahre lang reiste Yogananda daraufhin quer durch Amerika und sprach fast täglich vor vielen Zuhörern in den größeren Städten des Landes. 1925 eröffnete er in Los Angeles ein Zentrum, gab regelmäßig Kurse und gründete die Self-Realisation-Fellowship (SRF), die bis heute seine Arbeit fortführt.
Im Jahr 1935 reiste Yogananda nach Europa und begegnete u.a. Therese von Konnersreuth in Deutschland. Anschließend fuhr er nach Indien und besuchte dort einige bekannte Yogīs und Persönlichkeiten wie Ramana Maharshi, Mahatma Gandhi und Anandamoyi Ma.
Nach seiner Rückkehr über England gründete er 1937 in Encinitas, Kalifornien, einen großen Ashram. Später entstanden in den USA und Europa viele weitere Zentren, in denen sein Kriyā-Yoga unterrichtet wird.
In den letzten Tagen seines irdischen Lebens bereitete Yogananda mit seinen Schülerinnen und Schülern einen großen Empfang für den indischen Botschafter Dr. B.R. Sen im Hauptzentrum vor. Spät am Abend vor dem Besuch rief er seine Schülerin Daya Mata zu sich und vertraute ihr an, dass er in Kürze seinen Köper verlassen würde.
Als der Botschafter am 7. März 1952 mit vielen weiteren prominenten Besuchern eingetroffen war, hielt Yogananda eine tief bewegende Rede. In seinem letzten Satz pries er die Schönheit und spirituelle Bedeutung seiner indischen Heimat, dann richtete er seinen Blick nach innen und sank zu Boden: In einem yogischen Vorgang hatte er seinen Körper verlassen.
Tausende Anhänger kamen, um seine sterbliche Hülle ein letztes Mal zu sehen, und es wird berichtet, dass seine Haut eine goldene Tönung trug und wie von einem goldenen Licht durchströmt war. Sein Körper blieb 21 Tage lang völlig unversehrt und wies keine Spuren der Verwesung auf, was auch von den amerikanischen Behörden bestätigt wurde.
Yogananda hatte keinen Schüler zu seinem Nachfolger in jener Guru-Linie ernannt, die von Babaji über Lahiri Mahasaya und Sri Yukteswar zu ihm führte. Der Kriyā-Yoga sollte fortan durch autorisierte LehrerInnen der SRF und dessen Kursmaterial verbreitet werden. Seit 1955 hat Daya Mata als Präsidentin die SRF geleitet.
Unabhängig von dieser Organisation gründete Yoganandas amerikanischer Schüler Swami Kriyananda (Donald Walters) die *Ananda Villages,* um die Lehren seines Meisters in größeren spirituellen Gemeinschaften umzusetzen, in denen auch Ehepaare mit Kindern leben.

Yoga-Nidrā *f* der Yoga-Schlaf.
1) Bezeichnung für einen Zustand

der Tiefenentspannung, bei dem der Körper schläft, während der Geist bewusst bleibt.
2) Bezeichnung für den höchsten Bewusstseinszustand im Yoga.
3) In der indischen Mythologie Vishnus Zustand am Ende eines Zeitalters, wenn das Universum temporär aufgelöst wird, bis die Schöpfung neu beginnt.
4) Ein Āsana, bei dem die Beine hinter dem Nacken verschränkt werden, während man auf dem Rücken liegt und die Hände sich unter der Hüfte fassen.

Yoga-Rahasya *n* das „Geheimnis des Yoga". Ein Werk des Nāthamuni, der im 9. Jh. in Südindien lebte. Der Text wurde jahrhundertelang nur mündlich weitergegeben und 1998 erstmals in englischer Sprache herausgegeben auf der Grundlage von vier Kapiteln, die Krishnamacharya seinem Sohn Desikachar zur Niederschrift diktiert hatte.
Inhaltlich geht es um Themen wie Yoga in der Schwangerschaft, Yoga für therapeutische Zwecke und für die persönliche Transformation. Das Werk ist ein erster Quellentext des Viniyoga, d.h. es wird die Anpassung des Yoga an die jeweiligen Umstände der SchülerInnen gelehrt. Siehe auch *Viniyoga.*

Yoga-Rāja-Upanishad [upaniṣad] *f* eine sehr kurze Yoga-Upanishad, die Themen wie Mantra-, Rāja-, und Hatha-Yoga erläutert.

Yogāsana *n* die Yoga-Haltung. yoga – Yoga; āsana – Haltung.

Yoga-Shakti [yogaśakti] *f* Yoga-Kraft; spirituelle Kraft infolge der Yoga-Praxis.

Yoga-Shāstra *n* das „Lehrbuch des Yoga", ein Werk des Dattatreya über die Grundlagen des Hatha-Yoga, das aus dem Mittelalter stammt.

Yoga-Shikhā-Upanishad [yoga-śikhā-upaniṣad] *f* die „Upanishad des Yoga-Gipfels". Eine Yoga-Upanishad in sechs Kapiteln, die Hatha-Yoga-Themen und insbesondere auch Nādīs und Kundalinī-Yoga abhandelt.

Yogasūtra, Yogasūtras *n* Yoga-Aphorismen, Patañjalis Lehrbuch des klassischen Yoga-Stystems in 195 Sūtras. Damit wurde jener Yoga begründet, der zu den sechs orthodoxen Philosophiesystemen des Hinduismus (*Shaddarshana*) gehört und allgemein als Rāja-Yoga bekannt ist.
Der Text wurde zwischen dem 2. Jh. v. Chr. und dem 4. Jh. n. Chr. verfasst (gemäß der Auffassung verschiedener Gelehrter) und wird bisweilen auch als Pātañjala-Sūtra oder Patañjalis Yogashāstra bezeichnet. Ein neuerer Ansatz geht davon aus, dass der Text zwischen

325 und 424 n. Chr. kompiliert wurde (siehe dazu im Anhang, *Die Frühgeschichte des Yoga / Yogasūtra*).
Das Yogasūtra besteht aus vier Teilen oder Pādas. Der erste Teil (Samādhi-Pāda) führt ein in das Wesen, das Ziel und die Methoden des Yoga, wobei auch die verschiedenen Modifikationen (Vrittis) des Citta (Bewusstsein) erläutert werden ebenso wie die Techniken, um die Modifikationen zu stillen.
Der zweite Teil (Sādhana-Pāda) erläutert den Kriyā-Yoga und behandelt die Ursachen des Leids und deren Beseitigung. Ab Sūtra 28 wird der Ashthānga-Yoga vorgestellt (siehe auch *Rāja-Yoga*).
Der dritte Teil (Vibhūti-Pāda) enthält Ausführungen zur Yoga-Psychologie und erläutert übernatürliche Phänomene und Fähigkeiten (Vibhūti).
Der vierte und letzte Teil (Kaivalya-Pāda) schließlich behandelt das Ziel der spirituellen Befreiung, das Selbst als transzendenten Purusha und verschiedene Ebenen des Seins.
Ziel des Yoga nach Patañjali ist jene Erkenntnis, die von den Anhaftungen der Prakriti befreit und zur Realisation des Selbstes als ewigem und unsterblichem Purusha führt. Dies ist nur möglich, wenn der Mensch Kontrolle über sein Citta erlangt und den Strom von Gedanken, Gefühlen und Wünschen stillen kann. In acht Stufen werden praktische Schritte zum Erlangen des Ziels dargelegt.
Anders als das System des *Sānkhya*, welches dem Yoga eng verwandt ist und ihm einige wichtige theoretische und philosophische Grundlagen bereitstellte, ging Patañjali von der Existenz eines *Īshvara* oder höchsten Herrn aus. Daher nennt man den Yoga auch Seshvara-Sānkhya, d.h. Sānkhya-mit-Īshvara.
Im Laufe der Jahrhunderte wurden viele Kommentare zum Yogasūtra verfasst. Der älteste davon ist das *Yoga-Bhāshya,* das traditionell dem Vyāsa zugeschrieben wird, gemäß neueren Forschungen jedoch von Patañjali selbst verfasst wurde. Wichtig sind auch Shankaras *Vivarana*, Vācaspati Mishras *Tattva-Vaishāradī* und Vijñāna Bhikshus *Yoga-Vārttika.*
In der Neuzeit haben zahlreiche Yogīs und Yoga-LehrerInnen eigene Übersetzungen und Kommentare veröffentlicht, und in vielen Yoga-Schulen sind Patañjalis Lehrsätze ein wichtiger Bestandteil des Unterrichts.

Yoga-Tattva-Upanishad [upaniṣad] *f* die Upanishad über die Grundprinzipien des Yoga. Eine Yoga-Upanishad in 142 Versen, welche verschiedene Yoga-Formen auf der Grundlage des Advaita-Vedānta zusammenführt und viele allgemeine Themen des Yoga-Weges und Techniken des Hatha-Yoga erläutert.
Siehe auch *Rāja-Yoga, Patañjali.*

Yoga-Therapie die positiven gesundheitlichen Effekte von Āsanas, Prānāyāma und Meditation trugen entscheidend zur ständig wachsenden Verbreitung des Yoga bei. Inzwischen liegen einige medizinische Studien vor, die das therapeutische Potential von bestimmten Übungen z.B. bei Erkrankungen der Wirbelsäule oder bei Bluthochdruck dokumentieren.

In Indien existieren seit längerem Kliniken wie das Yogic Health Centre in Mumbay, wo Ärzte und Yoga-LehrerInnen die Patienten in enger Zusammenarbeit betreuen und spezielle Übungspläne mit bestimmten therapeutischen Wirkungen erstellen. Diese Kliniken weisen große Erfolge bei der Behandlung einiger chronischer Erkrankungen auf.

Auch in Deutschland bieten einige Yoga-Lehrende – vor allem jene mit Heilpraktiker-Ausbildung – Kurse an, in denen besonders auf gesundheitliche Probleme eingegangen wird, vor allem im Bereich von Rücken und Wirbelsäule. Bei einigen Instituten erfolgt eine Zusammenarbeit mit ayurvedischen Ärzten oder Gesundheitsberatern.

Historisch gesehen zählen B.K.S. Iyengar und Sri Yogendra unter den bekannten Yoga-LehrerInnen zu den ersten, die gezielt Āsanas einsetzten, um Schüler bei gesundheitlichen Problemen zu helfen, welche von der Schulmedizin nicht therapierbar waren.

Yoga-Upanishaden Bezeichnung für 21 Upanishaden, die auf der Grundlage des Vedānta Yoga-Lehren erläutern, vor allem Hatha-Yoga und Kundalinī-Yoga. Alle Texte entstanden später als das Yogasūtra, viele von ihnen im 14. oder 15. Jh.

Die folgenden Yoga-Upanishaden werden im vorliegenden Yoga-Lexikon kurz vorgestellt: *Advaya-Tāraka-, Amrita-Bindu-, Amrita-Nāda-, Brahma-Vidyā-, Darshana-, Dhyāna-Bindu-, Hamsa-, Kshurikā-, Mahā-Vākya-, Mandala-Brahmana-, Nāda-Bindu-, Pāshu-Pata-Brāhmana-, Shāndilya-, Tejo-Bindu-, Tri-Shikhi-Brāhmana-, Varāha-, Yoga-Cūdāmani-, Yoga-Kundalī-, Yoga-Rāja-, Yoga-Shikhā-, Yoga-Tattva-Upanishad.*

Yoga-Vārttika *n* ein wichtiger und sehr umfassender Kommentar zum Yogasūtra, verfasst von *Vijñāna Bhikshu.*

Yoga-Vāsishtha, Yoga-Vāsishtha-Rāmāyana [yoga-vāsiṣṭha-rāmāyaṇa] *n* Name eines Werkes der spirituellen Unterweisung, das Vālmīki zugeschrieben wird und 32 000 Verse umfasst.

In Form eines Dialogs zwischen Prinz Rāma und seinem Lehrer Vasishtha wird eine Philosophie des Advaita-Vedānta dargelegt: Die vielfältigen Erscheinungen der Welt spiegeln sich wie zahllose Bilder auf der Leinwand des einen, allge-

genwärtigen und allwissenden Bewusstseins, welches durch einen Yoga der Erkenntnis, Jñāna-Yoga, realisiert werden kann.
Es handelt sich um einen sehr fundierten Text in poetischem Sanskrit, der in Indien viele Sucher auf ihrem Weg inspiriert hat.

Yogendra, Sri [śrī] einer der Pioniere des Hatha-Yoga im 20. Jh. (1897-1989), gründete 1918 ein Yoga-Institut in der Region von Bombay und erforschte wissenschaftlich die Heilwirkungen von Āsanas. Diese wurden ebenso wie Prāṇāyāma-Übungen und Reinigungstechniken von ihm modifiziert und vereinfacht, um breiteren Bevölkerungsschichten zugänglich zu werden. Sri Yogendras Institut entwickelte als eines der ersten in Indien eine Yogalehr-Ausbildung. Diese steht in gleicher Weise Männern und Frauen offen.

Yogeshvara [yogeśvara] der Herr des Yoga (yoga-īśvara), ein Meister des Yoga; Bezeichnung für Krishna in der Bhagavadgītā.

Yogi Bhajan

Yogi Bhajan, Harbhajan Singh Yogi international bekannter Yogī und Kundalinī-Yoga-Lehrer (1929 - 2004), wirkte vor allem in den USA und Kanada, hat jedoch auch viele Anhänger in Europa.
Yogi Bhajan wurde in Nordwestindien als Sohn eines Arztes geboren, welcher der Gemeinschaft der Sikhs angehörte. Schon in jungem Alter interessierte er sich für Yoga und Heilkunde und suchte viele Lehrer in spirituellen Zentren auf. Als er sechzehn war, erklärte ihn sein Lehrer Sant Hazara Singh zum Meister des Kundalinī-Yoga.
Nach einem Studium der Wirtschaftswissenschaften und einer Laufbahn im indischen Staatsdienst ging er 1968 in den Westen und gründete dort die 3HO-Foundation, eine Organisation, welche sich für die Förderung der 3 H's einsetzt, d.h. healthy, happy, holy. Im Laufe der Zeit entstanden weltweit ca. 300 Zentren in über 30 Ländern, welche seine Lehre verbreiten, die eine Synthese aus der Sikh-Religion und einer speziellen Art Kundalinī-Yoga darstellt. Yogi Bhajan war auch ein erfolgreicher Geschäftsmann, der zahlreiche Unternehmen leitete.

Yogī-Deha *m* im Hatha-Yoga der transformierte, ätherische Körper eines Meisters, der nicht den Fesseln und Wandlungen der materiellen Welt unterworfen ist.
Siehe auch *Hatha-Yoga*, Abs. 6.

Yogin, Yogī *m*, **Yoginī** *f* ein Mann bzw. eine Frau, welche Yoga praktizieren. Meist wird der Begriff für Personen verwendet, die bereits eine gewisse Meisterschaft in ihrer Disziplin erlangt haben.
yogin ist der Stamm des Wortes, *yogī* bzw. *yoginī* der Nominativ Singular. Letztere Form wird heute standardmäßig verwendet.

Yoginī *f*, Bezeichnung für eine Gruppe von acht, sechzehn, vierundsechzig oder mehr weiblichen Gottheiten, welche Formen der Göttin Durgā sind und seit dem Mittelalter kultisch verehrt werden.

Yogyatā *f* Fähigkeit, Eignung. In der Yoga-Philosophie die Eignung der Natur, als solche erfahren zu werden, und die Fähigkeit des höchsten Selbstes, sie zu erfahren.

Yonī *f* Schoß, Quelle, Ursprung; das weibliche Geschlechtsorgan, symbolisch dargestellt als ein nach unten weisendes Dreieck. Die Yonī ist - oft in Verbindung mit dem *Linga* - für die Shāktas (Anbeter der Shakti) Gegenstand der Verehrung.
Siehe auch *Shaktismus.*

Yonī-Mudrā *f* eine symbolische Handgeste, die das weibliche Geschlechtsorgan symbolisiert und besonders bei der Anbetung der Göttin, Devī, verwendet wird.
Ferner auch eine Mudrā oder Körpertechnik zum Verschließen der Kopföffnungen. Dabei werden Augen, Ohren und Nase geschlossen, um die Sinne von äußeren Reizen zu lösen und im Inneren die Quelle, Yonī, allen Seins zu finden.
Der Begriff wird in verschiedenen Texten auch in anderer Bedeutung verwendet, insbesondere im Sinne einer Kontraktion im Bereich des Perineums (Dammes) zur Bewahrung der Geschlechtskraft.

Yudhishthira [yudhiṣṭhira] *m* im Mahābhārata der älteste der fünf *Pāndavas.* Sein Name bedeutet „stetig im Kampf" (yudhi-ṣṭhira). Er verkörperte in seinem Leben das Ideal des Dharma, Recht und Wahrhaftigkeit.
Als sein Onkel, König Dhritarāshtra, ihn an Stelle des eigenen Sohnes Duryodhana zum Nachfolger bestimmte, rief dies bei Duryodhahana Wut und Eifersucht hervor und er setzte hinfort alles daran, um Yudhishthira zu entmachten, was ihm jedoch nur vorübergehend gelang.
Siehe auch *Dharma* (letzter Abs.), *Dharmarāja, Dharmaputra.*

Yuga *m* Zeitalter, Weltzeitalter. Im Hinduismus Bezeichnung für die vier Weltzeitalter, welche jeweils für einen bestimmten Zyklus der Evolution stehen: Satya-, Tretā-, Dvāpara- und Kali-Yuga.
Das Satya-Yuga ist jenes der Wahrheit, wo Werte wie Ehrlichkeit und Aufrichtigkeit bestmöglich verkör-

pert werden. Dann kommt es in den folgenden Zeitaltern zur allmählichen Degeneration. Bildlich gesprochen sagt man, dass die Wahrheit im Satya-Yuga auf vier Füßen stehe, dann in den folgenden Yugas auf dreien, zweien und schließlich auf einem.
Im letzteren, dem Kali-Yuga, triumphieren Kräfte der Falschheit, und das individuelle und gemeinschaftliche Leben sinkt auf einen Tiefpunkt. Doch selbst in diesem dunklen Zeitalter geht die Wahrheit nicht ganz verloren, und wenn am Ende das Tal der Finsternis durchschritten ist, beginnt wieder der Übergang zum nächsten Satya-Yuga.
Alle vier Zeitalter zusammen umfassen 4 320 000 Menschenjahre und ergeben ein Mahāyuga oder großes Weltzeitalter. 1200 Mahāyugas wiederum ergeben einen Tag und eine Nacht Brahmās oder ein Kalpa. Am Ende des Kalpas löst sich die manifestierte Welt auf und geht in einen Zustand der Potentialität über, aus dem eine neue Manifestation hervorgehen wird.

Yukta *adj oder m* verbunden, vereinigt, vertieft. Jemand, der mit dem höchsten Selbst, Ātman, vereinigt ist.

Yukteswar, Sri [yukteśvar, śrī] Name eines indischen Kriyā-Yoga-Meisters (1855-1936). Er war der Schüler von Lahiri Mahasaya und der Guru von Paramahansa Yogananda.

Yukti *f* Verbindung, Vereinigung; Erkenntnismittel; Meditation über das höchste Wesen.

Anhang

Die Frühgeschichte des Yoga

Abb. 1 Indus Siegel 420

Abb. 2 Mūlabandhāsana auf Siegel[2]

Abb. 3 Mūlabandhāsana auf gegossener Tafel[3]

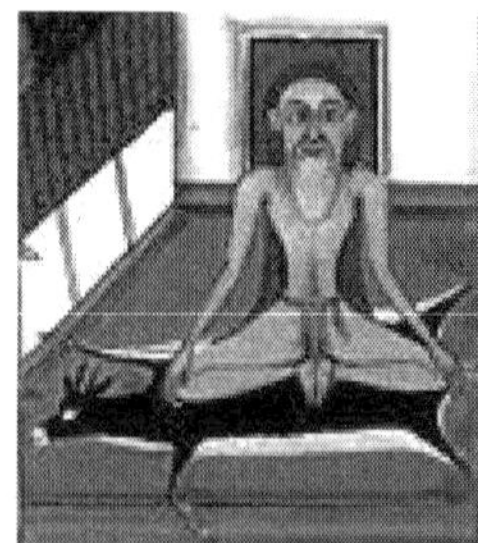

Abb. 4 Āsana-Bild, 1830
Bhadragorakshāsana

Die Frühgeschichte des Yoga beginnt mit einigen Siegeln der *Indus-Kultur*[4], welche Personen oder Gottheiten in offensichtlich Āsana-ähnlichen Sitzpositionen zeigen, mit den Armen in typischer Meditationshaltung. Ob und wieweit diese Abbildungen in einer Verbindung zu den später entwickelten Āsa-

---

[2] Deity Seal from Mohenjo Daro, Harappa.com
[3] Molded Tablet H95-2487/4466-02
[4] Siehe den betreff. Lexikon-Artikel.

nas des Hatha-Yoga stehen, ist nicht geklärt, aber es können einige signifikante Aussagen gemacht werden.

Zunächst ist grundsätzlich festzustellen, dass Indologen eher zurückhaltend hinsichtlich „yogischer" Interpretationen der Siegel sind und im Einzelfall die Stellungen sogar nur als Teil einer normalen „asiatischen Sitzkultur" einordnen wollen, wohingegen einige indische Yogis und andere Betrachter der spirituellen Szene bedeutsame Parallelen anerkennen. Wir schließen uns der letzteren Sichtweise an, da allzu offensichtlich ist, dass die gezeigte Körperhaltung des *Mūlabandhāsana* einen hohen Grad der Übung und besonderen Schulung voraussetzt. Plausibel erscheint die Vermutung, dass es Personen gab, die eine fortgeschrittene Körperkultur betrieben und dass dieses spezielle Āsana als eine herausragende Stellung galt, weswegen es vielleicht für die Abbildungen auf den Siegeln gewählt wurde, so wie später Buddha oder Shiva in anspruchsvollen Haltungen wie Padmāsana oder Siddhāsana etc. dargestellt wurden.

Allerdings bleibt es hinsichtlich des Mūlabandhāsana der Spekulation überlassen, ob es einen unsichtbaren Faden der Überlieferung gab oder ob die identische seltene Körperhaltung zweimal von verschiedenen Personenkreisen unabhängig voneinander entwickelt wurde. In der Abb. 4 sehen wir diese Stellung, hier mit der Bezeichnung Bhadra-Gorakshāsana, in einer Illustration aus dem Jahr 1830. Das Mūlabandhāsana wird heute in verschiedenen Varianten durchgeführt.

Das Indus-Siegel Nr. 420

Am bekanntesten in diesem Kontext ist das Indus-Siegel Nr. 420 (Abb. 1, die rechte untere Hälfte ist abgebrochen). Es wurde in den 1920er Jahren in Mohenjo-Daro entdeckt und wird auch das Pashupati-Siegel genannt, weil einige Forscher die dargestellte Person für eine Vorform Shivas halten.[5] Zu sehen ist eine gehörnte Gestalt in Yoga-Sitzposition, umgeben von vier Tieren und einigen Schriftzeichen, die bis heute nicht zuverlässig gedeutet werden können. Bei den Tieren handelt es sich um Elefant, Tiger, Nashorn und Wasserbüffel. Ferner finden sich im unteren Bereich noch zwei Steinböcke. Tatsächlich bedeutet Pashu-Pati „Herr der Tiere", und so nahm der britische Archäologe John Marshall, der das Siegel entdeckte, die Tiere als *ein* Indiz für die These des Proto-Shiva. Hinzu kamen einige weitere Charakteristika wie die Hörner[6] und die (vermutlich) drei Gesichter. Zudem galt Shiva traditionell als Mahāyogī oder Yogeshvara, Herr der Yogīs. Marshalls Thesen

5 Pashupati ist ein Beiname Shivas.

6 Ein häufiges Emblem Shivas.

wurden jedoch später von einigen anderen Forschern angezweifelt.[7]

Was die Sitzhaltung auf diesem Siegel Nr. 420 angeht, so ist sie auf dem Foto nicht deutlich zu erkennen, doch weisen Beschreibungen des Originals darauf hin, dass auch hier jenes Mūlabandhāsana vorliegt, welches auf den Fotos der beiden anderen Abbildungen zweifelsfrei identifiziert werden kann. Wie auch immer man diese im Detail interpretieren mag, sehen wir sie als starkes Indiz dafür, dass bereits in der Indus Zivilisation eine Vorform des Hatha-Yoga existierte, wobei die Armhaltung der abgebildeten Gestalten ebenso wie andere Details auf einen spirituellen oder mystischen Kontext hinweisen.

Yoga in den Veden

Das Wort „Yoga" existiert bereits im Rig Veda, jedoch nur in der Grundbedeutung „Anschirrung" (vergl. das verwandte deutsche Wort „Joch") oder „Streitwagen". Gleichwohl fanden manche Forscher Hinweise darauf, dass bereits eine Art spirituelle Tradition bestand. So vermerkte der tschechische Indologe Karel Werner in einer Studie: „Die Yogis vedischer Zeit hinterließen wenige Zeugnisse von ihrer Existenz, ihren Praktiken und Errungenschaften. Und wenn es sie in den Veden noch gibt, so sind sie spärlich und indirekt. Gleichwohl kann kein Zweifel bestehen an der Existenz vollendeter Yogis in vedischer Zeit."[8]

Karel bezieht sich insbesondere auf die sogenannte Keshin-Hymne im Rig Veda (10.136.1-7). Darin ist die Rede von den „Keshins", d.h. vedischen Wander-Asketen, die, langhaarig und knapp bekleidet, abseits der Gesellschaft ihrer Meditation und spirituellen Suche nachgingen. Im dritten Vers heißt es, dass sie „dorthin gelangen, wohin schon zuvor die Götter gingen". Sie werden in dem Abschnitt mehrfach auch „Munis" genannt, ein bekannter Sanskrit-Begriff für „Weiser".

Im einige hundert Jahre jüngeren *Atharvaveda* (15.16-18) ist vom „Vrātya" die Rede, der ebenfalls in Abgeschiedenheit lebt und fortgeschrittene Prānāyāma-Übungen durchführt mit sieben aufwärts und sieben abwärts gerichteten Atmungen sowie sieben „durchdringenden" (*prāna, apāna, vyāna*).[9] Im wiederum jüngeren *Jaiminīya Upanishad Brāhmana* geht es

---

[7] Siehe zu den verschiedenen Thesen und Argumenten den Aufsatz von Bibhu Dev Misra, *The Symbolism of the Meditating Yogi on Indus Seals* im Internet (23.1.2016). Der Autor verteidigt die Shiva-These und präsentiert u.a. auch interessante interkulturelle Parallelen zum Thema „gehörnter Altar" (Abb. 3).

[8] Werner, Karel (1977), *Yoga and the Ṛg Veda: An Interpretation of the Keśin Hymn (RV 10, 136).*

[9] Siehe *Roots of Yoga,* S. 137

neben der Atemkontrolle auch um Mantra-Wiederholung.[10] Gleichwohl vertreten J. Mallinson und M. Singleton die Auffassung, es gebe keine letztgültige Evidenz für eine systematische Yoga-Praxis in der altindischen Kultur.[11]

Sri Aurobindos Interpretation des Rig Veda

Ganz anders sehen dies einige indische Autoren, die in den vedischen Texten tiefe spirituelle Inhalte einer mystischen Epoche ausmachen, deren Urheber ihre inneren Erfahrungen in eine symbolische Sprache kleideten, die nur Eingeweihten zugänglich war. Der Integralyogi Sri Aurobindo hat seine Deutungen in zwei umfangreichen Buchtiteln dokumentiert, *The Secret of the Veda* und *Hymns to the Mystic Fire.*[12] Im Verlaufe seiner Erforschung der Original-Sanskrit-Texte gelangte er zu der Überzeugung:

> So wie die Lehre des Rig Veda der Keim der Lehre des Vedanta ist, so ist seine innere Praxis und Disziplin ein Keim der späteren Praxis und Disziplin des Yoga. Und als Gipfel der Lehre der vedischen Mystiker kommt schließlich das Geheimnis der einen Wirklichkeit, *ekam sat,* oder *tad ekam*, welches zu einem Kernbegriff der Upanishaden wurde. Die Götter, die Kräfte des Lichts und der Wahrheit, sind Kräfte und Namen des Einen, jeder Gott ist selbst alle Götter oder trägt sie in sich: es gibt die eine Wahrheit, *tat satyam*, und die eine Glückseligkeit, zu der wir uns erheben müssen.[13]

In seinen Texten zeigt Sri Aurobindo detailliert den Weg der vedischen Rishis auf und erläutert anhand zahlreicher Beispiele, wie sich in ihrer Sprache eine signifikante spirituelle Symbolik verbirgt. Als besonders bedeutsam für die Stützung seiner Thesen erschien ihm ein Zitat aus Rig Veda IV.3.16, wo es heißt, *niṇyā vacāṁsi kavaye nivacanā,* „geheime Worte, die *dem Seher* ihren Sinn verraten".[14] Freilich ist der Begriff „Yoga", wie Sri Aurobindo ihn oben verwendet, in seiner Bedeutung verschieden von dem, was heute meist damit verbunden wird. Es geht um einen Weg der inneren Entwicklung, das Nähren und Wachsen der seelischen Flamme.

---

[10] Ibid., S. xii.

[11] *Roots of Yoga,* S. xii – xiii.

[12] Dt. Ausg. bzw. Teilausg.: *Das Geheimnis des Veda; Vedische Hymnen. Mit einer Einführung in die spirituelle Symbolik.*

[13] Sri Aurobindo, *Vedische Hymnen*, S. 30

[14] Der Titel *Vedische Hymnen* enthält ein „Kleines Lexikon der vedischen Symbolik", welches Sri Aurobindos wichtigste Deutungen übersichtlich zusammenfasst.

Die Shramanas

Um 500 v. Chr. existierte in der Region des heutigen Allahābād, am Zusammenfluss von Ganges und Yamunā, eine Gruppe von Asketen, die oft mit dem Begriff „Shramanas" bezeichnet wird. Abgeleitet von der Sanskrit-Wurzel *śram*, bedeutet das Wort wörtlich „Strebende". Es sind spirituelle Sucher, zu denen u.a. auch Buddhisten und Jainas gehörten und die ihren Weg möglicherweise unabhängig von der vedischen Tradition entwickelten, obwohl beeinflusst von ihr. Sie hatten eine negative Weltsicht und strebten eine Selbst-Auflösung im Nirvāna oder in Moksha an, der vollständigen Befreiung von allen karmischen Bindungen.

Die Shramanas betrieben anspruchsvolle Meditationsübungen und intensives *Tapas*, wie wir es noch aus der Neuzeit kennen, indem Asketen z.B. jahrelang einen Arm permanent nach oben strecken, bis er verkümmert. Im Mahābhārata wird vielfach von solchen extremen Übungen berichtet, und auch in Verbindung mit der Lebensgeschichte des Buddha erfahren wir, dass er in einem bestimmten Stadium solche Praktiken erprobte, sie jedoch schließlich aufgab, da er sie als nicht hilfreich für seine Zielsetzung der Erleuchtung erachtete. Diese Übungen werden in den Quellen bisweilen auch schon direkt als „Yoga" benannt und können als Vorformen des späteren Hatha Yoga angesehen werden, wobei zu erwähnen ist, dass das Wort *haṭha* ursprünglich auch die Bedeutung „Gewalt" hatte.

Yoga in den Upanishaden

In den Upanishaden nimmt der Begriff „Yoga" deutlichere Konturen an und es wird ein breites Spektrum spiritueller Themen abgehandelt. Dabei geht es nicht nur um spirituelle Philosophie, um Ātman und Brahman oder Karma und Wiedergeburt, sondern auch um Wege der Verwirklichung. In der Taittirīya I.11 (ca. 6. Jh. v. Chr.) ruft der Seher auf zu rechter Handlung, rechtem Studium der heiligen Schriften, Wahrhaftigkeit in Gedanke, Wort und Tat; zu Verzicht und Enthaltsamkeit, einer gewissenhaften und freudigen Erfüllung der Alltagspflichten ohne Anhaftung. In der Katha-Upanishad I.3 (ca. 3. Jh. v. Chr.) werden die unkontrollierten Sinne mit den schlecht disziplinierten Pferden eines Kutschers verglichen. Wenn der Mensch sie jedoch mittels seines Geistes zügele, so könne er den höchsten Zustand erreichen, der hier mit *Purusha*, dem wahren inneren Selbst, bezeichnet wird. In dem zeitlich späteren Kapitel 6.11 wird der Zustand der Sinneskontrolle und Sammlung als „Yoga" bezeichnet.

Oft werden in den Upanishaden auch Themen wie Meditation und Kontemplation angesprochen, obwohl kaum detailliert ausgeführt in Form bestimmter Techniken, denn vielmehr als heute war damals die Unterweisung eine persönliche Angelegenheit zwischen Lehrer und Schüler und wurde nicht schriftlich fixiert. Konkret benannt wird allerdings in manchen Passagen die Meditation über OM, so etwa in der Mundaka Upanishad II.24: „Om ist der Bogen, das individuelle Wesen ist der Pfeil, und Brahman ist das Ziel. Mit ruhigem Herzen fass dein Ziel ins Age.“[15]

Mahābhārata und Bhagavadgītā

Der Hauptteil des Epos, das im Verlaufe mehrerer Jahrhunderte verfasst und wahrscheinlich im 3. Jh. n. Chr. abgeschlossen wurde, berichtet vom Konflikt zweier verwandter und verfeindeter Familien. Doch in diese Erzählung eingebettet sind zahlreiche Episoden, darunter auch viele Geschichten über Yogīs und Yoginīs. Wir begegnen Asketen, die extremen Praktiken nachgehen, Weisen, die abgeklärt über den Dingen stehen, und Yogīs mit seltenen übernatürlichen Fähigkeiten, den Siddhis. Oder wir erfahren vom unsterblichen Meister-Yogī Sanatsujāta, der sich kurz vor Ausbruch des Krieges zwischen den beiden Parteien wie aus dem Nichts vor König Dhritarāshtra manifestiert, um mit weisen Worten dessen Seele zu stärken.[16] Speziell relevant ist ein langer Abschnitt im 12. Kap. mit dem Titel „Mokshadharma“. Darin findet sich die vielleicht erste systematische Darstellung von Yoga-Praktiken. Gelehrt wird ein „Yoga der Stillegung“ (*nirodha*), d.h. ein schrittweiser Rückzug von der äußeren Erfahrungswelt und damit verbunden die Erkenntnis und Verwirklichung des Purusha, des wahren Selbstes. In einer wichtigen Passage wird Meditation als höchst wirksame Methode des Yoga angesprochen und in zwei Arten unterteilt, die geistige Fokussierung und die Atemkontrolle.[17]

Die Bhagavadgītā ist Teil des Mahābhārata. Sie enthält erste ausführliche Darstellungen des *Karma-, Bhakti- und Jñāna-Yoga,* d.h. die Wege der Werke, Anbetung und Erkenntnis, zudem einen Abschnitt über Dhyāna-Yoga, Meditation (Kap. 6.10-15). Dabei wird eine aufrechte Körperhaltung in der Sitzposition empfohlen und Konzentration auf das Ājñā-Chakra zwischen den Augenbrauen. In Kap. IV.29 und V.27—28 werden speziell Atemtechniken zur Regulierung der Lebenskraft angesprochen. Bezeichnend für den

---

[15] Siehe eine ausführlichere Darstellung in dem Titel *Die heiligen Schriften Indiens – Geschichte der Sanskrit-Literatur.*

[16] Siehe auch unsere Titel *Yogis, Yoginis und Asketen im Mahabharata* und (noch sehr viel ausführlicher) *Studies in the Mahabharata – Indian Culture, Dharma and Spirituality in the Great Epic.*

[17] Mbhr. 12.294.6-9

Yoga der Bhagavadgītā ist die Abwendung von der Welt intensiver Askese und die Hinwendung zu einer Praxis, die auch für Laien und Haushälter zu realisieren ist, indem nicht den Werken als solchen entsagt wird, sondern deren Früchten.

Das Yogasūtra

Das Yogasūtra des Patañjali ist vielen Yoga-Anhängern der wichtigste Quellentext. Er wurde nach Auffassung verschiedener Gelehrter zwischen dem 2. Jh. v. Chr. und dem 4. Jh. n. Chr. verfasst und wird auch als Pātañjala-Sūtra bezeichnet. Der bekannteste alte Kommentar wurde der Überlieferung nach von Vyāsa im 5. Jh. verfasst unter dem Titel *Yoga-Bhāshya.* J. Mallinson und M. Singleton geben in *Roots of Yoga* aktuelle, abweichende Forschungsresultate des Indologen Philipp Maas wieder: Er habe aufgezeigt, dass es keine Überlieferung des Sūtra-Manuskriptes unabhängig vom dazu gehörenden Kommentar gegeben habe (der allgemein Vyāsa zugeschrieben werde); beide seien bezüglich des Satzbaus eng verwoben. „Maas bringt überzeugende Argumente dafür vor, dass wir deshalb die Sūtras und den Kommentar als einheitliches Werk eines einzigen Autors betrachten sollten, der den Sūtra-Abschnitt des Textes aus älteren Quellen etwa zwischen 325 und 425 n. Chr. kompiliert habe.“[18] Ferner verweisen die beiden Autoren auf buddhistische Einflüsse und erklären, der Text stehe für „einen brahmanischen Versuch, sich Yoga von den Shramana-Traditionen anzueignen.“[19]

Die Sūtras wurden zu einem wichtigen Quellentext für spätere Yoga-Abhandlungen, und ca. im 12. Jh. wurde Yoga, auf der Grundlage von Patañjalis Text, erstmals in eine Liste verschiedener orthodoxer und nicht-orthodoxer Schriften aufgenommen und nach einiger Zeit dann Teil des Kanons von sechs orthodoxen Darshanas oder Philosophie-Systemen.[20] Damit ist es nicht nur von großem Interesse für viele Yoga-Übende, sondern auch für Gelehrte im Bereich der Philosophie oder Indologie. Teil dieses Kanons war auch das *Sānkhya*-System, das eine enge Verbindung zum Yoga aufweist und ihm wichtige theoretische Grundlagen lieferte.

Āsanas werden im Yogasūtra noch nicht beschrieben, wir finden jedoch Hinweise darauf, dass sie dem Autor bekannt waren. So wird in 2.29 Āsana als eines der acht Glieder des Yoga genannt, und in 2.77 heißt es, *sthira-sukham āsanam,* die Körperhaltung sollte stabil und angenehm sein. Der oben erwähnte Kommentar geht jedoch davon aus dass Patañjali mehr als

[18] *Roots of Yoga*, S. xvi
[19] Ibid., S. xvii
[20] Siehe Lexikoneintrag, *Shaddarshana.*

zwölf für die Meditation geeignete Sitzhaltungen kannte, die jedoch nicht im Einzelnen beschrieben werden.[21]

Yogacāra

Nach Überzeugung einiger Gelehrter ist auch die buddhistische Yogācāra-Schule von großer Bedeutung für die Frühgeschichte des Yoga, obwohl sie meist vernachlässigt werde. Es handelt sich um eine idealistische Schule des Mahāyāna, die ca. im 4. Jh. von Asanga begründet wurde. Aus deren Sicht entstehen alle wahrnehmbaren Phänomene auf der Grundlage des Geistes und sind an sich substanzlos. In Wirklichkeit existiere nur Bewusstsein, *vijñāna*. Daher wird diese Lehre auch Vijñānavāda genannt.

Tantra

Es ist gut bekannt, dass der Hatha-Yoga historisch gesehen aus der tantrischen Tradition hervorging, die es sich zum Ziel setzte, das Körperliche nicht als Hindernis für die Verwirklichung zu betrachten, sondern als deren Träger.[22] Ein besonderes Verdienst der tantrischen Yogīs war die Erforschung der feinstofflichen Kanäle im Körper, der Nādīs, durch welche die Vitalenergie, Prāna, zirkuliert. Ein erster Hinweis auf dieses Netzwerk findet sich bereits in der Brihadāranyaka Upanishad 2.1.9. Dieses Themenfeld wurde ständig weiter erforscht, so etwa im 5. Jh. in der Nishvāsa-Tattva-Samhitā und im 10. Jh. im Kubjikāmata-Tantra, welches ein System von sechs *Cakras* kennt, das wegweisend für weitere Ansätze in diesem Bereich war. Auch die Erforschung des Phänomens der *Kundalinī* war ein wichtiger spiritueller Beitrag der tantrischen Yogīs. Während deren Erweckung ursprünglich vor allem durch inneren Vorgänge wie Visualisationen erfolgte, kamen später im Hatha-Yoga auch physische Komponenten hinzu.

Hatha Yoga

Über die ersten Spuren einer Hatha-Yoga-Praxis wurde bereits oben berichtet. Substantielle Hinweise auf Methoden und Praktiken des Hatha-Yoga finden sich um das 11. Jh. in der *Amritasiddhi*, einem tantrisch-buddhistischen Werk, sowie etwa im 13. Jh. im vishnuitischen *Dattātreyayogashāstra*. Im 15. Jh. kam als umfassender Quellentext die *Hatha-Pradīpikā* hinzu, später die *Gheranda-* und *die Shiva-Samhitā* im 17. Jh. bzw. um 1700.

---

[21] *Roots of Yoga*, S. 86

[22] Siehe Lexikon-Artikel „Tantra“.

Die Zahl der beschriebenen Āsanas wuchs beständig. Ein Text mit der Bezeichnung „Vimānārcanākalpa“ (ca. 10. Jh.) erwähnt nur 9 Āsanas, enthält aber mit dem *Mayūrāsana* als erster uns bekannter Text eine Nicht-Sitz-Haltung. Demgegenüber weist die *Hatha-Pradīpikā* bereits 15 Āsanas auf, davon 8 Nicht-Sitz-Haltungen[23], und in einer illustrierten Ausgabe der *Jog-Pradīpikā* aus dem Jahr 1830 finden wir bereits 84 Āsana-Illustrationen sowie Darstellungen von 24 *Mudrās.* Die erste uns bekannte bildliche Darstellung von Āsanas findet sich im *Bahr al-Hayat,* einer Foliantensammlung des 16. Jh.

Im 14. und 15. Jh. entstanden auch viele der 21 *Yoga-Upanishaden,* die auf der Grundlage des Vedānta Yoga-Lehren erläutern, insbesondere den Hatha- und Kundalinī-Yoga. Durch all diese Werke wurde die Grundlage gelegt für den modernen Yoga, der sich vor allem in der westlichen Welt entfaltete und eigene Formen und Zielsetzungen im Einklang mit der Lebenswelt unserer Zeit entwickelte, wobei er u.a. auch Zuspruch in Bereichen wie Fitness und Wellness, Therapie, Rückenschulung oder Mentaltraining fand. Zutreffend vermerken J. Mallinson und M. Singleton in Verbindung mit der Globalisierung und Modernisierung des Yoga, dass „Anpassung und Wandel stets charakteristische Merkmale der Yoga-Geschichte waren, indem konkurrierende und koexistierende Theorien und Praktiken einander beeinflussen, wobei einige Praktiken verschwinden, während andere neue, komplexere Formen annehmen.“[24]

---

[23] *Roots of Yoga*, S. 87

[24] Ibid., S. xxi

Yoginīs und weise Frauen im alten Indien

Die Welt des frühen indischen Yoga, besonders des Hatha-Yoga, wie im vorangehenden Artikel dargestellt, ist offenkundig eine Welt der Männer. Eine signifikante Wende trat erst ein, als Yoga in den Westen kam und sich zunehmend Frauen ihm zuwandten, welche heute die meisten Yoga-Übenden stellen.

Aber auch in Indien gab es stets eine weibliche Spiritualität, wobei allerdings speziell im Hatha-Yoga die Quellen recht spärlich sind. Mallinson / Singleton nennen die Gründe dafür: „Yoga-Texte sind vom Standpunkt männlicher Übender verfasst. Daher kann es schwierig sein, einzuschätzen, in welchem Umfang Frauen in der Vergangenheit Yoga praktizierten. Es gibt keine vor-modernen Schilderungen von Frauen, die Yoga-Haltungen üben, obgleich es eine kleine Anzahl von Schilderungen von Asketinnen gibt, und in einigen von ihnen wird dargestellt, wie sie die Askese des beständigen Stehens über lange Zeiträume üben."[25]

Die beiden Autoren gehen jedoch nur relativ kurz auf diese Thematik ein, indem sie auf eine Reihe von Passagen in verschiedenen Quellentexten verweisen. So erwähnen sie z.B. Aussagen im *Dattātreyayogashāstra* und in der *Hathapradīpikā,* welche darlegen, dass Frauen ebenso wie Männer Siddhi durch die Vajrolī Mudrā[26] erlangen können, wodurch sie wahrlich zu einer „Yoginī" würden.[27]

Wir werden im Folgenden das Thema der weiblichen Spiritualität in Indien etwas umfassender ergründen und einige zusätzliche Quellen anführen.

Die Veden und Upanishaden

Gelehrte in Ost und West sind sich einig, dass Frauen in der frühen vedischen Zeit einen sehr viel höheren Status genossen als in späteren Epochen des Hinduismus. So vermerkte etwa der englische Orientalist H.H. Wilson (1786 – 1860): „Wir können mit großer Gewissheit sagen, dass in keinem Land der Antike Frauen so viel Respekt genossen wie unter den Hindus." Und der indische Staatsbeamte, Historiker und Übersetzer Romesh Chunder Dutt (1848 – 1909) schrieb ähnlich in seinem Buch *The Civilization of India*, dass Frauen in den alten Epen und anderer Literatur einen höheren Status hatten als in der vergleichbaren Literatur im antiken Griechenland. „Sie genossen

25 *Roots of Yoga*, S. 53
26 Siehe Lexikon-Artikel.
27 *Roots of Yoga*, S. 53

gewisse Besitzrechte seit dem vedischen Zeitalter, nahmen an gesellschaftlichen und religiösen Riten teil und zeichneten sich bisweilen durch ihre Gelehrsamkeit aus."[28]

So finden wir im Rig Veda (III.55.16) auch den für die damalige Zeit bemerkenswerten Rat: „Eine nicht verheiratete Tochter sollte einem Bräutigam angetraut werden, der wie sie gebildet ist. Denkt nie daran, eine sehr junge Tochter in die Ehe zu geben." Auch in Yajur-Veda VIII.1 wird angeraten, Töchter nach Abschluss ihrer Studien nur mit einem entsprechend gebildeten Bräutigam zu verheiraten.

In der vedischen Literatur erfahren wir ferner, dass Frauen einige Hymnen des Rig Veda erschufen. Zu erwähnen sind insbesondere die Namen Maitreyī, Gārgī und Ghoshā. Von der letzteren wird berichtet, dass sie in eine Familie vedischer Rishis hinein geboren wurde und lange an einer entstellenden Krankheit litt. Verzweifelt rief sie die Ashvins[29] an, bis diese sie heilten, woraufhin sie heiratete und zwei Lobeshymnen an die beiden Zwillingsgötter verfasste (Rig Veda X.39-40). Sie erwarb sich eine große Reputation als weise Seherin.

Dasselbe galt auch für Gārgī, die vermutlich um das 8. Jh. v. Chr. lebte. Im 3. Kap. der Brihadāranyaka Upanishad wird berichtet, wie sie an einer philosophischen Debatte teilnahm, welche König Janaka von Videha ausgerichtet hatte, und dabei den Weisen Yajñavalkya mit tiefschürfenden Fragen herausforderte. Auch sie soll Autorin einiger Hymnen des Rig Veda gewesen sein.

Maitreyī wiederum war eine der beiden Frauen Yajñavalkyas, ihr werden etwa 10 Hymnen des Rig Veda zugeschrieben. Sie wurde bekannt durch einen tief inspirierten Dialog mit dem Weisen über das Wesen von Ātman und Brahman und deren Einheit, wiedergegeben in der Brihadāranyaka Upanishad 2.4 und 4.5. Maitreyī verkörpert bis heute das Ideal der hochgebildeten Frau im vedischen Indien.

Zahlreiche weitere bedeutende Frauen aus jener Zeit sind bekannt, so etwa Ahalyā, die Frau des Rishis Gautama[30], oder Lopāmudrā, die Frau des Rishis Agastya[31], sowie Arundhatī, die Gemahlin des Vasishtha. Signifikant ist auch das Devī Sūkta im Rig Veda (10.125.3 – 8), mit einer Lobpreisung des Weiblichen Göttlichen.

„Ich bin die Königin, welche Schätze ansammelt, voller Erkenntnis, zutiefst anbetungswürdig... Durch mich allein nehmen alle die Nahrung zu

[28] Quelle: hinduperspective.com/2013/02/06/women-in-vedic-society/

[29] Siehe Lexikon-Artikel.

[30] Siehe Lexikon-Artikel „Ahalyā".

[31] Siehe W. Huchzermeyer, *Yogis, Yoginis und Asketen im Mahabharata,* S. 11-15

sich... Ich mache den Menschen, den ich auserwähle, mächtig, zu einem Weisen, der das Brahman kennt... So erfülle ich alle Wesen als ihr inneres höchstes Selbst und manifestiere sie mit meinem Körper."

Zu den vielen vedischen Göttinnen und Göttern zählt auch Aditi, die „Unendliche, Grenzenlose", die für den unermesslich weiten Kosmos steht. Sie ist die Mutter-Gottheit, Mutter der Ādityas, Sonnengottheiten, und kann als weiblicher Aspekt des Schöpfergottes Brahmā angesehen werden. Über 200 mal findet sie Erwähnung in den Hymnen des Rig Veda. Zu den Ādityas zählen bedeutende Gottheiten wie Varuna, Mitra, Bhaga und Savitṛ.

Mahābhārata

Das Mahābhārata enthält eine Reihe von Geschichten von selbstlosen Frauen, die mit großer Geduld das asketische Leben ihrer Gatten teilten, welche nach spiritueller Verwirklichung streben, darunter auch die schon erwähnte Lopāmudrā. Wir erfahren ferner von Kuntī, der Mutter der Pāndavas.[32] In ihrer Jugend fiel ihr einmal die Aufgabe zu, den höchst reizbaren Asketen Durvāsas als Gast zu betreuen, und sie tat dies mit so viel Geduld und Gleichmut, dass der tief beeindruckte Besucher ihr ein Mantra schenkte, mit dem sie jedweden Gott herbeirufen konnte. Diese Gabe nutzte sie später und rief verschiedene Götter an, um zu Vätern ihrer Kinder zu werden, da ihr Gatte Pāndu aufgrund eines Fluches zeugungsunfähig war.[33]

Das Mahābhārata enthält auch die bekannte Geschichte von Sāvitrī und Satyavān, in der berichtet wird, wie Sāvitrī kurz vor ihrer Hochzeit mit dem Prinzen Satyavān erfährt, dass es seine Bestimmung sei, in einem Jahr zu sterben. Unbeirrt heiratet sie ihn dennoch und nimmt kurz vor seinem Tod ein äußerst schwieriges asketisches Gelübde auf sich, drei Tage und Nächte lang unaufhörlich zu stehen. Als später der Todesgott Yama eintrifft, stellt sie sich ihm in einem hartnäckigen Dialog und ringt ihm das Versprechen ab, Satyavān wieder in die Welt der Lebenden zu entlassen.[34] Sri Aurobindo nahm diese Geschichte als Grundlage seines spirituellen Epos *Savitri.*

Die Tantras

Seit der Zeit der Upanishaden gab es neben der weltbejahenden und lebenszugewandten Geisteshaltung auch eine pessimistische und weltverachtende Stimmung. Der Körper wurde hier eher als Hindernis gesehen, und das Ziel

[32] Siehe Lexikon-Artikel.
[33] *Yogis, Yoginis und Asketen,* S.16-19
[34] Ibid., S. 43-69

war, sich von allem Irdischen schrittweise zu lösen, um die Konzentration ganz auf die jenseitige Befreiung zu richten. Auch frauenverachtende Texte wurden in Verbindung mit dieser Stimmung verfasst.

Ein Wendepunkt trat jedoch mit der tantrischen Bewegung (5. – 7. Jh.) ein: Wir erleben nun eine Renaissance der göttlichen Mutterkraft, die, stets eins mit dem göttlichen Herrn, ihre Energien im unendlichen Spiel des Werdens entfaltet. Das dynamische, feminine Schöpfungsprinzip Shakti, verkörpert in der Gemahlin Shivas, tritt nun in den Vordergrund – sie ist es, die Shiva zur Aktion und Manifestation befähigt. Viele Yogīs der späteren Zeit greifen diesen Gedanken auf und tun ihr irdisches Werk in Gemeinschaft mit einer gleichgestellten Frau, welche die besondere Fähigkeit hat, spirituelle Kräfte in die Welt einzubringen.[35] Der Körper wird nun nicht mehr als Hindernis gesehen, sondern als Tempel des Göttlichen, als Träger und Instrument der Befreiung.

Hatha-Yoga und Entwicklungen in der Neuzeit

Wie nun fanden Frauen Zugang zum Hatha-Yoga, der historisch gesehen aus dem Tantra wie auch der asketischen Tradition hervorging? Der Indologe und Yoga-Historiker Jason Birch, der am Hatha-Yoga-Projekt mitarbeitete, erklärt es wie folgt: Es gebe in Quellentexten deutliche Hinweise darauf, dass bereits im 12. und 13. Jh. Hatha-Yoga in Haushalten unterrichtet wurde, unter Einbeziehung der Frauen. Dazu erläutert er: „Kein Text verbietet Frauen die Yoga-Praxis, im Gegenteil: Manche Texte wie die *Yogayājñavalkya* erwähnen sogar spezielle Übungen für Frauen, dort ist es im besonderen *prāṇāyāma*. Auch in der *Yogacintāmaṇi* gibt es Verse, die sagen, Frauen sollten Yoga üben.“[36] Birch führt dann weiter aus, dass in Indien Frauen traditionell die religiöse Ausrichtung ihrer Ehemänner übernahmen, etwa den Vishnuismus oder Shivaismus, und vermutet, dass sie sich in gleicher Weise auch Hatha- und Rāja-Yoga-Übungen anschlossen, wenn der Ehemann sie praktizierte. Trotz dieser grundsätzlichen Offenheit konnte es gleichwohl geschehen, dass orthodoxe Lehrer die Unterweisung von Schülerinnen grundsätzlich ablehnten.

In der neueren Zeit war Swami Sivananda bekannt dafür, dass er persönlich auch Frauen unterrichtete. Zu seiner bekanntesten Schülerin wurde die deutschstämmige Sylvia Hellmann, die ihn 1956 während einer Indien-Reise kennenlernte und ein Jahr später von ihm zum Sannyāsin geweiht wurde und den Namen Swami Sivananda Radha erhielt. Sie war 1951 nach Kanada

---

[35] Sie auch die Artikel *Tantra, Shakti, Shaktismus.*

[36] *Viveka – Hefte für Yoga*, Nr. 57, S. 20-21.

emigriert und wurde dort später als spirituelle Lehrerin und Autorin vieler Bücher bekannt.

Sivananda, der einen vielfältigen Yoga mit Elementen von Vedānta, Hatha- und Rāja-Yoga unterrichtete, nannte Frauen einmal „das prächtige Werk Gottes, die schönste Kreation der Welt." Die Idee, dass Mann und Frau gleich sind, so fügte er hinzu, sei „ein westliches Konzept". „Die indische oder hinduistische Vorstellung ist, dass Mann und Frau, Purusha und Shakti, eins und unteilbar sind."[37] Dies ist der ursprüngliche, ideelle Grundgedanke, und er hilft uns, viele Geschichten von Frauen im alten Indien zu verstehen.[38]

Eine weitere bekannte Wegbereiterin des Yoga im Westen war Indra Devi.[39] Sie war die erste Frau, welche der bekannte Yoga-Meister T. Krishnamacharya unterrichtete, und zugleich auch dessen erste SchülerIn aus dem Westen. Sie fand einen großen Kreis teils prominenter Yoga-Übender zunächst in den USA, später in Argentinien, wo sie bis an ihr Lebensende wirkte.

Eine wichtige Pionierin in Indien war Geeta Iyengar (1944 – 2018), die älteste Tochter von B.K.S. Iyengar. Sie wuchs seit ihrer Kindheit mit Yoga und Āsanas auf und unterwies bereits mit 15 Jahren ihre SchulkameradInnen, etwas später auch Yoga-Schüler ihres Vaters. Zu ihrer Zeit war diese Tätigkeit noch sehr unüblich für Inderinnen, und so musste sie in der Anfangszeit manche gesellschaftliche Widerstände überwinden. Doch im Laufe der Jahre machte sie sich ihren Namen, brachte u.a. wichtige Bücher speziell für die weibliche Yoga-Praxis heraus und war vielen Inderinnen durch ihr selbstbewusstes Auftreten ein Beispiel.

---

[37] Karl Elberg, *Swami Sivananda*, Niefern 2001, S. 69

[38] Freilich kann dieses Ideal in der Lebensrealität auch zu Missbräuchen und der völligen Entmachtung von Frauen führen, weswegen moderne Inderinnen oft eher eine Gleichstellung anstreben.

[39] Siehe Lexikon-Artikel.

Die 108 Namen Krishnas

Acala – der Reglose, Unbewegliche
Acyuta – der Fehllose, Unvergängliche, Feste
Adbhuta – der Wunderbare
Ādideva – der Erste, Ursprüngliche
Āditya – der Sohn Aditis
Ajanma – der ohne Geburt ist, der Endlose, Grenzenlose
Ajaya – der Unbezwingliche
Akshara [akṣara] – der Unvergängliche, Unveränderliche
Amrita [amṛta] – der Unsterbliche; Nektar der Unsterblichkeit
Anādi – der ohne Anfang ist, seit Ewigkeit existiert
Ānandasāgara – Meer der Glückseligkeit
Ananta – der ohne Ende ist
Anantajit – der immer Siegreiche
Anaya – der keinen Führer oder Meister hat
Aniruddha – der durch keinen Widerstand aufzuhalten ist
Aparājita – der Unbezwungene, Unübertroffene
Avyakta – der nicht Manifeste, Unsichtbare

Bālagopāla – der Hirtenjunge [in Vrindāvana]
Balī – der Starke, Mächtige

Caturbhuja – der Vierarmige

Dānavendra-Vināshaka [vināśaka] – Vernichter des Herrn der Asuras
Dayālu – der Mitfühlende
Dayānidhi – der voller Mitgefühl ist
Devādideva – erster Gott aller Götter
Devakīnandana – der Sohn Devakīs
Devesha [deveśa] – Herr der Götter
Dharmādhyaksha [dharmādhyakṣa] – Herr des Dharma
Dvārakapati – der Herr Dvārakas
Gopāla – der Kuhhirte [in Vrindāvana]
Gopālapriya – der die Kuhhirten liebt
Govinda – der die Kühe findet

Hari – der das Übel beseitigt [unsichere Herleitung von der Wurzel *hṛ*, wegnehmen; *hari* bedeutet meist grünlich, gelblich, bräunlich]
Hiranyagarbha [hiraṇyagarbha] – der goldene Urkeim [der Schöpfung]
Hrishīkesha [hṛṣīkeśa] – Herr über die Sinne

Jagadguru – universeller Guru
Jagadīsha [jagadīśa] – Herr der Welt
Jagannātha – Herr der Welt
Janārdana – der die Menschen [aus ihrer Lethargie] aufrüttelt
Jayanta – der Siegreich
Jñāneshvara [jñāneśvara] – der Herr der Erkenntnis
Jyotirāditya – die Licht-Sonne

Kamalanātha – der Herr Lakshmīs
Kamalanāyana – der Lotusäugige
Kamsāntaka [kaṁsāntaka] – der dem Kamsa ein Ende bereitete
Kamjalocana [kaṁjalocana] – der Lotusäugige
Keshava [keśava] – der schönes oder langes Haar besitzt
Krishna [kṛṣṇa] – der Dunkelhäutige

Lakshmīkānta [lakṣmīkānta] – der Geliebte Lakshmīs
Lokādhyaksha [lokādhyakṣa] – der Herr der drei Welten

Madana – der Herr der Liebe
Mādhava – der Frühlingshafte; der Herr Lakshmīs
Madhusūdana – der den [Dämonen] Madhu erlegte
Mahendra – der große Indra
Manomohana – der Bezaubernde
Manohara – der Schöne, Attraktive
Mayūra – der mit den Pfauenfedern
Mohana – der Verzaubernde
Muralī – der Flötenspieler
Muralīdhara – der die Flöte trägt
Muralīmanohara – der mit seiner Flöte verzaubert

Nandagopāla – Nandas Kuhhirte
Nārāyana [nārāyaṇa] – die Zuflucht aller Menschen

Nirañjana – der Unbefleckte
Nirguna [nirguṇa] – der ohne *Gunas,* relative Eigenschaften

Padmahasta – der mit Lotushänden
Padmanābha – der mit dem Lotusnabel
Parabrahman – das höchste Brahman
Paramātman – der höchste Ātman
Paramapurusha [paramapuruṣa] – der höchste Purusha
Pārthasārathi – Arjunas Wagenlenker
Prajāpati – der Herr der Geschöpfe
Punya [puṇya] – der Reine
Purushottama {puruṣottama] – der höchste Purusha

Ravilocana – der, dessen Auge die Sonne ist

Sahasranayana – der Tausendäugige
Sahasrajit – der Tausende besiegt
Sahasrapāda – der Tausendfüßige
Sākshī [sākṣī] – der Zeuge aller Dinge
Sanātana – der Ewige
Sarvajña – der Allwissende
Sarvapālaka – der Allschützende
Sarveshvara [sarveśvara] – der Herr aller Wesen
Satyavacana – der Wahrheitssprechende
Satyavrata – der Wahrheit verpflichtet
Shānta [śānta] – der Friedvolle
Shreshtha [śreṣṭha] – der Herausragende, Beste
Shrīkānta [śrīkānta] – der von Shrī (Lakshmī) Geliebte
Shyāma [śyāma] – der Dunkelhäutige
Shyāmasundara [śyāmasundara] – der Dunkelhäutige Schöne
Sudarshana [sudarśana] – der Hübsche, Liebliche
Sumedha – der Weise, Kluge
Suresha [sureśa] der Herr der Götter
Svargapati – der Herr des Himmels

Trivikrama – der die drei Welten in drei Schritten durchschritt

Upendra – der jüngere Bruder Indras

Vaikunthanātha [vaikuṇṭhanātha] – der Herr Vaikunthas
Vardhamāna – der Reichhaltige
Vāsudeva – der Sohn des Vasudeva
Vishnu [viṣṇu] – der alles Durchdringende
Vishvadakshina [viśvadakṣiṇa] – der in allem geschickt ist
Vishvakarma [viśvakarma] – der alles erschuf
Vishvamūrti [viśvamūrti] – der alle Formen trägt
Vishvarūpa [viśvarūpa] – der die Form des Universums trägt
Vishvātman [viśvātman] – die Seele des Universums
Vrishaparvan [vṛṣaparvan] – der mit den starken Gliedern

Yādavendra – der Herr der Yādavas
Yogī - Yogī
Yogīnām Pati – Herr der Yogīs.

Yoga-Lexikon Deutsch-Sanskrit

Der folgende Text ist nicht nur ein Wörterbuch Deutsch-Sanskrit, sondern zugleich auch ein Stichwörterverzeichnis für den Hauptteil, das es ermöglicht, alle Themen auch unter deutschen Begriffen nachzuschlagen.
Falls Sie z.B. etwas zum Thema „Klang“ lesen möchten, schlagen Sie unten das deutsche Wort nach und finden eine Reihe von Sanskrit-Begriffen. Diejenigen, die *kursiv* gesetzt sind, enthalten Artikeltexte von mindesten 6 Zeilen Länge im Hauptteil.
In einigen Fällen ist noch links das deutsche Wort kursiv gesetzt, z.B. *Architektur.* Dies bedeutet, dass der Artikel direkt unter diesem deutschen Begriff nachgeschlagen werden kann.

Bevor Sie ein Sanskrit-Wort verwenden, das Sie nicht bereits kennen, empfiehlt es sich, dieses im Hauptteil nachzuschlagen, um die genaue Bedeutung zu überprüfen. Ferner sind dort auch die vollständigen diakritischen Zeichen aufgeführt.

Die Āsanas und deren Wortschatz sind separat im Āsana-Wörterbuch Deutsch-Sanskrit aufgeführt.

A

Abenddämmerung – *samdhyā*
Ablenkung – vikshepa
Abscheu – *jugupsā*
Abschied – visarga
Abschnitt – kānda, parvan, pada
Absicht – samkalpa
absolut – kevala
Absolute, das – *brahman*
Abstammungslinie – gotra
Achtsamkeit – *smriti*
Ader – *nādī*
Affe – vānara, kapi
Ähnlichkeit – sārūpya
alle(s) – sarva, vishva
Alleinheit – *kaivalya*
allgegenwärtig – vishvarūpa
allwissend – sarvajña
All-Wissenheit – sarvajñatva
alt – purāna
Altar – caitya, vedi, vedī
Anbeter – bhakta
Anbeter der Shakti – shākta
Anbetung – *ārati*, arcanā, *bhakti, pūjā, yajña*
Anbetung mit Gesang und Musik – *bhajana, kīrtana*
Anblick – *darshana*
andere(r) – para
Anfang – ādi
angeboren – sahaja
Angst – bhaya, shoka
Anhaftung – rāga, *sanga*
Anhalten des Atems – *kumbhaka,*

prāna-rodha, prāna-samyama
Anhang zum Veda – vedānga
Anschein – ābhāsa
Anstrengung – prayatna, utsāha, yatna
Anweisung – vidhi
Anwendung, individuelle – viniyoga
Aphorismus – *sūtra*
Architektur – sthāpatya-veda, vāstu-vidyā, vāstu-jñāna
Ärger – *krodha*
Arzt – vaidya
Asche, heilige – *vibhūti*
Askese – *tapas*
Asket – avadhūta, shramana, tapasvin, yati
Astralreisen – *ākāshagamana*
Astrologie – *jyotisha*
Astronomie – *jyotisha*
Atem – *prāna, vāyu*
Atemkontrolle – *prānāyāma*
Äther – *ākāsha*, vyoman
Atmung – prashvāsa, shvāsa
Auflösung – *laya*
Auflösung des Universums – pralaya
Aufmerksamkeit – *dhāranā*
aufrechte Haltung – samasthiti
Aufrichtigkeit – arjava
Ausatmung – prashvāsa
Ausgeglichenheit – samatva, samatā
Aussage, Äußerung – *vyāhriti*
äußerer Teil – bahiranga
Ausstrahlung, spirituelle – tejas

B

Bad, Baden – *snāna*
Badeplatz, heiliger – tīrtha
Basis – *ādhāra*, adhishthāna, bhū, pītha, pratishthā
Baukunst – shilpa
Baum – *vriksha*
befreit zu Lebzeiten – jīvanmukta
Befreiung zu Lebzeiten – *jīvanmukti*
Befreiung, spirituelle – *apavarga, moksha,* mukti, *kaivalya, siddhi,* visarga
Begehren – lobha, *vāsanā*
Bemühung – prayatna, utsāha, yatna
Benetzen – abhisheka
Beobachter – drashtri, sākshin
Beredsamkeit – shacī
Berührung – sparsha
Besitzlosigkeit – aparigraha
besser, das Bessere – shreyas
Beständigkeit – dhairya
Bestattung – pretakarma
beste(r) – uttama
Bettelgang – bhikshā
Bettelmönch – bhikshu
Bewegungsabfolge – vinyāsakrama, kārana
Bewusstsein – cit, cetana, citta, *prajñā,* samvid, *vijñāna*
Bewusstsein, reines – *purusha*
Bewusstseinskraft – citshakti
bezaubernd – lalitā, manohara
Biene – bhramārī
Bild – rūpa
Bindung – bandha
Blase – vasti
blau – shyāma
Blick – drishti
Blume, Blüte – pushpa
Boden – bhūmi
Böses – *pāpa*

Büffel – mahisha
Bulle – vrisha, vrishabha
Burg – pur, pura
Buße – prāyashcitta
Butterschmalz – *ghrita*

C
Chanten – samkīrtana
Charakter – shīla

D
Dämon – *asura, pishāca*, rākshasa
Darbringung – samarpana
Das, Jenes – tat
Defekt – dosha
Dekoration – shilpa
Dharma, eigenes – *svadharma*
Diagramm, mystisches – *yantra*
Diamant – vajra
Dichter – kavi
Diener – dāsa
Dienst – sevā
Dienstfertigkeit – dāsya
Differenz – vishesha
Differenzierung – *vikalpa*
Ding – vastu
Disziplin – *niyama, yama*
Donnerkeil – *vajra*
Dorfgottheit – grāmadevatā
Dreiheit, von Brahmā, Vishnu und Shiva – *trimūrti*
Du – tvam
Dualität – dvaita
Dualitäten, ohne – nirdvandva
Duldsamkeit – titikshā
dunkel – shyāma
Dunkelheit – *tamas*

E
Eber – varāha
ehrwürdig – *guru*
Ei, kosmisches – anda
eigen – sva
Eigenschaft – *dharma, guna, varna*
Eigenschaft, begrenzende – *upādhi*
Einatmung – shvāsa
Einbildung – *vikalpa*
Eindruck – *vāsanā*
Eingebung – īshvara-preranā
Einheit – ekatva, samyoga
Einheitserfahrung – *samādhi*
Einsicht – *vijñāna*
Einsiedelei – *āshrama*
Einsiedler – *vānaprastha, yati*
Einspitzigkeit – *ekāgratā*
Einssein – aikya, ekatva
Einweihung – *dīkshā*
Einzelseele – jīva
Einzigkeit – *kaivalya*
Ekstase – *samādhi,* unmanī
Elefant – gaja, hastin
Elefantenstachel – ankusha
Element – bhūta, tanmātra
Emblem – dhvaja, linga
Energie – hatha, *shakti*, vīrya
Energiezentrum – *cakra*
Entfaltung – srishti
Enthaltsamkeit – *brahmacarya*
Entsagender – samnyāsin, samnyāsī; sannyāsin, sannyāsī
Entsagung – dama, samnyāsa, tyāga
Entschlossenheit – samkalpa
Entstehen – pravritti
Enttäuschung – vishāda
Entwicklung – prasava
Erde – bhū, *bhūmi,* prithivī
Erfolg – jaya, sampatti, *siddhi*
Erforschen – *vicāra,* vicāranā
Erforschung – jijñāsā, mimāmsā

Erfüllung – sampatti, vipāka
Ergebnis – phala
Ergründung – jijñāsā
Erhabene, der – *bhagavat*, bhagavān
Erhaltung – sthiti
Erinnern – smaya
Erinnerung – *smriti*
Erinnerung, unterbewusste – *vāsanā*
Erkenntnis – *buddhi, jñāna, prajñā, vidyā, vijñāna, viveka*
Erkenntnismittel – pramāna
Erleuchtung - *prabodhana*
Erlöschen – *nirvāna*
Erlöser – tāraka
Erlösung – *moksha, mukti*
Ernährung – āhāra
Erotik – kāma; siehe auch *kāmasūtra*
Erwachen - *prabodhana*
Erzählung – kathā
Erzählung, alte – *purāna*
Essenz – dhātu, *rasa*
Essenz des Veda – *vedānta*
Ethik – *dharma*
Etymologie – *nirukta*
Evolution – parināma
ewig – nitya
Existenz – jīvana, sattva

F

Faden – *sūtra*
Fähigkeit – *adhikāra*
Fahrzeug – vāhana
Familie – kula
Familienvater – grihastha
Fantasie – vikalpa
Fehler – dosha
fehllos – amala, nirmala, shuddha
fein, feinstofflich – *sūkshma*
Feld – *kshetra*
fest – dhruva
Feste, Feiern - utsava
Festigkeit – dhriti, nishthā, pratishthā, stairya, sthiti
Festung – pur, pura
Feuer – *agni*
Figur – mūrti
Fisch – matsya
Fisch-Avatār – *matsyāvatāra*
Flagge – dhvaja
Fleisch – māmsa
Flöte – muralī
Fluss – nadī
Flüsse – siehe auch *Pilgerreise*
Form – mūrti, rūpa, varna
Form, eigene – svarūpa
formlos – nirākara
Freiheit – *kaivalya*
Freude – *ānanda*, nanda, *sukha,* muditā
freudvoll – mudita
Freund – mitra
Freundlichkeit – maitrī
Freundschaft – maitra, maitrī
Frieden – *shama*, shānti
froh – mudita
Frucht – phala
früher – pūrva
Frühling - vasanta
Fülle – bhūman, shrī
Fünf – pañca
Furcht – bhaya
Furchtlosigkeit – abhaya
Fuß – pada, pāda

G

Gabe – bhikshā, dakshinā, dāna
Galle – pitta

Ganges – *gangā*
Gattung – vishesha
Gaumen – *tālu*
Geburt – *janman,* jāti, prasava
Gedanke – cintā, pratyaya
Gedankenwelle – *vritti*
Geduld – upekshā
Gefährte – mitra
Gefühl – bhāva
gegeben – datta
Gegenstand – lakshya, vishaya
Geist – cetana, citta, *manas*
Geist (ghost) – bhūta
Geist (spirit) – *ātman, purusha*
Geistesbewegung – *vritti*
Gelehrter – ācārya, pandita
Gelenk – marman, pārvan
Gelöbnis – vrata
Gemeinschaft – kula, samiti
Gemüt – citta
Gemütsbewegung – *vritti*
Genuss – bhoga, *bhukti, rasa*
Gesang – gītā
Geschichte – itihāsa, kathā
Geschick – kaushala
geschickt – daksha
Geschlechtsorgan, männliches – *linga*
Geschlechtsorgan, weibliches – *yonī*
Geschlechtsverkehr, ritueller – *maithunā*
Geschmack – *rasa*
Geschöpf – bhūta
geschützt – gupta
Gesetz – *dharma,* vidhi
Gestalt – mūrti, rūpa, varna
Gestaltung – shilpa
Gesundheit – ārogya, pushti, svāsthya
Getränke – pāna
Gewaltlosigkeit – ahimsā
Gewalttätigkeit – himsā
Gewebe – tantra
gewichtig – *guru*
Girlande – mālā
Glanz – prakāsha, pratibhā, tejas
Glaube – *shraddhā,* āstikya
gläubig – āstika
gleich – sama
Gleichheit – sārūpya
Gleichmut – *samatva*, samatā, titikshā, tushti, upekshā
Glied – anga
Glück – bhaga, shubha, *sukha*
glückbringend – mangala
glücklich – *sukha*
Glückseligkeit – āhlāda, *ānanda*
glückverheißend - shubha, mangala
Glut, innere – *tapas*
Gnade – anugraha, kripā
Gott – deva
Götterbild – mūrti
Gottheit – devatā
Gottheit, erwählte – īshta-devatā
Göttin – devī
göttlich – divya
Göttliche, das – adhidaiva, *bhagavat*, bhagavān; daiva
Grammatik – vyākarana
Gras, heiliges – kusha
grob, grobstofflich – sthūla
groß – mahat, mahān, mahā-
Größe – māhātmya, mahiman
Grundeigenschaft – *guna*
Grundlage – pradhāna
Gruß – namas, namah
Gunst – anugraha, priya
Güte – *sattva,* dayā

H

Haarlocke, am Scheitelpunkt des Kopfes – shikhā

Habgier – lobha

Halsverschluss – *jālandhara-bandha*

Handelnder – kartri

Handgeste – *mudrā*

Handgewerbe – shilpa

Handlung – *karma,* kriyā

Handlungslosigkeit - naishkarmya

Hass – dvesha

Haus – mandira, shālā

Haushälter – *grihastha*

heilige Stätte – pītha

Heiliger – muni

Heiligtum – sharana

Heilkraut – oshadhi

Heiterkeit – saumanasya

Held – vīra

Herab-Atem – *apāna*

Herabkunft – *avatāra*

Herauf-Atem – *udāna*

Herbst – sharad, sharadā

Herr – īshvara, ishāna, svāmin, svāmī

Herrschaft – aishvarya

Herrscher – cakravartin, prabhu

Herz-Lotus – *hrit-padma*

Himmel – svarga, vyoman

Himmelswagen – *vimāna*

himmlisch – daiva

Hindernis – antarāya, upasarga, vighna

Hindu-Kalender – *pañcānga*

Hingabe – anurāga, ātmanivedana, nishthā, pranidhāna, prapatti, *yajña*

Hirte – gopa

Hirtin – *gopī*

Hitze – *tapas*

Hochmut – abhimāna, smaya

höchste(r) – uttama, parama

höchste Entsagung – para-vairāgya

höchste Wahrheit – paramārtha

höchster Herr – parameshvara

höchstes Selbst – paramātman

höher – para

Höhle – guhā

Hölle – *naraka*

Hören – shravana

Hügel – stūpa

Hülle – *kosha, sharīra*

Humore (Āyurveda) – *dosha*

Hund - shvan

I

ich – aham

Ichbewusstsein – *ahamkāra*

Ich-heit – asmitā

Ignorieren – upekshā

Illusion – māyā

Impressionen, im Unberbewusst-sein – *samskāra*

Impuls – *vāsanā*

Initiation – dīkshā

Innewohner – dehin

Insel – *dvīpa*

Inspiration - īshvara-preranā

Instrument – yantra

intelligent – cetana

Intelligenz – *buddhi*, dhī

Intuition – dhī, pratibhā

Irrtum – viparyaya

J

Junge – kumāra

Jungfrau – kumārī

Jüngling – kishora

Juwel - ratna

K
Kalender – *pañcānga*
Kanal – *nādī*
Kapitel – kānda, pāda, pārvan, pārva
Kaste – *varna*, jāti
Kausalkörper – kārana-sharīra
Keim – *bīja*
Keim, goldener – *hiranyagarbha*
Keimsilbe – *bīja-mantra*
Kennzeichen – lakshana
Keule – gadā
Klang – dhvani, *nāda*, *shabda*, svara
Klangelement, subtiles – sphota
Klarheit – *prasāda*
Klasse – *varna*
Klingel – *ghantā*
Knolle, Knoten – *kanda*
Knoten, Blockade – granthi
Kommentar – kārikā
König – cakravartin, rājan, rājā
Konstellation – *nakshatra*
Kontakt – sparsha
Kontemplation – *dhyāna*
Kontraktion – *bandha*
Kontrolle – nirodha
Kontrolle des Atems – *prānāyāma*
Konzentration – *dhāranā. samyama, samādhāna*
Körper – *deha, sharīra*
Körperhaltung – *āsana*
körperlos – videha
Körperteil, empfindlicher – marman, marma
Kosmos – brahmānda, jagat
Kraft – hatha, *shakti*, vīrya, *vibhūti*
Krankheit – vyādhi
Kreis – *cakra, mandala*
Kreislauf der Geburten – *samsāra*
Krieger – *kshatriya*
Krug – kalasha
Kuh – dhenu, go
Kuh-Hirte – gopa
Kuh-Hirtin – *gopī*
Kuh-Hüter – gopāla
Kummer – shoka
Kunst – kalā, shilpa
künstlich – nirmāna

L
Laut – *nāda*, varna
Lautlehre – shikshā
Leben – jīvana, *janman*
Lebensatem – *prāna*
Lebensdrang – *abhinivesha*
Lebensdurst – trishnā
Lebenshauch, sekundärer – *upaprāna*
Lebenskraft – *ojas, prāna*
Lebensziel – *purushārtha*
Lebewesen – jīva
Legende – itihāsa
Lehrbuch – *tantra*
Lehre – siddhānta, *shāstra*
Lehrer – *guru*, ācārya, *upādhyāya*
Lehrer des Yoga – yogācārya
Lehrsatz – siddhānta
Leib – *sharīra*
Leichtheit, Leichtigkeit – lāghava, laghutā, *laghiman*
Leid – *duhkha, klesha,* vyādhi
Leidenschaft – rāga
Leidenschaftslosigkeit – *vairāgya*
leidvoll – klishta
leise, mit leiser Stimme – upāmshu
Leitfaden – *sūtra*
Leitlinie, ethische – *yama*
Lesen – adhyayana
Leuchten – tejas

leuchtend – shubha, vivasvat
Levitation – *laghiman,* utthāna
Licht – jyotis, prakāsha, pratibhā
lieb – priya
Liebe – anurāga, *bhakti,* preman, rati, vātsalya
Liebeslehrbuch – *kāmasūtra*
Lied – gītā
Liederkreis – mandala
Linker Pfad – *vāma-mārga*
Linker Tantra – *vāma-mārga*
Logik – nyāya, ānvīkshikī
Loslassen – tyāga
Loslösung – *moksha, vairāgya*
Lotus – kamala, *padma*
Lotus, blauer – pushkara
Lotusblüte – kamala
Lotussitz – padmāsana
Löwe – simha
Luft – *vāta, vāyu*
Luftkutsche – *vimāna*

M

Macht – *vibhūti, shakti*
mächtig – prabhu
Mädchen, junges – kumārī
makellos – nirañjana
Manifestation – *vibhūti,* vyakti
Mann – nara
Maß – pramāna
Materie – *prakriti*
materiell – adhibhautika, sthūla
Maus – mūsha, mūshaka
Meditation – bhāvanā, *dhyāna,* samādhāna, *samādhi*, yukti
Medizin – āyurveda
Meer – sāgara
Meister – *guru,* prabhu
Meister des Yoga – yogācārya
Meisterschaft – vashitva
Mensch – nara, purusha
Merkmal – lakshana
Meru-Stab – meru-danda
Metaphysik - ānvīkshikī
Methode – nyāya, ācāra, tantra
Milchozean, Quirlen des – samudramanthana
Mineral – dhātu
Mitgefühl – dayā, *karunā,* kripā
Modifikation – *vikāra, vritti*
Mönch – sādhu, shramana
Mond – *candra,* soma
Monddynastie – candravamsha
Mondhaus – *nakshatra*
Mond-Tag – tithi
Moral – *dharma, yama*, nīti
Morgendämmerung – *samdhyā*
Morgenröte – aruna
Muschelhorn – shankha
Musik – gandharva-veda, samgīta
Mut – dhīratā
mutig – vīra
Mutter – ambā, ambikā, mātrikā, mātā

N

Nabel – nābhi
Nachdenken – *vicāra, vitarka*
Nachlässigkeit – pramāda
Nachsinnen, tiefes – *nididhyāsana*, nididhyāsa
Nahrung – pushti, *āhāra*
Nahrung, geweihte – *prasāda*
Name – abhidāna, nāman
Nasenreinigung – *neti*
Nasenspitze, Blick auf – *nāsāgra-drishti*
Natur – *prakriti*
Natur, eigene – *svabhāva*

natürlich - sahaja
Nektar der Unsterblichkeit – *amrita, soma*
Nervenkanal, feinstofflicher – *nādī*
Nicht-Anhaftung - *vairāgya,* virāga
Nichtbeachtung – upekshā
Nicht-Sein – abhāva, *asat*
Nicht-Selbst – anātman
Nicht-Stehlen – *asteya*
Nichttun – akarman
Nicht-Wissen – *avidyā*
Nicht-Zweiheit – abheda
Niedere Natur – aparā prakriti

O
Objekt – *artha,* lakshya, vastu, vishaya
Offenbarung – *vibhūti,* vyakti
Ohnmacht – mūrchā
Omen – arishta
Opfer – adhvara, havis, homa, *yajña*
Opfergabe – bali, havis, homa, idā
Opferlöffel – ghritācī
Opferpriester – pūjārī
Opferritual – kalpa
Opferstelle – vedi, vedī
Ordnung, göttliche – rita
Ort – *desha,* sthāna, vastu
Ozean – sāgara

P
Paar – *dvandva*
Perlenkette – akshamālā
Pfad – mārga
Pfau – mayūra
Pfeiler – pāda
Pferd – *ashva*
Philosophie – ānvīkshikī
Phonetik – shikshā
Pilgerort – tīrtha
Pilgerreise – yātrā, tīrthayātrā
Pitta – galle
Planet – tārā
Platz – sthāna, vastu
Praxis, spirituelle – abhyāsa, anushthāna, *sādhana, sādhanā, tapas*
Priester – adhvaryu, pūjārī
Prinz – kumāra
Prüfen – *vicāra*
Prüfung – parīkshā
Punkt – *bindu*
Purusha, höchster – *purushottama*

Q
Qualität – *guna*
Quelle – *yonī*
Quirlen des *Milchozeans* – samudramanthana

R
Rad – *cakra*
Raum – *loka*, shālā, *ākāsha*
Raumschiff – *vimāna*
Recht – *dharma*
Rechter Pfad – *dakshina-mārga*
Rechter Tantra – *dakshina-mārga*
Rede – bhāshā, vāc, vāk, *vyāhriti*
Reflexion – manana, tarka, *vicāra, vitarka*
Regel – *nyāya*, vidhi
Regen, Regengott – parjanya
Regenzeit – varshā
Reichtum – shubha, shrī, *artha,* bhūman
Reifung – vipāka
rein – amala, nirmala, shuddha
Reinheit – *prasāda, shauca*
reinigend – pāvana, pavitra

Reinigung – *dhautī, shauca*
Reinigung der Nādīs – *nādī-shodhana*, nādī-shuddhi
Reinkarnation – *punarjanman*
Reisbällchen – pinda
Religion, ewige – sanātana-dharma
Residenz – pratishthā
Ritual – kalpa, *yajña*
Ritus – kriyā
Rosenkranz – mālā, akshamālā
Rosenkranz für die Japa-Praxis – japa-mālā

S

Salbung – abhyanga
Samen – *bindu*
Sammlung – *samādhi,* samhāra, *samyama*
Sandale – *pādukā*
Sandelholz – candana
sanft – lalitā
Sanskrit - *samskrita*
Sauermilch – dadhi
Schauspieler – nātaka
Schein – ābhāsa, māyā
Schicksal – daiva
Schildkröte – kūrma
Schlacken – mala
Schlaf – *nidrā*, sushupti
Schlange – *kundalinī*, nāga
Schlangen-Kraft – *kundalinī-shakti*
Schleim – *kapha,* shleshman
Schlussfolgerung – anumāna, siddhānta, tarka
Schmerz – *klesha*
Schnur, heilige – *yajñopavīta*
schön – shubha
Schönheit – rūpa, saundarya, shrī
Schöpfung – sarga, srishti, visarga, vishva
Schoß – *yonī*
Schrein – stūpa
Schritt – pada
Schuh – *pādukā*
Schüler – shishya
Schutz – sharana
Schwan – *hamsa*
schwarz – shyāma
Schweigen – mauna
Schweiß, Schweißausbruch – sveda
Schwierigkeit – vighna
Schwingung – *shabda,* spanda
Seele – antarātman, antaryāmin, *ātman,* caitya, cetana, dehin, jīva, *purusha.*
Seele, große – mahātmā
Seele, individuelle – *jīvātman*
Seemuschel – shankha
Segen – shrī, shubha, *prasāda*
Segnung – sampatti
Sehen – *darshana*
Seher – dhrashtri, kavi, *rishi*
Seher, göttlicher – devarshi
Seher, großer – maharshi
Seher, königlicher – rājarshi
Sein – bhāva, sat, *sattva*
Selbst, persönliches – *ahamkāra*
Selbst, höchstes – *ātman, purusha*
Selbstbeherrschung – dhriti, niyama, svarāj, vashitva
Selbst-Erkenntnis – ātmabodha, ātmajñāna, brahmavidyā
Selbstkontrolle – dama, dhīratā, dhriti
Sex, ritueller – *maithunā*
Sexualität – rati
sexuelle Energie – retas
Sichtbares – dhrishya
Sieg – jaya
Siegel – *mudrā*

Silbe – akshara, varna
Silbe, heilige – *mantra*
Singen, heiliger Lieder – samkīrtana, *kīrtana*
Sinnesobjekt – vishaya
Sinnesorgan – *indriya*
Sitz – *āsana*
Sohn – kumāra, putra
Soma-Opfer – adhvara
Sommer – grīshma
Sonne – sūrya, vivasvat
Sonnendynastie – sūryavamsha
Sonnengruß – *sūrya-namaskāra*
Sorge – cintā, duhkha, shoka
Spende – dāna
Spiel, göttliches – *līlā*
spirituell – ādhyātmika
Sprache – bhāshā, vāc, vāk, v*yāhriti*
Stabilität – dhriti, pratishthā
Stadt – nagara, pur, pura
Städte – siehe auch *Pilgerreise*
Stand (soz.) – jāti, *varna*
stark – prabhu
Stärke – utsāha, vīrya
Stätte – ālaya, dhāma
Staunen – *camatkāra*
Stehen – sthāna
Sterben – mrityu
Stern – *nakshatra*, tārā
Stetigkeit – dhairya, stairya
Stille – mauna, shānti, *shama*
Stirn – lalāta
Stirnzeichen, rundes – tilaka
Stoff – *prakriti*
Stolz – abhimāna, darpa, smaya
Strahlen – tejas
strahlend – vivasvat
Studieren – adhyayana
Stufe eines Übungswegs – anga
Sturm – marut
Stütze – ālamba, yantra
subtilphysisch – *sūkshma*
Sühne – prāyashcitta
Sünde – *pāpa*
sündhafte Handlung – dushkarman
Symbol – lakshana, *linga*
System – *tantra*

T

Tanz – *nātya*
Tänzer – nātaka
Tastsinn – sparsha
Tat, Handlung – *karma*
Tätigkeit – *vritti*
Täuschung – *māyā,* moha
Teilinkarnation – *amshāvatāra*
Teilung – bheda
Tempel – caitya, mandira
Textsammlung – samhitā
Theater – nātya
Tiefschlaf – sushupti
Tier, *Tiere* – pashu
Tod – mrityu
Todesstunde – *antakāla*
Ton – dhvani, *nāda, shabda,* svara, vāc, vāk, varna
Tonfolge – rāga
Torwächter – dvārapālaka
Totenzeremonie – *shrāddha*
Tradition – *āgama*, āmnāya, itihāsa, sampradāya, *smriti*
Trägheit – ālasya, styāna, *tamas*
Tragtier – *vāhana*
Transformation – *parināma, vikāra, vivarta*
Traum – svapna
Treffen – *sanga*
Trennung – viraha, visarga
Treuegelübde, eheliches – pativrata

Tropfen – *bindu*

U
Überantwortung – pranidhāna, prapatti
Überdeckung, fälschliche – *adhyāropa,* adhyāsa
Überlieferung – sampradāya
Umwanderung – pradakshina
Umwandlung – *parināma, vikāra, vivarta*
unabhängig – svatantra
Unaufmerksamkeit – pramāda
unbewusst – acit
undenkbar – acintya
unendlich – aditi, ananta
Unendliche, das – brahman
ungeboren – aja
Ungebundenheit – *kaivalya*
Unheil bringend – akushala
universell – *vaishvānara,* vishva
Universum – jagat, *loka*, vishva
unmanifestiert – avyakta
Unrecht – *adharma*
unrein – apunya
Unreinheiten – mala
unsagbar – anirvacanīya
unsterblich – amrita
Unsterblichkeit – *amrita*
Unstetigkeit – anavasthitatva
Unterdrückung – nirodha
Unterkunft, öffentliche – dharmashālā
Unterleib – vasti
Unterscheidung – *vikalpa, viveka*
Unterscheidungskraft – *viveka*
Unterschied – vishesha
Untersuchung – *mimāmsā,* parīkshā
Unterwelt – pātāla
unverdaulich – ama
unvergänglich – akshara, nitya
unvorstellbar – acintya
Unwissenheit – *avidyā*, ajñāna
Urnatur – *prakriti*
Ursache – kārana
Ursachehülle – kārana-sharīra
Ursprung – kārana, pravritti, ādi, *yonī*
Urteilskraft – *vijñāna, viveka*

V
Veda-Kenner – vedavid
Veda-Studium – *svādhyāya*
Verbeugung – *pranāma*
Verbindung – samdhyā, *samyoga, yoga,* yukti
Verblendung – moha
verborgen – gupta
verbunden, vereinigt – yukta
Verehrung – namas, namah; siehe auch Anbetung
Vereinigung – samdhyā, yukti
Vereinigung mit dem Göttlichen – *yoga*
Verfehlung – apunya, pāpa
vergänglich – kshara
Vergebung – *kshamā, kshānti*
Vergehen – *pāpa*
Verhalten – ācāra, shīla
Verhaltensweise – vritti
Verheißungsvolles – shreyas
Verkörperung – mūrti
Verlangen – icchā, *kāma*
Vernunft – *buddhi*
Versammlung – samiti
Verschiedenheit – bheda
Verschluss – *bandha*
Versenkung – *samādhi*
Verslehre – chandas

verspielt – lalitā
Versviertel – pāda
Vertrauen – *shraddhā*
Verwirklichung – *siddhi*
Verwirrung – vikshepa
Verzagtheit – vishāda
Verzücktheit – mada
Verzweiflung – vishāda
Vieh – pashu
Vision – dhī
voll, vollständig – paripūrna
Vollendung – *siddhi,* vipāka
Vollendung des Körpers – kāya-sampad, kāya-siddhi
vollkommen – *siddha*
Vollkommenheit – nishthā, siddhi
Vollmondnacht, hellste – gurupūrnimā
Vorhalle – antarālā
Vorstellung – ābhāsa, samkalpa, *Vikalpa*
Vorstellung, falsche – *vikalpa*
Vorväter, Weg der – *pitriyāna*
Vorzeichen – arishta

W

Wachbewusstsein – jāgrat
Waffe – astra
Wahrhaftigkeit – *satya*
Wahrheit – rita, sat, *sattva, satya, tattva*
Waldeinsiedler – vānaprastha
Waschung, rituelle – *snāna*
Wasser – āpah, jala
Wasserkrug – kalasha, kamandalu
Weg – mārga
Weg, dreifacher – trimārga
weise – budha
Weiser – kavi, muni, *rishi*
Weisheit – *prajñā, vidyā, viveka*
Welt – bhū, jagat, *loka*
Weltzeitalter – *yuga*
Wesen – bhāva, bhūta
Wiedererkennen – pratyabhijñā
Wiedergeburt – *punarjanman*
Wiederholung des Namens Gottes – nāma-japa
Wiederholung eines Mantra – japa
Wildgans – *hamsa*
Wille – icchā, samkalpa, vrata
Willenskraft – utsāha, vīrya
Wind – marut, *vāta, vāyu*
Winter - hemanta
Winzigkeit – *animan*
Wirklichkeit – sat, *tattva*
Wirkung – phala
Wissen – *jñāna, veda, vidyā, vijñāna*
Wissenschaft vom Leben – āyurveda
Wohlbefinden – svāsthya, bhaga, pushti, sampatti
Wohlstand – sampatti
Wort – *mantra, shabda,* vāc, vāk
Wörterbuch – abhidhāna
wunderbar – adbhuta
Wunsch – icchā, *kāma,* samkalpa, *vāsanā*
Wunscherfüllung – prākāmya
wunschlos – akāma
wunschloses Handeln – nishkāma-karma
Würde – māhātmya, shrī
Wurfscheibe - cakra
Wurzel-Verschluss – mūla-bandha

Y

Yogī, vollkommener – siddha
Yoginī, vollkommene – siddhāngaṇā

Yoga der Entsagung – samnyāsa-Yoga
Yoga der Erkenntnis – *jñāna-yoga*
Yoga der Liebe – *bhakti-yoga*
Yoga der Werke – *karma-yoga*
Yoga des Klangs – *nāda-yoga*
Yoga, integraler – *pūrna-yoga*
Yoga, königlicher – *rāja-yoga*
Yoga-Schlaf – *yoga-nidrā*

Z

Zeichen – *linga*
Zeit – *kāla*
Zeitalter – *yuga*
Zerstreuung – vikshepa, viplava
Zeuge – drashtri, sākshin
Ziel – *artha*
Zorn – *krodha*
Zufall – daiva
Zuflucht – sharana
Zufriedenheit – samtosha, tushti
Zügelung – *niyama*
Zuneigung – rāga, rati, vātsalya
Zurückfluss – pratiprasava
Zurückhaltung – nirodha
Zurückziehen – pratyāhāra, samhāra
Zusammenkommen – *sanga*
Zustand – *avasthā*, bhāva, sthiti
Zweck – *artha*
Zwei – dvi
Zweifel – *samshaya, vitarka*
Zweig einer Veda-Schule – shākhā
Zweiheit – dvaita
Zweimalgeborener – *dvija*
Zwischen-Raum – antariksha

Āsana-Lexikon

Der angenehme Sitz – Sukhāsana

Āsana-Wörterbuch Deutsch - Sanskrit

Für viele Sanskrit-Āsana-Bezeichnungen existieren keine einheitlichen deutschen Übersetzungen. Daher wurden in manchen Fällen mehrere deutsche Versionen genannt, die dann zu ein und demselben Sanskrit-Begriff führen. Im Zweifelsfall sollten im Hauptteil des Wörterbuchs die entsprechenden Wort-für-Wort-Übersetzungen eingesehen werden.
Zum Teil wurden auch Suchbegriffe (mit einem Doppelpunkt) eingefügt. So findet sich das Āsana „die Haltung des bis zum Ohr gespannten Bogens“ unter „Ohr:“ und „Bogen:“ im alphabetischen Verzeichnis.
Für einige deutsche Wörter gibt es mehrere Sanskrit-Einträge. Diese können identische Stellungen bezeichnen, z.B. Padmāsana und Kamalāsana für Lotussitz, aber in anderen Fällen auch für nicht-identische Āsanas stehen, z.B. Markatāsana und Vānarāsana für Affen-Haltung.
Zusätzlich zu den Āsanas wurden auch einige Wortbausteine in Kursiv abgedruckt, wie z.B. „halb, Ardha“, mit deren Hilfe zahlreiche weitere Übersetzungen ermöglicht werden.
In der Praxis wird bei den Āsana-Bezeichnungen oft „-Haltung“ weggelassen, d.h. man sagt nur Adler, Baum, Schildkröte etc.

A

Achtgliedrige Haltung – Ashtāngāsana
Adler-Haltung – Garudāsana
Affen-Haltung – Hanumānāsana, Markatāsana, Vānarāsana
Alle-Glieder-Haltung, Schulterstand – Sarvāngāsana
Ananta-Haltung – Anantāsana
Āñjaneya-Haltung – Āñjaneyāsana
angehobene Stellung – Utkatāsana
angenehmer Sitz – Sukhāsana
Arm-Druck-Haltung – Bhujapīdāsana
Arme: Haltung mit hochgestreckten Armen – Hasta-Uttānāsana
aufrecht - Ūrdhva
ausgedehnt, ausgeweitet – Utthita

B

Balance-Stock-Haltung – Tuladandāsana
Bauch: Haltung mit Bauchbewegung – Jathaparivartanāsana
Baum-Haltung – Vrikshāsana

Baum-Haltung mit Gesicht nach unten, Handstand – Adhomukha-vrikshāsana
befreite Haltung – Muktāsana
beide: Stellung mit Halten der beiden großen Zehen – Ubhaya-pādāngushthāsana
Bein: mit einem Bein – Ekapāda
Bein- und Arm-Dehnung – Uttānapādāsana
Berg-Haltung – Tādāsana, Parvatāsana
Bett-Haltung – Paryankāsana
Bhairava-Haltung – Bhairavāsana
Bharadvāja-Haltung – Bharadvājāsana
Bogen-Haltung – Dhanurāsana
Bogen: die Haltung des bis zum Ohr gespannten Bogens – Ākarna-dhanurāsana
Bogen, nach oben gerichtet – Ūrdhva-dhanurāsana
Bootshaltung – Nāvāsana
Brücke – Cakrāsana, Setubandhāsana, Setubandhasarvāngāsana
Buddha-Haltung – Buddhāsana
Bullen-Haltung – Vrishāsana

C

Cakra-Vogel-Haltung – Cakravākāsana
Cātaka-Vogel-Haltung – Kapiñjalāsana

D

Daumenbreite-Haltung – Angushthāsana
Dehnung – Uttānāsana
Dehnung des unteren Rückens – Apānāsana
Dehnungshaltung mit gespreizten Beinen – Prasāritapādottānāsana
Delphin-Haltung – Makarāsana
Diamantsitz – Vajrāsana
Donnerkeil: kleiner Donnerkeil – Laghuvajrāsana
Dreh-Haltung, halber Drehsitz – Vakrāsana
Drehsitz – Matsyendrāsana
Dreieckshaltung – Trikonāsana
Drei-Schritt-Haltung – Trivikramāsana
Durvāsā-Haltung – Durvāsāsana

E

eins, einer, eines – Eka

mit einer Hand – Ekahasta
mit einem Fuß (oder Bein) – Ekapāda
Ein-Fuß-Hand-Haltung – Ekapādahastāsana
Eingangstor-Haltung – Parighāsana
Embryo: Haltung des Embryos im Mutterleib – Garbhapindāsana
Enten-Haltung – Kārandavāsana
Enthaltsamkeitshaltung – Brahmacaryāsana
Entspannte Haltung – Lalitāsana
Erde: Haltung zur Erde – Bhūnāmāsana
Erdgruß – Bhūnamanāsana
erhoben – Utthita, Ūrdhva

F
Feuerfliegen-Haltung – Titibhāsana
Fisch-Haltung – Matsyāsana
fromme Haltung – Dhārmikāsana
Frosch-Haltung – Bhekāsana, Mandūkāsana
Fuß: mit einem Fuß – Ekapāda
Fuß: Haltung mit der Hand am Fuß – Ekapādahastāsana
Fußbank-Haltung – Pādapīthāsana

G
Gālava-Haltung – Gālavāsana
Gandabherunda-Haltung – Gandabherundāsana
Gebetshaltung – Namaskārāsana, Pranāmāsana, Prārthanāsana
gebunden, geschlossen – Baddha
gebundene Lotoshaltung – Baddhapadmāsana
gebundene Winkelhaltung – Baddhakonāsana
gebundene Winkel-Halbkreis-Haltung, Schulterbrücke mit angewinkelten Beinen – Baddhakonārdhacakrāsana
gedehnt, gestreckt – Prasārita, Utthita
gedreht – Parivritta
gedrehte Dreieckshaltung – Parivritta-Trikonāsana
gefährliche Haltung – Samkatāsana
gegrätscht – Prasārita
gegrätschte Vorwärtsbeuge – Upavishthakonāsana
gerade Winkelhaltung – Samakonāsana
geschlossene Haltung – Samkatāsana
gespreizt – Prasārita
gestreckte Haltung – Uttānāsana

Gesicht: mit dem Gesicht nach unten – Adhomukha
Gheranda-Haltung – Gherandāsana
Girlanden-Haltung – Mālāsana
gleiche Haltung – Samāsana
Gleichgewichts-Haltung – Tolāsana
glückbringende Haltung – Svastikāsana
Goraksha-Haltung – Gorakshāsana
Goraksha-Haltung, segensreiche - Bhadragorakshāsana
Große Zehen greifen – Ubhayapādāngushthāsana
Gruß-Haltung – Namaskārāsana
Gruß-Haltung mit acht Gliedern – Ashtānga-Namaskāra

H
Hahn-Haltung – Kukkutāsana
halb, halber, halbe – Ardha
halbe Bootshaltung - Ardhanāvāsana
halber Drehsitz – Ardhamatsyendrāsana
halber Lotossitz – Ardhapadmāsana
Halbkreis-Haltung – Ardhamandalāsana
Halbmond-Haltung – Ardhacandrāsana, Āñjaneyāsana
Hand-am-großen-Zeh-Haltung – Hastapādāngushthāsana
Hand: Haltung mit der Hand am Fuß – Ekapādahastāsana
Hände-an-Füßen-Haltung – Hastapādāsana
Hände: Haltung mit den Händen am Fuß – Pādahastāsana
Handgefäß-Haltung – Pānipātrāsana
Handstand – Adhomukhavrikshāsana, Hastāsana
Hanumān-Haltung – Hanumānāsana
Hase – Shashāsana
Hebestellung – Ārohanāsana
Helden-Haltung – Mahāvīrāsana
Heldensitz – Vīrāsana
Herz: Haltung vollen Herzens – Pūrnahridayāsana
Heuschrecken-Haltung – Shalabhāsana
hingabevolle Haltung – Dhārmikāsana
hingestreckt – Supta
hoch - Ūrdhva
hochgestreckt: Haltung mit hochgestreckten Armen – Hasta-Uttānāsana
Hockende Stellung, Hocke – Mālāsana, Utkutakāsana
Hocker: die Haltung des Hockers mit zwei Beinen, Schulterbrücke – Dvipādapīthamāsana

Hüft-Haltung – Katikāsana
Hundestreckung mit Gesicht nach unten – Adhomukhashvanāsana
Hundestreckung mit Gesicht nach oben – Ūrdhvamukhashvanāsana

K
Kamel-Haltung – Ushtrāsana
Kaninchen-Haltung – Shashāsana
Kapila-Haltung – Kapilāsana
Katzen-Haltung – Bidālāsana, Mārjāryāsana
Kind-Haltung – Bālāsana, Garbhāsana
Kleiner Donnerkeil – Laghuvajrāsana
Knie zum Ohr – Karnapīdāsana
Kniee zur Brust – Apānāsana
Kniekreisen – Jānumandalāsana
Kobra, Schlangenhaltung – Bhujangāsana
Königstauben-Haltung – Rājakapotāsana
Kopf-am-Knie-Haltung – Jānushīrshāsana
Kopf-Fuß-Haltung – Shīrshapādāsana
Kopfstand – Shīrshāsana
Kopfstand mit einem nach oben gestreckten Bein – Ūrdhvaprasārita-Ekapādashīrshāsana
Kopfstand mit freien Händen - Muktashīrshāsana
Kopfstandbrücke – Dvipādaviparītadandāsana
Krähen-Haltung – Kākāsana
Kranich-Haltung – Bakāsana
Kreuzsitz – Svastikāsana
Krieger-Haltung – Vīrabhadrāsana
Kriegsgott-Haltung – Skandāsana
Krokodilshaltung – Nakrāsana
Kuhgesicht – Gomukhāsana
Kuh-Maul-Sitz – Gomukhāsana
Kuh-Ohr-Haltung – Gokarnāsana

L
liegend – Supta
Liegende Drehung – Supa-Matsyendrāsana
Liegende gebundene Winkelhaltung – Supta Baddhakonāsana
Lotussitz – Padmāsana, Kamalāsana
Löwen-Haltung – Simhāsana

M
machtvolle Haltung – Ugrāsana
Makara-Haltung – Makarāsana
Marīci-Haltung – Marīcyāsana
Meru-Achsen-Haltung – Merudandāsana
Mondgruß – Namaskāracandrāsana
Mond-Haltung – Āñjaneyāsana, Shashānkāsana
Mond-Winkel-Haltung – Candrakonāsana

N
Nabel-Haltung – Manipūrāsana, Nābhyāsana
nach innen gekehrt – Viparīta
Natarāja-Haltung – Natarājāsana

O
oben, nach oben – Ūrdhva
ohne Stütze – Nirālamba, Nirālambana
Ohr: die Haltung des bis zum Ohr gespannten Bogens – Ākarnadhanurāsana
Ohr-Druck-Haltung – Karnapīdāsana
Om-Haltung – Omkārāsana

P
Pendel-Haltung – Lolāsana, Dolāsana
Pfau-Haltung – Mayūrāsana
Pfauenfeder-Haltung - Piñchamayūrāsana
Pferd-Haltung – Vātāyanāsana
Pfeil und Bogen – Ākarnadhanurāsana
Pflug-Haltung – Halāsana, Langalāsana
Planken-Haltung – Phalahakāsana

R
Rad-Haltung – Cakrāsana
Rebhuhn-Haltung – Cakorāsana
Reiher-Haltung – Krauñcāsana
Reiter-Haltung – Ashvasamcalanāsana
Riegel-Haltung – Parighāsana
Rucika-Haltung – Rucikāsana
Rückbeuge aus der Bauchlage – Dhanurāsana
Rückenstreckung, Vorbeuge im Langsitz – Pashcimottānāsana, Pashci-

matānāsana
Ruhe-Haltung – Shayanāsana
Rumpfbeuge aus dem Grätschstand – Prasāritapādottānāsana

S

Schaukel-Haltung – Lolāsana, Dolāsana
Schildkrötensitz – Kūrmāsana
Schildkröten-Rücken-Haltung – Kūrmavaduttānāsana
Schlangen-Haltung – Bhujangāsana, Nāgāsana, Sarpāsana
Schlangenkönigs-Haltung – Bhujangendrāsana
Schlingen-Haltung – Pāshāsana
Schmetterling – Baddhakonāsana, Bhadrāsana
Schneidersitz – Sukhāsana
Schulterbrücke – Dvipādapīthamāsana, Setubandhāsana, Setubandhasarvāngāsana
Schulterbrücke mit angewinkelten Beinen – Baddhakonārdhacakrāsana
Schulterbrücke mit einem Bein – Ekapādasetubandhāsana
Schulterzhaltung, ungestützt – Nirālambasarvāngāsana
Schulterstand – Sarvāngāsana
Schulterstand mit einem Bein – Ekapādasarvāngāsana
Schwan-Haltung – Hamsāsana
Schwebesitz – Angushthāsana
schwierige Haltung – Samkatāsana
Seitendehnung – Parshvottānasana
seitlich, seitwärts – Pārshva
Seitstütz – Vasishthāsana
sitzend - Upavishtha
Skorpion-Haltung – Vrishcikāsana
Sonnengebet, Sonnengruß – Sūrya-Namaskāra
Sonnen-Haltung – Saurāsana
Sonnenuhr-Haltung – Sūryayantrāsana
Spagat – Hanumānāsana
Spagat stehend - Ūrdhva-Prasārita-Ekapādāsana
stehende Haltung – Sthitāsana
Stock: waagerechter Stock – Caturangadandāsana

T

Tänzer-Haltung – Natarājāsana
Tauben-Haltung – Kapotāsana
Tiger-Haltung – Vyāghrāsana

Torriegel-Haltung – Parighāsana
Totenstellung – Mritāsana, Shavāsana

U
umgekehrt – Viparīta
umgedrehte schiefe Ebene – Pūrvottānāsana
Umkehr-Haltung – Viparīta-Karanī-Mudrā
ungestützt – Nirālamba, Nirālambana
ungestützte Haltung – Nirālambanāsana
ungestützte Schulterhaltung - Nirālambasarvāngāsana
unten: mit dem Gesicht nach unten – Adhomukha
Unterstützung: mit Unterstützung – Sālamba, Sālambana

V
Vālakhilya-Haltung – Vālakhilyāsana
Vāmadeva-Haltung – Vāmadevāsana
Vasishtha-Haltung – Vasishthāsana
verborgene Sitzhaltung – Guptāsana
Vier-Glieder-Stockhaltung, waagerechter Stock – Caturangadandāsana
Vīrabhadra-Haltung – Vīrabhadrāsana
Virañci-Haltung – Virañcyāsana
Vishvāmitra-Haltung – Vishvāmitrāsana
voll, vollständig, ganz – Pūrna, Paripūrna
vollkommener Sitz – Siddhāsana
Vorbeuge aus dem Stand – Uttānāsana
Vorbeuge im Grätschsitz – Upavishthakonāsana
Vorbeuge im Langsitz – Pashcimottānāsana, Pashcimatānāsana
Vorbeuge, Kopf-am-Knie-Haltung – Jānushīrshāsana
Vorbeuge mit gespreizten Beinen – Prasāritapādottānāsana
Vorbeuge mit Halten der großen Zehe – Pādāngushthāsana

W
Waagen-Haltung – Tulāsana
waagerechter Stock – Caturangadandāsana
Winkel-Haltung – Konāsana
Winkel-Haltung, gedrehte seitliche - Parivrittapārshvakonāsana
wunschversengende Haltung – Kāmadahanāsana
Wurzelverschluss-Haltung – Mūlabandhāsana

Y

Yoga-Haltung – Yogāsana
Yogī-Stabhaltung – Yogadandāsana

Z

Zehe: Vorbeuge mit Halten der großen Zehe – Pādāngushthāsana
Zehen: Stellung mit Halten der beiden großen Zehen – Ubhaya-pādāngushthāsana
zwei – Dvi
zwei: mit zwei Füßen oder Beinen – Dvipāda
zwei: mit zwei Händen - Dvihasta

Āsana-Übersetzungsassistent

Die Sanskrit-Sprache bildet, genau wie die deutsche Sprache, häufig Komposita, indem einzelne Substantive aneinandergereiht werden, manchmal auch in Verbindung mit Adjektiven.

Die meisten Āsana-Bezeichnungen beinhalten zwei Wortelemente: als erstes z.B. ein Tiername wie Simha, Löwe; darauf folgt āsana, Haltung. Nach einer Lautregel (Sandhi) verschmelzen zwei a's, wenn sie aufeinandertreffen, zu einem langen ā: Simhāsana.

Ähnlich wird Kapota-āsana zu Kapotāsana, Tauben-Haltung. Wenn wir nun noch Rāja, König, hinzufügen (ausgesprochen wie in Mahārāja), so erhalten wir Rājakapotāsana, die König(s)-Tauben-Haltung. Wenn man will, kann man das auch mit Bindestrich schreiben, Rāja-kapotāsana, oder getrennt Rāja Kapotāsana, das ist nur eine Frage der Konvention. Im Original-Sanskrit wird das Kompositum in einem Wort geschrieben. Abschließend können wir noch Eka-Pāda hinzufügen, „mit einem Bein": Eka-Pāda-Rājakoptāsana (Abb.).

In zahlreichen Fällen werden die Āsana-Bezeichnungen noch durch solche Wortelemente am Anfang modifiziert, z.B. Ardha, halb, oder Baddha, gebunden. So ist Ardha-Matsyendrāsana die halbe Matsyendra-Haltung, der halbe Drehsitz (Abb.), und Baddha-Konāsana die geschlossene oder gebundene Winkel-Haltung (Kona-āsana).

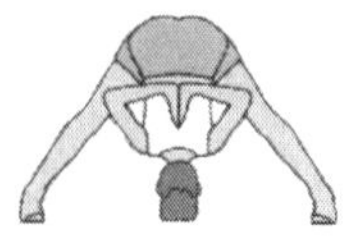

Ein weiteres Übersetzungsbeispiel: Prasāritapādottānāsana, d.h. prasārita-pāda-uttāna-āsana. Hier sehen wir zunächst, dass (wiederum aufgrund eines Lautgesetzes) pāda-uttāna im Kompositum zu pādottāna geworden ist. Wir beginnen wieder am Ende und finden uttāna-āsana, d.h. Dehnung(s)-Haltung. Diese wird dann genauer bezeichnet durch prasārita-pāda, wörtlich „gespreizt-Bein", d.h. eine Dehnungshaltung mit gespreizten Beinen oder Rumpfbeuge aus dem Grätschstand. Tatsächlich ist im letzten Stadium der Übersetzung weniger die philologische Kompetenz als vielmehr die hatha-yogische Erfahrung gefragt.

Āsana-Register

Āsanas werden in Publikationen in vielfältigen Schreibweisen wiedergegeben. Die folgende alphabetische Übersicht ermöglicht ein rasches Auffinden der Bezeichnungen. Āsanas, die im Verzeichnis nicht gefunden werden, lassen sich in der Regel mit Hilfe der im Wörterbuch bereitgestellten Wortelemente wie „Ardha“ etc. übersetzen. Ein Sternchen * bedeutet, dass eine Abb. existiert.

Gandabherundāsana *
Garbhāsana *
Garbha-pindāsana
Garudāsana *
Gherandāsana
Gokarnāsana
Gomukhāsana *
Gorakshāsana
Guptāsana

Halāsana *
Hamsāsana *
Hanumān-āsana *
Hasta-pādāngushthāsana
Hasta-pādāsana
Hastāsana
Hasta-Uttānāsana *

Jānu-mandalāsana
Jānu-shīrshāsana *
Jathara-parivartanāsana *

Kākāsana *
Kālabhairavāsana
Kāma-dahanāsana
Kamalāsana *
Kandāsana
Kapilāsana
Kapiñjalāsana
Kapotāsana *
Kārandavāsana
Karna-pīdāsana *
Kashyapāsana
Katikāsana
Konāsana
Krauñcāsana *
Krishnāsana
Kukkutāsana
Kūrmāsana *
Kūrmavad-uttānāsana

Laghuvajrāsana *
Lalitāsana
Langalāsana
Lolāsana

Mahāvīrāsana
Makarāsana
Mālāsana *
Mandūkāsana
Manipūrāsana
Marīcyāsana *
Mārjāryāsana *
Markatāsana
Matsyāsana *
Matsyendrāsana
Mayūrāsana *
Meru-dandāsana *
Mritāsana *
Muktāsana *
Muktashīrshāsana *
Mūla-bandhāsana *

Nābhyāsana
Nāgāsana
Nakrāsana
Namas-kāra-candrāsana
Namas-kārāsana
Natarājāsana *
Nāvāsana *
Nirālamba-sarvāṅgāsana *

Omkārāsana

Pāda-hastāsana *
Pādāngushthāsana
Pāda-pīthāsana
Pādāsana
Padmāsana *
Pānipātrāsana

Parighāsana
Parivritta-jānu-shīrshāsana
Parivritta-pārshva-konāsana ‘
Parivritta-trikonāsana *
Parivritta-vīrabhadrāsana
Pārshva-konāsana
Parvatāsana *
Paryankāsana *
Pāshāsana
Pashcimatānāsana *
Pashcimottānāsana *
Pavana-muktāsana *
Phalahakāsana
Piñcha-Mayūrāsana *
Pranāmāsana *
Prārthanāsana
Prasārita-pādottānāsana *
Pūrna-hridayāsana
Pūrvottānāsana *

Rāja-kapotāsana
Rucikāsana

Sama-konāsana *
Samāsana
Samkatāsana
Sankatāsana
Sarpāsana
Sarvāngāsana *
Saurāsana
Setu-bandhāsana *
Setu-bandha-sarvāngāsana *
Shalabhāsana *
Shashānkāsana
Shashāsana
Shavāsana *
Shayanāsana
Shīrsha-pādāsana
Shīrshāsana *
Siddhāsana *
Simhāsana *
Skandāsana
Sthitāsana
Sukhāsana *
Supta-Baddha-Konāsana *
Sūrya-yantrāsana
Svastikāsana *

Tādāsana *
Titibhāsana
Tolāsana
Tri-konāsana
Tri-vikramāsana
Tuladandāsana
Tulāsana

Ubhaya-pādāngushthāsana *
Ugrāsana
Upavishtha-konāsana *
Ūrdhva-dhanurāsana *
Ūrdhva-mukha-shvanāsana
Ūrdhvaprasārita-Ekapādāsana
Ūrdhvaprasārita-Ekapāda-shīrshāsana
Ushtrāsana *
Utkatāsana *
Utkutakāsana
Uttānāsana *
Utthita-tri-konāsana

Vajrāsana *
Vakrāsana *
Vālakhilyāsana
Vāmadevāsana
Vānarāsana
Vasishthāsana *
Vātāyanāsana
Vīrabhadrāsana *
Virañcyāsana
Vīrāsana *

Vishvāmitrāsana
Vrikshāsana *
Vrishāsana
Vrishcikāsana *

Vyāghrāsana

Yashtikāsana
Yoga-dandāsana

Āsana-Tabelle mit diakritischen Zeichen

Die folgende Tabelle verzeichnet, als Grundlage für wissenschaftliche Arbeiten, alle Āsanas in der Standard-Umschrift mit allen diakritischen Zeichen. Die Reihenfolge entspricht jener im Register.
Vereinfachte Schreibweisen beruhen oft auf dieser Version, indem alle diakritischen Zeichen ausgelassen werden, z.B. Sirsasana für śīrṣāsana.

adhomukhaśvanāsana
adhomukhavṛkṣāsana
advāsana
ākarṇadhanurāsana
anantāsana
aṅguṣṭhāsana
āñjaneyāsana
apānāsana
ardhacandrāsana
ardhamaṇḍalāsana
ardhamatsyendrāsana
ardhanāvāsana
ardhapadmāsana
ārohaṇāsana
aṣṭāṅga-namaskāra
aṣṭāṅgāsana
aṣṭāvakrāsana
aśvasaṁcalanāsana

baddhakoṇāsana
baddhapadmāsana
baddhakoṇārdhacakrāsana
bakāsana
bālāsana
bhadragorakṣāsana
bhadrāsana
bhairavāsana
bharadvājāsana
bhekāsana
bhujaṅgāsana
bhujaṅgendrāsana
bhujapīḍāsana
bhujāsana
bhūnamanāsana
bhūnāmāsana
biḍālāsana
brahmacaryāsana
buddhāsana
cakorāsana
cakrāsana
cakravākāsana
candrakoṇāsana
caturaṅgadaṇḍāsana

daṇḍāsana
dhanurāsana
dhārmikāsana
dolāsana
durvāsāsana
dvihastabhujāsana
dvipādapīṭhamāsana
dvipādaviparītadaṇḍāsana

ekepādarājakapotāsana
ekapādahastāsana
ekapādasarvāṅgāsana
ekapādasetubandhāsana

gālavāsana
gaṇḍabheruṇḍāsana
garbhāsana
garbhapiṇḍāsana
garuḍāsana
gheraṇḍāsana

gokarṇāsana
gomukhāsana
gorakṣāsana
guptāsana

halāsana
haṁsāsana
hanumānāsana
hastapādāṅguṣṭhāsana
hastapādāsana
hastāsana

jānumaṇḍalāsana
jānuśīrṣāsana
jaṭharaparivartanāsana

kākāsana
kālabhairavāsana
kāmadahanāsana
kamalāsana
kandāsana
kapilāsana
kapiñjalāsana
kapotāsana
kāraṇḍavāsana
karṇapīḍāsana
kaśyapāsana
kaṭikāsana
koṇāsana
krauñcāsana
kṛṣṇāsana
kukkuṭāsana
kūrmāsana
kūrmavaduttānāsana

lalitāsana
laghuvajrāsana
laṅgalāsana
lolāsana
mahāvīrāsana

makarāsana
mālāsana
maṇḍūkāsana
maṇipūrāsana
marīcyāsana
mārjāryāsana
markaṭāsana
matsyāsana
matsyendrāsana
mayūrāsana
merudaṇḍāsana
mṛtāsana
muktāsana
muktaśīrṣāsana
mūlabandhāsana

nābhyāsana
nāgāsana
nakrāsana
namaskāracandrāsana
namaskārāsana
naṭarājāsana
nāvāsana
nirālambanāsana
nirālambasarvāṅgāsana

omkārāsana

pādahastāsana
pādāṅguṣṭhāsana
pādapīṭhāsana
pādāsana
padmāsana
pāṇipātrāsana
parighāsana
parivṛttajānuśīrṣāsana
parivrittapārśvakonāsana
parivṛttatrikoṇāsana
parivṛttavīrabhadrāsana
pārśvakoṇāsana

parvatāsana
paryaṅkāsana
pāśāsana
paścimatānāsana
paścimottānāsana
pavanamuktāsana
phalahakāsana
piñchamayūrāsana
praṇāmāsana
prārthanāsana
prasāritapādottānāsana
pūrṇahṛdayāsana
pūrvottānāsana
rājakapotāsana
rucikāsana

samakoṇāsana
samāsana
saṁkatāsana
sarpāsana
sarvaṅgāsana
saurāsana
setubandhāsana
setubandhasarvaṅgāsana
śalabhāsana
śaśāṅkāsana
śaśāsana
śavāsana
śayanāsana
śīrṣapādāsana
śīrṣāsana
siddhāsana
siṁhāsana
skandāsana
sthitāsana
sukhāsana
suptabaddhakonāsana
sūryayantrāsana
svastikāsana

tāḍāsana
titibhāsana
tolāsana
trikoṇāsana
trivikramāsana
tuladaṇḍāsana
tulāsana
ubhayapādāṅguṣṭhāsana
ugrāsana
upaviṣṭhakoṇāsana
ūrdhvadhanurāsana
ūrdhvamukhaśvanāsana
ūrdhvaprasārita-ekapādāsana
ūrdhvaprasārita-ekapāda-śīrṣāsana
uṣṭrāsana
utkaṭāsana
utkuṭakāsana
uttānāsana
utthitatrikoṇāsana

vajrāsana
vakrāsana
vālakhilyāsana
vāmadevāsana
vānarāsana
vasiṣṭhāsana
vātāyānāsana
vīrabhadrāsana
virañcyāsana
vīrāsana
viśvāmitrāsana
vṛkṣāsana
vṛṣāsana
vṛścikāsana
vyāghrāsana

yaṣṭikāsana
yogadaṇḍāsana

Sūrya Namaskār

Auf der folgenden Seite werden 12 Stellungen des Sonnengrußes (siehe *Sūrya-Namaskār*) vorgestellt mit den folgenden Āsanas, Iyengar-Stil:

1 praṇāmāsana – Gebetshaltung
2 hasta-uttānāsana – Haltung mit hochgestreckten Armen
3 uttānāsana – Vorbeuge aus dem Stand
4 aśva-saṁcalanāsana – Reiter-Haltung
5. caturanga-dandāsana (oft mit ūrdhva- oder utthita-) – Liegestütz
6 aṣṭāṅga-namaskāra – Grußhaltung mit acht Gliedern
7 bhujaṅgāsana – Kobra
8 adhomukha-śvanāsana – Hundestreckung
9 aśva-saṁcalanāsana – Reiter-Haltung
10 uttānāsana – Vorbeuge aus dem Stand
11 hasta-uttānāsana – Haltung mit hochgestreckten Armen
12 praṇāmāsana – Gebetshaltung

Es existieren mehrere Varianten bei der Abfolge. So wird z.B. häufig an 5. Stelle die Hundestreckung geübt.

12 Mudrās und ihre Bedeutung

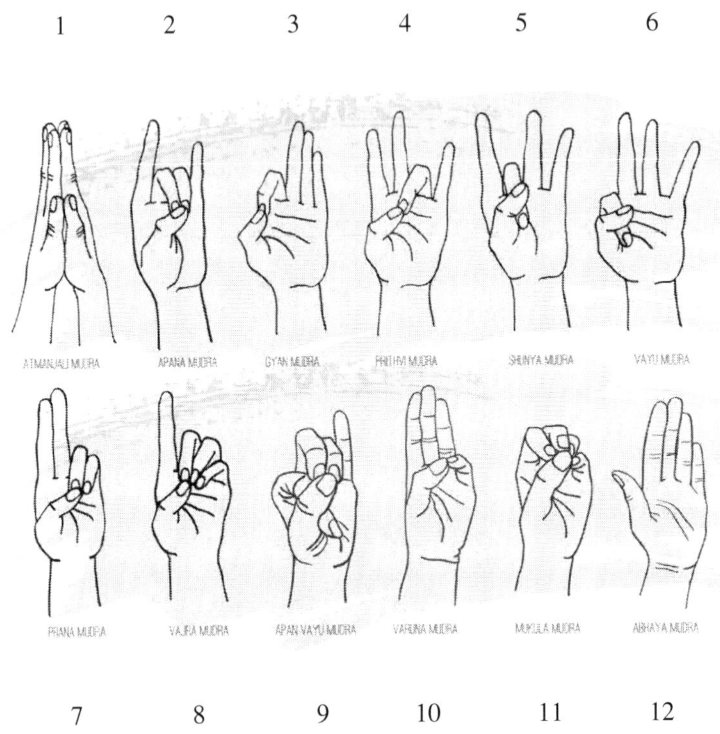

Bedeutungen und volkstümlich zugeschriebene Wirkungen:

1. Ātmāñjali, Abb. identisch mit Añjali, Namaste. Hingabe, Ehrerbietung. Steht für innere Sammlung und Ausgeglichenheit, Frieden.
Die Ātmāñjali-Mudrā wird auch mit gespreizten Fingern durchgeführt (siehe Cover-Abb.) oder mit einem Hohlraum zwischen Fingern und Handflächen.

2. Apān, Apāna, Herab-Atem. Beeinflusst positiv den Zyklus und die Verdauung. Auch empfohlen bei Schwangerschaft.

3. Gyān, Jñana, Erkenntnis. Hilft bei der inneren Sammlung und Konzentration, bringt Weisheit.

4. Prithivī, Erde. Fördert Kraft, Stabilität und Ausdauer, bringt spirituelle Energie.

5. Shūnya, Leere. Fördert Ausgeglichenheit und beseitigt Gleichgewichts- und Hörstörungen.

6. Vāyu, Wind, Luft, Atem. Gute Wirkung auf Lunge, Atmung und auch das Immunsystem..

7. Prāna, Lebenskraft. Hilft den Körper zu energetisieren.

8.Vajra, der Donnerkeil Indras. Steht für unerschütterliche Zuversicht.

9. Apān Vāyu, Apāna Vāyu, hilft bei Herzbeschwerden und Herzrasen.

10. Varuna, der Gott des Wassers. Reguliert den Wasserhaushalt und hilft bei Verdauungsstörungen, Hautproblemen oder Anämie.

11. Mukula, Knospe. Löst physische Blockaden, z.B. bei Verstopfung.

12. Abhaya, Furchtlosigkeit. Geste des Segens und Schutzes für den Empfänger.

*

Artikel zum Thema „Mudrā“ (in vielfältigen Bedeutungen):

Añjali-Mudrā – Ashvinī-Mudrā – Bhujanginī-Mudrā – Dhyāna-Mudrā
Jñāna-Mudrā – Kākī-Mudrā – Khecarī-Mudrā – Mahā-Mudrā
Mānduka-Mudrā – Mātanginī-Mudrā – Mudrā – Nabho-Mudrā
Shakti-Cala-Mudrā – Shāmbhavī-Mudrā – Shanmukhī-Mudrā
Vajrolī-Mudrā – Varada-Mudrā – Vāyavī-Dhāranā-Mudrā
Viparīta-Karanī-Mudrā – Yoga-Mudrā – Yonī-Mudrā

Yoga-Wege und Übungsstile

Biografien

Das folgende Verzeichnis nennt die Biografien bekannter Yoginīs und Yogis, spiritueller Persönlichkeiten sowie bedeutender Heiliger des Hinduismus. Berücksichtigt wurden nur Artikel ab 10 Zeilen Länge. Das Lexikon enthält zahlreiche weitere Einträge mit Kurztexten.

Wichtige Quellentexte des Yoga

Falls nicht anders erwähnt, erläutern die unten genannten Texte den Hatha-Yoga. Die Datierung folgt, sofern dort verfügbar, *Roots of Yoga*. Abweichende Datierungen in anderen Werken sind aufgrund der unsicheren Überlieferung möglich und können ebenso richtig sein.

* Karma-, Bhakti-, Jñāna- und Dhyāna-Yoga

** Rāja-Yoga

Fachartikel

Das folgende Verzeichnis nennt einige Fachartikel, in denen mit besonderer Ausführlichkeit weitere Themen des Yoga und Hinduismus abgehandelt werden.

Sanskrit-Wörter in Devanāgarī-Schrift

In der folgenden Tabelle werden 120 bekannte Sanskrit-Wörter in indischer Devanagari-Schrift abgedruckt. Alle Wörter wurden dem Lexikon entnommen und können dort nachgeschlagen werden.

अद्वैत advaita	अवतार avatāra	ब्रह्मन् brahman
अहिंसा ahiṁsā	आयुर्वेद āyurveda	बुद्ध buddha
अमृत amṛta	भगवद्गीता bhagavadgītā	चक्र cakra
आनन्द ānanda	भगवान् bhagavān	चित्त citta
आसन āsana	भक्ति bhakti	दर्शन darśana
आश्रम āśrama	भुजङ्गासन bhujaṅgāsana	देव deva
आत्मन् ātman	ब्रह्मा brahmā	देवी devī

धनुरासन

dhanurāsana

धारणा

dhāraṇā

धर्म

dharma

ध्यान

dhyāna

दुर्गा

durgā

गणेश

gaṇeśa

गायत्री

gāyatrī

गुरु

guru

हलासन

halāsana

हनुमान्

hanumān

हठयोग

haṭhayoga

हठयोगप्रदीपिका

haṭhayogapradīpikā

इन्द्र

indra

ईशोपनिषद्

īśopaniṣad

ईश्वर

īśvara

जप

japa

जीवात्मन्

jīvātman

ज्ञान

jñāna

काकासन

kākāsana

कर्म

karma

कर्मयोग

karmayoga

क्लेश

kleśa

कोश

kośa

कृष्ण

kṛṣṇa

क्रिया

kriyā

क्रियायोग

kriyāyoga

कुण्डलिनी

kuṇḍalinī

लक्ष्मी
lakṣmī

महाभारत
mahābhārata

महात्मा
mahātmā

मण्डल
maṇḍala

मन्त्र
mantra

मत्स्यासन
matsyāsana

माया
māyā

मोक्ष
mokṣa

मुद्रा
mudrā

मुक्ति
mukti

नाद
nāda

नाडी
nāḍī

नमः
namaḥ

निर्वाण
nirvāṇa

नियम
niyama

पादहस्तासन
pādahastāsana

पद्मासन
padmāsana

परमहंस
paramahaṁsa

परमात्मन्
paramātman

पश्चिमोत्तानासन
paścimottānāsana

पतञ्जलि
patañjali

प्रकृति
prakṛti

प्राण
prāṇa

प्रणाम
praṇāma

प्राणायाम
prāṇāyāma

प्रत्याहार
pratyāhāra

पूजा
pūjā

पुरुष puruṣa	सांख्य sāṁkhya	सत्य satya
राधा rādhā	संन्यास saṁnyāsa	सावित्री sāvitrī
राजयोग rājayoga	संन्यासी saṁnyāsī	शक्ति śakti
राम rāma	संसार saṁsāra	शलभासन śalabhāsana
रामायण rāmāyaṇa	संस्कार saṁskāra	शान्ति śānti
ऋग्वेद् ṛgveda	संस्कृत saṁskṛta	शास्त्र śāstra
ऋषि ṛṣi	सरस्वती sarasvatī	शीर्षासन śīrṣāsana
सच्चिदानन्द् saccidānanda	सर्वाङ्गासन sarvāṅgāsana	शिव śiva
समाधि samādhi	सत्सङ्ग satsaṅga	शिवोऽहम् śivo'ham

श्री
śrī

श्रुति
śruti

सिद्धि
siddhi

सीता
sītā

स्मृति
smṛti

सोऽहम्
so'ham

स्वामी
svāmī

तन्त्र
tantra

तपस्
tapas

तत्
tat

तत्त्वमसि
tattvamasi

त्रिकोणासन
trikoṇāsana

उपनिषद्
upaniṣad

वेद
veda

वेदान्त
vedānta

विद्या
vidyā

विज्ञान
vijñāna

विवेक
viveka

विष्णु
viṣṇu

वृत्ति
vṛtti

यम
yama

योग
yoga

योगसूत्र
yogasūtra

योगिन्
yogin

योगी
yogī

योगिनी
yoginī

ॐ
oṁ

Zeittafel

Die Datierung der ältesten vedischen Zeit ist unsicher und umstritten. Im folgenden wird die Datierung der Mainstream-Indologie wiedergegeben. Die indische Tradition, einige freie Indologen und Gelehrte sowie der renommierte deutsche Indologe Hermann Jacobi (1850-1937) datieren den Beginn der vedischen Epoche abweichend zum Teil bis ins 5. Jahrtausend v. Chr. zurück. Beim Yogasūtra gilt gemäß neueren Forschungen eher eine Entstehung im 4. Jh. n. Chr. als wahrscheinlich.

Indus-Kultur (Mohenjodaro, Harappa) – ca. 2800-1800 v. Chr.
Beginn der indoarischen Migration – ca. 1500 oder 1200 v. Chr.
Vedische Samhitās (Rigveda etc.) – 1200-900 v. Chr.
Brāhmanas und Āranyakas – 800-600 v. Chr.
Upanishaden – 1000-600 v. Chr. oder 700-500 v. Chr.

Mahāvīra, Gründer des Jainismus – 6. Jh. v. Chr.
Gautama Buddha – ca. 560-480 v. Chr.
Mahābhārata und Bhagavadgītā – 4. Jh. v. Chr. bis 4. Jh. n. Chr.
Rāmāyana – 4. Jh. v. Chr. bis 2. Jh. n. Chr.
Patañjali, Yogasūtra – 2. Jh. v. Chr. bis 4. Jh. n. Chr.

Vishnuismus, Krishna-Kulte, Beginn des Tantrismus – 5.-7 Jh. n. Chr.
Blütezeit der devotionalen Tamil-Dichtung – 6.-10. Jh. n. Chr.
Shankara – 788-820
Rāmānuja, Vishishtādvaita – ca. 1055-1137
Madhva, Dvaita-Vedānta – 1199-1278
Caitanya – 1485-1534

Swami Ramalinga – 1823-1874
Sri Ramakrishna – 1836-1886
Swami Vivekananda – 1863-1902
Sri Aurobindo – 1872-1950
Die Mutter (Mira Alfassa) – 1878-1973
Ramana Maharshi – 1879-1950
Swami Sivananda – 1887-1963
Paramahansa Yogananda – 1893-1952

Literatur

Detaillierte bibliografische Angaben zu den folgenden Titeln finden sich, sofern lieferbar, unter buchhandel.de oder amazon.com (engl. Titel).

Apte, V.S.: *The Student's Sanskrit-English Dictionary*

Aurobindo, Sri: *Das göttliche Leben; Savitri; Das Geheimnis des Veda; Die Grundlagen der indischen Kultur; Briefe über den Yoga; Bhagavadgita*

Bäumer, Bettina: *Patañjali – Die Wurzeln des Yoga*

Bretz, Sukadev V.: *Die Yogaweisheit des Patanjali für Menschen von heute*

Brück, Michael von: *Bhagavad Gita*

Choudhury, Bikram: *Bikram Yoga. Das Praxisbuch.*

Clerc, Roger: *Grundlagen des Yoga der Energie. Eine Lebenskunst*

Dallapiccola, Anna L.: *Dictionary of Hindu Lore and Legend*

Dalmann, Imogen, siehe Soder, Martin

Desikachar, T.K.V.: *Yoga – Tradition und Erfahrung; Über Freiheit und Meditation. Das Yoga Sūtra des Patañjali; Yoga – Gesundheit von Körper und Geist. Leben und Lehren Krishnamacharyas*

Deussen, Paul: *Sechzig Upanishads des Veda*

Eliade, Mircea: *Yoga. Unsterblichkeit und Freiheit*

Elberg, Karl: *Swami Sivananda*

Feuerstein, Georg: *Die Yoga-Tradition; The Shambhala Encyclopedia of Yoga*

Gharote, M.L. u. Devnath, Parimal: *Hathapradīpikā of Svātmārāma*

Glasenapp, Helmuth von: *Die Philosophie der Inder* (z.Zt. vergr.)

Huchzermeyer, Wilfried: *Das Yoga-Wörterbuch; Die heiligen Schriften Indiens – Geschichte der Sanskrit-Literatur; Yogis, Yoginis und Asketen im Mahabharata; Erlebnis: Sanskrit-Sprache; Erlebnis Bhagavad Gita*

Iyengar, B.K.S.: *Licht auf Yoga; Der Baum des Yoga; Yoga. Der Weg zu Gesundheit und Harmonie*

Kistenmacher, Gitta: *Pranayama. Die Atemschule des Hatha-Yoga.* Übungsbegleiter zum tieferen Verständnis der Pranayama-Praxis.

Lal, P.: *The Mahabharata of Vyasa*

Maldoner, Helmuth: *Yoga Sūtra. Der Yogaleitfaden des Patañjali. Sanskrit-Deutsch*

Mallinson, James; Singleton, Mark: *Roots of Yoga*

Monier-Williams: *Sanskrit-English Dictionary*

Mylius, Klaus: *Geschichte der altindischen Literatur*

Prabhavananda, Swami: *The Spiritual Heritage of India. A Comprehensive Exposition of Indian Philosophy and Religion*

Radha, Sivananda Swami: *Kundalini-Praxis*

Rama, Swami: *Unter Meistern im Himalaja. Autobiographie*

Schmidt, Lucia Nirmala: *Chi Yoga – Sanftes Workout für Körper, Geist und Seele*

Soder, Martin; Dalmann, Imogen: *Viveka, Hefte für Yoga, Hatha Yoga Project.* Heft 56 und 57

Svatmarama, Swami: *Hatha-Yoga Pradipika. Die Leuchte des Hatha-Yoga*

Tatzky, Boris; Trökes, Anna; Pinter-Neise, Jutta: *Theorie und Praxis des Hatha-Yoga*

Thieme, Paul: *Upanischaden*

Tietke, Mathias: *Der Stammbaum des Yoga*

Trökes, Anna: *Das große Yoga-Buch. Das moderne Standardwerk zum Hatha-Yoga*

Vivekananda, Swami: *Raja-Yoga*

Witzel Michael: *Das alte Indien; Rig Veda – das heilige Wissen*

Wolz-Gottwald, Eckard: *Yoga-Philosophie-Atlas*

Yogananda, Paramahansa: *Autobiographie eines Yogi*

Zbinden, Reto: *CD Yoga Journal Jubiläums-Textbuch*

Zimmer, Heinrich: *Philosophie und Religion Indiens; Mythen und Symbole in indischer Kunst und Kultur*

Zimmermann, Jutta: *Sanskrit-Devanāgarī - Ein Lehrbuch für Anfänger Bd. 1; Sanskrit-Devavāṇī - Ein Lehrbuch für Anfänger Bd. 2; Rig-Veda. Impressionen aus dem Rigveda. Hymnen der Seher und Weisen*

Yoga im Internet – einige wichtige Adressen

Yoga-Verbände (alle Einträge in alphabetischer Reihenfolge)

iyengar-yoga-deutschland.de, BIYVD – Berufsverband der Iyengar®-Yoga-Vereinigung Deutschland e.V.
swissyoga.ch, Schweizer Yogaverband
vylk.de, Verband der Yogalehrenden im Kneippbund
yoga.at, BYO – Berufsverband der Yogalehrenden in Österreich
yoga.de, BDY – Berufsverband der Yoga-Lehrenden in Deutschland
yoga-uryoga.de, DYG – Deutsche Yoga-Gesellschaft e.V.
yoga-vidya.de, BYV – Bund der Yoga-Vidya-Lehrer

Yoga-Fachzeitschriften

yoga-aktuell.com Yoga aktuell, Publikumszeitschrift des Yoga
yogaworld.de/magazin/ Yoga Journal, Publikumszeitschrift des Yoga
yoga.de Deutsches Yoga-Forum, Verbandszeitschrift des BDY
swissyoga.ch Yoga-Journal, Zeitschrift des Schweizer Yogaverbands

Yoga-Poster (mit 67 farb. Asana-Abb.): yoga-poster.de
Die Websites des Autors: edition-sawitri.de; sanskrit.de

* * *

Bildnachweis

Adobe Stock Fotos, Asanas: Cover, Backcover, Anjaneya, Apana, Bhujanga, Dhyana, Mala, Mukta, Sukha, Suptabaddha, Vajra
Creative Market, Franzi draws: Asana-Grafiken S. 17 etc., Surya Namaskar Schaubild
Iyengar-Foto S. 125, Jake Clenell
Manipura Cakra, S. 178. AndyKali CC-BY SA 3.0
Mutter Meera, S. 192. Hanumandas CC-BY-SA 4.0
Ramdev, S. 242: Kumari Anu CEBY-SA 4.0
Svadhishthana Cakra, S. 290: Mirzolot2, CC-BY SA 3.0

Falls genehmigungspflichtige Rechte übersehen wurden, bitten wir um Hinweise.

edition sawitri – Verlag W. Huchzermeyer

www.edition-sawitri.de

Gitta Kistenmacher:

Pranayama. Die Atemschule des Hatha-Yoga. Übungsbegleiter zum tieferen Verständnis der Pranayama-Praxis.
160 S., mit 100 Abb.
Pranayama ist wesentlicher Bestandteil des Hatha-Yoga. Anschaulich, klar und übersichtlich führt Gitta Kistenmacher in diese komplexe Atemkunst ein. Viele wertvolle Übungen bereiten auf die verschiedenen klassischen Pranayama-Techniken vor. Gleichzeitig vermittelt die Autorin auch ein umfassendes Hintergrundwissen zum tieferen Verständnis der Pranayama-Praxis. Ihr Buch gilt mittlerweile als Standardwerk in der Yoga-Lehrausbildung

Swami Vivekananda:

Yogasutra. Mit Sanskrit-Text, Übersetzung und Kommentar.
121.
Ein Auszug aus Vivekanandas Titel „Raja Yoga", neu übersetzt und herausgegeben von Wilfried Huchzermeyer. Der Sanskrit-Text wird in Umschrift mit diakritischen Zeichen wiedergegeben.

Titel von Wilfried Huchzermeyer (Autor/Hrsg.):

Die heiligen Schriften Indiens – Geschichte der Sanskrit-Literatur.
130 S.
Diese Literaturgeschichte des Indologen Wilfried Huchzermeyer erläutert umfassend die zeitlosen spirituellen Themen der altindischen Literatur. Aus dem Inhalt: Veden – Upanishaden – Ramayana – Mahabharata – Bhagavad Gita – Puranas – Tantras – Sankhya – Yogasutra – Advaita Vedanta – Hatha Pradipika – Ayurveda und viele andere Themen.

Erlebnis: Sanskrit-Sprache – Mantra, Yoga, Linguistik
130 S., mit 10 Abb.
Aus dem Inhalt: Sanskrit und die europäischen Sprachen – Sanskrit als Yoga: Vyaas Houston über Chanten, Heilen, alternativ Unterrichten und Lernen; Mantra-Yoga; Sanskrit als Computer-Sprache.

Das Geheimnis der Mantra-Kraft, 140 S.
Mit Beiträgen von 14 bekannten AutorInnen über Nada Brahma, Mantra-Praxis, Das Mantra als Urlaut, Sanskrit-Chanten, Die Wirksamkeit des Mantras, Mantra und Heilung, Sri Caitanya, das Mantra Om, u.v.a. Themen.

Yogis, Yoginis und Asketen im Mahabharata
86 S.
Ein spannender Bericht über das spirituelle Leben im alten Indien, mit vielen kommentierten Orginaltexten und interessanten Biografien. Unter anderem wird die Savitri-Episode aus dem Mahabharata vollständig in deutscher Übersetzung wiedergegeben.

Yoga Abenteuer Meditation
Eine Auswahl von zeitlosen Artikeln aus führenden internationalen Yoga-Zeitschriften: Besuch in Thich Nhat Hanhs Plum Village; Interview mit B.K.S. Iyengar; Gespräch über Paramahansa Yogananda; Texte von Dalai Lama und A. Cohen.

Sri Aurobindo-Literatur:

Sri Aurobindo – Leben und Werk
305 S., mit 40 s/w und Farbabb.
Die erste umfassende deutsche Biografie Sri Aurobindos, in der alle wichtigen, aktuell vorliegenden Quellen ausgewertet werden. Der Autor berichtet über die verschiedenen Phasen von Sri Aurobindos Lebensweg und stellt seine bedeutendsten Werke vor. Der umfangreiche Bildteil enthält viele historische Fotos ebenso wie aktuelle Aufnahmen vom Sri Aurobindo Ashram und Umgebung.

Sri Aurobindo und die europäische Philosophie. 215 S.
Eine vergleichende Studie, in der Sri Aurobindos eigene Äußerungen ebenso berücksichtigt werden wie bereits vorliegende Forschungsarbeiten. Am Ende wird deutlich, dass es in Europa vielerlei affine Gedanken gab und dass Sri Aurobindos intuitive Philosophie als Weiterentwicklung oder Erfüllung einiger dieser Gedanken angesehen werden kann, die durch die vergleichende Gegenüberstellung zugleich auch in neuem Licht erscheinen.

Sri Aurobindos Kommentare zu Krishna, Buddha und Christus. 134 S.
Sri Aurobindo hat das Wirken und die Lehre der drei Avatare Krishna, Buddha und Christus in zahllosen Texten kommentiert. In der vorliegenden Studie werden seine wichtigsten Aussagen ausführlich vorgestellt und erläutert. Hinzu kommen viele Äußerungen der Mutter, die weiteres Licht auf die jeweiligen Themen werfen, und ein Kapitel über Ramakrishna als Brücke zur Neuzeit.

Sri Aurobindo – Vedische Hymnen
Mit einer Einführung in die spirituelle Symbolik. 156 S.
Sri Aurobindos erläutert ausführlich die Symbolik der vedischen Rishis. Hinzu kommen freie Übertragungen zahlreicher Hymnen an Agni, denen zum Vergleich die mehr wörtliche, ritualistische Übersetzung des deutschen Indologen und Veda-Experten Karl Friedrich Geldner gegenübergestellt wird.